이주 난민의 정신 건강과 상담

이주 난민의 정신 건강과 상담

이기영 박영희 엄태완 김현경 김현아
그리스도대학교 남북통합지원센터 편

사회복지 전문출판 나눔의집

그리스도대학교는 '남북 통합 시대에 대비한 복지 전문 인력 양성 및 허브 구축'이라는 주제로 2007~2009년도 교육인적자원부(교육과학기술부) 수도권 대학 특성화 사업 지원 대상으로 선정되어 2009년 2월까지 1, 2차년도 사업을 완료하게 되었습니다.

그간 본교 남북 통합 지원(SSNI: Support for South-North Intergaration) 특성화 사업단(http://ssni.kcu.ac.kr)은 사회복지학부 안에 남북 통합 지원 특성화 과정을 국내 최초로 개설하여 장학금을 통해 우수 학생을 선발하고 새터민 전문가 양성 프로젝트를 시작하였습니다. 그 다양한 사업 가운데 핵심 사업은 다름 아닌 남북 통합 지원 특성화 교과목의 신규 개발이었고, 그 성과가 바로 이번에 출간되는 남북 통합 지원 특성화 교재 총서 시리즈입니다. 이 총서의 발간으로 비로소 우리 대학은 국내 최초 북한 이탈 주민 전문가 양성 요람으로서의 위상을 확고히 하게 되었습니다.

2007년 말 1만 명을 돌파하고 2008년 12월 현재 1만 5000명에 육박하는 등 최근 급증세를 보이는 북한 이탈 주민은 100만 명을 돌파한 다문화 이주민과 함께 새로운 취약 계층으로 급속히 부각되고 있습니다. 그럼에도 불구하고 이들에 대한 체계적인 한국 사회 안내 및 적응 프로그램은 아직도 걸음마 단계를 벗어나지 못하고 있습니다. 이런 점에서 본교 특성화 사업단에서 개발한 교재 총서는 그 시발점이 될 것으로 확신합니다. 개발할 교재 총서까지 합하면 결코 적지 않은 양과 질이 될 것입니다.

본교 특성화 사업은 우선 북한 이탈 주민을 주요 대상으로 설정하였지만, 장기적으로는 다문화 이주민까지 포괄하게 될 것입니다. 「북한이탈주민의 보호 및 정착지원에 관한 법률」과 「재한외국인 처우기본법」, 「다문화가족 지원법」 등 법체계의 구비로 본교 특성화 사업은 큰 힘을 얻고 있습니다.

본 교재 총서 집필에 참여하신 교내외 전문가들에게 감사와 치하의 말씀을 드리며, 그간 본 특성화 사업 제1, 2차년도 사업에 혼신의 노력을 기울이신 여러 교수님들께 심심한 사의를 표합니다.

감사합니다.

2009. 3
그리스도대학교 총장 고성주

일러두기

북한 이탈 주민은 「북한 이탈 주민의 보호 및 정착지원에 관한 법률」 제2조 제1호에서 정의하듯이 '북한에 주소, 직계 가족, 배우자, 직장 등을 두고 있는 자로서 북한을 벗어난 후 외국의 국적을 취득하지 아니한 자'를 말한다. 북한 이주민, 새터민('새로운 터전에 정착한 주민'이라는 뜻으로 2005년 통일부에서 인정한 공식 용어이다) 등의 용어도 사용되고 있으나, 이 책에서는 법률상의 용어인 '북한 이탈 주민'을 원칙적으로 사용하였으며, 인용의 경우 원문에 기재된 용어를 그대로 사용하였다.

    그리스도대학교는 강서, 양천 지역에 2000명 이상의 북한 이탈 주민들이 거주하는 지역적 특성을 가지고 있습니다. 따라서 수년 전부터 북한 이탈 주민 아동 멘토링 사업 실시, 북한 이탈 주민 관련 기관에의 학생 인턴 파견 등 북한 이탈 주민의 지역사회 적응을 위한 여러 활동들에 적극 참여해 왔습니다. 마침내 2007년에는 '남북통합시대에 대비한 복지 전문 인력 양성 및 허브구축' 이라는 제목으로 교육과학기술부 수도권 특성화 대학으로 선정되어 관련 사업을 시행해 오고 있으며, 2008년부터는 남북통합지원센터를 설립하여 운영해 오고 있습니다. 무엇보다도 본 대학 사회복지학부에서는 특성화 사업의 일환으로 남북통합 시대를 준비하는 복지 인력 양성을 위하여 기존의 사회 복지 교과목 외 8개의 특성화 사업 관련 교과목들을 개설하여 운영하고 있습니다. 이는 우리 대학뿐만 아니라 사회 복지계 전반에 큰 의미를 줄 것으로 생각합니다. 이와 함께 남북통합지원센터에서는 1차년도 사업의 결과로 『이주민 정책과 서비스』, 『북한 이탈 주민 사회복지실천론』, 『북한 이탈 주민 가족복지론』, 『북한 이탈 주민 사회복지실습』 등 4권의 교재를 개발하였고 이제 2차년도 사업의 결실로서 『이주 난민의 정신 건강과 상담』을 저술하였습니다.

    이주 난민 정신 건강과 상담은 이주 난민의 다양한 정신 건강의 문제와 그 배경, 이에 대응하기 위한 정신 건강 서비스 체계, 그리고 구체적인 서비스 기법으로 이주 난민을 위한 상담 전략과 기법에 관한 이론적 · 실천적 지식을 제공하려는 목적을 가지고 서술되었습니다. 이 책에서의 이주 난민은 주로 난민(refugees), 망명자(asylum seekers) 등의 경우처럼 본국에서의 정치적 박해, 전쟁 상황 등으로 타국으로 이주할 수밖에 없는 경우의 이주자, 그리고 본인의 의사와 관계없이 불가피한 조건과 환경으로 인하여 국내의 다른 지역으로 강제 이주당하는 경우(internally displaced persons, 예를 들어 내전의 위험으로 인한 피난, 자연재해로 인한 불가피한 이주, 재개발지역, 수몰 지역 거주민의 이주 등)의 이주자를 포함합니다. 그러므로 원론적으로 이 책에서의 이주 난민이라 함은 국제연합의 정의에 따라 구분되는 난민, 망명 신청자, 국내 강제 이주자, 무국적자 등의 집단을 포함하는 것으로 하고, 여기에 우리나라의 특수성을 감안하여 북한 이탈 주민 또한 여기에 포함하고 있습니다.

일반적으로 이주 난민들은 일반 이민자와 비교하여 대개 이주 배경 및 과정에서 심리 정서적으로 한층 더 부정적인 경험을 하는 것으로 알려져 있습니다. 기아, 폭력, 성폭력, 착취, 체포 및 죽음의 공포, 구금 및 고문 등의 경험으로 인하여 심리적 외상 등 정신 건강상의 문제를 가지는 경향이 높은 것으로 알려져 있습니다. 이 책에서는 이들의 경험을 일반적 이주민(예를 들어, 결혼 이민자, 투자 이민자 등 일반 이민자)의 그것과 구분하여, 이들의 정신건강 문제를 고찰하고 문제를 해결하기 위한 상담 기술 등을 논의하였습니다.

이 책은 총 4부 16장으로 이루어져 있습니다. 제1부는 책의 전체적인 개괄과 주제와 관련해서 기초적인 이해를 도모하기 위한 지면으로 이루어져 있습니다(이기영 교수 저술). 즉, 이주 난민과 정신 건강의 이해로서 1장 세계 이주 난민의 현황과 정착, 2장 이주 난민의 특성과 정신 건강 개입, 그리고 3장 교재 내용 소개로 구성되었습니다. 제2부는 이주 난민의 적응과 정신 건강으로서(김현경 교수 저술) 4장 외상 경험과 정신 건강, 5장 적응 스트레스와 정신 건강, 6장 심리 · 정서적 문제와 정신 건강, 7장 삶의 질과 정신 건강, 그리고 8장 생애 주기별 정신 건강에 관한 내용으로 구성되어 있습니다. 제3부는 이주 난민 정신 보건 서비스 현황(엄태완 교수 저술)을 심도 있게 소개하고 논의하는 내용들로서 9장 정신 보건 정책과 서비스, 10장 정신 보건 서비스 전달 체계, 11장 이주 난민 정신 건강 개입의 실제, 그리고 12장 이주 난민을 위한 정신 보건 개입 지침을 서술하고 있습니다. 마지막 제4부는 상담에 관한 이론적이고 실제적인 지식을 제공하기 위하여 서술되었습니다. 즉, 북한 이탈 주민의 상담 모형과 실제(김현아, 박영희 교수 저술)는 13장 외국 이주 난민의 상담 모형과 사례, 14장 북한 이탈 주민 상담의 특수성, 15장 정착 단계별 상담 및 심리 치료 가이드라인, 16장 북한 이탈 주민의 상담 영역별 실제 등 이론과 실천 방법에 대한 광범위하고 세부적인 지식을 담고 있습니다. 아울러 실제 사례를 다양하게 제공하고 이에 관한 구체적인 지식과 방법을 논의하고 있습니다.

우리 저자들은 오랜 기간 이주민, 난민, 북한 이탈 주민 관련 연구와 실천을 해 오면서, 한국 사회에서의 이주 난민의 정신 건강 문제에 관한 관심과 이에 관한 적절한 대응의 부족함을 공감하였고, 그러한 공감의 결실이 하나의 책으로 완성되었습니다. 특히 북한 이탈 주민을 비롯한 이주 난민에 대한 상담기법의 부족함과 한계를 토로하는 현장 실무자들의 욕구를 자주 들어 오면서 누군가가 이와 관련된 책을 저술해야 한다는 생각을 오랫동안 하였습니다. 부족한 내용과 아직은 더 많은 발전이 필요한 저서임에도 불구하고 이 책이 현장의 실무자와 배우는 학생들에게 유용한 자료로 활용되기를 기대합니다.

이 책의 출판을 흔쾌히 승낙해 주신 나눔의집 출판사 류보열 사장님과, 늦어지는 원고를 마지막까지 꼼꼼히 손보아 책으로 만들어 준 이주연 선생님에게 진심으로 감사의 마음을 전합니다.

2009년 봄을 맞이하면서
저자 일동

I

이주 난민과 정신 건강의 이해

1장 세계 이주 난민의 현황과 정착
2장 이주 난민의 특성과 정신 건강 개입
3장 교재 내용 소개

1 세계 이주 난민의 현황과 정착

1. 이주 난민의 개념과 유형

이주자는 일반적으로 이주의 국가적 경계를 기반으로 크게 국내 이주자(domestic/internal migrants)와 국제 이주자(international migrants)로 나눌 수 있다. 전자의 한 가지 예로서 한 국가 내에서의 도농(都農) 이주자를 들 수 있고, 후자인 국제 이주자는 다양한 배경의 이민자, 난민, 망명자, 이주 노동자 등을 예로 꼽을 수 있다. 이주자들의 유형은 이주 의사의 자발성, 이주 기간 등에 따라 다양하게 나누어진다.

이 책에서는 다양한 이주자의 유형 가운데 주로 난민(refugees), 망명자(asylum seekers) 등의 경우처럼 본국에서의 정치적 박해, 전쟁 상황 등으로 타국으로 이주하거나 할 수밖에 없는 경우의 이주자, 그

〈표 1-1〉 이주의 자발성에 기반한 이주민과 토착민의 구분

인구 집단 구분			이주의 자발성 여부	
			자발적 이주	비자발적 이주
	토착민		다양한 인종/민족 집단 (ethnocultural groups)	원주민 (indigenous peoples)
	이주민	영구적 임시적	이민자 체류자	난민 정치적 망명자

※출처: Berry and Sam (1997: 295). [1]

리고 본인의 의사와 관계없이 불가피한 조건과 환경으로 인하여 국내의 다른 지역으로 이주하는 경우(internally displaced persons, 예를 들어 내전의 위험으로 피난, 자연재해로 인한 불가피한 이주, 재개발 지역, 수몰 지역 거주민의 이주 등)의 이주자를 다루려 한다. 그러므로 이 책에서 언급하는 이주 난민들은 바로 이러한 경우의 이주자들을 말한다.

국제 연합 난민 고등 판무관 사무소(UNHCR: United Nations High Commissioner for Refugees)에서 정의하는 이주 난민의 범주에는 난민(refugees), 망명자(asylum seekers), 국내 강제 이주자(internally displaced persons), 무국적자(stateless persons) 등이 있는데, 이들은 다음과 같이 정의되고 있다(UNHCR, 2007). [2]

---

1 Berry, J. W., and Sam, D. L. (1997), "Acculturation and Adaptation," in Berry, J. W., Segal, M. H., and Kagitcibasi, C. (eds.). *Handbook of Cros-cultural Psychology*(Volum 3): *Social behavior and applications*. (2nd edition). Needham Heights, MA: Allyn and Bacon, pp. 291-326.
2 UNHCR(2007), Statisrical Yearbook, http://www.unhcr.org 통계 자료.

1) 난민(refugees)

UN(국제 연합)의 정의에 의하면 난민이란 자국의 정치 상황, 민족 박해, 기아, 전쟁, 고문, 투옥, 감금, 테러 등 생존 자체가 문제가 되어서 죽음을 피해 자국을 떠날 수밖에 없는 사람들을 의미한다. 엄밀히는 난민 신청 과정을 통하여 난민 지위를 부여받은 사람들을 난민이라 부른다. 이러한 공식적 과정에는 1951년의 난민 지위 관련 국제 협약, 1967년의 협약 관련 난민 의정서, 1969년의 아프리카 난민 조약 등에서 규정된 내용이 이루어지며, 난민 지위가 부여된 후 일정한 보호(혹은 임시 보호를 포함하여) 아래 놓이게 된다.

UN이 1951년에 체결한 난민의 지위에 관한 협약(Convention Relation to the Status of Refugees)에 따르면, 난민은 "1951년 1월 1일 이전에 발생한 사건의 결과로서, 또한 인종, 종교, 국적, 특정 사회 집단의 구성원 신분 또는 정치적 의견을 이유로 박해를 받을 우려가 있다는 충분한 근거가 있는 공포로 인하여 자신의 국적국 밖에 있는 자로서 국적국의 보호를 받을 수 없거나, 또는 그러한 공포로 인하여 국적국의 보호를 받는 것을 원하지 아니하는 자 및 이들 사건의 결과로서 상주 국가 밖에 있는 무국적자로서 종전의 상주 국가로 돌아갈 수 없거나, 또는 그러한 공포로 인하여 종전의 상주 국가로 돌아가는 것을 원하지 아니하는 자"로 규정하고 있다.

1967년 '난민 의정서(Protocol on Refugees)'는 공식적으로 시간적 제한 또는 지역적 제한을 없애고, 난민 협약 규정을 현재까지 보편적으로 적용되게 하였다(UNHCR, 1997). 이와 같이 난민 협약에 의한 협약상 난민(Convention refugees)으로 인정받기 위해서는 충분한 근거가 있는 공포가 있어야 하며, 그 공포는 박해와 연계가 있어야 하며, 박해의 이유는 인종, 종교, 국적, 특정 사회 집단의 구성원 신분 또는 정치적 의견의 이유에 근거해야 하며, 자신의 출신국의 국경을 넘어야 하는 네 가지 요소를 충족해야 한다(UNHCR, 1999; UNHCR home page http:// www.unhcr.or.kr, 2006; 이기영·안혜영·이민영·박은숙·박윤숙·김현경·김선화, 2008 재인용).

2) 망명 신청자(asylum seekers)

망명 신청자란 말 그대로 난민 상태 혹은 피난 상태에서 망명자 혹은 난민 지위를 위한 신청이 이주국의 최종 결정을 위하여 진행 중에 있는 사람들을 말한다.

3) 국내 강제 이주자(internally displaced persons)

강제 이주자들은 대체로 어떠한 특별한 이유로 인하여 자신의 집이나 거주 지역을 떠나도록 강제된 사람들을 말한다. 이러한 이유로서 내전과 무장화된 갈등, 심각한 폭력, 인권의 침해, 심각한 자연적 재난 등이 될 수 있다. 그렇지만 이들은 국가의 경계를 넘지 않은 이주자를 말한다.

4) 무국적자(stateless persons)

어떠한 국가에 의해서도 국민으로 고려되지 않는 사람들을 말한다. 때때로 이주자 혹은 난민 신청자 가운데 국적이 확인되지 않는 경우의 사람들이 있는데 이들 또한 무국적자에 포함된다. 이들 또한 이주 난민과 같이 이주 과정과 이주국에서의 삶의 상황에서 매우 취약하고 어려운 상황을 가지는 경우로서 UNHCR의 보호가 요청되고 있으며 이들의 규모를 감소시키기 위한 노력이 이루어지고 있다.

국제 연합 난민 고등 판무관 사무소(UNHCR, June 2008)에 따르면 2007년 말 현재 지구상에는 약 6700만 명의 이주 난민이 있으며 여기에는 약 1600만 명의 난민 혹은 망명 신청자와 5100만 명의 국내 강제 이주자들이 있다. 여기에는 포함되지 않은 1200만 명의 무국적자들이 존재하는데 이들을 합치면 약 8000만 명이 된다.

국제 연합 난민 고등 판무관 사무소에 따르면, 2008년도 한 해 동안 약 38만 명이 새로 51개 국가에 망명과 피난을 신청했다. 국적별로는 이라크 출신이 가장 많은 숫자를 차지하고 있으며, 혼란과 분쟁을 겪고 있는 아프가니스탄, 소말리아 등의 국가 출신의 난민들이 망명을 신청하는 숫자가 늘어난 것으로 분석되었다. 구체적인 출신국별 규모는 이라크(4만 500명), 소말리아(2만 1800명), 러시아(2만 500명), 아프간(1만 8500명) 순이었으며, 이들의 이주 신청 국가는 미국 4만 9000명(13%)으로서 가장 많고 그 다음 캐나다(3만 6900명), 프랑스(3만 5200명), 이탈리아(3만 1200명), 영국(3만 500명) 순으로 나타났다.

〈표 1-2〉 난민(refugees)과 일반 이민자(immigrants)의 특징 비교

비교기준	난민	이민자
이주 동기	밀려나옴(pushed out)	당겨짐(pulled out)
이주 동기의 원천	정치적 압박	본인의 열망
모국	모국에 의해 거부됨	본인이 모국을 거부함
이주 결정	비자발적	자발적
출발	갑작스러움	기획적
이주의 맥락	동요 · 폭동, 상실	계획적, 희망적
모국 방문	불가능	가능
통제 · 조절	통제력 상실	통제력 획득
시간 정향(time orientation)	과거	미래
사회 네트워크	다른 이주 난민과 형성	지역의 토착민과 형성
기대	조국의 해방	직장, 졸업
운명 통제력	타인에 의한 통제	자신에 의한 통제

※출처: Potocky-Tripody(2002: 12).

표 〈1-2〉에서는 일반적 이민자와 난민을 다양한 기준에 의하여 비교하여 두 집단 간의 차별적 특징을 잘 보여 주고 있다. 그러므로 같은 이주국에 정착한다고 하더라도 이 두 집단의 배경은 매우 다른 것임을 인식할 필요가 있는 것이다. 그러나 이 두 집단 모두는 이주의 전체적 과정을 세 단계(이주 전/출발 단계 ─ 이동 단계 ─ 재정착 단계)로 나누어 볼 수 있다.

우리나라에는 이러한 이주 난민에 해당하는 인구 집단으로 난민 판정으로 난민 지위를 부여받은 난민 인정자 101명(2008년 말 기준)과 난민 인정자와 비슷한 배경으로 인식되는 북한 이탈 주민 약 1만 3000명을 들 수 있다. 그러나 난민 인정에 대한 우리나라의 인색함은 빈번히 비판되어 왔다. 우리나라는 1992년 12월 난민 지위에 관한 협약에 가입하였고, 1993년 12월에 출입국관리법에 난민 인정 조항을

〈표 1-3〉 이주의 단계별 구분에 따른 주요 변수

이주의 단계	주요 변수
이주 전/출발 단계	사회적, 정치적, 경제적 변수(본국 상황) 가족과 친구와의 이별 이주자와 비이주자의 결정 익숙한 환경을 떠남 생명을 위협하는 환경 폭력의 경험 가까운 지인의 상실
이동 단계	장ㆍ단기 위험한/안전한 여정 난민 캠프 혹은 억류 기관에서의 장ㆍ단기 체류 이주 목적 국가의 최종 수용 결정의 기다림 가까운 지인의 상실
재정착 단계	문화적 적응이슈 이주국으로부터의 수용 이주국에서의 기회 구조 기대와 현실 사이의 간극 이주 과정 동안 축적된 스트레스의 정도

※출처: Potocky-Tripody(2002: 18).

신설함으로써 1994년 7월부터 난민 인정 신청을 받기 시작하였다. 우리나라가 최초로 난민 신청자에 대한 난민 인정을 한 시기는 2001년이다. 그전까지 단 한 명의 난민 인정자도 나오지 못한 것이다.

법무부 통계에 따르면 2008년 말 현재 지금까지 난민 인정 신청자는 2168명이었고 이중 난민 인정을 받은 사람은 101명, 인도적 지위를 부여받은 사람은 71명이었다. 신청자의 출신 국가별 규모 순으로 열거하면 네팔, 중국, 버마, 나이지리아, 우간다 순이고 난민 인정자의 규모로는 버마(42명), 방글라데시(19명) 등이다. 그러나 난민 신청자가 가장 많은 네팔과 중국 국적 신청자는 단 1명도 인정을 받지 못하고 있다. 우리나라의 난민 인정률은 약 5% 미만으로서 세계 경제 규모에서의 위치와 OECD 가입국이라는 국제적 지위를 감안할 때 매우 낮은 수준으로서 향후의 개선을 요청받고 있는 상황이다.

북한 이탈 주민은 국제법상으로 난민으로 지위를 부여받지 못하고 있으나 이들의 북한에서의 생활 배경, 탈북 과정에서의 잔혹한 경험, 탈북 후 북한 송환시 겪게 되는 탄압과 박해 등은 실질적으로 이주 난민에 준하는 집단으로 고려될 수 있다. 난민 지위에 관한 국제법적 정의에 의거하면 북한 이탈 주민들의 식량난, 경제적 이유로 인한 탈출은 박해와 공포에 관한 충분한 이유가 될 수 없다는 주장이 제기되고 있으나, UNHCR는 난민 협약을 좀 더 넓게 해석하여 이들에게도 협약 난민으로 규정하고 있는 실정이다. 그러나 협약 난민으로 규정하기 어렵다 하더라도, 사실상 난민 또는 위임 난민, 궤도 난민, 경제적 난민[3]으로 규정할 수 있다고 보고 있다(조용완[4], 2006:

---

3 난민을 유형별로 살펴보면 (1)난민 협약에 의해 규정된 '협약상 난민' (2) '인도적 지위(Humanitarian status, 임시 체류를 허가하는 예외적 경우)' 부여자 (3) 위임 난민(mandate refugees) (4) '더 광범위한 정의'로서의 난민 (5) '사실상 난민 — 반증이 없는 한 난민(Prima facie refugee-Refugee in absence of evidence to the contrary)' (6) 경제적 궁핍을 벗어나고자 자국을 떠나 경제적으로 더 나은 국가로 이주하는 '경제적 난민' (7) 박해받는 국가로 돌아갈 수 없고, 접수국에서 비

<그림 1-1> 탈북 후 입국까지의 과정

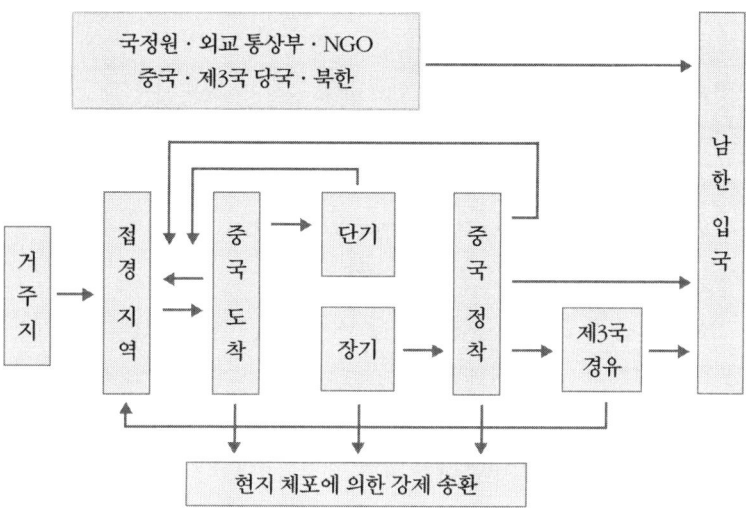

※자료 출처: 이소희 외(2004), p. 316. [5]

pp. 193-219; 이기영 외, 2008 재인용).

북한을 탈출하여 제3국으로 이동하는 소위 탈북자들은 1990년대 중반부터 가시화되기 시작하여 현재까지 이르고 있는데 대개 중국과 동남아 국가들을 거쳐 한국으로 들어오고 있다. 최근에는 한국 이외의 국가, 예를 들어 미국과 유럽의 몇몇 나라로 최종 정착 이주국으로 목표로 하여 들어가고 있으나 대부분 한국으로 오고 있는 상황이다.

호 신청이 거부되어 접수국과 인접국을 떠돌면서 비호 신청을 계속하는 궤도 난민(Refugee in orbit) (8) 조국을 떠났다는 이유만으로 본국에 송환되면 정치적 처벌을 받는 'Republikflucht' 등이 존재한다(조용완, 2006:193-219; 이기영 외, 2008년 재인용).

4 조용완(2006), 「문헌 정보학 분야의 난민 연구 문헌 고찰」, 『한국도서관정보학회지』 37(1): pp. 193-219.

5 이소희 · 최경덕 · 강기정 · 김훈(2004), 『가족문제와 가족복지』, 서울: 대왕사.

2007년 2월을 기점으로 탈북자의 국내 입국 규모는 1만 명을 넘어섰고, 현재 2007년 10월 현재 1만 1696명이 입국하였다. 1990년대 초반에는 10명 내외로 적은 수가 입국하였으나 1998년 이후 매년 두 배 정도씩 증가 추세를 보이며 증가하다가 2002년부터는 매년 1000명이 넘는 숫자가 입국하고 있다. 최근 2006년에는 연 입국자 수로는 가장 많은 2019명이 입국하였다. 2008년 말 현재 국내에 입국한 북한 이탈 주민의 숫자는 약 1만 5000명 정도이다.

북한 이탈 주민은 다양한 이유와 배경에서 북한을 탈출하고 있는데 이들의 발생 원인을 배출-유인요인으로 나누어 살펴보면 다음과 같다(이기영 외, 2008).[6] 우선 배출 요인으로는 식량난으로 인한 생존 위협, 매체를 통하여 알려진 남한 발전으로 인한 상대적 박탈감의 심화, 범죄(경미한 생계형 범죄까지 포함)에 대한 처벌 위험, 탈북 송환자에 대한 가혹한 처벌과 편견, 북한 생활에서의 무망감, 북한 외 타국에서의 더 나은 생활 환경에 대한 동경 등이 될 수 있다. 탈북자의 외적 유인 요인은 우선 국경 너머 인접한 조선족 사회에서의 보호 및 지원, 한국 및 국제 민간단체의 탈북자 구호 및 지원 활동, 중국에서의 취업 기회(여성의 경우 주로 식당, 유흥업소, 간병인, 가정부로 취업하는 반면 남성은 과수원, 목장 등의 농촌 및 도시 지역 공장 노동자로서 취업), 국제결혼, 매매혼 등 북한 여성에 대한 수요 증대[7][8], 흩어졌던 가족원의 재결합 욕구, 한국 정부가 제공하는 '북한 이탈

6 이기영 외(2008), 『이주민 정책과 서비스』, 나눔의 집.
7 이러한 여성에 대한 수요는 탈북 여성의 중국 체류와 한국 입국까지의 과정에 남성과 비교하여 수월함을 가져다주는 조건이 되기도 한다. 하지만 탈북 여성들은 탈북 과정에서 불법으로 중국 등 제3국에 체류하기에 성폭력, 인신매매로 인한 매춘 강요에 노출되어 있고 또한 중국 내에서 법적 결혼이 인정되지 않기 때문에 혼인 관계의 배우자가 될 수 없으며, 자녀가 출생하더라도 사생아로 남게 되는 문제를 겪게 된다. 이러한 요인들이 남한 입국 후에도 정신적 외상으로 인한 불안, 우울, 정체감 혼란으로 나타나게 된다(이민영, 김현경: 2007:525-530).
8 이민경 · 김현경(2007), 새터민 여성의 이주로 인한 상실의 극복 체험 ─ 남한 남성과 결혼한 여성을 중심으로, 한국 사회 복지연구회: 35: pp. 525-530.

주민' 지원 정책 등이다.

2. 이주 난민의 정착 상황과 문제

1) 세계적 난민의 정착 상황과 문제

이주 난민에 대한 UN의 노력과 UNHCR의 고유 업무로서 난민 문제에 대한 지속적 해결 방안을 모색하고 있다. 여기에는 크게 세 가지 형태의 이주 난민 문제 해결의 방안이 제시된다: (1) 모국으로의 자발적 귀환 유도 (2) 이주국에의 재정착 (3) 망명지에서의 적절한 영구 통합 기제 모색 등이다. 자발적인 귀환은 가장 많은 수의 난민들에게 혜택을 줄 수 있는 방안이 되는 것으로 제시되고 있다. 재정착은 하나의 주요한 보호 수단이기는 하지만 주요한 부담 · 책임의 공유 메커니즘을 내포하고 있다. 세 번째로 제시된 지역에서의 통합은 이주 난민이 이주 사회의 일부가 되게 하는 법적 · 사회 경제적 · 정치적 과정이다.

UNHCR 통계에 따르면 2007년 한 해 동안 자발적으로 귀환한 이주 난민은 약 73만 1000명으로서 주요 귀환국은 아프가니스탄, 수단, 콩고 공화국, 이라크, 리베리아 등이었다 (2007 UNHCR Statistical Yearbook, http://www.unhcr.org 통계자료). 2007년 기준으로 지난 10년간 귀환한 이주 난민은 약 1140만 명으로서 이 중 65%인 730만 명은 UNHCR의 지원으로 이루어졌다.

이주 난민의 재정착은 생명, 자유, 안전, 건강, 인권을 보호하는 주요한 수단으로 인식되고 있으나, 이러한 재정착 지원의 혜택을 입는 경우는 극히 소수에 불과하다. 2007년의 경우 세계의 이주 난민의 약

1% 미만이었고, 1998년부터 2007년까지 과거 10년간 약 82만 1000명 정도의 이주 난민이 난민 수용국의 재정착 프로그램에 의해 혜택을 입었다. 1140만이나 되는 자발적 귀환자에 비교하면 극히 소수이다.

2007년에 UNHCR는 9만 9000명의 이주 난민을 각국이 수용할 재정착 대상자로서 제출하였는데 2006년 5만 4200여 명에 비하여 83% 나 상승한 숫자이다. 이러한 현격히 증가한 이유는 UNHCR의 재정착 욕구의 이주 난민에 대한 판별력이 향상된 데 기인하며, 좀 더 의식적이고 전략적인 재정착 옵션의 활용이 이주 난민에 대한 확실한 해결 방안이 됨을 인식하게 되었기 때문이다. 20076년에 UNHCR의 지원 하에 재정착한 이주 난민 4만 9900명을 국적별로 크기 순으로 열거해 보면 미얀마(2만 200명), 부룬디(6300명), 소말리아(5900명), 이라크(3800명), 콩고 공화국(2500명), 아프가니스탄(2300명) 순이 된다.

전 세계의 재정착 난민들을 지원하기 위하여 2007년 한 해 76개국 의 UNHCR 사무소가 관여되었고 전체 재정착 난민들 중 7만 5300명 의 난민이 14개국에 재정착 하였다. 주요 국가들은 미국(4만 8300명), 캐나다(1만 1200명), 호주(9600명), 스웨덴(1800명), 노르웨이(1100명), 뉴질랜드(740명) 등이다. 이러한 국가들에 재정착한 난민의 숫자는 한 해 전 2006년에 비하여 5% 상승한 것이다. 최근 몇 년 동안 남미의 국가들이 새로운 재정착 대상 국가로 떠오르고 있으나 아직은 그 숫자 가 적은 편이고 대부분 콜롬비아에 재정착하는 경우로 나타났다.

이주국 사회에서의 통합(local integration)은 국적 취득, 시민권 획 득, 이주 사회에서의 완전한 보호의 획득 등을 의미하는 것이다. 그 러나 통합의 정도는 수량적인 차원에서 측정되기 어려운 영역이다. 제한된 통계이기는 하나 UNHCR에 따르면 지난 10년 정도 동안 약 100만 명 이상의 이주 난민이 이주 국가에서 시민권을 부여받았고 미국이 이러한 숫자의 반 이상을 차지한 것으로 보고된다.

한국의 경우, 정부로부터 난민 인정을 기다리는 신청자들은 신청이 수용될 때까지 불안한 생활을 이어 가게 된다. 심사를 마칠 때까지 체류할 수는 있지만, 취업은 불가능한 G1비자를 받는다. G1비자는 3개월, 6개월마다 갱신하게 되는데, 심사 기간이 길어지면 그만큼 경제적 어려움을 겪게 된다. 일반적으로 생계를 위해 불법 취업을 할 수밖에 없는 상황에 직면한다. 인도적 수용의 지위로 인정된 경우에도 난민 신청자와 마찬가지로 G1비자를 받기 때문에 취업은 금지되어 있다(이기영 외, 2008). 이러한 상황은 같은 동족이지만 난민과 비슷한 상황에서 입국하는 북한 이탈 주민의 경우와는 현격히 차이가 난다.

다음 부분에서 소개하겠지만, 북한 이탈 주민의 경우 국내에서 1997년 제정된 '북한 이탈 주민의 보호 및 정착 지원에 관한 법률' 에 따라 이들에 대한 생계 급여, 정착금 지원, 주택 제공, 교육 보호, 기초 생활 보장 등 사회 정착 지원이 이루어지고 있다(이기영 외, 2008).

2) 북한 이탈 주민의 정착 상황과 문제[9]

(1) 입국 후의 정착 과정 및 지원 시스템

북한 이탈 주민이 입국 후 정착하는 과정을 지원 체계의 관점에서 살펴보면 〈그림 1-2〉에서 보는 바와 같다. 입국 후 보호와 지원 결정을 받고 난 후 하나원에서의 집합적 적응교육을 받게 된다. 여기서

---

9 정착 과정과 지원 내용은 최명민, 이기영, 김정진, 최현미(2009) 공저, 『문화적 다양성과 사회 복지』, 제6장 부분을 참조하여 서술하였음을 밝혀 둠.

<그림 1-2> 북한 이탈 주민에 대한 지역 정착 지원 체계

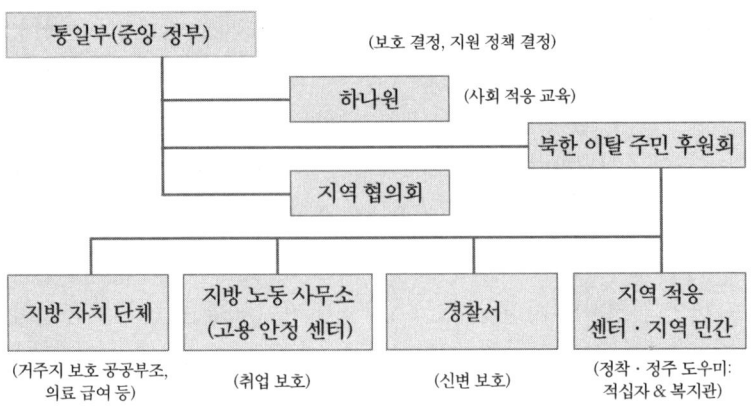

퇴원하게 되면 전국의 거주지로 분산되어 지역 사회로 편입되게 된다. 북한 이탈 주민의 거주하게 되는 지역 사회 정착 지원 체계는 지방 자치 단체, 지방 노동 사무소, 지역 경찰서가 지역 내 공공 기관으로 지정되고, 지역 내 민간 기관을 포함하여 '지역 협의회'를 구성한다. 지방 자치 단체의 특정 공무원(자치 행정과장 혹은 사회 복지과장)이 거주지 보호 담당관으로 지정되고, 지방 노동 사무소 산하 고용 안정 센터의 직업 상담사가 취업 보호 담당관, 지역 내 경찰이 신변 보호 담당관으로 지정된다. 민간 영역에서의 기관은 대한 적십자사(정착 도우미 사업), 지역 사회 복지관(정착·정주 도우미 사업+자체 프로그램), 그리고 NGO(자체 프로그램)들이다. 정착·정주 도우미 사업에 관계되는 민간 기관들은 북한 이탈 주민 후원회(통일부 출연 민간 기관)로부터의 도우미 활동의 실비용 및 행정 지원을 받는다. 아울러 지역 협의회를 통하여 지역 내 행정 기관들로부터 행정 지원을 받는다. 지역 내 민간단체들은 사회 복지관, 시민 사회 단체, 종교 기관, 대학 기관들로 융통성 있게 구성된다. 지역 협의회는

2007년 5월 현재 현재, 전국의 16개 지역에서 구성되어 있는데, 서울 내 북한 이탈 주민 밀집 지역(강남, 강서, 양천, 노원, 송파, 중랑 등) 과 경기 및 기타 지방(부산, 대구, 인천, 광주, 대전, 성남, 부천 등)에 서 구성되어 지방 정부의 보호 담당관 체계와 지역의 민간단체들을 연계하는 차원에서 운영되고 있다. 최근에는 서울, 경기, 대구 지역 약 세 군데의 민간 복지 기관을 지역 적응 센터로 지정하여 하나원 교육 이후의 후속적·추가적 사회 경제적 적응 교육을 보충하고 있 다. 북한 이탈 주민은 이러한 정착 지원 시스템을 따라가면서 남한 사회에서의 재정착 생활을 시작하고 지속하게 된다.

북한 이탈 주민의 남한에서의 삶에 대한 지원은 두 가지 접근 유형 인 거시 정책적 차원과 실천적 차원으로 나누어 볼 수 있다. 거시 정 책적 차원에서는 북한 이탈 주민만을 위한 고유 프로그램을 시행하 는 것과 기존의 사회 보장 제도 및 복지 서비스가 북한 이탈 주민의 처우 및 지원에 관련되어 적용, 변형, 수정되어 시행되는 것을 포함 한다. 실천적 차원이란 북한 이탈 주민 지원에 있어 지방 정부의 사 회 복지 공공 서비스 전달 체계가 연계되거나 참여하는 것, 또한 기 존의 민간 사회 복지 실천 현장으로 인식되는 사회 복지 기관(사회 복지관 위주)들의 북한 이탈 주민 지원 사업에 참여하거나 자체적인 프로그램을 개발·시행하는 것 등을 말한다(최명민 외, 2009).

북한 이탈 주민의 자립을 유도하기 위한 사회 편입 후 5년간의 정 부의 지원 체계는 크게 두 가지로 나눌 수 있는데, 하나는 북한 이탈 주민을 고유 대상으로 하는 지원 체계이며, 다른 하나는 기존의 사회 복지 체계를 활용하여 북한 이탈 주민을 지원하는 것이다. 전자의 경 우는 사회 편입시 제공받는 정착금, 노동 인센티브로 주어지는 정착 장려금, 취업 보호제에 의거한 고용 지원금 제도, 교육 지원과 관련 하여 북한 이탈 주민에게 특별하게 제공하는 교육 기회와 비용, 그리고 지역 통합 지원을 위한 정착 도우미 프로그램 등으로 볼 수 있고, 후자는 기존의 보건복지가족부 관할의 사회 보장 제도를 활용하는 것과 노동부 관할의 직업 훈련 및 취업 지도와 관련된 자활 지원 시스템을 활용하는 것 등이다. 2005년 이후 최근 정부는 북한 이탈 주민의 더욱 적극적인 노동 시장 활동을 장려하기 위하여 노동 인센티브 제도의 시행과 기존의 사회 보장 프로그램의 적용에서의 북한 이탈 주민 특혜 부분을 현실화시키는 지원 내용으로 개선해 가고 있다.

(2) 북한 이탈 주민의 정착 과정상의 문제

북한 이탈 주민의 입국 후 정착 과정 문제는 매우 다양하게 나타난다. 그러나 여기서는 주요한 몇 가지 논점들을 중심으로 논의하고자한다. 그것들은 북한 이탈 주민의 정체성 혼란 문제, 한국 주민에게비추어지는 이미지와 관련된 문제, 소수자 차별의 문제, 심리적·경제적 적응의 문제 등이다.

먼저 정체성 혼란의 경험은 이주 난민으로서의 성격을 지닌 존재로서의 경험 이전에 이주민 보편적 현상으로 보여진다. 북한 이탈 주민 또한 남한에서 생활하면서 자신이 누구인가? 자신의 가치관이 올바른 것인가 혹은 그 이전에 어떤 가치관을 지녀야 하는가에 대하여매우 불안정하고 갈등하는 모습을 보인다. 북한 이탈 주민의 가치관및 정체성의 혼란은 남한 생활에 익숙해지지 않은 정착 초기에 많이경험하게 된다. 예를 들어 자본주의 사회에서의 돈에 대한 가치를 부정하면서도 돈의 효용성을 인정할 수밖에 없는 현실에서의 갈등, 남북한 관계에 관한 이야기에서 자신이 남한 사람과 북한 사람 중 어느쪽의 입장에 있어야 하는지 혼란스러워하는 점 등이다.

북한 이탈 주민들의 가치관과 정체성 혼란이 자신들 심리 내부적으로 출발하든 남한 주민의 다중적 인식이라는 외부적인 영향에 의해서든, 이들의 정착 과정 특히 사회 적응에 어려움을 경험하는 초기 정착 과정에 매우 큰 영향을 끼칠 것은 분명하다. 정착 초기에서의 삶의 상황은 이들의 장기적 적응(경제적, 사회 문화적, 심리적)에 직결되어 이들의 삶 전체를 좌우할 수도 있는 만큼, 바람직한 가치관과 정체성 형성을 유도할 수 있는 정부와 민간의 프로그램, 그리고 남한 주민의 인식을 안내할 여론의 기능은 매우 중요한 요소로 부각되어야 할 것이다.

북한 이탈 주민의 남한 사회 내 정착의 삶은 하나의 소수자 집단으로서의 의미를 지니기도 한다. 소수자 집단 담론과 북한 이탈 주민을 연결 지어 경험적으로 연구된 바는 많지 않으나 북한 이탈 주민을 이러한 소수자 집단의 범주에서 설명하기란 어렵지 않다. 이들은 북한 출신이라는 점과 '탈북자'로서의 제3국 체류 경험으로 말미암아 남한 내에서 기존 사회 구성원과 문화적으로 구별되는 경향이 있다. 또한 장기적으로 남한 사회에 통합되는 과정에서 경제·정치·사회적 측면에서 그리고 자원 동원면에서 불리한 위치에서 경쟁한다. 한편 '이등 국민', '외국인 노동자보다 못한 취급', '조선족 다음의 노동자', '북한에서도 적응하지 못한 사람,' 등 남한 사회 내의 사회적 위치 매김의 흔적들을 보아도 주류 사회에 대한 소수자로서의 정체성이 점차 부각되고 있고, 사회 내 다른 소수자 집단인 장애인, 외국인 노동자, 동성애자 등과의 비교적 차원으로 인식(윤인진, 2003)[10]되기 시작함을 알 수 있다.

---

10 윤인진(2003), 「북한 이탈 주민에 대한 사회적 인식과 거리감: 장애인, 외국인노동자, 동성애자와의 비교」, 『북한 이탈 주민의 지역 사회 내 통합과 융화. 북한 이탈 주민 지원 민간단체협의회, 연세대학교 사회 복지연구소 학술대회 자료집』, pp. 60-90 (2003. 4. 18).

북한 이탈 주민의 정착 과정의 삶에서 빼놓을 수 없는 영역이 이들의 심리 정서적 측면에서의 문제들이다. 북한 이탈 주민은 북한 탈출 과정, 중국 등지의 제3국 체류 기간, 그리고 남한 사회 내 적응 기간을 통하여 다양한 심리적 충격과 스트레스를 경험한다. 이러한 상황을 경험하는 북한 이탈 주민의 심리적·사회적 갈등은 이들의 특수한 신분과 경험으로 말미암아 불가피한 측면이 많은 것이 특징일 수 있다. 그리고 개인적 특성에 의하여 더욱 심각해질 수 있다.

북한 이탈 주민들이 남한 사회에 편입하면서 일어나는 정신 건강상의 문제들에 대한 연구들은 지금까지 외국 난민들의 경험과 비교되어 논의되어 왔다. 난민들은 새로운 문화와 시스템에 적응하는 데 많은 문제점을 가지고 있으며, 만약 이들이 정착하는 과정에서 혹독한 외상을 겪었다면 그 적응 과정은 더욱 어려워질 것이다. 개인에게 아주 파국적인 영향을 주는 외상 사건(traumatic event)들이 정신 건강에 주는 해로운 영향은 매우 크다고 할 수 있으며, 또한 모든 개인들은 재정착하는 과정에서 가족과의 이별, 직업 전환, 문화적 충격, 가족 역할의 급진적 재편, 사회적 고립과 같은 요인에 의해 우울증을 나타내거나, 자살을 하는 것과 같은 문제를 겪을 수도 있다(Ryan & Epstein, 1987)[11]고 보고되고 있다.

또한 2005년 전국의 북한 이탈 주민을 대상으로 시행된 실태 조사(북한 인권 정보센터, 2005)[12]에서 밝혀진 바로는 66.4%가 북한에서 혹은 탈북 생활 과정에서 육체적·정신적으로 충격적인 사건(공개 처형, 폭행, 수용소 생활, 강제 송환, 강제 낙태, 굶주림, 가족과의 사별 등)을 경험했다고 하고 이 중 82.7%가 이러한 사건으로 인하여 정

---

11 Ryan, A. S. & Epstein, I., 1987. "Mental health training for Southeast Asian refugee resettlement workers", International Social Work, 30: pp. 185-198.
12 북한 인권 정보센터(2005), 「새터민 정착 실태 연구」, 『통일부 조사 용역 보고서』.

신적인 스트레스에 시달려 왔다고 한다. 아울러 응답자의 약 60%가 이러한 정신적 스트레스를 해결하기 위한 민관의 지원이 필요하다고 응답했다.

한편 북한 이탈 주민의 정착의 삶에서 경제 상황을 중요한 문제 영역으로 제시될 필요가 있다. 북한 이탈 주민들의 경제적 적응에서 자장 핵심적인 지표가 노동 시장 활동과 소득 수준이라고 본다면 선행 연구 조사의 결과들은 북한 이탈 주민의 생활에서의 어려움을 보고하고 있다. 1996년부터 2005년에 이르기까지 이루어진 실태 조사에서 북한 이탈 주민의 실업률 혹은 무직 응답률은 약 30~46%에 이를 만큼 높다. 최근의 상황도 큰 변화가 없어 북한 인권 정보센터의 조사(2005년)에서도 취업자는 경제 활동 인구의 70.3%였고 반대로 일을 구하려고 하지만 일자리를 구하지 못하는 실업자는 29.7%에 달하고 있다. 좀 더 세부적인 조사 결과를 전달하면, 고용된 사람들 가운데서도 임시 근로자와 일용직 근로자가 각각 25.4, 47.7%를 차지하고 정규직 근로자는 24.5%에 불과했다.

2005년 조사 시점 현재 북한 이탈 주민의 평균 월 소득은 50만 원 미만인 경우가 약 38%, 50만~100만 원 미만인 경우가 40%에 이르고 있고 가족의 소득을 모두 합친 가족 월평균 소득에서도 100만 원 미만인 경우가 78%에 이르고 있다. 그러므로 북한 이탈 주민의 대다수는 경제적으로 독립하지 못한 상태여서 국민 기초 생활 보장 제도의 수급자로 급여를 받고 있다(북한 인권 정보센터, 2005).

□ 1장 참고 문헌 □

윤인진(2003), 「북한 이탈 주민에 대한 사회적 인식과 거리감: 장애인, 외국인 노동자, 동성애
　　　자와의 비교」, 『북한 이탈 주민의 지역 사회 내 통합과 융화. 북한 이탈 주민 지원 민간
　　　단체협의회, 연세대학교 사회복지연구소 학술 대회 자료집』, pp. 60-90.
이소희 · 최경덕 · 강기정 · 김훈(2004), 『가족문제와 가족복지』, 서울: 대왕사.
북한 인권 정보센터(2005), 『새터민정착실태연구. 통일부 조사용역보고서』, 통일부.
조용완(2006), 「문헌정보학 분야의 난민 연구 문헌 고찰」, 『한국도서관정보학회지』 37(1): pp.
　　　193-219.
이민영 · 김현경(2007), 「새터민 여성의 이주로 인한 상실의 극복 체험-남한 남성과 결혼한 여
　　　성을 중심으로」, 『한국 사회 복지연구회』 35: pp. 525-530.
최명민 · 이기영 · 김정진 · 최현미(2009), 『문화적 다양성과 사회 복지』, 서울: 학지사.
Berry, J. W., and Sam, D.L.(1997), "Acculturation and Adaptation", in Berry, J.W., Segal, M.H.,
　　　and Kagitcibasi, C. (eds.). *Handbook of Cros-cultural Psychology*(Volum 3), *Social
　　　behavior and applications.* (2nd edition). Needham Heights, MA: Allyn and Bacon. pp.
　　　291-326.
Ryan, A. S. & Epstein, I., 1987. "Mental health training for Southeast Asian refugee resettlement
　　　workers", *International Social Work*, 30: pp.185-198.
UNHCR 홈페이지(1997;1999;2006), http://www.unhcr.or.kr.
UNHCR(2007), UNHCR Statistical Yearbook, http://www.unhcr.org.
UNHCR(2008), Global Trend: Refugees, Asylum-seekers, Retunees, Internally Displaced and
　　　Stateless Persons.

2 이주 난민의 특성과 정신 건강 개입

1. 이주 난민의 정신 건강 문제

일반적으로 이주 난민들은 일반 이민자와 비교하여 대개 이주 배경 및 과정에서 심리 정서적으로 한층 더 부정적인 경험을 하는 것으로 알려져 있다. 기아, 폭력, 성폭력, 착취, 체포 및 죽음의 공포, 구금 및 고문 등의 경험으로 인하여 심리적 외상 등 정신 건강상의 문제를 가지는 경향이 높은 것으로 알려져 있다. 그 규모와 유병률 측면에서 보면, 일반인보다 10배 이상의 문제 발생률을 기록하고 있고, 일반적으로 난민들의 25%가 정신 건강 문제를 가지고 있는 것으로 보고된다(김병창, 2008). 한편 이주 난민들은 일반 국제 이주민들이 경험하듯이 심리·사회적 적응 과정에서의 스트레스와 같은 정신 건강의 문제를 경험한다. 이 책에서는 이들의 경험을 일반적 이주민(예를 들어 결혼 이민자, 투자 이민자 등 일반 이민자)의 그것과 구분하여, 이들의 정신 건강 문제를 고찰하고 문제를 해결하기 위한 상담 기술 등을 논의하고자 한다. 즉, 이 책에서의 이주 난민은 UN의 정의에 따라 구분되는 난민, 망명 신청자, 국내 강제 이주자, 무국적자 등의 집단을 포함하는 것으로 하고, 여기에 우리나라의 특수성을 감안하여 북한 이탈 주민 또한 여기에 포함되는 것으로 한다.

1) 이주 난민의 경우

이주라는 자체가 정신 건강의 문제를 일으키는 위기 조건이 된다. 이러한 이주민이 난민의 경우가 되는 상황에서는 정서적 웰빙(well-being)에 가해지는 위험은 더욱 커지게 되는 것이 일반적이다(Potoky-Tripody, 2002).[1] 이주 난민은 앞서 언급되었듯이 이주 전, 이주를 시작하는 시기, 이주 과정, 재정착 단계 등에 걸쳐서 정신 건강의 문제가 단계적으로 발달하는 위험성을 가지고 있다. 먼저 이주 전과 출발 시기에는 가족원, 친구, 집, 익숙한 환경 등을 상실하는 고통을 경험하는데 특히 난민의 경우 전쟁, 기아, 폭력, 성폭력, 투옥, 고문, 가족원의 살해 등과 같은 여러 가지 충격과 박해를 본국 내에서 경험할 수 있다.

이주 과정 시기(transit) 동안에는 본국에서의 충격적 경험과 비슷하거나 이보다 더 심각하고 열악한 경험들을 하게 되는데, 역시 기아, 열사병, 익사 등 각종 죽음에 직면하는 경험을 하거나 정신적 고통을 경험한다. 난민 캠프와 같은 수용소의 생활은 열악한 위생 상태

---

1 Potoky-Tripody, M. (2002). Best Practices for Social Work with Refugees and Immigrants. Columbia University Press.

와 좁은 공간에서 오랫동안 시달리게 하거나 미래에 대한 불확실성과 무망감에 시달리게 한다. 캠프에서 보호되지 못하는 이주 난민들은 스스로 가고자 하는 나라의 국경을 넘는 과정에서 살해되거나, 폭력을 경험하고 착취당하게 된다.

재정착 과정에서의 정신 건강 문제는 새로운 이주국에서의 적응 과정에서 발생하는 스트레스가 주요한 문제가 된다. 본국에서 경험한 많은 상실감은 이주국에서의 적응 과정에서 더욱 커질 수 있는데 그중 하나가 자신이 이전에 가지고 있던 사회적 지위이다. 대부분 이전의 사회적 지위에 비하여 급격히 추락한 지위를 가지게 됨으로써 이들은 심리 정서적으로 피폐해진다. 또한 여기에 더하여 언어적 장애, 고용 문제, 사회적 고립, 현대화·산업화된 이주 사회로부터 기인하는 스트레스, 법적 지위에 관한 스트레스, 가족 갈등, 역할 전도, 차별 등이 이들의 정신 건강을 더욱 어렵게 만들게 된다.

또 다른 적응 스트레스의 유형은 문화 적응 스트레스이다. 이러한 문화 적응 스트레스는 불안, 우울, 주변화와 소외감의 느낌, 정체성 혼란, 기타 다른 정신적 병리를 초래할 수 있게 된다. 이러한 문화 적응 스트레스는 흔히 문화 충격이라는 표현으로 잘 알려져 있다. 이러한 문제는 이주에 기인하는 사회적 해체로부터 일어나고 여기에서 사회적 해체는 과거 이전의 사회적 문화적 규범이 사라지고 과거의 권위, 시민권, 복지 등이 더 이상 작용하지 못하게 되는 것을 의미하는 것이다.

이주 난민이 이주한 후 이주국 및 이주 사회에 재정착 시기 동안의 해결 과업들과 개입 문제들은 〈표 2-1〉(36쪽)과 같이 정리될 수 있다(Potocky-Tripody, 2002: p. 259).

〈표 2-1〉 이주 난민의 재정착 단계에서의 과제 및 개입 문제

단계	난민의 과제	개입 대상 문제
입국 초기 (1주~6개월)	새 환경에 대한 학습 모국에서의 경험 잔존 동료 난민과의 조우	방향성 상실 슬픔, 분노, 죄책감
불안정기 (6개월 이상~3년)	생존 전략의 획득: 언어 학습, 관습과 역할 학습, 지지 집단의 개발	적개심, 새로운 문화에 대한 저 항, 거부
실험 및 안정기 (3~5년)	문화 학습 발전, 역할 조정 지속, 타난민들과의 관계 유지	실패의 두려움 고립, 문화에 대한 성급한 성숙 rigidity 정체성의 조기 포기
정상 생활 복귀기 (5~7년)	융통성 있는 문화 적응 유지 새로운 세대에 관한 현실적 기대 긍정적인 정체성 발전	공고화(rigidity) 세대간 갈등
보상 상실기 (1주~7년)	생존 욕구의 충족, 정체성의 수정, 새 로운 문화에 재진입, 헌신의 지속, 과 거 — 현재 — 미래의 연결	정신 건강 문제, 정체성 혼란 우울, 가족 위기의 지속

〈표 2-1〉을 보면, 예를 들어 이주 난민이 정착지에 입국한 후 1주에서 6개월까지는 입국 초기로서 새로운 환경에 대하여 알아 가고 동료 난민과의 조우를 하는 경험을 하면서도, 모국에 대한 심적, 정신적 연결은 여전히 유지되고 있다고 본다. 이러한 상황에서 이주 난민들은 삶의 방향성 자체에 대하여 자신이 없어지고 슬픔과 분노, 그리고 죄책감 등의 정서적 상태를 경험한다. 그러므로 입국 초기에서는 이러한 문제들에 대한 개입이 요구되는 단계로 정리될 수 있겠다.

마찬가지로 입국 후 5년이 지나 7년에 이르기까지는 정상 생활 (normal life)로 돌아가는 단계로서 융통성 있게 문화 적응을 지속하며, 새로운 세대에 대한 현실적 기대를 가지며, 긍정적인 정체성을 형성하는 모습을 보인다. 이 단계에서는 공고화와 세대간의 갈등이 개입의 문제로 지적된다.

다만, 단계와 상관없이 보상 상실의 정서는 입국 후 7년까지 지속되는 것으로 제시되고 있는데 이 단계에서의 개입 대상 문제는 정신병리 현상(psychosis), 정체성 혼란, 우울, 가족 위기의 지속 등으로 지적되고 있다.

2) 북한 이탈 주민의 경우

북한 이탈 주민들은 이주 난민의 경우처럼 정신 건강의 문제를 비슷하게 경험하며, 또한 이주의 과정에 따른 단계별 문제와 과제를 안고 있음을 볼 수 있다. 통일부의 국회 제출 자료인 '하나원 교육생 정신과 진료 현황'에 따르면, 2008년 현재 하나원에 입소한 북한 이탈 주민 조사 대상자 1498명 중 1108명(74.0%)이 불안 장애와 외상 후 스트레스 장애(PTSD) 등 정신 질환으로 정신과 진료 및 치료를 받은 것으로 나타났다. 정신과 진료를 받은 질환 유형별로는 불안 장애가 460명(42.6%)으로 가장 많았고, 신체화 장애(somatization disorder)가 370명(34.3%)으로 뒤를 이었다. 신체화 장애는 내과적 이상이 없는데도 다양한 신체 질환 증상을 보이는 질환으로, 심리적 요인에 의해 증상이 나타난다. 우울증으로 진료 받은 사람은 150명(13.9%)이었고, 심한 PTSD로 진료 받은 경우는 30명(2.9%)이었다(이철우, 2008[2] 재인용).[3]

새터민의 정신 건강 문제는 탈북 전 북한에서의 상황, 탈북 과정, 그리고 한국 입국 후 정착 과정 등 단계별로 구분될 수 있다. 이주 단계별 새터민의 정신 심리적 특징과 스트레스는 〈표 2-2〉(38쪽)와 같

---

2 이철우(2008), 「새터민정신 건강대상자 추적 조사 결과(서울 양천구)」, 정신 건강 지원 사업 세미나, 2008.
3 『문화일보』, 2008년 10월 1일.

〈표 2-2〉 이주 단계별 새터민의 정신 심리적 특징 및 스트레스

이주 단계	시기별 특징	정신적 외상 및 스트레스
1단계: 이주 전 기간	· 북한에서의 일상생활 유지 · 탈북을 결심할 만큼 심각한 문제가 발생한 시기 · 탈출에 대한 결심 · 탈출 준비 기간	· 병전 성격, 과거력 및 가족력 · 식량 문제, 삶의 질, 범죄, 사회 부적응, 출신 성분 불만, 정치적 신념의 회의 · 모든 시도를 하였지만 끝내 실패함 · 은밀한 준비 작업, 발각에 대한 위험, 공포
	→가장 충격이 많고, 여러 사건들이 가장 많이 발생하는 시기. 하지만 예방을 위한 조치를 취하기가 가장 힘든 시기임	
2단계: 이주 기간	· 탈출 기간 · 중국에서 피난처 기간	· 탈출 최종 준비, 가족 설득, 체포당할 위험, 식량 부족, 물 부족, 물리적 열악함, 신체적 상처나 손상, 죽음의 위협, 사회적 신분과 재산의 포기, 가족의 죽음, 불확실성에 대한 불안 · '계속된 탈출 기간', 안전에 대한 공포, 불확실성에 대한 두려움 지속
	→최근 이 기간은 점차로 증가하고 있음. 생존과 안전의 욕구와 더불어 정신 심리적 지원도 중요하게 요청됨	
3단계: 망명 신청 기간	· 대성공사 조사 기간 · 하나원 보호 기간	· 조사 활동과 정착 욕구간의 기대 충돌 · 앞으로의 기대와 걱정, 남한 사회에서 주변화되기 시작 (문화 적응 스트레스 시작)
	→정신 건강을 위한 1차 예방을 효과적으로 수행할 수 있는 시기	
4단계: 정착 시기	· 초기 단계 · 심리적인 도착 단계	· 정상 이상으로 기분이 고양 (euphoria) · 가족, 친지와의 상실 및 죄책감, 사회적 차별 및 편견, 문화적 차이, 직업난, 재정난, 가정 내 갈등, 건강 문제
	→삶의 주요 활동 및 일상의 사소한 어려움도 스트레스가 됨. 종합적이고 포괄적인 남한 사회의 정착 지원이 요구됨	

이 정리된다 (김연희, 김창오, 안나용, 유시은, 2006).[4]

〈표 2-2〉에 의하면 북한 이탈 주민의 이주 단계는 4단계로 나누어지고 구체적으로는 이주 전 기간, 이주 기간, 망명 신청 기간(도착 시기), 정착 시기인데 이러한 구분은 일반 이주 난민의 사례와 거의 같은 단계로 보인다. 제1단계 이주 전 기간에서는 병전 성격 및 배경에 관련된 외상과 스트레스를 주요하게 언급하고 있다. 여기에는 식량 부족으로 인한 고통, 출신 성분 문제로 인한 좌절, 탈출 준비 과정에서의 위험과 공포 등이 포함되고 있다. 제2단계는 북한 탈출 후 한국에 입국하기 전까지의 이주 기간(transit)으로서 피난 기간(중국 등지에서의) 동안 체포 위험, 공포, 신체와 심리의 손상, 죽음에의 위험, 불안감, 불확실성에 대한 두려움 등이 정신적 외상 및 스트레스원이 되고 있다. 제3단계, 망명 신청 기간으로서 관계 기관에서의 조사와 하나원에서의 교육 기간이 해당된다. 여기에서는 향후의 기대와 걱정, 불안 등이 공유하는 시기이다. 이 시기부터 문화 적응 스트레스가 시작된다고 볼 수 있다. 마지막 단계는 지역 사회에의 정착 시기로서 남한 생활의 사소한 어려움도 스트레스가 되는 시기이면서도 정착 초기는 매우 큰 기대와 희망으로 부푸는 시기이기도 하다.

2. 정신 건강에 대한 개입 현황

1) 일반 이주 난민에 대한 개입

이주 난민의 정신 건강에 대한 개입은 국가별 · 지역별로 다양하

---

4 김연희, 김창오, 안나용, 유시은(2006), 『새터민을 위한 정신 건강 증진 프로그램 가이드북』, 아름다운생명, p. 33.

게 전개될 수 있지만, 여기서는 일반적으로 크게 세 가지 차원, 즉 거시적 측면, 중시적(meso) 측면, 미시적 측면에서의 개입에 대한 것을 소개한다(Potocky-Tripody, 2002: pp. 276-307). 먼저 거시적 측면의 개입은 대개 이주 난민의 정신 건강 서비스에 대한 접근도를 높이거나 예방적인 프로그램을 시행하는 데 관련된 것이다. 예방적인 모델은 이주 난민의 정신 건강에 대한 위험 요소(risk factors)와 보호 요소(protective factors)를 파악하여 이러한 요소들에 대한 조절을 시도하는 것이다. 이주 난민의 이주 과정의 각 단계에서의 위기 요소를 감소시키는 데 주력하는 것이다. 예를 들어 이주 전 단계와 이주 시작 단계에서 난민 관련 정부에 대하여 국제적 수준에서 옹호 및 압력 행사를 하여 이주 난민의 인권을 보호하도록 하는 것이다. 그리고 이주 과정(transit) 단계에서는 다양한 서비스가 난민 캠프 시기 동안 제공되도록 하며, 난민 캠프 시기 동안 생활상의 조건을 향상시키고, 향후 이주 후 경험하게 될 정착 및 적응의 스트레스를 미리 준비하게 하는 것 또한 여기에 포함된다.

그러나 실제로 이주 난민의 정신 건강에 대한 개입은 이들이 최종 정착지에 도착한 이들과 조우한 다음에 일어나게 됨으로써 예방적 개입은 실질적으로 입국 초기에 가능한 빨리 위험 상태에서부터 변화되도록 하는 것이라고 보여진다. 이러한 개입을 위한 몇 가지 과업들이 권고되고 있다.

· 사회적 지지 체계를 향상시키기 위하여 입국 목적을 위한 '가족' 의 정의를 확장시키는 것
· 민족적 배경의 정착 지원 기관을 위한 모금을 향상시키는 것
· 다문화 혹은 다인종 이해와 관용을 위한 학교의 교과 과정을 발달시키는 것

· 이주 난민의 어려움에 대한 대중의 인식향상을 위한 교육
· 어학 훈련, 노동조합, 전문직 등에 이주 난민의 접근도를 높이는 것
· 이주 난민을 위한 연구와 교육 센터를 개설하는 것

두 번째로 **중시적** 측면에서의 개입을 살펴보면, 이주 난민의 정신 건강과 관련된 기관들의 효과성을 향상시키기 위한 협력과 조직화를 의미한다. 예를 들어서 WICHE(The Western Interstate Coalition on Higher Education) 같은 기관은 이주민들을 대상으로 하는 정신 건강 서비스의 최상의 실무 기준 체계를 확립하였다. 그 실무 기준 체계는 여러 가지 기준을 제시하고 있는데, 여기에는 문화적으로 유능한 기획, 협치(governance), 예방·교육·아웃리치(outreach) 프로그램, 질적 모니터링과 향상, 의사 결정 지지와 경영 정보 체계, 인적 자원 개발 등이다. 대체로 일반 행정, 혹은 일반 인간 봉사 조직의 행정 요소들과 비슷하게 적용되고 있음을 알 수 있으나 문화적으로 유능함을 견지하는 것과 개입에서의 다양한 유형의 네트워킹을 주요 요소로 제시하고 있음이 이주 난민 정신 건강 서비스 체계에서의 특징이라 할 수 있겠다.

세 번째, 미시적 측면에서의 개입은 주지하다시피 직접적 임상 서비스의 제공을 의미한다. 역기서 다시 WICHE(1998)[5]는 최상의 임상 서비스를 제공하기 위한 기준들을 다음과 같이 제시하고 있다.

· 정신 건강 서비스 접근과 허용: 이주 난민의 지위, 보험 가입 여부, 언어에 상관없이 서비스가 제공되어야 한다. 서비스 접근은 개인 차원에서

---

5 Western Interstate Coalition on Higher Education(1998). Cultural competence standards in managed mental health care for four undesered/underrepresented racil/ethnic groups. http://www.wiche.edu/mental health/CCStandards/ccstoc.htm.

든 가족 차원에서든 이루어질 수 있다. 다양한 수준의 케어를 위한 기준에는 진단 결과와 함께 클라이언트의 육체적 건강, 행동, 그리고 기능 등에 관련된다. 더 구체적으로는 여섯 가지 기준이 설정되는데 정신 의학적, 의료적, 영적, 사회 기능적, 행동적 차원 그리고 지역 사회 지지 차원 등이 고려된다.

· 대상자의 분류와 사정: 사정은 다차원적으로 이루어져야 한다. 여기에는 개인적, 가족적, 지역 사회적 강점 차원, 기능적, 정신 의료적, 의료적, 사회 지위적, 가족 지지적 정보가 동원되어야 한다.

· 정신 건강을 위한 케어 기획: 이주 난민을 위한 케어 기획은 일반 소비자와 가족 구성원들을 위한 문화적 틀과 지역 환경 조성과 양립할 수 있는 것이어야 한다. 때때로 필요하다면, 가족 구성원 중의 리더나 의사 결정권자를 관여시킬 수 있다.

· 치료 계획: 이주 난민의 정신 건강 치료 계획은 이들 이주 난민의 문화와 생애 경험에 적합한 것이 되어야 한다. 그러므로 클라이언트(가족 포함)와 함께 문화적으로 유능한 서비스 제공자의 안내를 받아서 이루어 가는 것이 중요하다.

· 치료 서비스: 이 역시 이주 난민의 문화에 적합하고 효과적일 수 있는 정신 건강 치료 방안으로 재단되어질 수 있도록 해야 한다. 이러한 치료 서비스에는 교육, 정신 의료적 재활, 가족 치료, 집단 치료, 행동 수정, 전통적 치유법, 아웃리치 등이 포함된다.

· 이 밖에도 치료 후 종결 기획, 사례 관리, 언어 및 의사소통 지원, 자조

집단에 대한 지원 등이 이주 난민의 정신 건강을 위한 미시적 개입의 주요한 내용으로 포함된다.

2) 북한 이탈 주민의 정신 건강 개입

북한 이탈 주민의 정착 및 적응지원에서 초기의 지원은 대부분 이들의 남한 사회에서의 생존과 경제적 성취에 역점을 두었고 이러한 정책 기조는 여전히 지속되고 있다. 그러나 북한 이탈 주민의 입국 숫자가 늘어나면서 이들이 지닌 정신적 외상의 문제와 적응 과정에서의 심리적 스트레스를 해결하는 이슈가 대두되기 시작하면서 정신 건강 차원의 지원 필요성이 높아졌다. 한편 학계에서는 북한 이탈 주민의 남한 사회에 대한 순조로운 적응과 생활 안정을 위하여 경제적 지원과 심리적 안정 지원이 동시에 이루어져야 함을 역설하게 되었고, 또한 적극적인 사회 문화적 통합을 위해서 북한 이탈 주민의 정신 건강 문제를 해결하는 것이 선결 과제로 제시되게 되었다. 북한 이탈 주민을 위한 정신 건강 문제에 대한 관심이 현실적으로 높아진 시기는 대략적으로 2000년대 중반 정도로 볼 수 있다(김연희 외, 2006). 하나원에서의 정신 건강 진단과 응급 치료에 대한 프로그램이 더욱 강화되고, 지역 사회 차원에서의 북한 이탈 주민 정신 건강 지원이 체계적인 모습을 띠기 시작했다. 더욱이 통일부와 북한 이탈 주민 후원회의 민간 협력 지원 사업을 통한 프로그램에서 북한 이탈 주민의 정신 건강을 지원하는 프로그램을 독립적인 영역으로 배치하고 이에 관여하는 프로그램 기관에게 사업 예산을 지원하기 시작하였다. 2000년 이전부터 시작되어 온 북한 이탈 주민의 정신 건강 문제에 관한 연구는 2000년 중반으로 오면서 그 양과 내용적인 차원에서 심화되기 시작하였다. 정신 의학적 차원과 더불어 심리학, 사회 복지학, 상담학 차원에서 북한 이탈 주민의 정신 건강 문제의 진단과 치료, 지역 사회 차원의 지원 체계 구축, 관련 서비스의 연결 등에 관한 연구가 다양화되고 심화되면서, 그 연구의 폭이 넓어지기 시작하였다.

(1) 공공의 개입

북한 이탈 주민에 대한 공공의 정신 건강 개입은 지역 사회 편입 전과 편입 후로 나눌 때 주로 지역 사회 편입 이전 단계에 초점이 맞추어 진다고 본다. 즉, 주로 하나원에서의 정신 건강 진단과 초기적 개입을 의미한 것이 된다. 하나원은 현재 북한 이탈 주민이 정신 건강의 전문 인력과 조우하게 되는 최초의 기관이라고 보는 것이 타당하다. 여기에서는 정신 보건 및 상담의 전문 인력이 배치되어 있고 전문 상담실이 상시적으로 운영되고 있으며, 각종 심리 검사와 진단 그리고 심층적인 상담 서비스가 제공되고 있다. 그러나 하나원은 통합 지원 시스템이 구축될 경우 정부와 민간을 연계하는 정보 교환과 의견 제공의 중심적 역할을 수행해야 함에도 불구하고 보안 시설이라는 한계와 북한 이탈 주민 인적 정보의 특수성 때문에 중심적 역할 수행에 어려움을 겪고 있다.

이러한 하나원에서의 정신 건강 관련 서비스는 교육 기간(2~3개월) 내에 한정된 시간 동안 주어지는 것이며, 또한 지역 사회 편입 후의 시기 동안 출현하는 정신 건강과 심리적 문제에 대응하기 어려움이 있다. 이러한 여건은 종종 하나원 이후의 지역 사회 내에서 생활시 북한 이탈 주민의 정신 건강 문제를 대응할 후차적이고 심층적인 서비스 내용과 그 전달 체계에 대한 필요성이 지적되어 왔다.

물론 하나원 이전에 대성공사와 같은 합동 심문 기관을 거치는 동안에 탈북 전과 탈북 과정에서의 경험이 조사되어 그 과정에서 북한 이탈 주민들의 충격적이고 부정적인 경험이 토로되기도 한다. 대성 공사 조사 기간은 북한 이탈 주민들에게 한국 생활의 최초 기억이 부 정적으로 각인되는 측면이 있기 때문에 대성공사의 조사 기법, 그리 고 조사원들과 생활 관리자들에 대한 검토가 요구된다. 특히 기본 조 사가 종료된 경우 조사 과정에서 외상(trauma)에 대한 재현이나 이로 인한 이들의 심리적 불안과 정서 장애를 해소할 수 있도록 전문 인력 과 상시 시설을 유지할 필요가 있다는 지적을 하고 있다. 그러나 현 재로서는 이 초기 단계에서의 조직적인 개입은 현실적인 것으로 보 기 어렵고 좀 더 후차적인 단계인 하나원 교육과 지역 사회 편입 후 의 단계에서 공공적인 개입 혹은 민간 의료 복지 기관에 의한 개입을 요구하고 있다고 보여진다.

지역 사회 내에서의 공공 보건 의료의 북한 이탈 주민 정신 건강의 대응은 국립의료원 내 정신과 분야에서의 개입이라고 볼 수 있다. 2009년 현재 공공 보건 의료법에 의하여 국립의료원 정신과 내 북한 이탈 주민 진료 센터가 설치되어 있는데, 여기서 북한 이탈 주민의 육체적 질병과 함께 정신적 질병에 대한 대응을 하도록 되어 있다. 여기서는 2006년 3월부터 2008월 9월까지 약 1005명 중에서 239명이 정신과 외래 진료를 받았다.

지역 내에 존재하는 지역 사회 정신 보건 센터는 북한 이탈 주민을 위한 공공 기능의 일부로서 소개될 수 있다. 〈표 2-3〉(46쪽)에서 보 여지는 것처럼, 현재 지역 사회 내에서의 북한 이탈 주민 정신 건강 은 지역 사회 정신 보건 센터의 특수 사업 중의 한가지로 규정되어 있음을 알 수 있다. 물론 최근의 북한 이탈 주민의 한국 내 규모와 이 들의 정신 건강 대응의 필요성이 역설된 후에 변화된 규정이라고 보 여진다. 해당 항목에서 규정된 바와 같이 북한 이탈 주민(새터민)은 다른 유형의 이주민, 즉 한국 사회 내 이주민의 다수를 구성하는 결

〈표 2-3〉 지역 사회 정신 보건 센터의 사업 내용

기본 사업	특수 사업

· 지역 정신 보건 사업의 기획 및 자원 조정
· 대상자 발견 · 등록 및 사례 관리
· 대상자 의뢰 체계 구축 및 운영
· 정신 건강 전화(1577-0199) 운영
· 청소년 정신 건강 조기 검진 및 조기 중재
· 주간 보호(day care) 프로그램
· 자살 예방 사업
· 정신 질환 예방, 정신 건강 증진 사업
· 정신 질환 편견 해소 홍보
· 지역 내 정신 보건 관련 자문 및 보건 복지
  인력 교육(보건소 공무원, 사회 복지 전담
  공무원, 관련 교사, 자원 봉사자 등을 대상
  으로 연 2회 이상 교육)
· 정신 질환자 가족 교육(연 6회 이상) 및 모
  임 지원
· 자원 봉사자 관리 및 연결
· 운영 위원회 운영
	· 거점 정신 보건 센터 사업(시 · 도로부터
	  거점 센터로 지정받았을 경우: 관내 정신
	  보건 시설 등에 대한 기술 지원 및 평가,
	  교육 훈련, 홍보 책자 개발 등 시 · 도 정신
	  보건 사업 지원)
	· 직업 재활 프로그램
	· 알코올 중독 환자 재활 프로그램
	· 조건부 수급자 재활 프로그램
	· 응급 상담 서비스
	· 아동 · 청소년 정신 보건 사업
	· 노인 정신 보건 사업
	· 직장인 정신 건강 증진 사업
	· 노숙인 정신 보건 사업, 미인가 시설 정신
	  질환자 진료 및 관리
	· 새터민, 해외 이주 여성 및 혼혈 자녀 정신
	  건강 상담 서비스
	· 가족지원 사업(후원금품 연결, 저소득층
	  에 대한 의료비 지원 등 사회 경제적 지원)

혼 이주 여성 등과 같은 영역으로 편재되어 이주, 정착, 문화적 적응
을 경험하는 집단에 대한 새로운 대응 서비스 영역으로 새롭게 변화
된 센터의 기능으로 부여되어 있다.

현실적으로 지역 사회 정신 보건센터의 추진 사업과 실적은 평가
할 자료가 수집되어 있지 않으나 지역 내 사회 복지관과 같은 일선에
서 북한 이탈 주민을 대응하는지 원기관과의 연계를 통하여 향후 많
은 기능의 필요성이 예상되는 바이다.

(2) 민간 영역에서의 개입

초기의 북한 이탈 주민을 위한 민간 영역에서의 정신 보건 사업들
은 일정한 체계와 연계가 없이 대부분 개별적 노력으로 진행되었다.

〈표 2-4〉 민간 협력 사업 새터민 정신 건강 지원 사업 현황 (2008년 12월 현재)

사업 시행 기관	사업 연차	기관 특수성
가양7 · 방화6 종합사회복지관	1년차	(가) 전문화된 심리 교육 프로그램을 단계별로 실시 (정신과적 문제 개입을 위한 집단 상담 및 치료 → 인간 관계 감수성 훈련 → 셀프파워 프로그램)
공릉 종합사회복지관	3년차	(나) 복지관 부설로 설치된 새터민 정착 지원 센터의 다양한 정착 지원 사업과 함께 정신 건강 사업이 유기적으로 연결
한빛 종합사회복지관	3년차	(다) 정신 건강 문제의 예방과 치료 통합 시스템 구축을 목적으로 정신 건강 수준별 개입 활성화
북한 인권 정보센터	3년차	(라) 비밀집 지역 새터민에 대한 상담, 새터민 업무 담당자 대상 서비스 제공 및 외상 경험자 전문 서비스 제공
북한 이탈 주민 지원센터	3년차	(마) 대구 및 경북 지역 중소 도시 지역을 망라한 포괄적 수준의 보건 복지 서비스 모형 구축을 목적

※출처: 김은경(2008), 「새터민 정신 건강 지원 사업의 현황과 모형(기관별)」, 새터민 정신 건강 지원 사업의 현황과 발전 방향, 북한 이탈 주민 후원회 민간 협력 사업, 『새터민 정신 건강 지원 특별 시범 사업』 시행 기관 워크숍 자료집』, 2008 년 12.10.

대학 병원 내 정신과, 개별 정신 병원, 사회 복지관 등에서 자원 봉사적 성격으로 이루어져 오고 있다가 하나원 내에서의 정신 건강 진단과 응급적 치료가 이루어지면서 지역 사회 내에서 이를 연계할 체계에 대한 필요성이 높아지게 되었다.

2009년 현재 민간 영역의 기관들에 의한 북한 이탈 주민 정신 건강 대응의 체계는 북한 이탈 주민 후원회의 민간 협력 사업 지원에 의한 정신 건강 프로그램들이라고 볼 수 있는데, 현재 시행하고 있는 기관들과 간략한 사업 내용은 〈표 2-4〉에서 보여지고 있다.

〈표 2-4〉에서 살펴보듯이 정신 건강 지원 프로그램은 초기 6개 기관으로 출발하였다가 3년차에 이르기까지 현재 4개 기관에서 지속되고 있다. 여기에는 북한 인권 정보센터의 새터민 정신 건강(PTSD) 향상을 위한 전국 단위 통합 서비스 지원 사업, 자원 봉사능력개발원

북한 이탈 주민 지원 센터의 포괄적 보건복지사업 모형을 통한 대구·경북 새터민 정신 건강 지원 사업, 서울한빛종합사회복지관의 새터민 정신 건강 지원 사업, 서울공릉종합사회복지관의 노원 지역 새터민 정신 건강 증진 및 심리 안정을 통한 정착 지원 프로그램이 해당한다.

2007년 사업 내용에 대한 평가한 자료[6]에 의하면 현재 민간 기관들에 의해 수행되고 있는 정신 건강 프로그램의 장단점 및 보완 사항은 다음과 같이 제시되고 있다(〈표 2-5〉 참조).

---

6 북한 이탈 주민 후원회 (2008.12), 『2007 민간 협력 사업 최종 평가 보고서』(비간행물).

〈표 2-5〉 2007년 민간 협력 사업 평가 내용: 새터민 정신 보건 지원 사업

장점	· 새터민 정신 건강을 지원하고 협력하기 위한 기관간의 네트워크 사업으로 지역 사회 자원을 효율적으로 관리하고 동원한 점은 향후 새터민 정신 건강 관련 사업의 좋은 모델로 작용할 수 있음. · 새터민의 정신 건강을 증진하기 위하여, 새로운 치료기법을 개발하고 적용한 것은 새터민의 특성에 기반한 프로그램의 기획이란 점. · 새터민의 정신 건강 문제를 조기에 발견하고 개입하고, 이를 예방할 수 있는 사업의 기획이란 점.
한계	· 개별 상담 및 집단 상담에 관한 전문적인 개입이 미흡한 점은 향후 전문 인력 고용과 자문위원회 활성화를 통해 개선하여야 할 것으로 보임. · 새터민의 정신 건강 수준은 PTSD 외에도 불안 장애, 우울증, 스트레스로 인한 신경증 등 다양한 정신 건강 문제가 존재하는데, 이에 대한 포괄적인 접근이 이루어지지 않았던 점은 향후 새터민의 정신 건강 수준에 대한 종합적인 사정과 평가 후 개입하는 전략을 세울 필요가 있을 것으로 보임. · 클라이언트 선정 과정을 엄격하게 할 필요가 있고, 정신 건강 사업 내 문화 지원 사업과 같이 직접적으로 관련이 적은 것으로 보이는 사업은 지양해야 할 것으로 보임.
개선 방향	· 새터민의 정신 건강을 위한 프로그램은 매우 긴급하고 절실한 것으로 보임. 남한 사회에서 새터민은 남한 사회에 정착하는 과정 중에, 그리고 정착 후에 많은 심리적 고충을 겪고 있으며, 사회적 소수자로서의 소외, 문화적 부적응자로서의 소외 등으로 인하여 다양한 스트레스를 경험하고 있음. 따라서 향후 새터민 정신 건강 사업의 대상은 매우 넓고 광범위하게 개입될 필요성이 크므로, 이들의 정신 건강 문제에 전문적으로 개입할 수 있는 전문 기관을 중심으로 사업을 진행하고 지원하는 방안이 고려되어야 할 것임. · 이 사업은 각 지역에 분포하고 있는 정신 보건 센터와 연계하여 사업을 진행할 필요가 있음. 정신 보건 전문 기관이 아닌 기관 중심으로 새터민의 정신 건강 문제에 개입하는 것은 한계가 있을 수 있으므로, 그동안 정신 보건 분야에서 정신 건강 예방 및 홍보 그리고 사례 발굴 등의 사업을 펼치는 등 활발하게 정신 보건 사업을 수행하고 있는 '정신 보건 센터'와의 연계를 통해 사업의 효과성을 향상시킬 수 있도록 하는 컨소시엄 형태의 사업의 운영을 고려할 필요가 있음. · 새터민 정신 건강 욕구들 중 가장 긴급한 것을 중심으로 위기 개입과 정신 보건 기관에 의뢰할 수 있는 사례들을 발굴하고 지속적으로 사례 관리할 수 있는 시스템 개발이 요구됨. 따라서 새터민 정신 건강 문제를 효율적으로 관리할 수 있는 정신 보건 전문의 및 정신 보건 전문 요원(정신 보건 사회 복지사, 임상심리사, 정신 보건 간호사) 고용 및 활용 방안에 대한 지원이 요청됨. · 새터민의 삶과 한국 사회에서의 적응 과정에서 발생할 수 있는 심리 · 정서적 위기와 욕구 그리고 정신 건강 문제에 대한 역학 조사가 체계적으로 조사된 바가 별로 없으므로 새터민의 일반적인 정신 건강 수준을 평가하고 분석하여, 새터민 정신 건강 문제에 대한 조사 기획에 대한 추가적인 투자가 있어야 할 것으로 보임. 물론 공릉복지관에서 실태 조사를 한 것으로 알고는 있지만, 대상지역이 서울시 노원구에 국한되어 있어, 실태 조사의 결과를 일반화하기 어려우므로, 광역 자치 단체별로 체계적인 실태 조사를 우선적으로 실시하여, 그에 따라 지역별로 균형 있는 사업의 배분이 필요함.

※출처: 북한 이탈 주민 후원회 (2008.12), 『2007 민간 협력 사업 최종 평가보고서』(비간행물).

□ 2장 참고 문헌 □

김병창(2008), 「새터민의 정신 건강」,『새터민 정신 건강 지원 사업의 현황과 발전방향, 북한 이탈 주민 후원회 민간 협력 사업, '새터민 정신 건강 지원 특별 시범 사업' 시행 기관 워크숍 자료집』.

김은경(2008), 「새터민 정신 건강 지원 사업의 현황과 모형(기관별)」,『새터민 정신 건강 지원 사업의 현황과 발전 방향, 북한 이탈 주민 후원회 민간 협력 사업, 새터민 정신 건강 지원 특별 시범 사업』시행기관 워크숍 자료집』.

김연희 · 김창오 · 안나용 · 유시은(2006),『새터민을 위한 정신 건강 증진 프로그램 가이드북』, (p.33), 아름다운생명.

《문화일보》(2008. 10. 1.)

북한 이탈 주민 후원회(2008),『2007 민간 협력 사업 최종 평가 보고서』(비간행물).

이철우(2008),『새터민정신 건강대상자 추적조사 결과(서울 양천구), 정신 건강 지원 사업 세미나』.

Potoky-Tripody, M. (2002), *Best Practices for Social Work with Refugees and Immigrants*, Columbia University Press.

Western Interstate Coalition on Higher Education(1998). Cultural competence standards in managed mental health care for four undesered/underrepresented racil/ethnic groups. http://www.wiche.edu/mental health/CCStandards/ccstoc.htm.

3 교재 내용 소개

이 장에서는 이 책 서론의 일부로서 간략히 전체적인 내용을 독자들에게 소개하고자 한다. 이 책은 이미 앞서 살펴본 것과 같이 이주 난민의 정신 건강의 문제와 이를 대응하기 위한 정신 건강 서비스 체계, 그리고 구체적인 서비스 기법으로 이주 난민을 위한 상담 전략과 기법에 대한 것을 논의하고자 하는 목적을 가지고 서술되었다.

이 책은 4부로 구분된다. 제1부는 지금까지 서술된 바와 같이 서론에 해당하는 것으로서 이주 난민의 개념과 범주, 국내외 이주 난민의 규모와 현황, 이들의 정신 건강 문제에 대한 간략한 소개, 그리고 이들을 위한 서비스 전달 체계 및 서비스 현황에서의 한계 등을 논의함으로써 주제 관련 기초적 이해와 문제 제기를 도모한다.

제2부는 이주 난민의 정신 건강 문제에 대한 세부적이고 심도 있는 고찰을 제공한다. 여기서는 이주 난민의 발생시부터 이주국에서

의 적응에 이르는 과정에서 발생하는 다양한 정신 건강의 문제, 즉 심리적 충격으로부터 연유하는 외상 문제에서부터 사회 문화 적응에 관련된 스트레스 등을 다룬다. 이러한 문제의 배경, 이유, 증상, 대응의 차원에 이르는 다차원적인 논의를 제공한다.

제3부는 한국의 정신 보건 서비스 정책과 전달 체계를 소개하고 이를 이주 난민을 위한 서비스로 어떻게 활용할 수 있을 것인가를 논의한다. 주로 북한 이탈 주민의 정신 건강 문제의 해결과 서비스 제공을 위하여 어떠한 서비스 전달 구조와 전략을 가질 것인가를 거시적·중시적·미시적 차원에서 다양하게 논의한다. 또한 북한 이탈 주민의 사회 진입상의 과정에서 단계별 서비스를 위한 탈북 직후 — 탈북 과정 — 하나원(적응 교육 센터) — 지역 사회 적응기에 맞추어지는 정신 건강 서비스 제공 방안을 소개한다.

제4부는 이주 난민을 위한 상담의 다양한 모형과 기법에 초점을 맞추고 있다. 여기서 상담 관련 구체적인 사례들을 소개하고 논의함으로써 이론과 기법의 피상적 소개에 그치는 한계를 극복하고 있다. 또한 북한 이탈 주민을 대상으로 하는 상담의 특수성과 세부적 방법론을 논의함으로써 이주 난민 상담의 실제적인 한국 사회 적용을 보여 주고 있다. 여기서는 구체적으로 북한 이탈 주민의 특수성에 비추어 본 상담 모형을 탐색하기 위하여 북한 사회를 경험한 사람들의 상담에 대한 태도와 인식, 남한의 상담 기법에 대한 인식 등을 살펴보고, 북한 이탈 주민의 문화적 맥락에서의 이해, 상담 관계에서 상호 작용을 촉진시키는 방안, 남북 문화 통합의 관점에서의 북한 이탈 주민 상담의 의미와 적용 방안에 대해서 탐색하고 있다.

제4부에서는 앞서 3부에서 정신 건강 문제를 정착 단계별로 구분하였듯이 거기에 조응하여 북한 이탈 주민을 대상으로 하는 상담의 장에서도 정착 단계별로 논의하고 있다.

II

이주 난민의 적응과 정신 건강

4 외상 경험과 정신 건강

1. 외상 경험과 외상 후 스트레스 장애

외상 후 스트레스 장애라는 명칭에 대한 의학적 확립에 기여한 사건은 강력한 무기가 사용된 세계 1, 2차 대전 이후 신체적 상처는 없지만 외상을 입은 군인의 상태를 설명하기 위해 포탄 충격(shell shock)과 전투 피로증(combat fatigue) 등의 용어가 생겨났다. 미국 의무대는 세계 2차 대전과 한국 전쟁에서 얻게 된 전투 피로증을 치료를 요하는 심리적 장애로 인정하였다. 전투 피로증은 항상 급성이고 치료는 전투 현장 가까이에서 하는 것이 최선이라는 것이 전투 피로증에 대한 접근 방법이었다. 이러한 생각 때문에 전투 피로증의 희생자는 다시 전쟁으로 돌아가야 했다. 시간이 모든 상처를 치료하며 장기적 영향을 우려할 필요가 없다는 것이 당시의 주된 생각이었으나 이는 잘못된 것이었다. 실제로 베트남 재향 군인 센터의 제안자인 아서 블랭크(Arthur Blank)는 자신이 베트남에서 군 정신과 의사였을 때 퇴역 군인에게 장기적인 어려움은 없으리라고 느꼈었던 것을 후회스럽게 말하였다. 사회는 가능한 빨리 전쟁의 무서운 기억을 잊고자 했으며, 포탄 충격과 전투 피로증을 앓는 군인은 꾀병을 부리는 겁쟁이라고 믿었기 때문에 전쟁이 끝난 후에 사회나 정신 보건 실천가 모두 외상의 장기적 영향의 가능성에 대해서는 관심을 갖지 않았다. 돌아온 군인들이 다시 일상생활에 힘쓰기만을 기대했을 뿐이다. 전쟁은 계속되어 더 많은 퇴역 군인들이 심리적 문제를 일으키기 시작했으며, 이즈음 여성 운동 분야의 연구자는 가정 폭력, 강간, 아동 학대 이후에 경험하는 심리적 문제를 조사하고 있었다. 연구자들은 퇴역 군인뿐 아니라 민간인들 역시 신체적, 성적 공격의 희생자가 심리적 외상으로 인해 오랫동안 고통을 받는다는 것을 재발견하였다 (한인영 외 역, 2001: pp. 140-141).

따라서 정신적 외상은 하나의 과정이라고 볼 수 있다. 이 과정은 개인에게 갑작스럽고도 저항하기 어려운 위협이 되는 사건에서 비롯된다. 이러한 사건이 발생했을 때 마음의 내적 작용은 혼란을 조절하지 못하고, 불평형이 일어난다. 외상은 심리적 안정을 파괴시킨다. 이러한 심리적 안정은 과거와 현재의 영속감에서 얻어지는 것이다. 과거에 경험해 보지 못했으며 어떻게, 왜 그러한 사건이 일어났고 그 사건이 무엇을 의미하는지와 같은 기본적인 질문에 효과적으로 대답할 수 없는 외상 사건이 발생했을 때 위기가 뒤따르게 된다. 사건은 위기에 처한 개인을 외상 상태에 이르게 하는데 이러한 외상 상태는 외상 사건을 재조직하고 분류하고 이해할 때까지 계속된다. 외상 상태가 끝났을 때 비로소 정신적 평형을 되찾게 된다. 외상을 의식 수준에서 효과적으로 통합시키고 외상을 과거의 일부로 조직할 수 있다면 항상성을 되찾고 문제에 대처하며 다시 일상적인 생활을 계속할 수 있게 될 것이다. 그러나 만일 그 사건을 효과적으로 통합하지 못하고 의식 수준 아래로 가라앉히면 초기의 스트레스원이 사건 몇 달 후, 또는 몇 년 후에 다양한 증상으로 다시 나타날 수 있다. 미해결 스트레스원이 위기 사건을 야기할 때 이 위기 사건을 지연된 스트레스 장애(delayed stress disorder), 또는 외상 후 스트레스 장애의 범주에 포함시킨다(한인영 외 역, 2001: p. 139).

정신적 외상이란 북한 이탈 주민들이 가지고 있는 '보이지 않는 상처'로 이주 과정 또는 이주 이전과정에서 겪었던 극심한 위협이나 고통을 의미한다. 1990년대 후반 북한의 경제난이 심각해지자 이주 난민의 수는 급격하게 증가하였고, 이들은 공안들의 감시와 죽음의 위협을 피해 북한을 탈출하였다. 생존의 위협과 정치적인 위협을 동시에 겪었던 북한 이탈 주민들은 인권적 측면에서 어느 국로부터 아무런 보호도 제공받지 못하였다. 1999년 중국에서 당시의 정신 건강 조사에 의하면, 북한 이탈 주민들의 93%가 식량과 물의 부족을 경험하고 있었고 89%가 진료를 받지 못한 질병을 앓고 있었다. 90%가 불안을, 81%가 우울 증상을 호소하였고, 외상 후 스트레스로 이행할 확률이 56%라고 보고하였다(김창오 외, 2006: p. 366).

하지만 정신적 외상에 대한 최근의 연구 결과에 따르면 유병률의 큰 차이를 보이고 있음이 밝혀졌다. 하나원에서 정착 6개월 이내에 조사한 북한 이탈 주민의 외상 후 스트레스 장애 결과는 29.5%로 알려졌으나 정착 후 3년이 경과한 동일 집단 북한 이탈 주민에게서는 4.0%로 보고되었다(홍창영, 2004: p. 25). 앞서 언급한 중국에서 거주하는 재중 탈북인의 경우 56%가 외상 후 스트레스 장애로 이행할 가능성이 높다는 연구 보고와는 큰 차이가 있음을 알 수 있다(김창오 외, 2006: pp. 366). 이와 같은 이질적 연구 결과는 북한 이탈 주민의 연령, 성별, 출신 성분, 남한 정착 기간 등에 따라서 서로 상이하며, 이런 상이성이 적응 과정 및 정신 건강 측면에서 차이를 유발할 것으로 보인다. 또한 북한 이탈 주민 개인 특유의 심리적 특성이 상이하다는 점이다. 그러므로 북한 이탈 주민의 정신 건강은 개인의 사회 생물학적 측면과 심리적 특성, 스트레스 대처 방식에 따라 상이하나 우울, 불안, 신체화 장애, 수면 장애, 적응 스트레스, 외상 후 스트레스 장애 등의 병리 현상을 나타낸다고 보고되었다(유정자, 2006: p. 12).

(1) 북한에서의 외상 평가 척도(강성록, 2000)

다음 페이지에 제시된 문항들은 북한에서 생활하면서 일반적으로 사람들이 겪을 수 있는 사건들이다.

각 문항을 읽고 귀하께서 '직접 경험했는지, 남들에게 생긴 일을 직접 목격한 적이 있는지, 남들에게 생긴 일의 소식이나 소문을 들은 적이 있는지, 그런 내용에 대해 아는 바가 전혀 없는지' 여부를 표시해 주세요. 모두 표시를 하신 다음 그 모든 것에서 자신에게 가장 큰 충격이 되었던 것들을 다섯 가지만 골라 가장 큰 충격을 1, 그 다음을 2의 순서로 5번까지 '순위' 칸에 표시해 주십시오.

번호	문항	경험했다	목격했다	소식듣다	전혀없다	순위
1	질병에 걸렸는데 제대로 치료를 받지 못해서 생명의 위협을 받았다.					
2	식량 부족으로 인해 생명의 위협을 받았다.					
3	아주 심하게 매를 맞았다.					
4	어딘가로 끌려가 누군가로부터 고문을 당했다.					
5	교통사고나 작업장에서의 사고로 인해 심하게 다쳤다.					
6	심한 추위로 인해 죽음의 위협을 당했다.					
7	정치적 과오로 인해 사상성을 의심 받았다.					
8	가족이나 친지의 정치과오로 인해 처벌을 받았다.					
9	사상 투쟁의 대상이 되었다.					
10	출신 성분으로 인하여 불이익을 당했다.					
11	심한 성적 모욕을 받았다.					
12	강간을 당했다.					
13	교화소나 감옥에 갇혔다.					
14	예상치 않게 가족과 강제로 이별을 당했다.					
15	홍수나 산불 등 자연 피해(재해)를 당했다.					
16	공개 처형을 당했다.					
17	굶어죽었다.					
18	식량이나 연료 등을 구하기 위해 큰 위험에도 불구하고 국가의 재산이나 남의 물건을 훔쳤다.					
19	관리소(정치범 수용소)에 갇혔던 적이 있다.					
20	식량을 구하기 위해 떠난 사람의 소식을 듣지 못했다.					

(2) 탈북 과정에서의 외상 평가 척도(강성록, 2000)

다음 페이지에 제시된 문항들은 북한에서 탈출하는 과정에서 일반적인 사람들이 경험할 수 있는 사건들이다.

각 문항을 읽고 귀하께서 '직접 경험했는지, 남들에게 생긴 일을 직접 목격한 적이 있는지, 남들에게 생긴 일의 소식이나 소문을 들은 적이 있는지, 그런 내용에 대해 아는 바가 전혀 없는지'의 여부를 표시해 주세요. 모두 표시를 하신 다음 그 모든 것에서 자신에게 가장 큰 충격이 되었던 것들을 다섯 가지만 골라 가장 큰 충격을 1, 그 다음을 2의 순서로 5번까지 '순위' 칸에 표시해 주십시오.

번호	문항	경험 했다	목격 했다	소식 듣다	전혀 없다	순위
1	탈북 준비를 하다가 발각될 위험에 처했다.					
2	누군가에게 들켜 생명의 위협을 느껴 숨어 있었다.					
3	목숨을 잃을 정도로 음식이나 먹을 물이 부족했다.					
4	갑자기 다치거나 병에 걸렸는데 제대로 치료를 받지 못해서 생명의 위협을 받았다.					
5	국경에서 북한 경비병이나 안전원의 검열을 받았다.					
6	국경 경방대(국경 경비대)에게 체포당했다.					
7	사격의 표적이 되었다.					
8	아주 심하게 매를 맞았다.					
9	같이 탈북하던 사람이 도중에 체포되었다.					
10	같이 탈북하던 사람과 헤어졌다.					
11	같이 탈북하던 사람이 도중에 사망했다.					
12	지니고 있던 돈이나 식량, 먹을 물 등을 도둑맞거나 빼앗겼다.					
13	성적 모욕을 당했다.					
14	강간을 당했다.					
15	탈북 과정에서 만난 남한 사람으로부터 모욕을 당했다.					
16	믿었던 사람에게 예상치 못한 배신을 당했다.					
17	자신에게 접근하는 다른 사람을 북한의 밀정으로 알았다.					
18	한국 대사관이나 영사관에 망명을 요청했으나 받아들여지지 않았다.					

2. 난민 이주자의 외상 경험과 정신 건강

이주 난민들의 전형적인 경험은 자국으로부터 탈출하여 새로운 정착지로 이주하기 이전(pre-migration)까지의 경험이 이주 이후(post-migration) 삶에 영향을 미쳐 흔히 심리·정서적 고통 및 외상 후 스트레스 반응을 나타낸다고 제시되고 있다. 이러한 난민들의 이주 이전에 따른 일반적인 경험으로는 고문, 강제 노동, 굶주림, 감시와 잔혹한 폭력 행위 그리고 가족과의 이별 및 죽음 목격, 전쟁, 성폭행, 집단 수용소 생활, 생명을 위해하는 질병에 걸림, 수용소에서의 영양실조, 신체적 상해 및 대량 학살, 인질이 됨, 군사 전쟁, 세뇌, 고문, 기근 및 불법 이주 생활로 인한 희생의 위험 등을 포함한다.

따라서 이주 이후에는 이주 이전에 경험하였던 심리적 외상 경험의 후유증과 더불어 새로운 사회 문화에 적응하는 과정에서 경험하게 되는 심리적 고통이 연합되어, 우울이나 불안, 무기력감, 외상 후 스트레스 반응, 약물 남용 및 자살 생각 등을 노출시켜 정신 건강을 위태롭게 한다는 사실은 이미 많은 문헌을 통해 밝혀졌다. 난민들이 경험한 충격적인 외상 경험의 증상적 결과는 신체적 각성 및 행동 영역, 정신적 영역, 정서적 영역에서 심층적이며 지속적인 변화를 생산한다.

신체적 각성 영역에서는 불면, 신체화 증상, 쉽게 피곤함, 안절부절못함, 그리고 과도한 경계 등을 나타내면서 행동적으로는 쉽게 놀라거나, 작은 자극에도 불안정하게 반응하며, 폭발적인 공격 행동, 특정 장소나 상황을 회피함, 대인 관계 철회 등으로 이어진다. 정서적 영역에서는 일반화된 불안 증상과 구체적인 공포 등이 연합되면서 안전과 보호된 삶 속에서도 부적응적인 반응을 보이게 되며, 우울, 상실에 대한 슬픔, 분노, 무감정, 생존자 죄책감, 신뢰의 상실, 자존감 상실, 무기력감, 타인과 정서적 철회, 과도하거나 극단적인 감정 그리고 만성적인 공허감 등을 나타낸다.

카를 융(Carl Jung)은 기억은 신체에 근거하고 있다고 하였다. 즉, 정신 상태(Psyche)는 신체적 조건에서 비롯하고 신체적 조건은 정신 상태에 의해 결정된다고 단언하였다. 따라서 단 한 번의 외상 사건이라도 그 사건에 대한 개인의 적응 능력이나 사건에 대한 정신과 감정을 관리할 능력이 취약한 경우 완전히 압도되어 버릴 수 있다.

마지막으로 정신적 영역에서는 공포스러운 사건들은 과거임에도 불구하고 마치 그 일이 현재에도 지속적으로 발현되는 것처럼 그 사건을 재체험한다는 것이다. 따라서 원치 않는 과거 기억의 반복적 침습으로 인해 현재의 일상적인 과정을 시작하는 데 장애를 초래하게 된다. 또한 집중 곤란과 기억력 약화, 사격을 받거나 추적당하는 등의 악몽, 그리고 전체 맥락에 따른 기억을 이야기하기보다는 맥락 없이 파편화된 이미지 또는 감정에 초점을 맞추어 각인된 부분만 세밀하게 묘사하게 되며, 경우에 따라서 자신과 분리된 해리(dissociation)를 동반하기도 함으로써 마치 현실과는 분리된 것처럼 느끼거나 행동하는 것으로 보이게 된다. 따라서 정신적 충격은 신체적 손상뿐만 아니라 기억 상실을 초래할 수 있다.

이렇게 외상 사건의 경험 또는 극단적인 심리적 고통이란 갑작스럽고 기대하지 않았던 충격적 사건의 결과이며, 예상하였다 할지라도 당시 비극적인 삶의 환경은 개인의 통제에서 벗어난 것으로써 일상적인 수준을 넘는 것이기에 만성적인 문제를 발생시키기도 하고 역행할 수 없는 부정적인 결과를 초래시킬 수 있다. 이렇게 개인 통제에서 벗어나 역행시킬 수 없는 변화들은 직접적이고 교정적인 조치를 거의 취할 수 없게 만드는 경향이 있다. 또한 개인의 삶 속에서 무기력함, 우울, 불안, 물질 중독, 자살 충동, 신체화 증상 및 자아 기능의 손상 등을 일으키게 하면서, 개인의 불행에 대해 다른 사람을 비난하게 되기도 한다. 하지만, 그로 인한 충격의 정도는 외상 사건을 경험한 개인의 발달 단계(developmental stage)에 따라서 달라진다는 특성을 갖기 때문에, 동일한 외상 사건에 노출되더라도 개인에 따라서 외상 후 스트레스를 경험하기도 하고, 다른 부류는 특별한 증상을 나타내지 않기도 한다.

그러나 일반적으로 난민의 외상 경험은 미래의 스트레스원에 대해서 개인의 취약성을 증가시킴으로써 지속적이며 간접적인 영향을 주게 된다. 난민 이주자 연구에서 나타나는 공통적인 특성을 살펴보면, 가족과 관련된 외상의 경우 외상 후 스트레스 수준이 더 높다는 것이다. 그리고 난민의 외상 경험은 단일 사건이 아니라 상호 연계된 일반적으로 누적된 경향이 있다는 특성으로 인해 깊은 슬픔과 관련된 증상, 삶에 대한 의미 상실과 같은 실존적 의미의 위기, 정체성 상실 및 임파워먼트(empowerment) 인식에 대한 의심 등과 같이 정신 건강에 더욱 부정적인 영향을 미친다. 그리고 외상을 경험했던 시간도 연관성이 있는데, 동남아시아 난민과 같이 외상 경험이 10~15년 정도로 장기화된 경우에는 정신 건강에 더욱 치명적인 영향을 준다는 것을 알 수 있다.

또한 미국에 정착한 캄보디아 강제 수용소 출신 난민 13명의 정신 건강 연구 결과에서 우울, 신체화 증상, 정신 집중 곤란, 불면증, 그리고 미각 상실 등이 현저하게 나타났으며 이러한 경향들은 외상 경험 이후 상당한 시간이 경과하였음에도 불구하고 지속성을 나타내었음을 강조하였다(유정자, 2006: pp. 13).

3. 북한 이탈 주민의 외상 경험과 정신 건강

북한 이탈 주민은 북한에서 생활하면서 겪었던 굶주림, 구타, 고문, 강제 노역 등과 같은 다양한 육체적 외상뿐 아니라, 감금, 감시, 세뇌, 공개 처형 목격 등과 같은 정치 사상적 외상, 가족의 죽음 목격 및 이별 등과 같은 가족과 연관된 외상을 경험하게 된다. 좀 더 구체적으로 언급하자면, 식량 부족으로 인한 극심한 굶주림 경험, 가족 및 친인척 등의 아사 목격, 안전원으로부터의 구타와 고문, 자신이나 가족 및 친인척이 정치적 과오로 인해 사상성을 의심받아 처벌됨, 사상 투쟁의 대상이 된 경험, 출신 성분으로 인한 고통, 정치범 수용소나 교화소 생활, 공개 처형 목격 및 타인의 고문 목격, 가족이 파라티푸스 및 폐결핵 등으로 죽어 가는 과정에서 병 치료에 도움을 줄 수 없었던 경험 등이 제시되었다. 나아가 북한 이탈 주민이 탈출을 결심하게 되면 탈북 준비 기간을 갖게 되는데, 이 기간에도 역시 발각 위험과 가족에게도 털어놓을 수 없는 심적 고통 등을 경험하게 된다. 탈북 과정에서는 음식물과 식수 부족으로 생명의 위협을 느꼈던 경험, 국경 북한 경비병 또는 중국 경비대의 검열로 긴장 또는 체포된 경험, 가족과의 어쩔 수 없는 이별, 생존을 위해 불가피하게 타인의 물건을 훔쳐 달아난 경험, 성폭력 피해, 제3국의 낯선 언어, 낯선 얼굴, 낯선 땅에 처음 대했을 때, 한국 대사관이나 영사관에 망명 요청이 거부되었을 때, 사격을 받아 생명의 위협을 당한 경험 등이 외상 경험으로 보고되고 있다(탈북자동지회, http://www.nkd.or.kr/; 북한 인권시민연합, http://www.nkhumanrights.or.kr/ 강성록, 2000).

이렇게 탈북 후 남한에 안전하게 입국할 때까지 발각·체포와 연관된 외상, 배신과 연관된 외상 등 난민에 준하는 외상을 경험하는 것으로 밝혀지고 있다. 이러한 외상은 일반적인 외상 스트레스 유발자 범주에 속한다고 할 수 있는데 과거의 외상은 이주 이후 문화 적응 스트레스를 포함한 현실의 고통스러운 경험과 뒤섞여 심리적 고통을 가중시켜 정신 건강에 부정적인 영향을 준다는 다수의 연구 결과들이 제시되었다. 국내 북한 이탈 주민의 외상 체험 연구에서 제시된 결과에 의하면 북한 내 그리고 탈북 과정에서의 외상 경험들은 우울과 불안과 연계되었으며, 남한 입국 이후 개별적으로 삶의 방향을 찾아가는 과정에서 과거 고통스러웠던 외상의 영향으로부터 결코 자유롭지 못하였다. 외상 경험으로 인한 고통의 영향은 신체적으로는 불면과 악몽으로 반영되고, 정서적으로는 우울과 무기력감으로 나타났다. 또한 자신도 모르게 과거의 기억들이 몰려들어 현실에 주어진 과업에 몰입할 수 없게 되는데, 진정으로 잊고 싶은 기억들이 개인의 의지와 관계없이 침투하여 떠오르는 경험을 하게 되거나 특정한 주제나 장소를 회피하게 되는 부정적인 경험을 하였다. 일반적으로 난민의 외상 경험은 단일한 사건이 아니라 상호 연계성을 가지며 축적되는 경향적 특성으로 인해 깊은 슬픔과 관련된 증상, 삶에 대한 의미 상실과 같은 실존적 의미의 위기, 정체성 상실, 역량 강화 인식에 대한 의심 등과 같이 정신 건강에 더욱 부정적인 영향을 미치는 것으로 나타났다. 이렇게 외상 경험은 축적 효과가 있고 개인이 평생 받는 외상의 수가 증가함에 따라 외상 후 스트레스 장애의 발병 위험성이 증가한다고 알려져 있다(김현경 외, 2008: pp. 29-56).

4. 외상에 대한 치료적 접근

1) 외상 치료의 경향성

지난 30여 년간 이주 난민의 외상 후 스트레스 치료 경향은 정신적 외상에 관한 이야기는 직접적으로 질문하지 않는 것이 좋다고 이해되어 왔다. 이유가 있다면 정신적 외상에 대한 진단 과정과 상담 과정에서 클라이언트의 자기 방어 기제를 해칠 수 있으며 불필요하게 '보이지 않는 상처'를 건드림으로써 질병의 자연스런 경과를 악화시킬 수 있다고 제기되어 왔기 때문이다. 하지만 외상 후 스트레스 장애의 가장 효과적인 치료 방법은 '노출 요법(exposure therapy)'이라 할 수 있다. 인지 행동적인 관점에서 외상 사건에 대해 클라이언트가 직면하고 적극적인 재경험을 통해 인지적 재구성을 얻어 내는 것이 가장 중요한 치료적 과정이라고 생각한다. 이들은 마치 당시 상황의 목격자가 된 것처럼 당시의 상황을 가능한 자세히 묘사할 것을 권장하고 있다.

치료자는 클라이언트와의 라포를 형성한 이후 지지적인 상담 과정에서 제한적이고 수동적인 방법으로 정신적 외상의 문제를 다루어야 한다고 생각된다. 클라이언트 내면의 인격적인 변화를 이끌어 내는 것이 상담의 필수적인 목표라고 보이지 않는다. 드러내고 싶어 하지 않거나 자발적으로 이야기를 하지 않는 클라이언트에게 일부러 과거를 폭로하게 하는 방법은 적절하지 못하다. 어떤 방법이 적합할지는 각 클라이언트의 정서적·심리적 상태와 상담이 이루어지는 상황에 따라 다르게 결정될 것이다(김창오 외, 2006: p. 368).

2) 외상 회복 과정에 대한 이해

일반적으로 이주 이전의 심리적 충격 경험의 부정적 영향은 이주 이후 새로운 문화에 유입되면서 경험하게 되는 이주 후 스트레스원 (Post-migration Stressors)과 더불어 증폭되기 쉽다. 따라서 난민 이주자들의 심리적 충격 경험은 과거, 현재, 그리고 미래로 이어지는 시간에 따른 경험이므로 단일 사건이 아닌 누적되는 것으로 파악된다. 또한 심리적 충격은 갑작스럽고 저항하기 어려운 위협적인 사건에서 비롯되기 때문에, 이러한 심리적 충격 사건이 발생했을 때 개인은 내적 혼란과 불안으로 인해 심리적 안정이 파괴되는 경험을 하게 된다. 따라서 심리적 충격 상태는 관련된 사건을 재조직하고 분류하고 이해될 때까지 계속된다. 따라서 심리적 충격의 회복은 하나의 과정으로 이해될 수 있다. 심리적 충격의 회복이 일련의 과정에 따라 이루어진다고 해도 그것이 선형적 과정이 아니라 비선형적으로 이루어진다는 점에서 성인 북한 이탈 주민의 심리적 충격 회복 역시 어떠한 비선형적인 과정을 이루고 있음을 예측할 수 있다. 그러나 그 과정의 실재가 무엇인지에 대해서는 선행 연구에서 밝혀진 바 없다(김현경, 2007: 16-40)

이러한 심리적 충격이 회복으로 전환되는 과정을 〈표 4-1〉(67쪽)처럼 단계별로 정리할 수 있다.

심리적 충격에서 회복되는 단계는 학자마다 다소 차이는 있으나, 고전적인 심리적 충격의 회복 연구라 할 수 있는 재닛(Janet, 1889)의 히스테리아부터 킨지(Kinzie, 2001)의 난민의 심리적 충격 회복에 이르기까지 회복 단계는 3단계에서 8단계까지 세부적으로 구분될 수 있다. 그러나 세부 내용을 크게 3단계에서 4단계 정도로 나눌 수 있

<표 4-1> 심리적 충격의 회복 단계 발전 과정과 구성 내용(김현경, 2007: p. 9)

	단계/학자	증상	1단계	2단계	3단계	4단계
외상 회복 단계의 발전 과정과 구성 내용	Janet (1889)	히스테리아	안정화, 증상 지향적 치료	심리적 충격 기억의 탐색	성격 통합, 회복	
	Scurfield (1985)	전쟁 심리적 충격 (trauma)	신뢰, 스트레스 관리, 교육	심리적 충격 재경험하기	심리적 충격 통합	
	Brown & Fromm (1986)	복합적 심리적 충격 후 스트레스 장애	안정화	기억의 통합	자기 개발, 통합 추구	
	Putnam (1989)	다중 성격 장애	진단, 안정화, 의사소통, 협력하기	심리적 충격의 변형	해결, 통합, 후기 해결 대처 기술 발전시키기	
	Herman, (1992)	심리적 충격 장애	안전	기억과 애도	다시 연계하기	
	Kinzie (2001)	난민의 심리적 충격 장애	심리적 충격에 대해 이야기하고자 하는 내담자의 욕구: 치료자의 경청 능력	시간 경과에 따라 지속성을 유지하고자 하는 내담자의 욕구: 머물 수 있는 치료자의 능력	기여하고자 하는 내담자의 욕구: 수용할 수 있는 치료자의 능력	악의 문제 그리고 내담자의 영성 탐색: 믿고자 하는 치료자의 능력

다. 심리적 충격의 회복 첫 단계에 공통적인 내용은 내담자로 하여금 개인의 심리적 충격 경험을 털어놓게 함으로써 안정화(stablization) 내지 안전(safety)을 느낄 수 있도록 해 주는 것을 제일 목표로 한다. 허먼(Herman, 1992)은 이 단계에서 과거 문제를 회피하지 말고 분명히 명명(naming)하면서, 관련된 정서적 통제(control)를 회복시킴으로써 안전한 환경을 설정할 수 있게 된다고 강조한다. 킨지(2001)는

심리적 충격의 회복 첫 단계에 주된 치료 접근은 심리적 충격 희생자가 자신의 고통 경험을 이야기하는 것 자체에 두고 있다. 난민의 심리적 충격 회복의 경우 과거에는 그들이 경험한 고통을 다시 이야기하도록 하는 것을 몇 가지 이유에서 부정적으로 인식하였다. 이유는 첫째 과거의 상처를 되묻는 것은 정신 건강을 더 악화시킨다는 것이며, 둘째 이미 경험한 심리적 충격 경험에 대해 어떠한 조치도 해 줄 수 없다는 것이며, 셋째 정신 분석의 영향으로 심리적 충격 전 개인 성격이 심리적 충격 자체보다 더 중요한 조건으로 다루어졌기 때문이다. 그러나 오늘날 난민의 심리적 충격의 회복 및 회복 방향은 다른 관점을 취하고 있다. 심리적으로 더 악화되지 않으면서도 자신의 심리적 충격 경험을 이야기할 수 있으며, 신체적인 호소를 하면서도 심리적 어려움을 이야기할 수 있기 때문에 그들의 심리적 어려움을 공감하면서 들어주는 것 자체도 치료적 효과를 지닌다고 하였다. 즉, 이야기를 통해 난민 대상자의 실존적인 독특한 경험을 공유함으로써 좀 더 친밀감을 형성할 수 있으며, 치료자의 공감적 경청은 난민 개인 자신이 이해받고 있다는 신뢰를 제공하게 된다. 이러한 회복 관계(healing relationship) 형성은 심리 · 사회적으로 불안정한 상태에 있는 난민 대상자에게 안전감을 제공하는 초석이 된다고 할 수 있다 (김현경, 2007: pp. 16-40).

심리적 충격의 회복에 두 번째 단계는 고통스러웠던 심리적 충격 경험을 의식적으로 다시 이야기하게 함으로써, 자신의 이야기 안에서 상황적 맥락, 사실, 정서 그리고 의미 구축을 시도하는 것이다. 즉, 이야기의 재구성을 통해 심리적 충격 기억을 전환시키는 것이라 할 수 있다. 심한 고문을 받았던 사람이나, 자신의 신체적 증상의 완화가 없는 난민일지라도 개인의 어려움을 지속적으로 반복하여 이야기하는 경우가 있는데, 이것은 자기 이야기의 반복을 통해서 어떤 의미를 찾고자 노력하는 것으로 해석될 수 있다. 과거 심리적 충격의 반복적인 이야기를 통해 깊은 상실을 복원시키려는 힘과 의미를 재구축하려는 능력은 회복에 중요한 한 과정이다. 난민 개인은 시간이 경과하게 되면서 자신의 반복적인 이야기를 통해 과거 심리적 충격에 따른 강렬했던 감정들이 점차 약해지는 것을 경험하게 된다. 따라서 과거에 대한 기억과 애도로 보냈던 시간들은 점차적으로 축소된다(김현경, 2007: pp. 16-40).

난민 대상자의 과거 심리적 충격 경험으로 인한 고통 증상은 재발되기도 하고, 고요하고 안정된 시기를 보내기도 하면서 호전과 악화를 반복하게 된다. 이때 난민 대상자는 일정한 치료자와 장기적인 상호 관계를 유지하고자 하는 욕구를 갖게 되는데, 이러한 욕구 충족은 그들의 심리적 안정의 지속성을 강화시킨다. 또한 이 시기에는 결혼 문제, 금전 문제, 자녀 양육, 사회 문화적 지지 상실 등의 일상적인 이슈들도 같이 등장하게 된다. 따라서 정신 건강 전문가들은 난민 클라이언트의 심리 · 사회적 기능에 부정적인 영향을 주는 정치적 · 사회 경제적인 요인들은 인식하면서 그 개인이 현실에서 실질적으로 얻을 수 있는 혜택들을 다루어 주는 역할을 무시해서는 안 된다. 예를 들면, 보스니아 난민 연구를 볼 때 병원을 근간으로 하는 건강 체계와 약물을 지향하는 건강 체계, 정신과적 돌봄은 만성적이고 심각한 경우로 국한시키고 지역 사회 정신 건강 담당자는 난민들에게 심리 · 사회적 프로그램이 포함된 원조 조직의 중요성을 강조하였다는 점이다. 즉, 존엄성과 자기 통제, 이주국에서의 삶에 대한 조망을 좀 더 넓게 확대 적용하면서, 동시에 직업에 대한 지속적인 사후 관리가 따라올 때 심리적 충격으로 인한 정신 건강 회복이 효과적임을 밝히고 있다.

셋째 단계는 심리적 충격에 대한 영향력에 대처하고, 심리적 충격

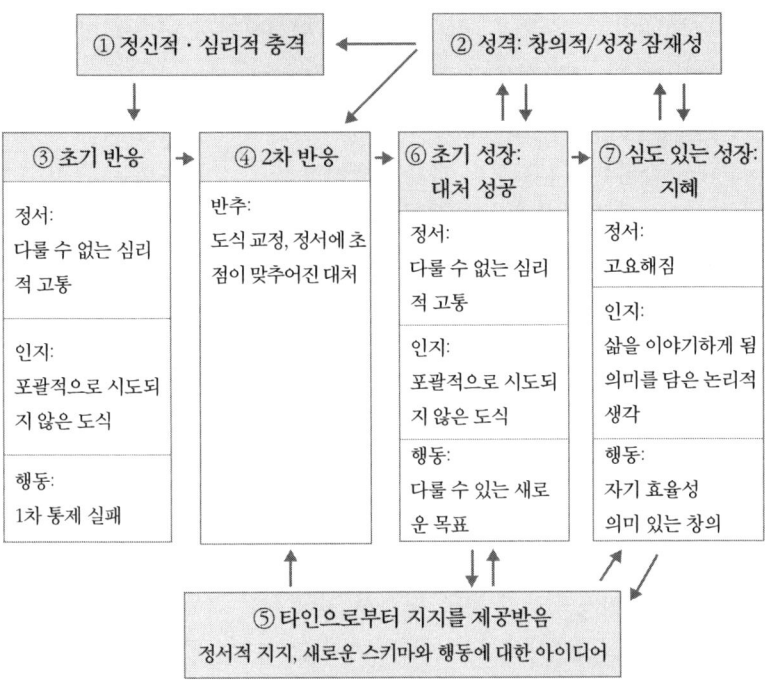

〈그림 4-1〉 심리적 충격과 전환 과정 Tedeschi & Calhoun(1995)

의 의미를 통합하고, 대인 관계에 적극적으로 연계함으로써 심리적 충격을 해결하고자 하는 것이다. 난민 개인은 회복에 기여하는 요인을 제공하는 대상자와의 관계 안에서 서로 주고받는 상호 공유되는 경험을 하게 된다. 이러한 경험은 개인의 심리적 성장과 공통된 인간애의 끈으로 발전되고, 나아가 자신과 같은 경험을 하고 있는 난민 대상자를 위해 자신의 경험을 개방함으로써 타인의 삶에 기여하고자 하는 이타심으로 발전된다. 정리하면, 타인과의 적극적인 연계하기를 통해, 생존자로서의 임무를 실행하게 되는 것이 심리적 충격 해결에 기여하는 요인이 된다는 것이다(김현경, 2007: pp. 16-40).

학자에 따라서 넷째 단계로 해결될 수 없는 악의 문제, 즉 본국에서 자신을 고문했던 고문관처럼 아직도 지탱되고 있는 악한 존재에 대해서 어떠한 의미 해석을 통해 회복에 이르도록 의미를 통합할 것인가를 좀 더 다루려는 단계라 할 수 있다. 이 단계에서는 의료적이며 과학적인 접근 방법으로는 해결될 수 없다. 오히려 영성(spirituality)의 개념으로 다루어지는 것이 합당하다고 보는 단계이다. 즉, 난민 개인이 직면한 해결될 수 없는 어려움은 영성에 입각한 진리의 특성을 발전시켜 수용하면서 미래의 삶에 대한 발전을 기대하며 살도록 돕는 것에 있다고 볼 수 있다. 그러나 신앙적 측면에서의 진리 역시 분명한 해결을 제시하지 못할 수 있으며, 미래의 삶에 대한 발전 역시 불가능할 수도 있다. 그러나 난민 대상자나 회복 관계에 있는 전문가 모두 현실의 삶에 참여하여 지속적으로 기능할 수 있도록 하는 것에 초점을 두는 것이므로 영성의 공통된 길이 '신념(belief)'이라는 속성임을 강조한다. 따라서 영성을 기반으로 하는 신념 체계를 심리적 충격(trauma)의 회복 과정에 활용함으로써 난민개인의 사회적 · 심리적 기능을 유지시킨다(김현경, 2007: pp. 16-40).

심리적 충격을 다루는 학자들 중에는 개인이 경험한 심리적 충격 후에 성장과 적응이 뒤따르게 되는데, 이는 외부의 충격적인 삶의 사건과 고군분투하는 과정에서 발생된 결과라고 제시하고 있다. 그리고 심리적 충격 후에 나타나는 긍정적인 변화와 성장은 대처 양식으로서의 개인의 성격적 특성, 사회적 지지, 종교 및 영성(spirituality) 등에 의해 중요한 영향을 받으며, '심리적 충격(trauma)과 전환(transformation)'을 설명하는 모델을 통해 심리적 충격(trauma)이 회복에 이르는 과정을 〈그림 4-1〉(70쪽)에서 보여 주고 있다(김현경, 2007: pp. 16-40).

이는 개인이 심리적 충격(trauma)을 경험했을지라도 성장을 향해

발전하고 있음을 설명하고 있다. 각 단계의 변화를 살펴보면 다음과
같다.

심리적 충격을 경험한 개인의 전환 과정은 정서 · 인지 · 행동적
영역에서 특징지어진다. 심리적 충격의 초기 반응은 상대적으로 비
효과적이라 할 수 있다. 정서적으로는 심리적 고통을 다루기 힘든 상
태를 경험하면서, 비포괄적인 상태의 인지적 도식을 갖게 된다. 그리
고 상황을 근본적으로 통제하는 데 실패하게 되므로 이차적 반응으
로 어느 정도의 반추(rumination)를 경험하게 되는데, 이것은 기존의
인지적 도식을 교정하고 사건을 다룰 수 있도록 하기 위해서 새롭게
사고(renewed consideration)하는 것이라 할 수 있다. 이 기간 동안
활용되는 대처 전략은 주로 정서 중심적인 것이라고 할 수 있겠다.
과정의 세 번째 기간 동안 타인들로부터 정서적 지지와 상황에 대처
하기 위한 새로운 방법들이 활용되는데(Panel 5), 타인들로부터의 지
지적인 영향은 반추에서 초기 성장으로 가는 중요한 요인이 된다. 심
리적 충격 경험들이 수용되면서 개인의 목표가 교정되고, 새로운 의
미가 구성되면서 인지적인 도식들이 변화된다. 초기 성장 동안, 개인
은 자신에 대한 강점을 신뢰하게 되고, 타인들의 협조에 대해 새로운
인식을 갖게 된다. 마지막 단계인 (Panel 7)을 심층적인 성장이라고
명명하였는데, 이 단계에서 성장의 긍정적인 영향이 내면화되고 안
정화된다. 정서적으로는 고요(serenity)해지면서, 인지적으로는 심리
적 충격적 사건에 대해 새로운 의미를 구축하면서, 새로운 삶을 이야
기 할 수 있게 된다. 그리고 행동적으로는 자기 효능감을 바탕으로
한 의미를 생성하게 된다. 이렇게 심리적 충격 처리는 의식과 무의식
의 기능 영역뿐만 아니라, 건강한 적응의 한 부분으로서 공통 경험의
통합을 조장하는 인지와 정서 모델들을 포함하고 있음을 알 수 있다
(김현경, 2007: pp. 16-40).

3) 지지적 접근을 활용한 외상 치료

지지적 접근법은 심리적 지지를 제공해 주며 친구가 되어주고 긍정적인 측면을 격려하는 데 초점을 두는 접근법이다. 남한 사회에 편입하기 전까지 북한 이탈 주민의 건강한 삶을 전제로 한다. 지지적 상담 과정을 통해 개인의 문제와 강점이 무엇인지 계속해서 정보를 얻을 수 있으며 삶과 세계에 대한 긍정적인 이해를 도울 수 있다. 따라서 지지적 상담은 개인이 과장되게 표현하는 부정적인 감정들을 논의하고 새로운 이해를 촉구시켜 증상을 개선시키는데 효과적이다. 특히 사회적 지지망이 부족한 대상자에게 가장 적합한 방법이다. 주요한 치료적 접근 원리는 다음과 같다(김창오, 2006: pp. 142-144).

첫째 부정적 감정에 대한 논의이다. 가장 중요한 상담 기술 중 하나로 클라이언트의 이야기를 듣고 그 개인이 가지고 있는 부정적인 감정에 대해 표현할 수 있는 기회를 주는 것이다. 부정적 감정을 표현하게 하는 것은 부끄러움, 두려움, 공포, 분노 등의 다른 부정적 감정들이 자동적으로 발생(automatic negative thinking)되지 못하게 하고, 스스로 이야기하는 과정을 통해 자신에 대한 통찰을 갖게 하는 효과가 있다. 이는 어떠한 행동 양식도 사고나 감정이 먼저 변화되지 않고서 즉각적으로 개선되지 않으며 언어로 먼저 표현된 이후에게 행동상의 긍정적인 변화를 기대할 수 있다는 것이다. 상담자는 클라이언트가 말하는 부정적인 사고나 감정들에 대해 도덕적인 판단을 내리지 않도록 주의할 필요가 있다. 이 과정을 통하여 클라이언트 자신이 스스로의 감정에 대해 새로운 이해를 가질 수 있도록 격려하고 지지해야 한다. 또한 너무 지나친 감정 반응을 폭발시키지 않도록 주의한다.

둘째 지지적 사회관계망의 증진이다. 가족이나 지역 사회에 있는 다양한 기관들과 연계시킴으로써 지지적 사회관계망을 확장시키는 것은 매우 중요하다. 상담가는 친구를 사귀기 위한 클라이언트의 노력을 강화시킬 필요가 있으며, 사회 복지사나 자원 봉사자, 지역 사회 북한 이탈 주민 커뮤니티 등의 도움을 받는 것도 좋은 방법이다.

셋째 정신과적 증상에 대한 논의이다. 북한 이탈 주민 개인은 자신의 증상에 대해 정확한 이해를 갖지 못하는 경우가 흔하다. 따라서 상담가는 그 개인이 지닌 증상에 대한 적절한 설명을 제공하고 대처할 수 있는 기술 및 방법을 소개해 준다. 초기 증상이 발생하였을 때 증상에 대해 자세히 논의하는 것은 북한 이탈 주민 자신의 문제가 어디에서 시작되었는지를 깨닫게 해 주고, 무기력감으로부터 벗어나게 해 줄 수 있다. 증상에 대한 논의는 자연스럽게 치료 및 중재에 대한 논의로 이어질 것이며 치료 및 중재를 위한 강한 동기를 부여할 것이다.

넷째 긍정적인 대처 기술의 강화이다. 긍정적인 모습에 대해 격려하는 것은 북한 이탈 주민 스스로가 가지고 있는 부정적인 자기 이미지를 바꾸어 주고 자기 존중감을 향상시킬 수 있는 방법이다. 상담자는 북한 이탈 주민 개인이 기존에 사용하고 있는 긍정적인 대처 기술을 다른 상황에서도 사용할 수 있도록 도울 수 있을 것이다. 그러나 긍정적인 대처 기술의 강화는 자기 문제의 심각성을 충분히 깨달은 클라이언트에게 적용 가능한 것이다.

다섯째 일상생활 속에서의 통찰력 발견이다. 최근의 일에 대해 이야기하는 것은 관계를 자연스럽게 하면서도 일상생활 속에서 정신 건강의 문제를 다루게 함으로써 좀 더 현실적이고 생동감 있는 상담을 가능케 한다. 어려운 점들을 함께 야기함으로써 북한 이탈 주민이 자신의 문제에 대해 통찰력을 가질 수 있도록 돕는다. 이와 같은 지지적 상담 기술들은 비교적 쉽고 단기적인 목표 아래 누구에게나 쉽게 활용할 수 있는 장점이 있다.

4) 인지 — 행동적 접근을 활용한 외상 치료

인지 — 행동적 접근법은 북한 이탈 주민의 정신적 외상을 좀 더 중요하게 고려하였을 때 사용할 수 있는 접근 방법이다. 북한 이탈 주민은 '보이지 않은 상처'를 입은 사람들이며 겉으로 드러나지 않는 아픔과 고통을 겪은 채 반복되는 악몽과 외상의 재경험에 시달리고 있다. 인지 — 행동적 접근법을 이해하기 위해서는 다음의 세 가지 개념을 이해하고 있어야 한다(김창오, 2006: pp. 369-371).

① 감정적 연계(Emotional Engagement)
② 외상의 조직화(Organization of Traumatic Memories)
③ 신념 체계의 변화(Changes in Core Beliefs)

첫째, 감정적 연계란 죽음의 위협과 같이 극심한 외상 경험을 하게 될 때 개인은 사실에 대한 정보와 감정에 대한 정보가 분리되어 인식될 수 있다는 것이다. 이로 이해 외상에 대한 정상적이지 못한 감정 반응이 발생할 수 있다는 것이다. 극심한 외상에 대한 자극은 정신으로 하여금 회피, 부정, 감정적 격리, 해리 등의 낮은 수준의 대처 기제를 작동시키고 이로 인해 외상에 대한 기억과 감정이 부적절하게 연계된다는 것이다. 외상 초기에 분노나 해리 등의 반응을 보인 사람들은 치료가 더디게 나타났고 외상 후 14일 이내에 사건과 감정의 연계를 도와주는 것이 치료를 촉진시키는 것으로 나타났다. 비록 그것이 개인적으로 고통스러운 경험이 될 지라도 이른 시기에 외상의 경험과 적절한 감정 반응을 연계시키는 것은 올바른 인지 과정을 도우며 외상에 대한 후유증을 줄일 수 있다는 것이다.

둘째, 외상의 조직화란 외상에 대한 기억은 일반적인 기억이나 정보와 질적으로 다르다는 가정에 기초하고 있으며, 일반적이지 않은 인지적 조직화 과정을 가진다는 것이다. 외상에 대해 자세히 기억하는 것은 충격적인 것이므로 개인은 무의식적으로 기억을 해체시키거나 흐트러뜨린다는 것이다. 실제로 클라이언트에게서 외상 경험에 대한 이야기를 들어 보면 그 기억들은 앞뒤가 맞지 않은 경우가 많고, 분절되거나 감정이 혼재 되어 있거나 아예 사실과 다른 내용인 것일 때도 많이 있다. 여러 연구자들에 의하면, 외상이 잘 조직화 될수록 치료와 회복이 빠르다고 보고하고 있다. 따라서 피해자로부터 외상의 이야기를 말하게 하고 듣는 과정은 외상을 조직화하는 데 도움이 되며, 치료를 위한 중요한 방법이 된다.

셋째, 신념 체계의 변화란 외상으로 인하여 자기 자신과 세계에 대한 기본적인 신념 체계가 뒤흔들리는 것을 말한다. 세상은 좋은 것이라는 신념은 외상 이후 그렇지 않은 것으로 변하게 되고 '나는 할 수 있다' 는 내적인 신념은 두려움과 자포자기로 변화하게 된다. 이와 같은 현상 또는 외상 피해자들에게 자주 보여지는 모습으로 낮은 자존감과 세상에 대한 적개심이 흔히 관찰된다. 따라서 이들의 신념 체계를 좀 더 긍정적인 것으로 재구성시키는 과정이 치료에 중요한 부분이 된다. 외상의 부정적 결과를 최소화하게 하고 그 가운데에서 새로운 의미를 발견하게 하는 것이다. 이 과정을 통해 아픈 과거의 기억들은 더 이상 자신을 위축시키는 것이 아니게 되며, 통찰 과정 가운데 새로운 삶을 살아갈 수 있게 한다.

5. 이주 난민의 심리적 충격의 회복 요인

심리적 어려움과 고통은 시간만 흐른다고 치유되는 것은 아니다. 심리적 고통을 경험한 개인들에게 시간 자체는 전혀 치유제가 될 수 없으나, 특정한 고통을 다루는 기간 동안에 사용되었던 특정한 경험들과 대처 기제들이 회복과 성장을 생산하는 것이라고 제시하고 있다. 따라서 난민의 심리적 충격을 회복시키는 데 기여하는 다양한 요인들을 밝혀내는 것은 북한 이탈 주민 정신 건강 연구에서 상당히 중요한 부분이라 할 수 있겠다(김현경, 2007: pp. 34-40).

일반적으로 난민의 심리적 충격은 개인의 안전, 대인간 애착, 정의(justice)에 대한 인식, 정체성, 실존의 의미 등과 같은 영역에 부정적인 영향을 초래한다. 여기에 정착국에서의 심리 · 사회학적 요인들은 즉, 사회적 지지, 언어의 유창성, 교육, 고용 그리고 세계관은 정신 건강에 영향을 미치면서 심리적 충격과 삶의 스트레스로부터 개인을 보호하기도 하지만, 개인에 대한 취약성을 증가시킴으로써 정신 건강에 영향을 주기도 한다. 실제로 심리적 충격과 대처 전략, 즉 심리적 충격의 회복 요인과 결과 간에 상관성은 복잡하다. 심리적 충격의 회복에 기여하는 요인들은 다양하나, 일반적으로 사회적 영역에서는 사회 · 경제적 측면에서의 지지를 들 수 있다. 그리고 개인적 영역에서는 성격적 특성, 상담에 대한 인식 및 도움을 구하고자 하는 자발적이고 적극적인 태도 및 대처 양식을 제시할 수 있다. 대처 양식으로는 탄력성, 강인성 및 종교적 대처 등을 설명할 수 있다.

첫째, 사회적 영역 측면에서 사회적 지지는 난민의 심리적 충격의 회복에 중추적인 회복 요인으로 꼽히고 있다. 고문을 경험했던 이라크 난민을 대상으로 한 심리적 충격 연구에서 사회적 지지의 부족이 장기간의 우울을 지속시키는 가장 큰 예측 요인으로 꼽히고 있으며,

고문을 경험한 터키 출신 정치 난민 대상의 정신 건강 연구에서도 사회적 지지가 심리적 충격으로 인한 영향을 경감시키는 요인이 된다는 것을 밝히고 있다. 보스니아 난민의 심리적 충격 후 스트레스 장애를 연구한 결과 사회적 지지가 그 영향을 약화시키고, 변화를 용이하게 하며, 과거의 적절한 메커니즘으로 회복하는 데 가장 효과적인 요인 중 하나임을 제시하고 있다(김현경, 2007: pp. 34-40).

그러나 난민 대상자가 사회적 지지를 제공받는 순간 개방적이고 자발적으로 새로운 사회적 연계를 형성하는 것은 아니다. 대다수의 난민 개인은 처음 새로운 세계에 들어오게 되면 자신의 기대를 충족시키는 상호 관계를 형성하려고 한다. 따라서 주류 사회 구성원과 처음부터 긍정적인 사회적 관계를 형성할 수 있는 사람은 극소수라고 할 수 있다. 이는 난민 개인 내면에 과거의 고통으로부터 누적된 대인간 불신이 전제된 것이라 볼 수 있다. 즉, 누군가에게 이야기하게 되면 지역 사회 또는 당국에서 알게 될 것이라는 두려움, 개인적인 신뢰 형성 후에는 결국 악의에 의한 위험을 당하게 될 것이라는 두려움 등이 내면화된 것인데, 이는 개인을 위한 것인 동시에 자국에 남은 가족을 위한 경계라고 이해될 수 있다. 그러나 시간이 경과하면서 개인이 처한 사회적 체계가 자신과는 분리되어 있음을 인식하고 심리적 외로움으로 인해 주류 사회 사람과 새로운 연계를 형성하게 되고, 또한 자신의 입장과 유사한 난민 가족들을 돕기 위해 참여하게 되는 사회적 연계를 재형성하게 된다고 본다. 난민 개인이 자신과 유사한 경험을 한 난민 대상자와 사회적인 연계를 구축하는 태도를 보이는 것을 심리적 충격의 회복에 중요한 요인으로 파악하고 있다. 생존한 난민 개인은 자신과 유사한 경험을 한 희생자가 더 이상 미래의 희생자가 되지 않도록 교육적·법적·정치적으로 노력하고, 대중적 인식을 향상시키는 데 헌신하게 됨으로써 자신의 심리적 충격의 회복에도 기여하게 된다는 것이다(김현경, 2007: pp. 34-40).

둘째는 정신 건강 상담에 관한 측면이다. 난민의 심리적 충격 (trauma)의 회복에 관련된 정신 건강 측면에서 공통된 사실은 난민 개인들이 이주국에 입국하기 전에 경험했던 고통에 의한 심리적 충격을 무시하여 정신 건강에 관련된 상담을 활용하지 않는다는 점이다. 난민 이주자는 정신 건강 상담가를 접촉하게 되면 대개가 '미친 상태'에 있기 때문이라고 생각하는 경향이 있다. 이유는 자국에서는 완전히 미친 상태에 있는 사람만이 정신과 전문가를 만나기 때문에 그러한 '낙인'이 일반적인 정신 건강 전문가를 만나는 것에도 연계되어 실질적인 도움이 필요한 개인조차도 도움을 얻는 데 장애가 되고 있다. 또한 난민들은 문화적으로 중립적인 상담가보다는 상담을 받는 난민의 원국가 문화를 어느 정도 이해하고 있어 반응할 수 전문가를 좀 더 신뢰하고 있는 데 반하여, 주류국의 대다수의 상담자는 난민 개인의 원문화를 이해하지 못하여 그들의 내면적 능력을 끌어내지 못할 뿐만 아니라, 상담 및 약물 치료 모두 난민의 사회·경제적인 욕구의 언급 없이는 효과가 없다는 점을 놓치는 경향이 있다는 것이다. 이렇게 상담자가 난민 개인의 욕구에 맞는 필요한 반응을 적절하게 취하지 못하면서, 난민 개인을 흔히 병리적으로 해석함으로써 그들이 갖고 있는 강점과 자원들의 활용을 놓치고 있음을 인식할 필요가 있다.

셋째는 난민의 심리적 충격의 회복에 기여하는 요인들의 개인적 측면에서 성격 및 대처 양식을 덧붙일 수 있다. 전자인 심리적 충격의 회복에 기여하는 성격적 요인으로는 '외향적인 성격적 기질'을 언급하고 있는데, 이는 활동적이고 긍정적인 정서 경험 및 내적 경험에 대한 개방성과 특별히 연계되는 것으로 파악되고 있다. 또한 후자인 대처 양식으로는 난민 개인의 심리적 자원인 동시에 강점이라 할 수 있는 '탄력성(resilience)'과 '강인성(hardiness)', '심리적 충격 경험에 대한 긍정적인 의미 해석' 및 '종교적 신념을 통한 의미 해석' 등이 언급된다.

'탄력성'은 위험 상황의 영향을 수정하도록 하는 기제나 과정, 그리고 성공적으로 적응하는 발달 과정을 이해하는 데 목적을 두고 있다. 그리고 탄력성을 역동적 과정으로 이해하면서, 위험에 처한 개인의 발달적 산물에 기여하는 긍정적인 요인들로 파악하고 있으며, 다가올 어려움에 대한 면역체로서의 사건으로 설명된다. 따라서 강점으로 연계된 보호적 과정인 탄력성은 장기화된 귀인(attributes)이나 경험이라기보다는 결정적인 전환점이 된다고 강조되고 있다. 하지만 탄력성이란 개인 혼자 형성할 수 있는 것이 아니라, 그 개인을 도우려는 주변 타인에 의해서 형성되고 발전된다. 이는 역경에도 불구하고 삶이란 의미 있는 것이며, 결국 해결된다는 확신이라 할 수 있다. 따라서 탄력성은 오로지 개인 기질에 의한 결과가 아니라, 개인을 둘러싼 환경적 영향이 중요하게 반영된다고 볼 수 있다. 그러므로 난민 개인에 대한 심리·사회적 지지는 그들의 탄력성을 강화시켜 심리적 충격의 영향력을 회복 및 성장으로 연계시킨다는 것을 알 수 있다. 국내 문헌의 경우 북한 이탈 주민 아동들이 새로운 한국 사회에서 적극적으로 삶에 대면하는 능력과 긍정적인 문제 해결 능력을 보여 준다고 제시하면서 자신의 세계를 구축해 나가는 그들의 빠른 회복력을 강조하고 있다. 이러한 측면은 성인 북한 이탈 주민의 경우에도 다르지 않을 것으로 예측된다(김현경, 2007: pp. 34-40).

그리고 삶의 역경과 상실을 경험한 대상자의 '강인성(hardiness)' 역시 심리적 충격(trauma)의 회복 요인으로 설명되고 있는데, 이 개념은 세 개의 상호 의존적인 속성들로 구성되어 있다. 강인성은 우선, 개인적 통제를 인식(sense of personal control)함으로써, 고통스러운 상황을 다스리기 위한 지식과 기술을 실천하는 태도를 통해 외적 충격을 다스릴 수 있다는 개인 능력에 대한 신념을 유지시킨다. 그리고 적극적 지향성(active orientation)을 발휘하게 된다. 이는 고통스러운 상황에 대처하기 위한 다양한 전략들을 고려하는 자발성(willingness)을 포함하여 외적 지지를 구하고 활용하려는 신념이다. 마지막으로 고통스러운 사건 후에 따라오게 되는 결과에서 의미를 구성하려는(making sense) 경향성으로 설명될 수 있다. 따라서 '강인성'이란 심리적 고통과 관련된 심리적 회복 및 성장의 속성을 잘 반영하고 있다. 특히, 상실을 경험한 개인들이 심리적 고통을 극복하고자 고군분투하면서, '삶을 다시 배우기(relearning the world)'라고 언급되는 과정을 통해서 조각 났던 개인의 삶을 다시 맞춤으로써, 개인들로 하여금 삶과 대인 관계에서 새롭고 좀 더 깊은 의미를 찾는 것을 가능케 한다. 나아가 난민 개인이 자신의 심리적 충격에 대한 의미를 구체적으로 탐색하는 것은 상담자나 치료자의 견해 제시보다 선행적으로 필요한 과업이다. 고통 경험에 대한 의미를 탐색하고 해석하게 되면서, 개인은 자신의 패턴을 인식하게 되고, 행동과 정서에 대한 방향을 조정하게 된다. 그러나 의미를 찾는 것이 반드시 고통을 경험한 사람만의 고유한 영역은 아니다. 하지만 실존주의자들은 사건이나 삶에 의미가 내재된 것이 아니라, 삶이란 각 개인에 의해 의미가 부여되는 것임을 가정한다. 따라서 심리적 충격을 경험한 개인은 심리적 충격 사건에 대해 새로운 의미를 부여하는 동시에 심리적 충격 사건을 경험했을지라도 삶 자체에 의미를 둘 수 있도록 하는 좀 더 포괄적인 의미 찾기를 통해 심리적 충격은 회복으로 연계될 것이라 본다.

심리적 충격에 대한 의미 해석은 '종교적 신념 체계'를 통해서도 가능하다. 심리적 충격 사건에 종교적인 의미가 부여될 때 이차적 통제의 형태로 해석적 통제(interpretive controal)가 발생되는데, 이러한 해석은 심리적 충격 사건을 수용하는 데 기여한다고 파악되고 있다. 심리적 고통을 조절 또는 억제시켜 주며, 결과에 대한 의미를 재해석할 수 있는 인지적인 틀을 제공하고, 사회적 자원에 대한 접근을 촉진시키며, 사회적인 통합을 진척시키는 것으로 제시되고 있다. 위협적인 상황에 노출된 개인들은 그 결과를 통제할 능력의 한계에 부딪치게 되는데, 이러한 상황에서 종교는 최종적인 통제의 희망을 제공하며, 종교의 회복적인 주제들은 위기로부터의 회복 또는 개선에 대한 개인의 관점에 희망을 부여하기도 하면서, 개인을 유지시키는 원동력이 되기도 하며, 문제 해결에 대한 대안들을 생성시키고, 결정하는 기능을 제공하기도 한다. 또한 높은 심리적 고통을 경험하게 되는 개인들의 종교적 실천이 지지적인 사회적 연계망에 접근할 수 있도록 해 주어 사회 체계의 지지를 통해 고립감을 감소시키고, 불안과 두려움, 적대감을 완화시킬 수 있으며, 우울과 자존감을 향상시킬 수 있다고 제시되었다. 종교가 방어적·회피적·수동적인 것으로 불리기도 하며, 도피주의와 부정의 형식이 되기도 하지만, 위기를 경험한 개인들의 종교적 신념 체계는 개인들을 성장시킬 수 있는 강점의 근원이 될 수 있다. 따라서 종교적 신념은 부정적인 삶의 사건으로부터 발생된 고통과 분투하면서 강해지기도 한다(김현경, 2007: pp. 34-40).

Allport와 Ross(1967)는 종교의 방향성을 내재적(intrinsic) 방향성과 외현적(extrinsic) 방향성으로 구성하여 설명하고 있다. 먼저 내재적인 방향성의 종교란 존재론적 의문을 다루는 상당히 복잡한 인지적 조직의 산물로서 상대적으로 엄격하고 전통적인 종교적 신념과 실천에 대한 헌신을 보인다. 또한 광적이거나 충동적이지 않으며, 삶에 대한 방향을 제시해 주는, 지속적인 분별력과 끊임없는 재조직화의 부산물이라 할 수 있겠다. 하지만 외현적 방향성의 종교라는 형식적인 참여로서, 자기중심적 방법으로 욕구를 채우기 위한 방편으로서의 종교를 의미한다. 즉, 형식을 갖춘 사교 관계를 통하여 경제적·사회적 행복(well-being)을 얻기 위한 방편으로 활용되는 것이다. 종교와 심리적 고통에 관련된 성장과의 관계를 연구한 국외 문헌들을 보면, 대학생을 대상으로 내재적인 종교와 외현적인 종교가 친구의 죽음에 대한 긍정적인 재해석을 매개로 하여 개인적 성장에 연계됨을 밝히고 있다. 또한 심리적 고통을 경험한 대학생들의 내재적인 종교적 대처가 개인의 내적 성장과 유의미한 정적 상관관계가 나타냈음을 제시하였다. 그리고 다양한 심리적 충격을 겪은 개인들이 종교적 참여를 통해 내적 성장을 경험하였다고 보고하였으며, 청소년을 대상으로 한 연구에서 역시 종교가 정신적 심리적 충격 후 심리적 고통에 관련된 성장과 정적인 상관을 보였음을 알 수 있다(김현경, 2007: pp. 34-40).

이상과 같은 점에서 심리적 충격을 경험한 난민의 경우에도 종교의 의미와 종교의 방향성이 그들의 심리적 충격의 회복에 긍정적인 영향을 미치는가는 본 연구에서 중요한 의미를 갖는다. 북한 이탈 주민의 경우 아직 종교에 대한 적절한 이해가 부족한 상태에서 종교를 통해 도구적·정서적 지지를 받을 수 있다는 인식이 있으므로 두 가지 측면이 적절한 균형을 이루어야 할 필요가 있을 것이다. 선행 연구에 따르면 북한 이탈 주민 연령이 높아질수록 외현적 종교 성향이 높아지면서 동시에 내재적 종교 성향도 증가한다는 점, 외현적 종교 성향이 강할수록 남한 생활의 가치 혼란이 증가한다는 점, 그렇다고 내재적 종교 성향이 높아진다고 해서 가치 혼란이 감소되지는 않는다는 점, 종교 생활 여부가 이들의 의식 차이를 만들고 있지 않다는 점이 중요한 결과로 나타나고 있다. 그러나 제한된 선행 연구의 결과들로는 종교의 의미가 북한 이탈 주민의 심리적 충격 회복에 직접적으로 어떠한 상관이 있는지 유추하기 힘든 한계가 있다. 하지만 중립에 가치를 두고 있는 사회 복지사들에게 종교는 고정 관념적인, 제한성 있는 부정적인 것으로 판단될 수 있으나, 종교적 대처 방법은 삶의 위기 상황에 직면하여 의미를 전환시키고 유지시키기 위해 계획되었음을 이해할 필요가 있다고 보여진다(김현경, 2007: pp. 34-40).

□4장 참고 문헌□

강성록(2000), 『탈북자의 외상(trauma) 척도 개발 연구』, pp. 96-100, 연세대학교 대학원 석사 논문.

한인영 · 김연미 · 장수미 · 최정숙 · 박형원 · 이소래 역(2002), Richard K. James & Burle. Gilliland 저, 『위기 개입』, pp. 140-141, 서울: 나눔의 집.

홍창영(2004), 「북한 이탈 주민의 외상(trauma) 후 스트레스 장애에 대한 3년 추적 연구」, p. 25, 연세대학교 의학 대학원 석사 논문.

김창오 · 김연희 · 안나영 · 유시은(2006), 『북한 이탈 주민을 위한 정신 건강 증진 프로그램 가이드북』, p. 366, 아름다운 생명.

유정자(2006), 「재중 북한 이탈 주민의 정신 건강에 대한 연구-보호 기관 대상자를 중심으로」, 연세대학교 석사논문, pp. 12-13.

김현경(2007), 「난민으로서의 북한 이탈 주민의 외상(Trauma) 회복 경험에 대한 현상학 연구」, pp. 16-40, 이화여자대학교 사회 복지학과 박사 논문, 29.

김현경 · 엄진섭 · 전우택(2008), 「북한 이탈 주민의 외상 경험 이후 심리적 성장」, 『한국 사회 복지연구회』, 39: pp. 29-56.

북한 인권시민연합 http://www.nkhumanrights.or.kr/

탈북자동지회, http://www.nkd.or.kr/;

5 적응 스트레스와 정신 건강

1. 문화 적응 스트레스와 정신 건강에 영향을 미치는 요인들

문화는 '사회의 경험 속에서 미래 세대에 전수할 가치가 있다고 작용되는 어떤 것…… 많은 사람들에 의해 채택되는 사상…… 절차를 결정하는 공유된 기준, 무언의 가정, 도구, 규범, 가치…… 그리고 관심을 갖아야 할 것과 표본이 될 수 있는 요인들에 얼마나 무게를 두어야 하는지에 대한 관습이라 정의될 수 있다. 문화 인류학자에 의한 문화 정의로서 한 국가 또는 지역 내에서 결정된 사회 제도로부터 내면화된 사고방식을 말한다고 한다. 일반적으로 각 나라 또는 지역에서 우세한 집단이 '문화'라는 것을 결정한다고 주장하였다. 문화 개념을 '거시 체계적' 맥락에 따른 개념인 역사 속에서 특정한 지점

에 특정한 집단, 특정한 나라 또는 특정한 지역을 특정 짓는 가치와
사상과 양립한다고 하였다. 즉, 민족 집단 체계와 같이 특정 문화의
유형이나 더욱 광범위한 사회적 맥락을 의미한다.

〈그림 5-1〉 이민 현상의 문화적 · 사회적 · 정치적 요인들

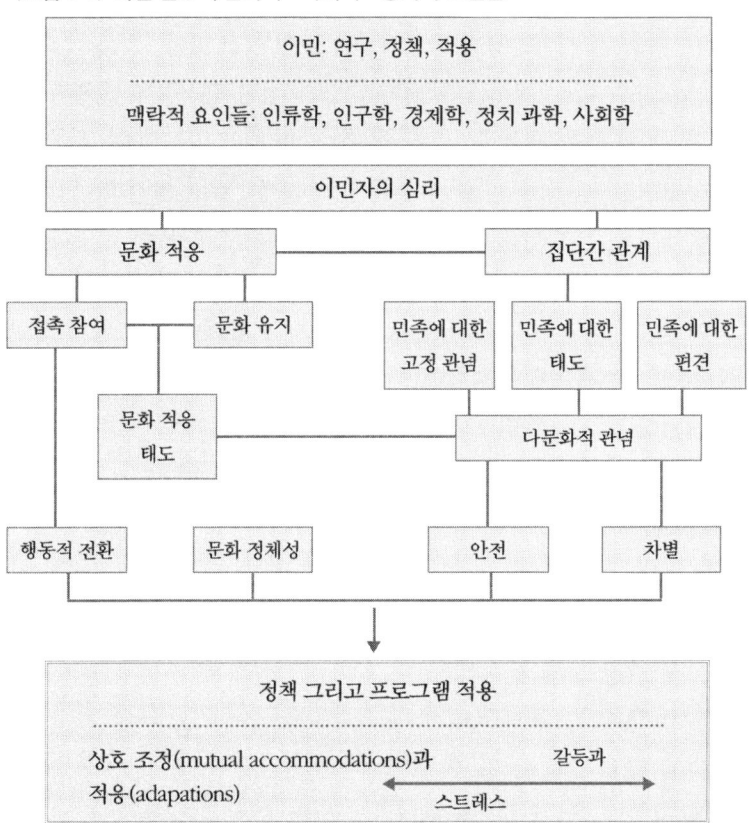

※출처: Berru, John W.(2001), *A Psychology of Immigration, Journal of Social issues*, Vol.37(3): pp. 615-631.

이민자 및 이민 연구는 인류학, 인구학, 경제학, 정치 및 사회 과학에서 압도적으로 연구되어 왔으며, 문화 적응과 집단간 관계 영역에 기여해 왔다. 문화 적응은 인류학으로부터 그 기원을 찾을 수 있으며, 집단간 관계는 사회 심리학에서 그 중심점을 찾을 수 있다. Berry(2001: pp. 615-631)는 〈그림 5-1〉(87쪽)을 통해 이민 현상의 문화적 · 사회적 그리고 정치적 요인들을 보여 주고 있다.

난민 이주자들에게서 관찰되는 다양한 정신 건강상의 결과를 일반적인 문화 적응 관점에서 설명할 때 '문화 적응 스트레스'[1]라는 용어로 명명한다. '문화 적응 스트레스' 란 첫째, 난민 및 일반 이주자들이 새로운 주류 사회와 접촉하게 될 때 그들은 새로운 언어, 다른 관습 그리고 사회적 상호 관계에 대한 규범, 낯선 규칙과 법규, 그리고 어떤 경우에는 극도로 다른 삶의 변화에 적응해야 하는 많은 도전에 직면하는 과정에서 경험하게 되는 스트레스 행동의 특정한 경향을 의미한다. 요약하면, '다른 문화 간에 지속적이며 직접적인 접촉으로부터 발생하게 되는 문화 변화(cultural change)와 적응(adaptaion)의 과정(process)' 으로 정의될 수 있다. 구체적인 경험으로는 혼란, 불안, 우울과 같은 정신 건강 상태, 주변화와 소외의 감정, 강한 심인성 증상, 그리고 정체성 혼란 등이라 할 수 있다.

둘째, '문화 적응 스트레스' 는 주류 사회의 문화와 난민 이주자의 원국가(original country) 문화 간의 기후적, 지리적, 영양학적 및 다른 정신문화 간에 상이성에 의해 발생되는 것이라 할 수 있으며, 결과적으로 개인의 신체적 · 심리적 그리고 사회적 측면에서의 건강 상태의 환원(reduction)을 말한다.

---

1 국내 연구 문헌에서는 'Acculturation' 을 문화 적응(금명자 외(2004), 이소래(1997), 독고순(2000) 등 다수)과 문화 적응 스트레스(전우택, 2000) 두 가지로 번역하여 활용하고 있다. 문화 적응이라 번역함은 문화 적응 스트레스의 결과가 '적응' 의 한 형태를 나타내기 때문으로 간주된다. 따라서 본 연구에서는 'Acculturation' 을 '문화 적응 스트레스' 로 일관되게 명명하고자 한다.

셋째, 문화 적응 스트레스는 개인의 심리적 기능을 향상시키는 긍정적인 힘이 될 수도 있기 때문에 반드시 부정적일 필요는 없으나, 경우에 따라서 적응을 수행하려는 개인의 능력을 파괴하기도 한다. 따라서 개인은 문화 적응과 스트레스 간의 상관성을 지배하는 다른 요인들에 의해 영향을 받게 된다. 문화 적응 스트레스라는 관점은 스트레스 이론에 근원을 두고 있으며, 더욱 보편적으로는 문화충격(culture shock)이라는 대안적 관점에서 이해되기도 하였다.

관련하여 문화 적응 스트레스에 영향을 미치는 상호 작용 요인을 〈그림 5-2〉(90쪽)를 통해 설명을 덧붙이고자 한다.

첫째, 새로 이주한 사회의 특성과 문화 적응 양식이 이주자의 문화 적응 스트레스에 영향을 미치는 요인들 중 일부임을 제시하였다. 특히, 새로 이주한 사회가 다양한 문화에 대한 포용력이 있는 다문화적 특성을 갖추고 있는지, 아니면, 단일한 문화 기준의 순응에 압력을 주는 동화주의자(assimilationist)의 특성을 갖추고 있는가를 고려해야 함을 강조하고 있다. 이유는 이주자의 정신 건강 문제가 동화주의자들 사이에 있는 것보다 다문화주의 사회에 있는 경우에 덜 발생할 것으로 파악하기 때문이다.

둘째, 다양한 난민 연구를 통해 난민들은 압도적으로 다른 세 가지의 문화 적응 양식 즉, 분리, 동화 및 주변화보다 통합 양식, 즉 양문화주의의 선호를 지지하고 있음이 밝혀졌다.

그러나 개인이 취하는 문화 적응 전략은 그들을 받아들이는 주류 사회의 문화 적응 태도의 이해를 고려해야 한다. 즉, 주류 사회는 자국에 유입된 이주자들을 어떻게 다루길 원하는지 그리고 그 이주자들이 어떻게 행동하길 원하는지에 대한 구체적인 사상이 있다는 것이다. 이것을 문화 적응 기대(acculturation expectations)라고 하는데 이것은 쌍방의 문화 적응 발생에 있어서 우세한 집단에 의한 방식이

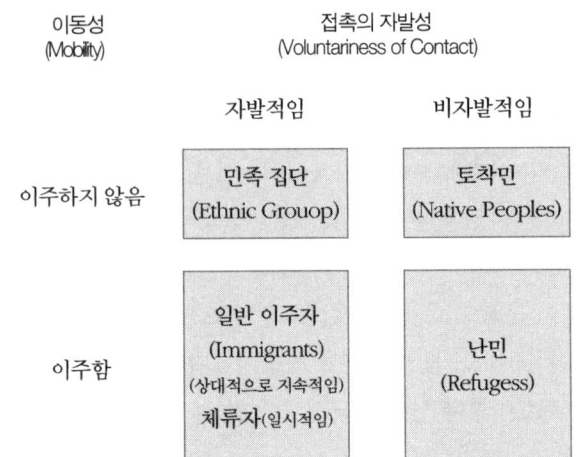

〈그림 5-2〉 문화 적응 집단 유형

이동성
(Mobility)

접촉의 자발성
(Voluntariness of Contact)

강력한 영향을 준다는 것이다. 이는 대부분의 난민 이주의 근원을 배경으로 할 때, 이주를 받는 국가의 다수는 개인주의를 선호하는 선진국이며, 이주를 떠나는 국가는 집단주의가 우세한 개발도상국이라는 점에서도 영향을 받을 것이다.

셋째, 문화 적응 집단의 유형과 정신 건강의 관계를 설명하기 위해, 〈그림 5-2〉에서처럼 민족 집단, 이주 난민, 토착인, 그리고 난민으로 분류하였다. 그리고 문화 적응 접촉을 자발성과 비자발성, 그리고 이동성을 이주와 비이주의 변인으로 선택한 결과, 난민과 토착민 집단이 이주에 자발적으로 연계되었던 일반 이민자 집단에 비해 정신 건강의 어려움을 더 많이 경험하는 것으로 보았다. 그 이유는 자국의 상황에 의해 어떨 수 없이 국경을 넘어 새로운 이주국으로 들어온 난민의 경우에는 이주 여부에 대한 자발적인 선택 기회가 일반 이주자의 경우보다 상대적으로 적기 때문에 문화 접촉에 있어서 일반 이주자의 초기 경험 및 변화에 비해 좀 더 부정적으로 해석되기 때문이다.

〈그림 5-3〉 문화 적응 스트레스에 영향을 미치는 상호 작용 요인들(Berry, kim, Minde&mok; 1987)

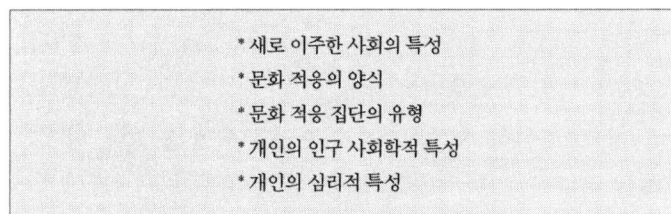

* 새로 이주한 사회의 특성
* 문화 적응의 양식
* 문화 적응 집단의 유형
* 개인의 인구 사회학적 특성
* 개인의 심리적 특성

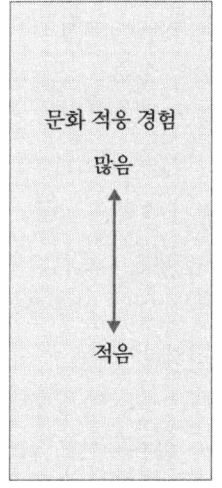

문화 적응 경험

많음

↕

적음

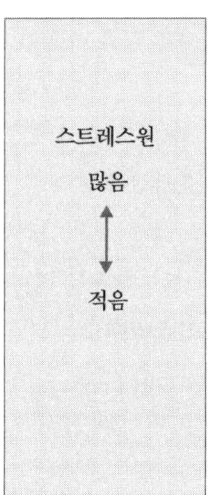

스트레스원

많음

↕

적음

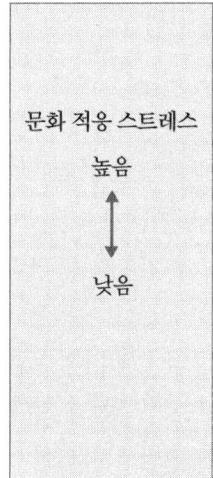

문화 적응 스트레스

높음

↕

낮음

이 밖에 개인의 인구 사회학적, 심리적 특성, 즉 대처 양식, 교육, 연령, 성별, 인지 유형, 문화 간 접촉 이전 경험, 그리고 접촉 경험 등이 문화 적응 스트레스에 영향을 주는 요인으로 설명되고 있다.

문화 적응 스트레스와 정신 건강 간의 상관 연구에서 고려해야 할 또 한 가지 중요한 점은 심리적 고통에 대한 정의와 경험, 그리고 표현에 있어서 문화의 역할이라 할 수 있다. 이것은 문화에 기반한 증상으로 예를 들자면 한국인의 화병, 라틴인의 'ataque de nervious', 아프리카계 미국인의 주술과 같은 것으로 이해될 수 있다. 하지만 아직도 현대 서구의 질병 분류학과 건강 관리 전문가들은 흔히 증상과 독특한 문화적 또는 종교적 신념 체계와의 관계를 간과하고 있다. 동시에 정신 건강 측정은 흔히 유럽과 미국의 규범에 기반 하여 발전되었다. 따라서 문화 적응 스트레스 과정과 적응간의 상관은 전통적인 방법론과 문화에 기반 한 사정 간에 차이, 그리고 다양한 인구 집단에 대한 치료 프로토콜을 고려해야 한다.

난민 이주 난민들의 경우 이주 이전 심리적 충격 경험은 이주 이후 문화에 접촉하게 되면서 시간 경과에 따라 환경적인 스트레스원에 반복적으로 노출되게 된다. 난민 이주자의 경우는 일반 이주자와는 달리 자국에 다시 돌아갈 수 없음으로 인해 심리적으로 극단적인 복잡함을 경험하게 된다. 또한 난민의 심리적 충격 경험은 앞서 언급한 것처럼 단일 사건이 아니라, 상호 관련된 그리고 일반적으로 누적된 경향이 있기 때문에 이러한 경험들은 이주 후 이주자를 둘러싼 사회 심리 생물학적인 문화적 스트레스원들의 영향과 연계되어 문화 적응 스트레스 수준을 높이는 결과가 발생됨을 국외 난민 연구를 통해 밝히고 있다. 나아가 이주 국가에서 발생되는 이주자에 대한 차별과 선입견은 사회적으로 취약한 입장에 있는 그들의 정신 건강에 대한 위험 요인으로 인식되고 있다.

〈그림 5-4〉 이민 집단과 이주 사회에서 문화 간 전략의 다양성

이슈 1: 문화와 정체성 유산의 유지

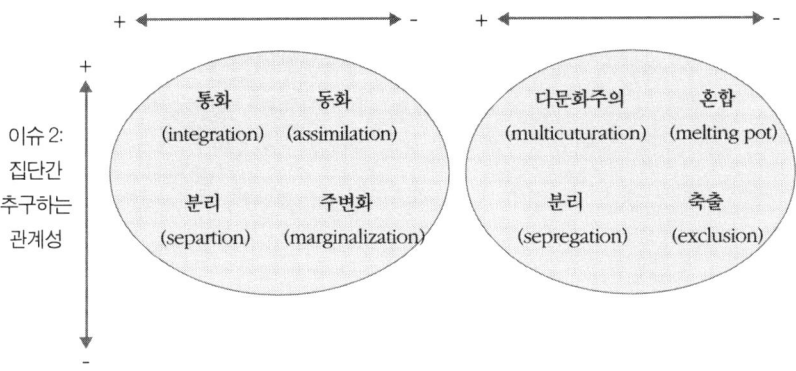

문화 적응 연구의 경향성은 접촉에 있어서 두 집단이 연계되면서 상호 변화(mutual change)되는 과정에 초점을 두고 있다. 즉, 두 문화 집단이 접촉하게 되면 문화 변화가 두 집단 모두에 영향을 준다고는 한다. 그러나 현실에서 우세한 집단은 영향을 받지 않은 채로 남아 있으면서, 우세하지 않은 집단이 변화되는 경우가 흔하다.

이주자 또는 우세하지 않은 문화의 개인들은 문화 적응 태도 (acculturation attitudes)로 알려진 두 개의 차원 간 특성을 이해할 필요가 있다. 즉, 두 개의 이슈, 첫째 다른 집단과 어느 정도의 접촉 또는 회피를 원하는지, 둘째 원문화적 특성을 어느 정도 유지하거나 또는 포기하길 원하는가에 관련된다. 이것은 〈그림 5-4〉에서 보여 주고 있는 왼쪽 영역의 차원은 이주자들이 이 두 개의 이슈를 어떻게 다룰 것인가에 따른 특성으로 구분된다. 그리고 오른쪽 영역의 차원은 그들을 수용하는 사회가 그들을 어떻게 처우할 것인가와 관련된다. 따라서 이민자들을 받아들이는 사회는 이민자들을 수용하기 위해서 어떻게 변화할 것인가를 고려해야 할 필요가 있다. 그러므로 두

문화가 접촉하게 되면 필연적으로 상호 과정(mutual process)이 있게 된다. 또한 그것에는 한 집단 문화 고유의 태도와 행동, 그리고 다른 집단 고유의 태도와 행동에 대한 인식이 관여된다. 문화 적응 스트레스 전략의 개념은 두 개의 강조되는 차원, 즉 자국 문화 유지와 다른 문화에 참여함에 기반 한다. 오늘날에는 개인이 자신을 어떻게 생각하는가 하는 것 역시 두 개의 영역에 따라서 구성된다는 것에 합의되고 있다. 이러한 영역의 첫 번째는 개인적 유산(heritage) 또는 민족 집단에 따르는 정체성이고, 두 번째는 좀 더 크고 우세한 사회와 함께 하는 정체성이다. 따라서 문화적 정체성은 전자의 경우에는 민족 정체성, 후자는 시민 정체성처럼 다양한 방식으로 언급되고 있다. 아울러 이러한 문화 차원은 일반적으로 서로 독립적(independent)이나, 원문화 정체성은 이주 사회 문화의 정체성에 포함될(nested) 수 있다고 본다. 동시에 이주 문화에 맞는 행동 변화를 이해함에 있어서 가장 큰 관심은 이주 문화의 언어 지식을 알고 활용하는 것이라 할 수 있다. 이주 문화의 언어 지식과 활용은 문화 적응 태도와 긴밀하게 관련되기 때문이다.

이주자의 정체성을 좀 더 세부적으로 논의해 보자면, 첫째, 개인정체성이란 개인이 채택하고 지키려는 목표, 가치, 신념을 의미하는데, 이것은 특정한 사회 또는 문화 집단의 이상과 특별히 관련되기도 하나 그렇지 않을 수도 있다. 둘째, 사회적 정체성이란 개인이 특정한 내부 집단(ingroup)을 동일시하는 것으로 그 집단의 가치, 신념, 사회적 관행, 관습, 분류를 포함시킨다. 이러한 동일시는 개인이 '내부 집단'에 대해 호혜를 갖는 정도와 '외부 집단(outgroup)'으로부터 자신을 분리시키는 정도를 포함한다. 셋째, 문화적 정체성이란 사회 정체성의 특별한 경향이며, 개인과 문화의 맥락적 상호 관계로 정의될 수 있다. 그리고 원문화 집단에 대한 사상적 결속력, 그리고 그러한 결속력의 결과로서 원문화와 다른 문화에 대해 명백히 드러나는 태도, 신념 그리고 행동을 일컫는다. 학자에 따라서 정체성의 기능을 설명하는데, 개인을 규제하는 사회·심리적 구조로써 그 속에서 관심에 대한 방향을 제시해 주고 정보를 처리하며, 생각을 관리하며, 행동을 선택하게 하게 한다고 하였다. 또한 정체성은 첫째, 모방과 동일시를 통해서, 둘째는 새로운 문화에 대한 탐색과 구성 및 경험에 의한 특성화된 과정을 통해 채택된다. 집단주의 문화에서는 주로 전자에 의해서, 개인주의 문화에서는 후자에 좀 더 일치된다고 제시되고 있다.

나아가 에릭슨(Erikson)은 자아 정체성(ego identity)을 내적 측면과 외적 측면으로 구성하여, 내적 측면은 시간적 자기 동일성과 자기 연속성의 인식이라 고 하였다. 반면 외적 측면은 문화의 이상과 본질적인 패턴을 인식하면서 동일시하는 것으로 타인과 본질적인 특징을 공유하는 것이라고 하였다(Erikson, 1968: p. 79). 그는 사회가 양육의 패턴을 전수하고 교육 기회를 제공하며 가치와 태도를 전달한다고 강조하였다. 따라서 문화적 목표와 개인의 열망, 사회적 기대와 요건, 문화가 개인에게 제공하는 기회 역시 중요한 요인으로 보고 있다. 그렇다면 한국 사회에 들어온 북한 이탈 주민의 경우 과거 시점부터 현재에 이르기까지 자기 연속성이 수반된 정체성 변화가 어떠한 요인들로 인하여 구성되는 것인지 이해하는 것은 그들을 이해하는 핵심이 될 것이라 판단된다.

정체성을 개념화시키는 가장 현실적인 방식으로서 상황적 접근(situation by situation)이라는 주장이 제기되었는데, 이것은 개인이 처한 상황에 따라서 자신의 정체성을 변화시키는 것이나, 실제로 그러한 방식의 접근을 하는 개인들은 심리·사회적 적응이 낮다고 보고되는 경향이 있다. 이렇게 문화 적응 과정에서 개인의 문화적 정체성을 어느 정도 수정할 것인가에 관한 이슈는 개인에게 적어도 혼란스러움을 제공하게 될 수도 있다.

그러나 문화 적응 스트레스 과정이 문화적 정체성의 변화로써 명백히 나타난다는 전제를 수용한다면, 문화 적응 스트레스와 정체성의 상관성에 대하여 검증될 수 있는 이론적 주장을 일반화하는 정체성 변화에 대한 몇 가지 원칙들을 고려할 수 있다.

첫째는 개인과 그 개인의 사회적 환경에서의 변화를 통해 정체성이 발달된다고 하는 것이다. 정체성을 결정하는 관점은 상당한 개인적 차이가 제시되는데, 어떤 이민자들은 적극적인 입장에서 문화 적응을 취하는 반면 어떤 이민자들은 원문화적 유산에 의지하거나, 일관성 없이 문화적 정체성 변화를 상황에 따라 변화시킨다고 한다. 이러한 경우는 정체성이 발전되고 있는 중이거나 수정되는 과정에 초점을 두는 것으로 파악한다.

두 번째는 발전되거나 수정되는 정체성의 구체적인 내용의 중요성은 개인과 사회·문화적 정체성간에 다르다는 것이다. 즉, 개인 정체성의 구체적인 내용은 개인적으로 특이(idiosyncratic)하다는 점이다.

세 번째는 양문화주의의 타당성과 혜택이 원문화와 이주 난민을 받아들이는 문화에 따라서 다양하다는 것이다. 이주 난민들이 문화 적응을 고려함에 있어서 각기 다른 나라와 민족 집단에 의해 직면하게 되는 정체성 발달, 적응 그리고 사회적 진출에 대한 상이한 장애물의 현존을 인정해야만 한다는 점이다. 그리고 이주 난민들이 특히 소수 민족인 동시에 집단주의적인 문화적 특성을 갖추고 있는 경우라면, 이주한 사회에서 그들은 외국인으로 인식되기 쉬울 것이다. 동시에 원문화의 개인들에게는 원 문화를 잃어버린 개인으로 인식되기 쉽다는 점이다.

넷째는 이주 문화만을 수용하는 '동화' 전략만을 강조하는 경우에는 물질 남용이나 성적인 위험과 같은 자기 파괴적인 행동의 위험 요인이 높다고 제시되고 있다. 고전적인 인류학과 사회과학에서는 동화를 통해 새로운 문화에 적응하는 것이 가장 효과적이고 건강한 적응방식이라고 제안하고 있지만, 이주자가 주류 문화에서 인정받는 권한을 성취하였다고 해도 개인적 정체성에 위협을 주는 상실감은 흔히 경험될 수 있는 것으로 본다. 이민자의 문화 적응 스트레스와 정체성의 관계를 살펴보면, 사회 문화적 정체성은 문화 적응 스트레스에 기반이 되며, 개인적 정체성은 문화적 전환과 적응 기간 동안에 이주 난민 개인이 정착될 수 있도록 돕는다.

정체성은 청소년과 청년에게 중요한 이슈가 될 수 있다. 비록 정체성과 함께 문화 적응 스트레스와 문화 적응 스트레스가 모든 연령의 이민자들에게 부정적인 결과를 줄 수 도 있다. 이주 난민 청소년과 청년들은 원 문화 유산과 이주 문화의 요소들을 통합시키는 문화정체성을 형성시켜 가는데 있어서 도전에 직면할 수 있으며, 또한 이 기간 동안에 규범적인 개인 정체성 이슈에 대치하기도 한다. 문화 적응 스트레스의 '부작용'과 연계된 정체성의 고통은 청소년과 청년들에게 가장 심하다 할 수 있다. 하지만, 성공적으로 발전하고 있는 정체성은 특히 모든 연령집단에서 부작용에 완충적인 영향을 미친다.

문화 적응 스트레스, 정체성, 문화와 같은 용어들은 최근에 발전된 중심 이슈다. 이에 대한 하나의 극단적 견해인 '모더니스트의 관점'은 이러한 구성체들이 모든 개인, 집단, 국가를 유사하게 기술하거나 영향을 주는 고정된 총체(fixed entities)라고 진술한다. 반면 또 다른 극단적 견해는 '포스트모더니스트의 관점'으로 모든 인간 경험은 변화되고, 순응적이며, 공간적이며, 특수한 것으로 어떤 일반적인 용어로 정의하기 어려우며 지속적인 변화로 인해 정의하기 어렵다고 본다. 이들은 문화 적응 스트레스, 정체성, 문화에 대한 규범적 개념과 조작적 정의 및 인과적 설명의 활용에 대해 비판적 관점을 갖는다.

포스트모더니스트들은 개인이 문화 적응 스트레스를 한다는 관념은 전통적인 가치와 신념으로부터 서구적인 가치와 신념으로 향해 움직이는 것을 함축하고 있다고 비판하면서 비서구적인 문화를 거스르고 있다고 하였다. 정체성에 있어서 학자에 따라서 정체성이란 존재하지 않는다고 제시하면서 자신(the self)에 관한 대부분의 어떠한 것을 나타내기 위해 활용되는 '포괄적인' 용어라고 한다. 학자에 따라서 정체성의 존재는 인정하지만, 끊임없이 지속적인 변화 속에 있으며, 불변하는 구성으로서 분리될 수 없다고 주장한다. 문화란 정의 내리기 어려울 뿐만 아니라, a)무엇이 문화를 구성하는지 b)문화란 어디에서 끝나고 어디에서 시작되는지 분명하지 않다고 한다. 또한 집단을 특정화시키는 고정된 총체성(entity)으로서 문화를 생각하는 것은 오류이며 고정 관념을 조장하는 것이라 하였다(즉, 특정 문화 출신은 거의 동일하다고 믿어 버리는 것). 하지만 정체성에 대한 관점이 항상 변화되고 결정되기 불가능한 것이라 한다면 실용적인 이론이나 경험적 또는 적용될 수 있는 활용성을 제공하지 못하게 되는 한계가 있으므로 문화 적응 스트레스를 두 개의 핵심, 즉 원문화의 사상과 실천이라는 유산을 유지하는 것, 그리고 이주 문화의 사상과 실천을 채택하는 것으로 조직화될 수 있다.

문화적 정체성은 개념적으로 민족적 정체성과 유사하다 할 수 있으나, 문화적 정체성이 좀 더 범위가 넓으며 포괄적이다. 민족적 정체성이란 개인이 자신의 민족성에 대한 주관적 의미와 자신의 민족집단에 대해 유지하고 있는 감정으로 정의된다. 그리고 문화적 정체성이란 원문화로부터 채택된 특별한 가치, 사상, 그리고 신념, 예를 들면 개인주의, 집단주의, 가족주의, 충효와 같은 것을 들 수 있을 뿐만 아니라 그 집단에 속한 감정을 일컫는다.

언어적 선호에 있어서의 변화, 그 개인의 상대적인 중요성 대 그 집단의 중요성에 관한 핵심 신념에서의 변화들은 문화 적응 스트레스에 기인하는 변화들로서 개인의 문화적 정체성에서의 변화라 할 수 있다. **개인주의와 집단주의**에 대한 오리엔테이션은 문화적 정체성의 규정 하에서 고려될 수 있는데, 이러한 것 역시 이주자들이 문화 적응 스트레스를 하면서 변화되는 것이라 할 수 있다. 이주 문화로부터 선택된 목표, 가치 그리고 신념은 그 다음에 개인의 정체성으로 통합된다.

따라서 **순응하는 '정체성'** 의 정의는 두 개의 요인을 포함한다. a)개인적 정체성으로 타인들과 내적으로 양립하는 목표, 가치 그리고 신념을 의미하며 이러한 것들은 상황을 거치면서 수용되고 명백해진다. 그리고 b)(**문화적 정체성**을 포함한) **사회적 정체성**은 내적 일치와 작용성을 잃지 않으면서 문화 적응 스트레스의 결과로써 발생된 변화를 지지하기에 충분하다. 그리고 개인이 스스로 소속되었다고 인식하는 집단에 대해 긍정적인 감정을 생산한다.

모든 이주 난민 집단과 이주 사회에서 문화 적응 스트레스 과정이 동일한 형식을 취하는 것은 아니다. 서구 사회에 있어서, 문화 적응 스트레스는 비백인, 비서구인, 비유럽인들에게는 좀 더 어렵고 고통을 생산하는 과정이 될 수도 있다. 왜냐하면 이주 난민들과 이주 사회에 우세한 문화 집단들 간에는 문화적 상이성과 시각적으로 나타나는 신체적 특징의 차이로 인한 것이라 할 수 있다. 이렇게 두드러진 신체적 특징의 차이와 문화적 상이성은 비백인 이주 난민들을 '외국인' 이라는 강한 인상을 주면서 차별을 받게 될 수도 있을 것이다. 특히 라틴 아메리카, 아프리카, 중동 그리고 동남아시아와 남아시아 지역과 같이 개발도상국으로부터 유입된 비백인 이주 난민들이 미국, 캐나다, 서유럽 및 호주와 같은 선진국으로 이주하는 경우 이주법에 대한 변화의 견지에서 고려해 볼 때 비백인 이주 난민의 경험은 특히 중요하다.

두 개의 중요한 경향성이 이민의 '근원(source)'에서 이런 변화의 결과로 발생되었다. 첫째, 이주를 받는 국가의 다수는 개인주의가 우세한 선진화된 국가라 할 수 있다. 반면 이주를 보내는 국가들은 집단주의가 우세한 개발 도상국이라 할 수 있다. 둘째, 이주 난민을 받아들인 대부분의 국가들에서 유럽인 자손들의 개인들이 다수 집단을 보이고 있으나 반면 이러한 국가에 유입되고 있는 수많은 이주 난민들은 비백인이라 할 수 있다. 결과적으로 많은 이주 난민들과 그 후손들이 비록 새로 이주한 국가의 언어를 완전히 통달하고 그 문화적 측면을 채택한 후조차도 시각적이며 문화적으로 '소수 민족'으로 '두드러지게 나타나는 현상'이 지속되고 있다.

수많은 이주 난민을 받아들이고 있는 국가들에 관한 대중 의견 서베이에서도 비백인 이주 난민들은 백인 이주 난민들에 비해서 열등하고 덜 바람직하게 파악되고 있다. 그리고 미국에서 출생한 토착 미국인들, 유럽인들은 인종적으로 문화적으로 그리고 종교적으로 상이한 개인들을 이주 난민으로 받아들이는 것에 반대하고 있다.

이렇게 이주 난민에 대한 편견과 제도적 장벽의 이슈는 비백인 이주 난민들과 그들의 후손의 삶에 많은 영향을 줄 것이다. 결과적으로 개인의 문화 적응 스트레스가 그러한 맥락 밖에서 연구된다면, 문화 적응 스트레스의 순수한 심리적 접근은 특정 개인들과 집단을 불리하게 할 것이다. 예를 들어 a)이주 난민들이 원문화 유산의 사상, 가치 및 실천을 유지, b)이주 문화의 사상, 가치 그리고 실천을 채택한다는 양문화주의(biculturalism)를 취하고 있다. 이러한 경우는 두 문화가 유사한 맥락이 있으면서 양문화적 접근이 두드러지게 상이하지 않을 때이다. 그러나 문화적 상이성이 상당히 큰 경우, 예를 들면 이주 난민의 원 문화가 우세하게 집단주의적이고 이주한 집단의 문화가 우세하게 개인주의적일 때는 양문화주의는 어려울 뿐만 아니라 고통스럽다 할 수 있다. 예를 들어 중국인 청소년이 미국으로 이주하였을 때를 고려해 보면, 미국은 원칙적으로 개인들이 자신에 대해 책임지는 국가이나, 중국은 가족의 행복 특히 노부모를 위해 개인을 희생할 것을 기대한다. 이러한 경우 양문화적 접근은 도전을 받게 될 것이며 상반되면서 잠재적으로 고통스럽게 된다. 그렇다면 문화 적응 스트레스 과정에서 정체성의 역할이란 정확히 무엇이며, 역으로 정체성에서 문화 적응 스트레스의 역할을 무엇인가. 문화 적응 스트레스의 결과로서 발생된 변화들은 문화적 정체성에서의 변화로 파악될 수 있을 것이다.

문화 적응 스트레스가 정체성에 어떻게 영향을 주며, 정체성이 문화 적응 스트레스에 어떻게 영향을 주는지 이해하기 위해서, 첫째 정체성 발달과 변화를 어떻게 이해할 것인지가 중요하다. 정체성 발달은 개인과 그 개인이 속한 사회 그리고 문화적 맥락 사이에 공동으로 제작되는 프로젝트라 할 수 있다.

개인들은 일반적으로 세 가지 방식 중 한가지로 이러한 '정체성 도전'에 반응한다. a)도전에 맞서면서 의도적으로 개인의 정체성을 교정한다. b)외적 규범과 지지 자원에 의지하면서 사회적으로 합당하다고 인식되는 방식에 반응한다. c)도전을 회피하거나 무시한다. 그리고 오로지 특별한 상황에 반응해서 결정하거나 변화한다. 비록 포스트모더니스트 학자들은 정체성을 개념화시키는 가장 현실적인 방식은 상황적 접근(situation by situation)이라고 주장하고 있으나, 많은 연구에서 그러한 방식의 접근을 하는 개인들은 심리·사회적 적응이 낮다고 보고되는 경향이 있다.

문화 적응 스트레스 과정이 문화적 정체성의 변화로서 명백히 나타난다는 전제를 수용한다면, 문화 적응 스트레스와 정체성의 상관성에 대하여 검증될 수 있는 이론적 주장을 일반화하는 정체성 변화에 대한 원칙들이 고려된다.

첫 번째 원칙은 개인과 그 개인의 사회적 환경에서의 변화를 통해 정체성이 발달된다고 하는 것이다. 이것은 이주 문화의 맥락에 대한 표출은 이주 난민의 문화적 정체성에서 초기에 변화를 자극했던 것이라고 진술하는 것이 적합할 것이다.

학자에 따라서 정체성을 결정하는 관점은 상당한 개인적인 차이가 제시되는데, 어떤 이민자들은 적극적인 입장에서 문화 적응 스트레스를 취하는 반면 어떤 이민자들은 원문화적 유산에 의지하거나, 일관성 없이 문화적 정체성 변화를 상황에 따라 변화시킨다. 이러한 관점은 정체성(이 경우에는 문화적 정체성)의 구체적인 내용에 대해서라기보다는 정체성이 발전되거나 수정되는 과정에 초점을 두고 있다. 여기에서 기술된 세 가지 결정 유형은 문화적 사상과 실천을 채택하거나 또는 거부하거나, 문화적 실천을 유지하거나 또는 거부하는 것을 활용하고 있다.

두 번째 원칙은 발전되거나 수정되는 정체성의 구체적인 내용의 중요성은 개인과 사회·문화적 정체성간에 다르다는 것이다. 즉 개인 정체성의 구체적인 내용은 개인적으로 특이(idiosyncratic)하다. 이주 사회에 들어선 개인들의 문화적 정체성은 이주 문화를 받아들일 것인지 그리고 원 문화를 유지할 것인지 이 두 가지가 결정적인 요인이 될 수 있다.

세 번째 원칙은 양문화주의의 타당성과 혜택이 원문화와 이주 난민을 받아들이는 문화에 따라서 다양하다는 것이다. 이주 난민들이 문화 적응 스트레스를 고려함에 있어서 각기 다른 나라와 민족 집단에 의해 직면하게 되는 정체성 발달, 적응 그리고 사회적 진출에 대한 상이한 장애물의 현존을 인정해야만 한다. 덧붙여, 양문화의 이주 난민들은 특히 소수 민족이면서 동시에 집단주의적인 문화를 갖고 있는 경우에 이주한 사회의 개인들에게는 외국인으로서, 동시에 원 문화의 개인들에게는 원 문화를 잃어버린 개인으로 인식되기 쉽다. 하지만 개인이 양문화 집단으로부터 차별을 받게 되는 경우도 있다. 미국으로 이주한 콜롬비아인의 경우 미국에서는 콜롬비아에서는 그들을 미국인이라 인식하나, 미국에서는 'spic'으로 부르는 이중 차별을 경험한다.

특히 가족과 함께 이주한 청소년이나 청년의 경우에는 그 개인의 내적 집단이 누구인지에 따라서 자신들의 정체성이 정확히 무엇인지 어려움과 고통을 경험하게 될 수 있다. 연구에 따르면 원 문화를 무시하면서 이주 문화만을 수용하는 '동화' 전략을 만을 경우에는 물질 남용이나 성적인 위험과 같은 자기 파괴적인 행동의 위험 요인이 높다고 제시되고 있다.

네 번째 원칙은 중동, 남아프리카 및 남아시아와 같이 전통적인 종교와 도덕적 원칙을 호전적으로 고수하는 문화적 가치와 실천이 증가하는 서구적 영향과 충돌하는 경우 특히 정체성의 중요한 이슈가 된다. 위의 나라 개인들이 서구유럽, 캐나다, 미국 또는 호주와 같은 장소로 이민을 오게 된 경우에 그들의 전통적 가치와 실천은 서구적 가치와 실천 사이에서 문화 갈등을 일으키게 되는데, 전통적 삶의 방식과 서구적 삶의 방식 간에 충돌은 정체성에 근본적인 기반이 될 수 있다. 벨기에로 이주한 모슬렘 청년들은 정체성, 가치 그리고 종교를 통합하는 것에 있어서 복잡하고 혼란스러운 '입장'에 취해지는 것 같다. 또한 상대적으로 토착 벨리에인 또는 다른 나라에서 이주한 청년들에 비해 더욱 '문제가 되는 정체성 상태'를 취하는 경향이 있다고 보고하고 있다.

이러한 경우나 이와 유사한 경우에는 문화 적응 스트레스 과정에서 개인의 문화적 정체성을 어느 정도 수정할 것인가에 관한 이슈는 고통 및 적어도 혼란스러움을 제공하게 될 것이다. 이주 문화를 받아들이는 것에 대해 반대의 위협을 경험하게 될 뿐만 아니라, 서구적 사상의 수용 그 자체가 도덕적인 죄가 되며 전통적인 종교적 신념의 배신으로 인식되기 때문이다.

2. 문화 적응 스트레스와 정체성 연계에서 탐색되어야 할 영역

'개인의 정체성 발달'과 '이민자와 문화 적응 스트레스와 관련된 장애'를 고려함에 있어서 장애는 이주 난민 청소년과 청년들 그리고 그들의 가족들이 그들의 삶에 영향을 미치는 사회 제도에 권한 부여를 할 수 없는 공동체 출신이라는 것이다. 특히 개발도상국으로부터 유입된 소수 민족에 속하는 이주 난민들의 경우에는 정체성 발달에 대한 장애는 인구학적, 사회 문화적 특성에 실질적인 영향을 받게 된다. 따라서 1)사회 경제적인 불이익 2)이주자와 그들을 받아들이는 사회 사이에 문화적 지향성의 차이 3)정체성 발달에 있어서 사회-제도적 지지의 부족 4)민족성과 관련된 장애를 고려해 볼 필요가 있다.

1) 이주 난민들의 경우 주변화와 사회 경제적 불이익은 청소년 및 청년들에게 있어서 유망한 개인적 정체성 선택의 감소와 연계된다. 따라서 범죄와 비행에 연계되기도 한다. 즉, 사회·문화적, 경제적 장애의 결과로서 잠재적인 개인의 정체성 위축은 부정적인 행동적 결과와 연계될 수 있다는 것이다.

2) 특히 서구적 문화를 지향하는 나라에서는 경쟁을 가치 있게 인식하고 끊임없는 근로에 대한 보상으로서 성공이 주어진다고 믿는다. 하지만 집단주의 문화적 배경을 가진 이민자들은 양문화적 정체성을 채택하지 않으면 새로운 사회의 사회 제도로부터 지지를 거의 받을 수 없게 될 수 있다. 따라서 사회 제도적 지지의 부족은 개인의 정체성 형성을 더욱 어렵게 한다. 학자에 따라서 이주 난민들이 이주 사회의 자원과 중요한 사회 제도에 들어오기 위해서 막연하여 파악하기 어려운 정체성 자산으로서 그들의 기술, 지향성, 경험 및 지식을 활용한다고 주장하였다. 특히 이주 국가의 언어에 대한 지식이 없이는 실체가 잡히지 않는 정체성이라는 자산을 얻을 수 있는 정도에 제한을 받게 된다. 따라서 언어의 활용은 문화적 정체성의 중요한 요인이면서 명시라 할 수 있으며, 언어의 유창함 부족은 하나의 전체로서의 문화를 수용하는 위협이며 이주 난민을 자원으로부터 보류시키는 결과를 초래한다고 하였다.

3) 서구 사회에서 개인주의 증가, 개인의 정체성 구성에 있어서 결과적으로 필수적이며 흔히 지도되지 않는 과정은 이민자와 문화 적응 스트레스 연구에 중요한 함축성을 갖는다. 비백인이며 집단 문화에서 서구 사회로 이주한 청소년의 경우 그들의 부모보다 이주 문화의 수용이 빠르다. 하지만 비백인이며 집단 문화 출신의 부모들은 필수적인 개별화(individualization)로 특징짓는 서양 문화를 이해하기 어려운 경향이 있을 뿐만 아니라, 어떤 경우에는 자기 지향성과 개별화를 원 문화에서 금지하는 경향도 있다. 어떤 문화에서는 특히 집단주의 원칙이 주된 기반을 갖고 있는 문화권에서는 청소년에게 청소년 시기 동안 또는 청소년기에 이르자 성인의 역할 수행을 기대하기도 한다. 이러한 문화권 출신의 이주 청소년들은 개인주의적 서구 사회에서 정체성 발달 과업을 갖추기 어렵게 된다.

4) 소수 민족 상태는 청소년 및 청년들이 선택할 수 있는 정체성 요인에 영향을 미칠 수 있다. 시각적으로 소수 집단 출신의 개인들은 특정한 조직에 합류하는 것 또는 특정한 직업에서 일하는 것에 위축될 수 있다. 이러한 경우, 이주 사회에 대한 문화 적응 스트레스가 상당히 높은 소수 민족 개인들조차도 문화 적응 스트레스를 받지 않는 이주 난민들이 직면하게 되는 차별과 관련된 장애를 경험하게 된다. 비록 인식된 차별이 집단간 경쟁이나 심리적 고통과 같은 개인적 속성과 관련될 수 있다고 하나, 차별의 경험은 이주 난민이 형성하는 개인적 정체성에 부정적인 영향이 될 것이다. 따라서 문화 적응 스트레스는 개인에게 적용될 수 있는 개인적 정체성 선택의 일렬을 결정함에 있어서 민족성과 상호성이 있다.

3. 사회적 정체성: 집단주의와 개인주의

전반적으로 개인주의는 서구적 문화로 특징지을 수 있는 반면, 집단주의는 비서구 문화를 특징짓는다고 인식되고 있다. 개인주의자들은 스스로를 다른 사람들과 분리하여 생각하며 자신의 삶과 행동에 대한 책임은 스스로에 있다고 생각한다. 이러한 개인주의의 승인은 개인의 정체성 측면(예를 들면 신념, 가치)을 강조하는 경향이 있다. 반면 집단주의자들은 개인의 기능보다는 사회적 맥락과 그들 가족의 행복에 더 많은 관심이 있다. 따라서 집단주의자들은 사회적 정체성을 강조한다. 예를 들면 히스패닉 문화에서는 가족주의 문화적 지향성을 강조하며, 많은 아시아 문화 역시 효의 의무를 강조하고 있다. 히스패닉과 카리브 출신 이민 학생들은 미국 문화를 '냉정하고 개인 중심적이며, 경쟁적'이라고 응답하였다. 개인주의 지향성과 집단주의 지향성 사이에서 전환 속에 있는 개인들에게 특히 이러한 문화적 패턴의 활용은 논쟁될 만하다. 개인주의를 지향하는 서구 문화는 '경쟁'과 개인의 정체성 측면을 표현함에 있어서 스스로의 가치를 매매(market)할 필요성을 강조한다. 그러나 종교주의나 가족주의를 강조하는 이민 집단에서는 개인주의나 개인적 정체성을 강조를 꺼려하는 경향이 있다.

양문화주의가 이주 난민들 특히, 이산된 유대인(diaspora), 종교적 전통, 이종 문화권의 소수 민족 집단에 문화 적응 스트레스에 가장 순응적인 방법인가. 양문화주의가 문화적 차이가 증가하는 경우, 이주 문화와 원문화의 균형을 맞추는 데 외견상 양립할 수 없는 그리고 모순되는 기대로 논란이 일어나는 경우, 개인이 양쪽 문화 집단의 구성원으로 모두로부터 평가 절하되거나 비난을 받는 경우에 문화 적응 스트레스 선택에서 가장 적합한 방법인지 고려될 필요가 있는가. 특히 비백인 이주 난민들에게 있어서 백인 이주 난민들의 문화와 개인의 본국 문화의 차이가 큰 나라에서 이러한 '문화적 정체성 압력'은 피할 수 없는 현실인가. 양문화주의는 문화 변경의 주체자로서 스스로를 생각하며 그들 자신의 개인적 정체성 내에서 상반된 문화를 조화시키기는 전환적 프로젝트가 될 수 있을 것이다.

대부분의 연구에서는 이민자들에게 통합이 가장 선호되는 문화 적응 스트레스 전략으로 제시되었고, 가장 바람직한 문화 적응 스트레스 결과로 연계되는 것으로 나타났다. 그러나 이러한 연구들은 집단 간 관계보다는 이민자의 심리적 적응 또는 문화 적응 스트레스와 같은 개인 내적인 변인들에 초점을 둔 것이라 할 수 있다. 통합 전략의 바람직한 영향은 집단 간 접촉의 영향에 대한 실험적 증거와 양립되어야 한다.

통합이란 이주 난민이 이주한 주류 사회의 공통된 정체성을 공유함으로써 최고의 문화 적응 스트레스 결과로 연계시켜 주면서, 여전히 주류 사회와 개인 스스로를 긍정적인 방식에서 구별할 수 있게 한다. 물론 주변화가 양문화 접촉의 가장 부정적인 결과를 지향한다. 동시에 개인이 취하는 문화 적응 스트레스 전략은 그들을 받아들이는 주류 사회의 문화 적응 스트레스 태도의 이해를 고려해야 한다. 다른 말로 하자면, 주류 사회는 이민자들을 어떻게 다루길 원하는지 그리고 이민자들이 어떻게 행동하길 원하는지에 대한 구체적인 사상이 있다는 것이다. 예를 들여 독일 주류 사회 안에서 통합(integration)에 대한 선호를 찾아내었다.

이주자들의 태도와 그들을 받아들인 이주 사회 구성원들의 태도에 대한 상호 작용적 문화 적응 스트레스 모델(interactive accul-turation model)에 따르면, 가장 선호하는 문화 적응 스트레스 전략(가장 적합하다고 선호한 문화 적응 스트레스 전략)이 양쪽 집단 모두 통합적 또는 동화적 태도를 선호할 때 일치적인 태도를 보였다. 그 밖에 태도는 문제가 되거나 갈등을 초래하는 태도로 설명되고 있다. 그러나 독일 주류 사회 구성원 학생들과 독일 이민자 학생을 대상으로 통합 전략이 두 집단 모두에서 가장 선호되는 집단 관계로 상대적인 적합성(relative fit)과 연계되었으나, 불일치하게 선호되는 집단 관계는 가장 부정적인 결과 즉 문제나 갈등을 초래하는 것으로 설명되었다(Zagefka Hanna & Brown Rupert, 2002:171-188).

행동 전환은 문화 접촉의 결과로 인한 심리적 변화로서 문화 적응 스트레스의 핵심 현상이라 할 수 있다. 이것은 '문화 나눔'과 '문화 학습' 모두에 연계되는 다소 쉬운 전환이라 할 수 있다. 즉 개인의 옷 입는 방식, 무엇을 먹는지, 인사 절차, 일상생활에서 개인이 억누르거나 잊어버리거나 축소시키는 가치 등. 개인의 변화 속도와 정도는 분명하게도 개인의 원문화를 유지시키려는 정도와 연계되면서 동시에 상대적으로 접촉하는 문화의 정치적 · 경제적 · 인구학적 상황 등과 관련된다. 또한 수많은 행동 변화를 이해함에 있어서 가장 큰 관심은 이주 문화의 언어 지식을 알고 활용하는 것이라 할 수 있다. 그리고 이주 문화의 언어 지식과 활용은 문화 적응 스트레스 태도와 관련된다.

일반적으로 집단 간 관계에 대한 상황 이상으로 ('아시아인'과 같이 포괄적인 범주 또는 흔히 '소수 민족'처럼), 일반적으로 문화적으로 정의될 수 있다(언어, 종교, 지위 상태, 그리고 '인종'처럼 구체적인 특징을 포함하여). 또한 이민자들은 전형적으로 거주민 집단에 덜 친숙함으로 친숙성-매력 간에 잘 형성된 관계성을 더욱 두드러지게 만든다. 이주 난민들은 전형적으로 거주민 집단과 덜 유사함으로 유사성-매력의 관계성을 더욱 두드러지게 만든다. 그리고 이주 문화에 동화되고 더욱 큰 행동 변화를 경험하게 되는 이주 난민들은 덜 차별받는 경험을 하게 될 것이다.

민족에 대한 고정 관념, 태도, 그리고 편견은 이주 난민들을 받아들이는 사회와 이주 난민 모두에 관계되어 연구되어 왔다. 연구에 따라서 문화 적응 스트레스는 상호간 즉 쌍방적 관점으로 설명되어야 한다고 한다. 즉 문화 적응 스트레스 연구가 우세하지 않은 집단에만 초점을 두는 경향이 있었으나, 이제는 우세한 집단 간의 관계를 고려해야 한다고 제시되고 있다.

민족에 대한 편견(언어, 종교, 인종 등의 변인들)은 집단 간 관계 연구의 핵심이라 할 수 있는데, 이것은 외부 집단을 거부하고(이주자 거부를 포함하여)자 하는 더욱 넓고 깊은 심리적 기반을 찾게 한다. 민족 중심주의, 권위주의, 또는 사회적 우세성에 기반 한 이론이 무엇이든 간에, 그 핵심적인 관심사는 왜 어떤 사람들은 '다른 민족'에 대해 깊이 안착된 그리고 일반화된 거부를 품게 되는가. 한 가지 특성은 이제 분명하다. 민족에 대한 선입견은 공통적인 것이다(모든 집단과 모든 개인들이 그것을 입증한다). 하지만 집단들이나 개인들에게는 차이가 있다. 즉, 상당한 다양성이 있다는 것이다. 그러므로 그러한 공통성과 다양성을 모두 설명할 필요가 있다.

문화 적응 태도의 대응으로서 다문화적 관념은 문화적 다양성은 사회와 개인 구성원에게 유익하다는 일반적이고 근본적인 관점을 둘러싼 개념을 시도한다. 즉, 문화적 유지에 대해 높은 가치를 부여할 뿐만 아니라, 동시에 이주 문화의 참여에도 높은 가치를 부여하고 있다. 이러한 관념은 통합을 긍정적으로 보고, 나머지 세 가지 문화 적응 스트레스 유형인 동화, 분리 그리고 주변화는 부정적인 것으로 본다.

정책과 프로그램 적용 측면에서는 가장 긍정적인 개인과 집단 문화 적응 스트레스 전략을 통합으로 파악하였으며, 동시에 가장 긍정적인 공공 정책은 다문화주의라고 하였다. 이러한 이유는 동화는 다른 한 문화의 상실, 분리는 다른 한 문화를 거부, 주변화는 양쪽 문화를 거부하는 것이므로 공공 정책과 프로그램을 적용함에 있어서 한 문화의 선호(편견도 가능함)와 정치적 압력이 우세할 수 있다.

따라서 문화적 다양성을 수용함으로써 양쪽 문화에 동일하게 참여하는 것 그리고 상호 수용과 긍정적인 적응으로 특징지을 수 있는 접근은 집단 간 갈등과 문화 적응 스트레스를 피할 수 있을 것이라 하였다.

이민이란 자국을 떠난 사람들이 새로운 사회에 적응하기 위해 경험하게 되는 고통스러운 과정이다. 상이한 사회 규범과 사회적 조건들은 새로운 사회에 대한 중요한 정보가 부족한 이민자들에게는 문제가 될 수 있다. 이주 생활에서의 높은 수준의 스트레스는 문화적으로 소수 민족에 속하는 개인들에 의해서 설명되고 있으며, 아시아계 미국인 연구에서는 한국인 이민자들이 필리핀계, 일본계, 또는 중국게 이민자들보다 더 높은 수준의 우울 증상을 보고한다고 하였다. 덧붙여 캐나다에 있는 한인들을 조사한 결과를 보면, 비록 한국인들이 긍정적인 정서를 마지못해 표현하는 경향성으로 인한 패턴이라고 하나, 심리적 고통 수준이 높은 것으로 나타났다. 문화 적응 과정의 심리적 결과들의 설명은 문화적 차이를 강조하고 있다. 이민자에 의해 활용되는 문화 적응 적용 모델 중 동화는 이주 사회의 문화적 가치, 언어, 실천, 대인간 연계를 받아들이는 것이며, 통합은 양문화주의 전략에 따라서 주류 문화와 이주 난민의 자국 문화가 혼합되어 원문화의 중심 요인들이 덜 깨지거나 깨지지 않을 수 있는 좋은 결과를 생산한다고 하였다. 그러므로 통합 전략을 가장 적합한 것으로 선호하고 있다. 만일 통합 전략이 우세한 문화라면, 상당히 높은 또는 '완전한' 동화는 스트레스 및 우울 감소에 도움이 되지 않을 수 있기 때문에 적응력이 높은 이민자는 양문화적 해결을 구축해야만 할 것이다. 연구 결과에 따라서 한국이민자들은 미국 문화에 문화 적응을 보이면서 한국 문화에 대한 그들의 정체성을 유지하고 있다고 보고하였으나 학자에 따라서는 미국의 문화적 맥락 안에서 전통적인 한국 관습을 유지하는 것은 정신 건강 위험을 초래한다고 하였다.

언어를 기반으로 한 문화 적응은 정체성에 기반 한 문화 적응에 선행하는 것으로 본다. 비록 언어 사용과 사회적 관계성이 중요하다고 하지만, 이것들은 핵심적인 주관적 인식(예, 개인의 문화적 정체성)과 전통, 실천, 가치보다 상당히 즉각적으로 그리고 증폭적으로 변화될 수 있다. 주관적 인식은 개인의 인지적 과정에 기반하여 변화되는데, 주류 문화를 반영하는 문화적으로 합당한 개인 행동들이 누적되어 생기면서부터 이민자들은 주관적 의식을 통해서 정체성을 나타낸다. 이러한 상호 작용에서 언어를 연계한 문화 적응은 문화 적응 스트레스를 감소시킴으로써 우울을 저하시키지만, 한국인의 정체성

인식과 전통적 실천에 참여를 쇠퇴시키게 되면 우울은 증가된다는 것을 제시하고 있다. 따라서 본 연구의 결론에서 주류 문화에 대한 자유로운 동화가 완전히 적응적이 아니라 양문화적 전략, 통합이 어느 정도의 지지를 받는다는 것이다. 즉, 개인이 한국인의 정체성과 전통을 버리는 것은 이주자를 우울증의 위험에 놓아둘 수 있는 것이다.

하지만 이 연구에서는 양문화 전략에 대한 직접적 지지를 찾지 못했다. 다만, 높은 정체성 문화 적응이 높은 우울과 연계된다는 것이다. 이론적 견지로부터 성공적인 문화 적응에 대한 순응적 전략으로서 동화를 선호한다는 것이다. 그러나 임상적 측면에서 실천가들의 목표는 이민자들의 원문화에 따른 개인적 정체성과 문화적 정체성을 훼손시키지 않으면서 그들이 이주한 나라의 언어와 사회적 기술 발달을 돕는 것이라야 한다. 그렇다면 '이주 난민들이 어떻게 주류 문화에 잘 연계되면서 흡수될 수 있는지, 그리고 동시에 자국 문화의 전통적 실천, 가치, 그리고 핵심적 민족 정체성을 유지하는가.' 라고 질문한다면, 문화 적응은 그 개인의 수입과 현지에서의 교육 수준, 그리고 거주 기간 등과 직접적인 상관관계가 있는데 주류 문화 환경이 양호할 때(즉, 수입과 미국에서 교육 수준이 높을 때) 문화 적응 스트레스는 줄어든다(Oh, Yunjin., Koeske, Gary F. & Sales, Esther, 2002: pp. 511-526).

문화 적응 스트레스 현상들은 난민 이주자 뿐만 아니라, 특히 소수 민족 이주자들에게 나타나는 공통된 특성이라 할 수 있다. 관련 연구를 살펴보면, 문화 적응 수준과 관계없이 외국에서 출생한 아시아계 미국인 대학생들의 경우(평균 10년 정도 미국에서 거주한 경우) 미국 출신 백인 학생들에 비해서 상대적으로 높은 수준의 신체화 증상, 우울, 불안 그리고 소외감을 느끼는 것으로 나타났다. 이러한 경향은 아시아계 미국인들이 소수 민족 집단으로서 언어적 장벽이나 사회적 지지망의 상실과 같은 다양한 스트레스원들에 직면하면서 그들의 일상적 삶에서 백인 집단보다 더 큰 어려움을 경험하는 것을 반영할 수 있을 것이라는 결과를 배제할 수 없을 것이다(Sue S., S. Derald W., Sue L. & Takeuchi David T. 1995: pp. 39-51)

문화 적응 스트레스는 사회적 지지와 직접적인 상관이 있는데 캐나다로 이주한 한국인의 경우 스스로 사회 지지망을 구축해야 하는 독립 이주자보다는 친인척의 초청으로 인한 경우 또는 친한 친구가 있는 이주자의 경우 사회 지지망 접근이 좀 더 수월하기 때문에 문화 적응 스트레스를 덜 경험할 수 있다고 한다. 또한 서구의 경우 기독교인이 비기독교인보다 다양한 사회적, 대인 상호간 그리고 종교적 욕구를 충족할 수 있는 것으로 나타났다.

□5장 참고 문헌□

Sue S., S. Derald W., Sue L. & Takeuchi David T.(1995), "Psychopathology Among Asian Americans: A Model Minority?", *Cultural Diversity and Mental Health*, Vol. 1(1): pp. 39-51.

Berry, John W.(2001), "A Psychology of Immigration", *Journal of Social Issues*, Vol. 37(3): pp. 615-631.

Oh, Yunjin., Koeske, Gary F. & Sales, Esther(2002), "Acculturation, Stress, and Depressive Symptoms Among Korean Immigrants in the United States", *the Journal of Social Psychology*, Vol. 142(4): pp. 511-526.

Zagefka Hanna & Brown Rupert(2002), "The relationship between acculturation strategies, relative fit and intergroup relations: immigrant-majority relations in Germany", *European Journal of Social Psychology*(Vol. 32): pp. 171-188.

6 심리적 · 정서적 문제와 정신 건강

1. 탈북인의 심리 · 정서적 문제와 증상들

'탈북'이라는 삶의 경험은 북한 이탈 주민의 삶에 중대한 변화를 가져온 사건이다. 그것은 탈북 이전과 이후의 삶의 환경을 완전히 이질적인 것으로 만들어 버리는 극적인 삶의 사건이다. 새로운 환경에 대처할 만한 자원을 갖고 있지 않은 북한 이탈 주민에게 이러한 변화는 상당한 정신적 충격으로 다가올 것이다. 남한이라는 이질적인 환경에서 북한 이탈 주민들이 경험하는 무력감과 좌절감 역시 그들의 삶을 위축시키는 요인으로 작용한다. 또한 북한 이탈 주민들은 자신의 탈북으로 인해 북에 있는 가족, 친지가 받게 될 처벌 때문에 심한 죄책감에 시달리고 있는 현실이다. 이와 동시에 부모 및 친척을 비롯한 모든 인간관계, 사회적 관계의 단절로 인해 심각한 심리 · 정서적 공황을 느끼고 있다. 이러한 죄책감, 외로움은 낯선 환경에서 오는 두려움 및 갈등과 상승 작용을 일으켜 이주 이후 이들의 적응을 더욱 지연시킨다(김창오, 2006: pp. 180-182).

북한 이탈 주민에게 자주 발견되는 심리·정서적 문제 중 하나로 우울증을 들 수 있다. 첫째, 우울증의 심리적 증상으로는 ①계속되는 우울, 불안, 혹은 공허감 ②절망적인 느낌, 염세적 사고 ③죄책감, 무가치 혹은 무기력감을 들 수 있다. 둘째, 우울증의 신체적 특징으로는 ①식욕 및 체중 감소, 과식이나 체중 증가 ②힘이 없고 피로하며 몸이 처지는 기분 ③두통, 소화기 장애 또는 만성 통증 등 치료에 잘 반응하지 않고 계속되는 신체 증상 ④성생활을 포함하여 한때 즐거웠던 일이나 취미 생활에서의 의욕 및 흥미 상실 ⑤불면이나 아침에 일찍 깨거나 과다한 수면을 들 수 있다. 셋째, 우울증의 인지적 특징으로는 ①죽음이나 자살에 대한 생각이나 자살 기도 ②초조감, 쉽게 짜증남 ③집중력 및 기억력 저하, 의사 결정을 하는 데 어려움을 들 수 있다(김창오, 2006: pp. 180-182).

우울증의 원인으로는 크게 생리적·유전적 요인과 환경적 요인으로 나누어 볼 수 있다. 첫째, 생리적·유전적 요인으로는 생물학적 취약성을 시사하는 가족력이 있을 경우 발병의 위험성이 있다. 이 위험성은 조울증인 경우 더 높다. 하지만 유전적 취약성이 있다고 해서 모두 발병되는 것은 아니다. 즉, 주요 우울증은 어떤 가계에서 세대를 거치면서 유전적으로 나타날 수 있지만 가족력이 없는 사람에게도 발병할 수 있다. 둘째, 환경적 요인으로는 명확한 부가 요소인 환경적 스트레스나 다른 정신 사회적 요인이 우울증 발병에 관련된다. 우울증을 앓고 있는 사람은 뇌의 어떤 신경 전달 물질의 과소 또는 과다가 있는 것이 분명하다. 심리적 요인 또한 우울증에 대한 취약성에 큰 역할을 한다. 낮은 자존심이나 지속적으로 자신이나 세상에 대한 허무감을 갖는 사람, 혹은 심한 스트레스를 받는 사람은 우울증에 잘 걸린다. 심각한 상실, 만성 질환, 대인 관계에의 어려움, 경제적 문제 혹은 일상생활에 있어서 좋지 않은 변화가 역시 우울증을 유발시킨다. 결국 생물학적·심리적·환경적 요인들이 복합적으로 우울증의 유발에 관련된다(김창오, 2006: pp. 180-182).

　우울증은 외상 후 스트레스와 더불어 이민자나 난민이 흔히 겪는 정신 장애로서 이들 집단의 정신 건강 수준을 반영하는 지표로 사용되어 왔다. 북한 이탈 주민들이 경험하는 우울감은 연구 방법이나 연구 대상에 따라 다소 차이가 있으나 상대적으로 높은 비율의 북한 이탈 주민이 우울증상을 경험하는 것으로 보고되고 있다. 하나원에서 적응 교육을 받고 있는 북한 이탈 주민을 대상으로 조사한 한인영(2001: pp. 78-94)의 연구에서 64명을 대상으로 우울 수준을 측정했는데 연구 참여자의 29% 이상이 임상적 우울 증상군에 해당되었다. 이 연구에서 가족과 함께 이주한 집단은 단독 이주자들보다 더 높은 우울 점수를 보였으며 성별, 학력, 결혼 상태에 따른 차이는 보이지 않았다. 지역 사회에 거주하는 탈북 주민을 대상으로 조사한 조영아 등(2005: pp. 467-484)의 연구에서는 54.7%가 경도 우울 증상을, 김연희(2006)의 연구에서는 15%가 임상적 우울군에 해당하는 것으로 나타났다. 또한 남한 주민이나 남한 빈곤층과의 비교 연구에서도 탈북 주민의 우울 수준이 이들 더 높은 것으로 확인되었다(엄태완, 2005: pp. 297-324; 조영아 외, 2009: 게재 예정).

　김현아와 전명남(2003: pp. 129-160) 역시 하나원에서 교육받고 있는 탈북 주민 821명의 정신 건강 수준을 알아보는 연구를 실시하였다. MMPI에서 나타난 임상 척도들은 성별이나 연령, 재북송 경험, 가족 동반 여부에 따라, 임상 척도에 따라 차이를 보였다. 그중에서도 우울 척도에 반영된 우울 수준은 남성이 여성보다 높았고 가족 동

반에 따른 차이는 없게 나타나서 한인영(2001: pp. 78-94)의 연구와
는 상이한 결과를 보였다. 연령별로는 50대가 가장 우울했고 10대,
20대의 우울 수준은 상대적으로 낮은 결과를 보였다. 탈북 이주 난민
의 정신 건강에 대한 노대균(2001: p. 20)의 연구에서는 남한 정착 후
2~3년이 지난 탈북 이주 난민의 적응 및 정신 건강이 가장 열악하다
는 결과를 보이고 있다. 성별에 따라 정신 건강에 차이가 없었으며
정착 기간이 길수록 우울을 포함한 정신 건강의 수준이 낮게 나타났
다(조영아 외, 2006: pp. 516-544).

실제 탈북 이주 난민과 비교해 볼 수 있는 난민 연구에서는 정착지
이전의 난민 캠프나 본국에서의 외상 경험이 많을수록 정착지에서
의 정신 건강이 나쁘다는 연구들을 여럿 찾아볼 수 있다. 노르웨이의
베트남 난민, 미국의 동남아시아 난민, 일본 거주 난민 등의 여러 나
라의 다양한 인종에게서 동일한 결과를 보였고 특히 라오스, 캄보디
아, 베트남의 동남아시아 세 민족의 난민 연구 결과에서는 이주 이전
외상 사건과 난민 캠프 경험이 세 집단 모두의 5년 후에 심리적 곤란
도, 즉 우울을 예측하는 예측 변인이 되었다.

정신 건강에 영향을 주는 외상의 영향력은 정착 기간과 외상의 종
류, 즉 어떤 시기에 겪은 외상인가에 따라 달라진다는 결과가 있다.
정착 전의 외상에 비해 정착한 후의 정착지에서 겪는 여러 가지 스트
레스는 난민들의 정신 건강 특히 우울 수준에 영향을 미쳤다. Silove
등(1997: pp. 351-357)은 40명의 오스트레일리아 피난처 방문자 대상
연구에서 외상 후 스트레스 장애는 이주 전 외상과 더 깊은 관련이
있는 반면에 우울은 외로움, 권태와 같은 피난처에서의 스트레스와
더 많은 관련이 있다는 결과를 얻었다. Beiser 등(1989: pp. 23-30)은
정착 후 3~4년이 지난 동남아시아 난민의 2년간의 추적 연구에서 이
주 이전 외상과 같은 이주 이전 요인은 첫 번째 초기 조사 결과에서,

경제적 문제나 문화 적응과 같은 이주 이후 변인은 일 년 후의 추적 조사 결과에 더 많은 영향을 준다는 사실을 밝히고 있다. 즉, 이주 이전 스트레스 요인이 초기에는 정신 건강에 영향을 크게 미치나 시간이 흐를수록 정착 후 스트레스 요인이 미치는 영향이 보다 더 뚜렷해진다는 것이다(조영아 외, 2006: pp. 516-544).

정착 기간과 우울 수준의 변화를 연구한 결과들을 살펴보면, 서구 사회에 정착한 동남아시아 출신 여러 난민 집단의 추적 연구에서는 대체로 우울 수준이 정착 기간이 길어지면서 감소한다는 결과를 보이고 있다. 반면 베트남 난민 대상 3년 추적 연구에서와 같이 정착 3년 후에도 심리적 곤란도가 줄어들지 않은 연구도 있다(Hauff & Vaglum, 1995: pp. 360-367).

교육 수준, 취업, 수입, 성별, 연령 등의 사회 경제적 변인과 사회적 지지, 건강, 언어 능력들은 여러 난민 집단에서 우울에 영향을 미치는 중요 요인이 되는 것으로 보인다. 위에서 언급한 Hauff & Vaglum(1995: pp. 360-367)의 연구에서는 여성일수록, 나이가 어릴수록, 베트남에서 교육받은 기간이 적을수록 심리적 곤란도가 높았으며 여성, 정착 전 본국에서의 외상 경험, 가까운 지지원이 없는 것, 정착지에서 부정적 삶의 경험이 많은 것, 가까운 가족과 떨어져 있는 것이 심리적 장애를 예측하였다. 또한 베트남 난민을 1년 6개월 후에 추적 연구한 Hinton 등(1997: pp. 677-683)의 연구에서는 비록 심리적 외상이 우울을 예측하기는 하지만 군 출신 여부, 나이, 영어 능력, 교육, 이전 우울 수준, 가족 동반 여부와 같은 인구 사회학적 특징이 우울에 더 큰 영향을 준다는 결론을 얻었다.

이와 같은 결과를 Chung & Kagawa-Singer(1993: pp. 631-639)은 난민의 정신 건강에 관한 일련의 연구들을 빌려서 다음과 같이 요약하고 있다. 이주 이전 외상, 이주 이후 요인과 함께 ①가족의 상실과 이별이 많은 것 ②난민 캠프에서 더 긴 시간을 보낸 것 ③ 외상 경험이 많은 것 ④고용 상태가 아닌 것 ⑤교육 수준이 낮은 것, 영어 능숙도가 떨어지는 것, 정서적 물질적 자원이 적은 것이 심각한 정신 장애로 발전할 가능성을 크게 만든다고 한다.

 2001년 입국 후 남한 사회 적응을 알아보기 위한 3년 추적 연구 결과로서 탈북 이주 난민의 우울 성향의 변화 양상과 이에 영향을 미치는 요인이 무엇인지를 밝히기 위해 실시된 연구 결과에 의하면, 탈북 이주 난민의 우울 수준은 3년 전에 비해서 유의하게 증가한 것으로 나타났다. 이것은 정착 기간이 길어지면서 정신 질환에 걸릴 위험률이 떨어지는 다른 난민 연구(Steel, et al., 2002: pp. 1056-1062) 결과와 일치하지 않는 결과이다. 또한 3년 후 추적 연구에서 탈북 주민의 외상 후 스트레스 장애의 유병률이 감소하였다는 것을 밝힌 홍창형(2004: pp. 8-39)의 결과와도 대비된다. 이것은 다른 심리적 장애보다 우울증이 탈북 주민의 정신 건강 문제의 주요 이슈가 될 수 있음을 의미하는 것으로, 탈북 이주 난민의 정신 건강 서비스를 계획할 때 다른 어떤 심리적 장애보다도 우울증과 관련된 정신 건강 프로그램이 계획되어야 함을 시사한다. 성별로 보면, 여성들은 3년 동안 우울 수준의 변화가 거의 없었던 반면에 남성들은 우울 수준이 증가했다. 즉, 정착 초기에는 탈북 남성이 여성보다 우울 수준이 낮았지만 정착 후 남한 생활에서는 탈북 남성이 여성보다 우울감에 더 취약했다. 이러한 결과는 하나원 거주시 탈북 남성의 우울 수준이 여성과 비슷한 것으로 나타난 김현아와 전명남(2003: pp. 129-160)의 연구나 남성이 여성보다 높았다는 한인영(2001: pp. 78-94)의 연구 결과와 비교해보면, 남한 생활에서 남성이 여성보다 우울감을 더 많이 경험한다는 사실을 재차 확인할 수 있다. 이것은 상대적으로 남존여비 사상이 강하고 남성들에게 사회적 우대와 이익이 주어지는 북한 사회에 익숙한 탈북 남성들이 남한 사회에서 여성에 비해 사회적 지위의 하락을 더 많이 경험하고, 남성 정체감의 중요한 요소를 형성하는 경제적 능력이 손상됨을 더 많이 느끼면서 더 큰 좌절감을 느끼는 것으로 해석할 수 있다.

2001년 및 3년 후 추적 연구에서 모두 연령이 높아질수록 우울 수준이 높게 나타난 것은 고연령층이 저연령층에 비해서 남한 사회에서 더 많은 좌절과 어려움을 겪고 남한 사회 적응에 어려움을 많이 느낄 것이라는 것을 보여 주는 결과이다. 또한 이러한 결과는 탈북 주민의 연령이 높을수록 정신 건강이 안 좋은 것으로 나타난 김현아와 전명남(2003: pp. 129-160)의 연구나 나이와 우울감에 정적인 관계를 보이는 동남아시 난민 연구에서도 일관되게 나타나고 있다. 나이가 많을수록 새로운 사회에서 겪는 좌절과 이동으로 인한 상실은 클 것이다. 즉, 나이가 많을수록 잔여 가족의 탈북 및 입국, 자녀 양육, 새로운 직장을 찾는 문제 등으로 인한 부담이 크고, 기존 사회에서 이루어 놓은 사회적 역할이나 성취, 인간관계에 많은 부분을 포기해야 하는 입장이 된다. 또한 북한 내 탈북 과정에서 더 많은 외상을 경험하고 심리적 신체적인 좌절과 무기력감은 더 깊이 경험했을 가능성도 있다. 이에 비해, 비교적 사회적인 성취나 새로운 관계의 기회가 많이 주어지는 20대는 남한 사회에 더 빨리 적응하고 결과적으로 남한 생활에서의 우울감도 적게 느끼게 될 것이다.

북한에서의 학력 수준이 높을수록 우울 수준이 낮은 양상을 보이는 것은 북한에서의 학업경험이 초기 남한 사회 적응의 자원이 되고 있음을 보여 주는 것으로, 이 결과는 문화 적응 과정에서 학력이 문화 적응 스트레스의 긍정적 대처 자원으로 작용하고 있다는 점을 보여 준다고 할 수 있다. 그러나 3년 후 추적 연구에서 대학 졸업자의 우울 수준이 현저하게 증가하였는데 이는 남한 사회에서의 기대에 대한 좌절이 고학력자의 경우 더 클 수 있음을 시사한다. 초기 정착에는 북한 사회에서의 배움의 경험이 새로운 사회에 적응하는 데 큰 심리적 자원이 되기도 하지만 동시에 상대적으로 더 높은 기대를 갖게 하고 현실적 여건이 이에 미치지 못할 때 더 큰 좌절감을 갖게 할 수도 있다. 그래서 표면적으로 고학력자들이 더 잘 적응하고 있는 것으로 보일 수 있겠지만 심리적인 어려움은 고학력자가 더 많이 경험할 수도 있다. 학력 수준이 기대 수준과의 상호 작용을 통해서 정신 건강에 영향을 미친다는 다른 이민자의 연구 결과(Hovey, 2000: pp. 125-140; Berry & Kim, 1988: pp. 207-236)가 탈북 이주 난민에게도 해당되는지에 대해서는 추후 연구를 통해서 확인되어야 할 것이다.

2004년도에는 북한에서의 결혼 경험이 있는 사람들이 없는 사람들보다 유의하게 우울감이 높다는 것은 가족과 관련된 문제가 여러 측면에서 우울감을 심화시키는 요인이 되고 있다는 것을 보여 준다. 반면 배우자와의 동거 여부는 우울감에 별다른 영향을 미치지 않는 바, 북한에서의 결혼 경험이 의미하는 바가 가족이 보유한 자원이나 주변 지원 체계라는 긍정적 경험보다는 남겨진 가족을 데려오는 데서 발생하는 여러 가지 문제나 헤어진 가족에 대한 상실감과 그리움, 탈북 과정에서 생긴 복잡한 가족 관계에서 생긴 갈등과 관련된 문제임을 예측해 볼 수 있다. 윤인진(1999: p. 47)도 북한 이탈 주민의 사회 적응의 성공 여부와 관련된 가장 중요한 요인으로 가족 변수를 두고 있는데 일가족이 탈북한 사람들이 단신으로 탈북한 사람들보다 경제적으로 심리적으로 빨리 안정을 찾는 경향이 있다고 보고된 바 있다. 난민 연구에서도 가족 간 이별을 경험한 난민들이 정신과적 질환을 포함하는 강한 심리적인 문제를 갖고 있으며, 북한 이탈 주민의 경우에도 가족의 질병이나 병 치료에 도움을 주지 못한 경험이 우울증과 관련된 중요한 외상 경험이라는 결과로 미루어 볼 때, 북한에서의 결혼 경험은 우울감을 증폭시키는 많은 취약 요인을 포함하고 있음을 알 수 있다.

신체적 건강과 관련해서 현재 건강 상태에 대해 긍정적으로 평가한 집단과 그렇지 않은 집단은 2001년도 우울감에는 차이가 없었으나 2004년도에는 차이를 보였다. 한편 질병의 특성상 지속적인 고통을 초래할 만성적인 질환이 있는 경우가 없는 경우보다 2001년도와 2004년도 모두 우울 수준이 높았다. 또한 20004년도 연구에서는 실제로 앓고 있는 질병의 수가 우울 수준을 예측할 수 있는 의미 있는 변인일 만큼 신체적 건강이 탈북 이주 난민의 심리적 건강에 중요한 영향을 미쳤다. 신체적 건강과 정신 건강과의 정적 관계는 다른 난민 연구 결과와 맥을 같이하며(Hermansson et al., 2002: pp. 374-380), 만성적인 고통이 우울감과 강한 관계를 보이는 것은 여러 연구에서도 밝혀진 바 있다. 이것은 탈북 이주 난민의 심리적 건강을 다루는 데 있어 신체적인 건강이 간과되어서는 안 된다는 것을 보여 주는 결과로, 탈북 이주 난민에 대한 정신 건강 서비스를 제공함에 있어서 신체적인 건강을 함께 고려하는 보다 통합적인 접근과 개입이 필요함을 보여 준다.

2004년도 우울을 예측하는 변인으로는 남한 내 스트레스 경험, 북한 및 탈북 과정에서의 외상 경험, 북한 결혼 경험 및 질병인 것으로 나타났다. 즉, 인구 사회학적 변인이나 남한 사회에서의 사회 경제적 변인들보다도 북한 내, 탈북 과정, 남한 사회 전체를 통해서 겪게 되는 심리적 외상 경험이 남한 사회에서의 우울 수준을 예측하는 중요한 변인이었다. 또한 그중에서도 남한 사회에서의 스트레스 경험이 가장 큰 영향력을 미쳤는데 질병이나 북한에서의 결혼 경험과 관련된 가족 관련 변인들 역시 남한 생활의 스트레스 요인으로 작용할 가능성을 고려해 본다면, 탈북 이주 난민의 우울감에는 북한이나 탈북 과정에서의 심리적 외상보다는 남한 정착 이후 겪는 스트레스 요인이 더 강력한 영향을 미치는 것으로 판단된다(김현경 외, 2009: pp. 29-56). 이러한 결과는 이주 이전 스트레스 외상의 효과가 심리적 안녕과 적응에 미치는 효과는 적응 4~5년이 지나면서 점차 감소하고 이주 이후 스트레스의 효과가 뚜렷해진다는 난민 연구 결과와 맥을 같이한다(Hinton et al., 1997: pp. 39-45). 외상 경험과 우울간의 관계에서 흥미로운 점은 북한에서의 외상 경험이 우울에 미치는 영향력이 2001년도와 2004년도에 상반된 방향으로 나타나고 있다는 점이다. 2001년도에는 북한에서의 외상 경험이 많을수록 우울 수준이 낮았던 반면에 2004년도에는 북한에서의 외상 경험이 많을수록 우울 수준이 높게 나타났다. 즉, 북한에서의 외상 경험은 초기에는 우울에 긍정적인 영향을 미치나 정착 후 시간이 흐르면서 부정적인 방향으로 변화된다는 것이다. 탈북 과정 외상이 미치는 영향은 2001년도에는 유의한 변인이 되지 못했으나 2004년도에는 긍정적 영향을 미치는 것으로 나타났다(정병호 외, 2006: pp. 516-528). 하지만 7년 이상 거주한 동일 탈북 이주 난민 추적 연구 결과에서는 북한 내, 탈북 과정의 외상 경험의 수는 우울에 영향을 미치지 않는 것으로 나타났지만 북한 내 외상 경험의 수는 불안에 긍정적인 영향을 미치는 것으로 제시되었다(한반도평화연구원, 2008: p. 67).

이러한 탈북 주민의 우울이나 불안 증상은 남한 거주 기간에 따라 변화하는 것으로 보인다. 외상 후 스트레스 장애 유병률의 변화를 3년간 추적 조사한 결과, 입국한 지 평균 1년 내외가 되는 탈북 주민의 PTSD 유병률이 27.2%에서 3년 뒤 4.0%로 감소한 것을 확인하였다. 반면 우울 수준은 3년간 증가하였는데, 특히 남성의 우울 수준이 뚜렷하게 증가하였다. 반면, 몇몇 횡단 연구에서도 거주 기간이 정신 건강과 관련이 있는 것으로 나타났는데, 연구에 따라서 거주 기간이 길수록 우울 성향이 감소하거나, 유의한 영향을 미치지 않거나 증가하는 등 연구에 따라 일관되지 않은 결과를 나타내고 있다.

정착 기간 외에 탈북 주민의 정신 건강에 영향을 미치는 주된 요인으로 북한이나 탈북 과정에서 겪은 외상과 남한에서 겪는 심리적 스트레스를 들 수 있다. 일반적으로 탈북 주민 연구에서도 난민 연구에서 알려진 바와 같이 외상이 정신 건강에 부정적인 영향을 미치는 것으로 보고되고 있다. 그러나 이러한 외상 경험의 영향력은 그 속성이나 경험시기에 따라 약간씩의 다른 차이가 있었다. 예를 들어 Jeon 등(2005: pp. 147-154)의 연구에서는 탈북 주민이 겪는 외상 중에서도 기아나 질병으로 가족이나 친지의 죽음을 목격하는 것과 같은 가족 관련 외상이 심리적 어려움과 밀접한 관련이 있는 것으로 나타난 반면 김연희(2006: pp. 28-77)의 연구에서는 이주 전 외상보다는 어린 시절 경험한 외상 경험이 우울의 중요한 요인인 것으로 나타났다. 한편 조영아 등(2005: pp. 467-484)의 3년 추적 연구에서도 외상이 우울에 미치는 영향력이 시간에 따라 정적, 혹은 부적인 변화를 보여서 시간에 따라 외상의 영향력이 달리 나타나는 것으로 드러났다. 입국 전 심리적 외상에 대한 상반된 연구 결과와는 달리 탈북 주민들이 남한 내에서 겪는 스트레스가 탈북 주민의 정신 건강에 부정적 영향을 준다는 연구 결과들은 비교적 일관되게 보고되고 있다. 재정착 스트레스, 문화 차이에 대한 인식, 남한 내에서 겪는 일상적인 스트레스와 같은 남한 사회에서 겪는 여러 형태의 스트레스가 탈북 주민의 정신 건강을 예측하는 중요한 요인이 있는데, 이러한 스트레스의 영향력은 북한 내 혹은 탈북 과정 외상보다 정신 건강에 더 강력한 영향력을 미치는 것으로 나타났다.

다음으로 탈북 주민의 정신 건강에 영향을 미치는 요인으로 성별과 연령과 같은 인구 통계학적 변인을 들 수 있다. 일반적으로 연령이 높은 집단이 낮은 집단보다 우울 수준은 높은 편이었으나, 연구에 따라 연령에 따른 변화가 유의하지 않은 경우도 있었다. 성별에 따라서는 대부분의 연구에서 유의한 차이를 보이지 않았는데 하나원에 교육 받고 있는 탈북 주민을 대상으로 알아본 연구만이 예외적으로 남성의 정신 건강이 여성보다 좋지 않다고 보고하고 있다.

이 외에 탈북 이주 난민의 정신 건강에 영향을 미치는 요인으로는 건강, 교육, 사회적 지지나 동거 가족, 직업이나 수입과 같은 사회적 개인적 자원을 들 수 있다. 연구 결과들을 살펴보면 가족과 동거하거나 가족, 친구, 후견인과 같은 비공식적인 사회적 지지망이 있거나, 정서적인 지지를 받을 수 있는 것이 정신 건강에 도움이 되었다. 반면 지각된 사회적 지지나 사회적 지지망의 크기, 도구적 지지 등은 북한 이탈 주민의 정신 건강에 별다른 영향력을 미치지 못하는 것으로 나타났다. 또한 주관적으로 보고된 건강 상태가 나쁘거나, 실제로 앓고 있는 질병이 많을수록 정신 건강 수준이 낮았으며, 취업을 하지 못했거나 생활 수준이 낮은 경우 우울감을 더 느끼는 것으로 나타났다. 한편 여러 연구들에서 북한에서 받은 교육은 우울과 관련이 없었던 반면 남한에서 받은 재교육은 우울 수준을 낮추는 강력한 변인이 되기도 하였다.

이와 같이 난민이나 이주 난민의 정신 건강에 영향을 미치는 것으로 밝혀져 있는 성별, 연령, 정착 기간, 외상 및 스트레스, 교육, 취업, 수입, 사회적 지지, 건강 등의 인구 통계학적, 사회 경제적, 개인적 변인들이 탈북 주민의 정신 건강에도 영향을 미치는 것을 확인할 수 있다.

그러나 이러한 요인들이 북한 이탈 주민의 정신 건강에 미치는 영향력에 대한 연구 결과는 위에서 언급한 대로 연구에 따라서 일치되지 않는 결과들을 보이는 경우가 많아서 이것을 해석하고 통합하는

데 어려움이 있다. 일치되지 않는 결과를 보이는 이유 중 하나는 각 연구의 참여자들의 입국 시기가 모두 다르다는 점이다. 2000년 이후부터 북한 이탈 주민에 대한 지원 정책이나 사회적 분위기가 시기마다 달라져서 이러한 환경적 제도적 측면이 정신 건강에 각기 다른 영향을 미쳤을 수 있다. 그러나 대부분의 연구가 이러한 입국 시기에 대한 고려 없이 연구가 이루어져서 이러한 시대적인 효과가 연구 결과에 혼입되었을 수 있다.

또한 대부분의 연구에 참여한 탈북 이주 난민의 남한 거주시기가 대부분 5년 이내로서 정신 건강의 단기적인 변화만을 알 수밖에 없다는 한계가 있었다. 실제로 탈북 주민들의 정착 초기의 우울이나 불안 반응은 이민자나 난민에게 생길 수밖에 없는 일시적이고 정상적인 반응일 수 있다. 이러한 증상은 시간이 흐르고 적응해 나가면서 자연스럽게 해결될 수 있는 것이다. 다만 적절한 대처 자원이 없이 심리적 고통이 장기간 계속될 때 치료적 개입이 요구되는 심리장애로 발전하게 된다. 따라서 난민 연구에서처럼 탈북 이주 난민 대상 연구에서도 정신 건강과 관련된 장기 연구가 필요하다. 그래야만 정신 건강과 관련된 지원 정책의 적절성을 검토할 수 있고 나아가 치료적 개입의 초점 및 대상과 정신 건강 서비스가 필요로 하는 시점도 이해할 수 있다.

또한 탈북 이주 난민의 정신 건강에 영향을 미치는 외상이나 스트레스 경험을 좀 더 구체적으로 알아볼 필요가 있다. 탈북 주민의 외상이나 스트레스 경험의 영향력이 거주시기나 스트레스의 내용에 따라서 달라진다는 것은 난민 연구들에서도 찾아볼 수 있는데, 이와 관련하여 정착지에서의 정착 기간이 길어지면서 과거의 상실이나 외상적 사건으로 인한 충격은 회복되고 그 영향력이 줄어드는 데 비해 현재의 도전이나 요구가 중요하게 나타나고 있다. 한편 사별과 같이 더욱 강력하고 장기간 작용하는 스트레스도 있으며, 정착지에서의 스트레스도 일상적인 스트레스, 부정적 생활사건, 문화 적응 스트레스 등 스트레스의 유형에 따라 각기 다른 영향력을 미치는 것으로 밝혀지고 있다.

자살에 대한 생각은 사회 공동체에서 의미 있는 사회적 상호 작용과 친밀한 관계성의 부족으로부터 나온다고 한다. 따라서 새로운 나라로 이주한 경우처럼, 개인과 자신의 사회 간에 익숙한 관계가 깨졌을 때, 개인은 자살에 더욱 높은 위험 상태에 있게 된다. 이와 관련하여 이주한 청소년들의 우울과 자살에 대한 생각, 우울과 자살 행동, 자살 생각과 자살 행동, 알코올 남용, 행동 장애, 분노와 공격성, 장애가 되는 가족 기능 연구가 청소년 자살 행동에 대한 위험 요인으로 연구되어 왔다. 이주한 사회 내에서의 가족 지지와 즉각적이고 확대된 가족망을 포함한 사회적 지지, 교육과 직장 같은 사회 경제 상태, 문화 적응(긍정 또는 부정)에 대한 기대 및 태도와 같은 인지적 요인들, 이주 사회의 주류 문화 특성이 문화적 다양성을 수용하고 관용적인지에 대한 정도(다문화주의 : 동화주의)가 문화 적응 스트레스를 감소시키는데 '완충 작용' 역할을 하게 된다. 2세대가 1세대보다 문화 적응 스트레스를 덜 경험한다고 할 수 있다. 또한 문화 적응 수준이 문화 적응 스트레스의 좋은 예측 요인이 된다고 할 수 있음을 알게 되었다. 또한 그는 12세 이전에 이주한 개인들이 그 이후에 이주한 개인들보다 문화 적응 스트레스를 덜 경험하는 것으로 제시하였다(Joseph D. Hovey & Cheryl A. King , 1996, pp. 1183-1192).

라틴계인 이주 난민과(멕시코계 미국인인 87%를 포함)과 비라틴계 백인 이주 난민 간에 자살 생각과 자살 시도의 생애 발생 비율을 보면 8.8%: 18.9%라 할 수 있다. 자살 시도는 3.2%: 5.1%로 나타났다. 자살 생각의 경우 멕시코에서 출생한 멕시코계 미국인(4.5%)과 미국에서 출생한 멕시코계 미국인(13.0%)으로 나타나면서, 미국 출생의 멕시코계 미국인의 경우가 더욱 저연령이면서 젠더에 더욱 의미 있게 적용되었다. 자살 시도 비율의 경우 멕시코 출신의 멕시코계 미국인은(1.6%), 멕시코계 미국인(4.8%), 비라틴계 미국인(4.4%)로 멕시코 출신의 멕시코계 미국인이 현저하게 낮은 것으로 나타났다. 앵글로인과 라틴계인의 자살 비율 비교 연구에서는 일반적으로 앵글로계가 17.3%에 비해 라틴계 9.0%, 15~19세의 앵글로계 청소년의 경우 앵글로 11.9%, 라틴계 9.0%로 라틴계가 상대적으로 훨씬 낮았다. 그러나 25세 미만의 앵글로계 청년의 경우 17.3%, 25세 미만의 라틴 청년의 경우는 32.9%로 자살 비율이 상대적으로 라틴 청년의 경우가 높았다. 즉, 25세 미만인 경우에는 라틴 청년이 더 높다. 이유는 라틴계인들의 가족은 외부의 신체적·정서적 스트레스에 대해 가족 구성원에게 정서적 지지를 제공하는 가족주의(familism)로 설명되는데, '가족주의'의 개념은 일반적으로 가족에 대한 개인의 강한 정체성, 애착 그리고 충성심으로서 라틴 문화에 핵심적 특성이라고 할 수 있다.

따라서 인식된 가족의 지지는 문화 적응 과정을 통해 안정감을 유지시켜 준다는 가족주의와 문화 적응 연구의 결과는 문화 적응 수준에 차이가 있다 할지라도, 가족주의가 라틴 문화의 중요한 핵심 가치임을 나타내는 것이라 할 수 있다.

낮게 인식된 가족 기능은 상당히 높은 문화 적응 스트레스 수준과 유의미한 상관이 있으며, 가족의 정서적인 친밀성은 물리적 친밀성(family intactness)보다 더욱 중요한 것으로 제시되었다. 그리고 문화 적응 스트레스, 우울, 자살하고 싶은 생각은 상당히 높은 상호 상관(intercorrelation)이 있으며, 낮게 인식된 가족 기능 수준은 상당히 높은 우울 수준과 유의미한 상관이 있음을 밝히고 있다. 따라서 문화

적응 과정에서 완충 작용으로서 안정(stability)과 행위(acting)를 제공해 주는 필요한 가족 지지가 없다면, 문화 적응 스트레스는 더욱 커질 가능성이 높다고 할 수 있다.

특히 이주한 국가의 문화가 다문화적 환경인 경우에는 단일 문화적 환경에서 문화적 다양성의 수용과 관대함의 정도가 더욱 높다. 따라서 개인이 문화 적응을 하는 데 있어서 지지를 제공해 줄 수 있는 사회 문화적 지지망의 활용 가능성(availability)의 정도가 더욱 높은 경향이 있다고 할 수 있겠다. 이유는 사회 문화 지지망의 활용 가능성이 높은 경우에는 문화 적응 스트레스를 감소시킬 수 있는 요인들과 우연히 만날 수 있는 정도가 높기 때문인데, 단일 문화적 환경이 강하면서 사회 문화적 지지망이 약한 경우에는 개인이 주류 문화를 흡수하기 위해 선택할 수 있는 다양성이 적어질 수 있다. 이러한 경우에는 새로 이주한 사회에서 보내는 기간과 문화 적응 스트레스의 수준 간에 더욱 직접적인 상관 경향성이 높다는 것이 제시될 수 있다.

동남아시아 출신의 난민과 이주 난민들의 경우 우울과 기타 장애가 극도로 높은데, 연구 결과 지속적으로 나오는 결과는 동남아시아계 난민들의 경우 정신 장애의 높은 위험집단으로 구분될 수 있다는 것이다. Sue et al.(1995: pp. 39-51)는 DSM-III-R을 기준으로 할 때 전체 동남아시아 난민의 70%가 현재 PTSD 기준을 충족하고 있으며, 5%는 이미 경험했던 것으로 제시하고 있다. PTSD의 집단차를 보면, 라오스 부족인 버마족의 95%, 캄보디아인의 92%가 PTSD를 나타냈는데, 평가 결과 이들은 10~15년간 외상 경험에 노출되어 있었음이 나타났다. 또한 전체 동남아시아 난민의 82%가 우울을 경험하고 있으며, 16%는 정신 분열로 진단되었다. 또한 동남아시아 난민 환자의 약 50%가 DSM-III 기준으로 PTSD를, 71%가 주요 정서 장애(major affective disorder)를 경험하였다고 나타내었다. 그리고 몽족 및 라오

스인 집단의 경우 92%가 PTSD, 주요 정서 장애는 85%를 보고하고 있으나, 캄보디아계 난민의 경우에는 57%가 PTSD, 주요 정서 장애는 81%를 각각 제시하고 있다. 동남아시아계 난민들의 정신과적 발생 비율이 높은 이유는 고문, 전쟁, 가족이나 친구 등의 죽음을 목격했던 것, 그리고 혹독한 난민 수용소에 강제로 구류되어 있었던 경험 등과 같이 큰 재난과 같은 환경적 스트레스원에 반복적으로 노출되었기 때문이라 할 수 있다. 이주 전에 이러한 외상을 경험한 경우 이주 후에 시간이 경과하면서 적응에 부정적인 영향을 미칠 수 있다. Pop Pot 집단 수용소에서 생존한 캄보디아계 청소년 연구에서 48%가 PTSD를, 41%가 우울증을 경험하고 있는데, 이들은 외상을 경험한지 약 10년이 지났으나 그 후로도 지속적으로 이러한 정신과적 문제를 나타내고 있었다.

미국에 이주한 아시아계 미국인들을 대상으로 Omnibus-Personality Inventory(OPI)를 실시한 결과 백인 학생들보다 외로움, 소외감, 그리고 불안 경험이 상당히 높은 경향이 있었다. 또한 아시아계 미국인 대학생들과 백인 미국 대학생들을 대상으로 우울과 불안을 측정한 결과 아시아계 미국인 학생들이 더 높은 우울과 불안을 보고하였다 한다. 그리고 외국에서 출생한 아시아계 미국인 대학생들과 미국출신의 백인 대학생들의 심리적 부적응을 연구한 결과 전자의 경우가 사회적 요구의 영향이나 개인의식, 외향성 및 기타 지향성 및 인구 사회학적 차이를 통제한 상태에서도 더욱 높은 대인간 스트레스 수준을 보였다고 한다. 이러한 결과는 외국에서 출생한 아시아계 대학생들의 경우(평균 10 정도 미국에서 거주함)에는 언어적 장벽이나 사회적 지지망의 상실과 같은 다양한 스트레스원들에 직면하면서 심리적 적응에 장기적으로 부정적인 영향을 준 것으로 제시되고 있다. 문화 적응 수준과 관계없이 아시아계 미국인의 경우 백인 학생들에 비해서 상대적으로 높은 수준의 신체화 증상, 우울, 불안 그리고 소외감을 느끼는 것으로 나타났다. 이러한 경향은 아시아계 미국인들이 소수 민족 집단으로서 그들의 일상적 삶에서 백인 집단보다 더 큰 어려움을 경험하는 것을 반영할 수 있을 것이라는 결과를 배제할 수 없을 것이다(Sue S., S. Derald W., Sue L. & Takeuchi David T., 1995, pp. 39-51).

미국에 있는 샌타바버라 대학과 미네소타 대학에 등록한 미국 학부생들과 한국의 서울대학교 학부 학생들을 대상으로 우울에 대한 표현과 도움을 구하는 행동 방식을 연구할 결과, 미국 학생들보다 한국 학생들이 상대적으로 더욱 높은 신체화 증상 및 우울을 보고하였으며 동시에 그러한 정신적인 어려움을 경험할지라도 전문적인 도움을 구하는 것에 미국 학생들 보다 상대적으로 부정적인 태도를 나타냈다. 이는 아시아 문화가 정서적 경향을 신체화하는 경향으로 표현한다는 결과를 나타내는데, White(1982)는 동양 문화에서의 우울에 관한 폭넓은 문헌 검토를 통해서 다음과 같이 제시하고 있다. "이는 문화적 차이로서 동아시아 문화권에서는 '스토아주의(Stoicism)'를 아시아의 중요한 가치 중 하나로 특징짓기 때문에, 이 스토아주의로 인하여 정서적 표현은 일반적으로 억제된다."고 제시하고 있다(Yoo, Sung-Kyung & Skovholt, Thomas M., 2001, pp. 10-19).

Kinzie et al.(1990)연구에서는 DSM-III-R을 기준으로 할 때 전체 동남아시아 난민의 70%가 연구 당시 PTSD 기준을 충족하고 있으며, 5%는 이미 경험했던 것으로 제시하고 있다. PTSD의 집단차를 보면, Laos 부족인 Mien의 95%, 캄보디아인의 92%가 PTSD를 나타냈는데, 평가 결과 이들은 10~15년간 외상 경험에 노출되어 있었음이 나타났다. 또한 전체 동남아시아 난민의 82%가 우울을 경험하고 있으며, 16%는 정신 분열로 진단되었다. Mollica, Wyshak & Lavelle(1987)는 동남아시아 난민 환자의 약 50%가 DSM-III기준으로 PTSD를, 71%가 주요 정서 장애(major affective disorder)를 경험하였다고 한다. 그리고 Hmog/Laotian 집단의 경우 92%가 PTSD, 주요 정서 장애는 85%를 보고하고 있으나, 캄보디아계 난민의 경우에는 57%가 PTSD, 주요 정서 장애는 81%를 각각 제시하고 있다. Pop Pot 집단 수용소에서 생존한 캄보디아계 청소년 연구에서 48%가 PTSD를, 41%가 우울증을 경험하고 있는데, 이들은 외상을 경험한 지 약 10년이 지났으나 그 후로도 지속적으로 이러한 정신과적 문제를 나타내고 있었다. 이렇게 동남아시아계 난민들의 정신과적 발생 비율이 높은 이유는 고문, 전쟁, 가족이나 친구 등의 죽음을 목격했던 것, 그리고 혹독한 난민 수용소에 강제로 구류되어 있었던 경험 등과 같이 큰 재난과 같은 환경적 스트레스원에 반복적으로 노출되었기 때문이라 할 수 있다. 이주 전에 이러한 외상을 경험한 경우 이주 후에 시간이 경과하면서 적응에 부정적인 영향을 미칠 수 있는데, 이러한 현상은 캄보디아 난민 연구에서 미국 입국 전에 외상 수준이 심각할수록 문화 적응 스트레스의 수준이 더 높다는 분석결과가 제시되었음으로 뒷받침될 수 있다(Nicholson, Barbara L & Walters, Tali K, 1997, pp. 27-46).

신체화 장애는 개인의 감정적인 혼란 또는 환경적인 어려움이 신체적인 증상으로 나타나는 것을 뜻한다. 그리고 이들의 지속적인 신체적 증상이 생리적으로 적절히 설명되기 어려울 때를 말한다. 북한 이탈 주민의 신체화 장애에 대한 체계적 연구는 부족하나 하나원 내 북한 이탈 주민들에게 MMPI를 실시한 결과 건강 염려증이 가장 높다고 보고되었다(김현아·전명남, 2004: pp. 126-160). 북한 이탈 주민 건강에 관한 연구에서 남성 북한 이탈 주민의 약 40%가 주관적 건강 상태에 대해 자신이 건강하지 않다고 응답하였으며, 여성 북한 이탈 주민의 경우 12% 정도가 자신의 건강 상태가 좋다고 응답하였다고 제시하였다. 또한 임상적인 경험에 의하면 지역 사회에 정착한 다수의 북한 이탈 주민들이 설명되지 않는 신체화 증상을 호소하고 있음을 나타내었다. 덧붙여 대부분의 북한 이탈 주민들의 증상 표현 연구에서는 실신 또는 과호흡으로 추정되는 가성 신경학적 증상을 호소하고 있음을 밝히고 있다(유시은, 2006: p. 10).

2. 북한 이탈 주민을 위한 정신 건강 교육

북한 이탈 주민의 대표적인 정신 건강 지원 방법으로 교육을 들 수 있다. 여러 내용이 교육의 주제가 될 수 있겠으나 남한의 정신 건강 서비스의 특성 및 과정, 관련 기관에의 이용 및 접근 방법에 대한 교육은 무엇보다도 중요한 교육 주제이다. 이러한 교육의 대상은 하나원에 입소해 있는 북한 이탈 주민을 포함하여 남한 사회에 정착하게 되는 모든 북한 이탈 주민이 된다. 남한 사람들도 그렇기는 하지만 특히 북한 이탈 주민들은 정신과 혹은 심리 상담이라는 개념에 익숙하지 않으며 이에 대한 거부감이 심하다. 자신의 문제를 정신과 의원이나 심리 상담 치료를 통해 해결하려 하지 않으며 결과적으로 상담 치료에 대한 기대도 높지 않다. 북한 생활과 탈출 과정에 생존에 기능적으로 작용했던 불신감으로 인해 북한 이탈 주민들은 누군가에게 자신의 속내를 털어놓는 심리 치료 형태에 쉽게 응하지 않을 가능성이 높다. 특히 상담자의 직접적인 문제 해결이나 충고와 훈육을 기대하는 북한 이탈 주민들에게 스스로 문제 해결의 다양한 가능성을 탐색해 나가도록 조력하는 심리 상담의 과정은 비효율적인 시간 낭비로 비추어질 수 있다. 따라서 이러한 서비스에 대한 적절하고 정확한 아내는 차후 생길 수 있는 치료적 관계의 토대를 마련하는 것은 북한 이탈 주민 정신 건강 교육의 중요 주제가 된다. 이러한 교육은 북한 이탈 주민들의 공식적 모임이나 교육의 기회에 예방적 차원으로 이루어질 수 있다. 그러나 북한 이탈 주민과의 사교적 자리, 비공식적 자연스런 만남의 자리에서 이루어질 수도 있다. 즉, 일상적인 대화 중에 이러한 심리적인 어려움을 표현할 때, 정신 건강 서비스를 소개하고 이용하게 안내할 수 있다. 북한 이탈 주민과 본격적인 심리 상담이 이루어질 때에는 정신 건강 서비스에 대한 교육은 전체 상담 과정의 효율성을 좌우할 만큼 중요한 주제이다. 상담 과정에서 정신 건강 전문가는 편견 없이 문화적으로 적절하고 예민한 자세로 북한 이탈 주민의 이야기를 경청하고 명료화하면서 치료적 만남의 특성과 한계를 설명한다. 상담 과정에서 다룰 수 있고 해결할 수 있는 주제와 한계, 상담자의 역할과 구체적인 상담 과정, 비밀 보장, 다른 정부 기관이나 지원 기관의 실무자와의 차이점, 심리 상담의 필요성과 유익함을 전달한다. 물론 그 과정에서 정신 건강 전문가는 북한 이탈 주민의 심리 상담 및 상담자에 대한 개인적인 혹은 문화적인 기대가 솔직하게 표현되고 북한 이탈 주민 스스로가 가정하고 있는 심리적 어려움 원인, 치료 결과에 대한 기대, 도움 추구 행동에 대한 특성이 무엇인지를 이해해야 할 것이다.

또한 치료적 관료적 관계를 막고 상담에 대한 저항을 가져오는 이전 생애 경험 특히 배신, 불신, 의심, 혼란감 등의 주제와 관련된 북한 이탈 주민의 생애사를 이해하여 이것에 대한 이해와 공감을 전달해야 한다. 정신 건강 전문가 역시 이러한 행동 특성이 생존을 위한 필요불가결한 태도였음을 이해하는 과정을 통해 북한 이탈 주민을 더 깊이 있게 이해하고 상담 관계를 형성하는 과정에서 겪게 되는 많은 좌절 경험으로부터 상담자 스스로를 보호할 수 있다. 두 번째, 교육의 주제는 본격적인 정신 건강과 관련된 실질적인 교육이다. 대부분 이러한 활동은 예방 활동의 차원에서 이루어질 수 있다. 북한 이탈 주민에게 나타날 수 있는 심리적 장애들, 예를 들어 우울, 불안, 외상 후 스트레스 장애, 신체화 장애, 스트레스 관리에 대한 간략한 정보를 일회성 강좌나 문서화된 자료, 시청각 자료로 소개할 수 있다. 혹은 문화가 바뀐 이민자나 난민들에게 발생할 수 있는 문제들에 대해 미리 알려 주어 내담자가 이에 대해 이해하고 준비하도록 돕는다. 직장이나 학교에서 부딪칠 차별, 부정적 대우, 세대 간 갈등과 같이 이주지에서 겪을 수 있는 잠재적 문제를 알려 주고 이를 위해 어떻게 해야 할지 미리 생각해 보게 한다. 이러한 예방 활동은 상담이 이루어지는 기관뿐만 아니라 북한 이탈 주민들이 모이고 이용하는 다양한 지역 사회 기관을 중심으로 이루어질 수 있다. 지역 사회 복지관, 민간단체, 교회, 북한 이탈 주민들의 여러 연합회 등 어떠한 북한 이탈 주민 모임과 조직이 그 대상이다. 물론 이러한 정신 건강과 관련된 기초 교육이 북한 이탈 주민의 초기 도착 단계라고 할 수 있는 하나원 교육 과정에서 이루어지고 있기는 하지만 시기적으로 심리적 불안정감을 경험하는 남한 정착 후 1년 내외 기간 동안 이루어진다면 이러한 예방 교육의 효과는 더욱 클 것이다. 사회적 기능에 약간의 어려움을 겪고 있는 북한 이탈 주민들을 대상으로는 정신 건강과 관련되어 보다 초점이 맞추어진 교육 프로그램을 운영할 수도 있다. 성인을 대상으로 대인 관계 기술 훈련, 부모 역할 훈련, 분노 조절 훈련, 스트레스 관리 훈련, 청소년으로 대상으로는 진로결정 훈련, 분노 조절 훈련, 자기표현 훈련 등의 2차적인 예방 프로그램을 계획할 수 있다. 그러나 북한 이탈 주민 상담에서 중요한 것은 얼마나 다양한 프로그램을 계획하는가 여부가 아니라 프로그램의 전문성과 간결성, 실현가능성이다. 북한 이탈 주민들은 이러한 정신 건강 교육에 필요성을 느낀다 하더라도 현실적인 여건상 지속적인 참여가 어려운 경우가 많다. 정신 건강 서비스에 대한 인지도도 낮은 편이어서 잘 짜여진 프로그램이라 할지라도 잘 운영되기란 쉽지 않으며 현실적인 여러 당면 문제에서 뒷전으로 밀려나기 쉽다. 따라서 이러한 예방 교육 프로그램은 주요 주제에 초점을 맞추어서 간결하고 전문적인 형태로 구성되어야 한다. 또한 북한 이탈 주민들이 이용하는 다른 서비스나 프로그램, 특히 구체적이고 현실적인 도움을 제공하는 프로그램과 연계를 이루어서 함께 전달될 수 있게 구성되는 것이 효과적이다.

세 번째, 정신 건강 교육과 더불어 중요한 것은 질병 및 건강 증진과 관련된 상담과 교육이다. 북한 이탈 주민들의 신체적 증상에 대한 호소를 주의 깊게 듣고 필요한 치료적 도움을 제공해야 한다. 신체적 증상에 대한 정확한 검진과 처치를 위해서는 상담 과정에서 의료 기관 및 신체적 질병에 대한 기본적인 정보를 제공할 수 있어야 한다. 의료 기관의 이용 방법, 절차, 접근 방법을 알려 주고 의사의 진료를 따르도록 권고해야 한다. 또한 의료 기관이나 의사에 대한 오해나 불만으로 인해 치료를 제대로 따르지 않거나 공인되지 않은 의료 시술을 하는 곳에서 의료비를 지출하지 않도록 교육하는 것이 필요하다. 병원에서 처방된 약물 복용에 대한 교육을 하거나 운동, 식이 요법과 같은 건강 증진 행동 교육을 할 수 있다. 또한 상담 과정에서 분명해졌을 때 이 사실을 내담자가 이해하고 수용할 수 있도록 설명하고 치료 관계를 맺도록 노력해야 한다. 이러한 질병 및 건강 증진 교육 역시 정신 건강 교육과 마찬가지로 예방적 차원에서 지역 사회를 활용하여 전체 북한 이탈 주민을 대상으로 이루어질 수 있으며 신체적 증상을 호소하는 북한 이탈 주민들의 주요 상담 주제가 된다.

네 번째, 교육의 주요 주제는 북한 이탈 주민의 문화적 역량을 증진하기 위한 사실 지향적 교육이다. 하나원에서 퇴원한 대부분의 북한 이탈 주민들은 깊은 혼란감을 경험한다. 한편으로는 막연한 불안감이 현실로 다가오면서 다소의 안도감을 느끼기도 하지만 현실적인 막막함과 실망감, 남한 사회에 대한 이질감과 두려움에 심히 위축된다. 이 시기에 정신 건강 전문가는 북한 이탈 주민에게 환경에 대한 방향감을 제공하고 심리적 혼란감을 줄이도록 돕는다. 시장을 안내하는 것, 필요한 물품을 구매하는 것, 생소한 물건의 사용법을 익히거나 병원이나 교회, 은행과 같은 기관의 서비스를 이용하는 것과 같은 사실 지향적 훈련이 중심이 된다. 이 시기에 북한 이탈 주민들을 만나게 되면 대부분 상담자에게 이러한 현실적인 어려움을 호소하고 직접적인 도움을 청하게 되는 경우가 많은데 이러한 역할은 준전문가나 이미 정착한 북한 이탈 주민들이 담당할 수 있다. 현재 정착 도우미들이 많은 부분 담당하고 있으므로 전문가는 정착 도우미에게 적절한 자문을 제공하거나 질문에 대답해 주며 필요한 자원을 연계해 주는 자원 전문가로서 활동 할 수 있다.

다섯 번째, 교육의 주제는 북한 이탈 주민이 아닌 남한 사람들에 대한 것이다. 북한 이탈 주민 정신 건강 전문가는 지역 사회에 북한 이탈 주민이 처한 사회 문화적 특수성과 실태, 이들의 심리 · 사회적 특성을 알리어 지역 사회가 북한 이탈 주민을 좀 더 잘 이해할 수 있도록 돕는 것이다. 이것은 지역 사회 구성원 전체가 북한 문화 및 북한 사람들에 대한 이해를 통해 문화간 이해를 높이고 나아가 문화와 사회적 차이를 넘어서 인간 존재로서 인간에 대한 이해와 수용의 폭을 넓힐 수 있게 돕는 성장 지향적 상담이며 통일 이후의 남북한 주민의 심리적 갈등과 이로 인한 혼란을 사전에 예방하는 예방 상담이라고도 할 수 있다. 이러한 교육은 물론 전 지역 주민이 그 대상이 될수 있겠으나 실질적으로는 북한 이탈 주민들이 많이 거주하는 지역이나 공동체, 학교, 직장 등이 될 것이다. 교육 내용은 자녀 교육 방법이나 학습 방법, 직장 내에서의 스트레스 대처와 같이 북한 이탈 주민과 남한 주민이 모두 관심을 가질 만한 주제로 시작한다. 그러나 참여자를 북한 이탈 주민과 남한 주민이 모두 참여할 수 있도록 구성하고 그 교육 과정 내에 각 주제에 맞는 토론 시간을 마련하고 서로의 입장에 대한 이야기를 할 수 있는 기회를 가짐으로써 남한 주민들은 자연스럽게 북한 이탈 주민에 대한 이해를 갖게 할 수 있다.

여섯 번째, 북한 이탈 주민 정신 건강 전문가의 중요한 역할 중의 하나는 여러 영역에서 북한 이탈 주민들의 생활을 돕는 정부나 민간 기관의 북한 이탈 주민 실무자나 정착 도우미, 학교 선생님, 자원 봉사자들의 교육을 담당하는 것이다. 이들은 북한 이탈 주민들이 정신적인 고통을 겪을 때 일상생활에서 이들을 돕는 정신 건강 준전문가의 역할을 담당할 수 있는 사람들이다. 또한 북한 이탈 주민에 대해 전혀 알지 못하는 지역 사회 주민과 북한 이탈 주민 간의 중간 역할을 할 수 있는 사람들로 북한 이탈 주민에 남한 사람의 이미지를 적극적으로 생산해 낼 수 있는 사람들이다. 따라서 이들이 북한 이탈 주민의 문화적 배경과 심리적 환경, 성격적 특성을 잘 이해하여 북한 이탈 주민과 원활한 소통을 가질 수 있도록 돕는 것은 결과적으로 북한 이탈 주민의 정신 건강을 증진하는 결과를 가져올 것이다(조영아 · 유시은, 2007: pp. 56-72).

교육과 더불어 북한 이탈 주민 정신 건강 전문가는 여러 형태의 자문 활동을 할 수 있다.

자문은 크게 북한 이탈 주민들을 대상으로 하는 것과 지역 사회를 대상으로 하는 것으로 나누어 볼 수 있다. 북한 이탈 주민들은 특히 남한 사회 및 문화에 대한 정보가 부족해서 자녀의 진학이나 학업, 양육, 정신 건강과 관련된 정보가 부족한 경우들이 있다. 북한 이탈 주민 상담은 처음엔 개인을 대상으로 접근하더라도 대부분 그 가족 모두가 스트레스 수준이 높아 가족 전체가 정신 건강 서비스의 대상이 되는 경우가 많다. 그러나 상담에 선호가 낮고 상담에 참여할 시간적인 여유도 없어서 가족 성원 전체가 상담에 참여하는 가족 상담을 하기가 쉽지 않다. 결과적으로 북한 이탈 주민 부모들은 자신들의 자녀들과 관련된 문제에 대해 자문을 구할 수 있는데 이러한 자문에 대해 상담자는 전문적 지식을 바탕으로 자문에 응할 수 있다. 이러한 자문 활동은 문제를 해결하기 위한 전문적인 지식을 제공함과 동시에 이러한 전문적 지식을 문제 해결에 활용하도록 돕는 활동을 포함한다.

또한 남한 주민 혹은 지역 사회에서 북한 이탈 주민과 관련된 자문에 응할 수 있다. 북한 이탈 주민이 많이 거주하는 주거 지역의 지역 사회, 학교, 직장 등에서 편견이나 차별로 인해서 생기는 문제를 최소화하거나 상호 이해를 도모하는 프로그램을 만드는 데 기관 자문을 할 수 있다. 때로는 북한 이탈 주민을 고용하는 직장의 고용주를 직접 만나서 북한 이탈 주민에 대해 보다 깊이 있게 이해하도록 도와주며 두 문화의 중재자로서 기능 할 수도 있고 북한 이탈 주민과 일할 때 생기는 실질적인 어려움을 해결할 수 있도록 자문해 줄 수 있다(조영아 · 유시은, 2007: pp. 56-72).

북한 이탈 주민 정신 건강 전문가는 자원 동원가이며 의뢰자, 연계자로서의 역할을 하게 된다. 북한 이탈 주민들은 단순히 심리적인 문제만을 가지고 정신 건강 전문가를 찾아오지 않는다. 경제적인 문제, 구직, 능력 부족, 질병, 진학, 지역 사회 정보 부재, 정신 건강 등 살아가면서 부딪치는 모든 종류의 문제를 안고 전문가를 만난다. 문제의 시각에서 살펴보면 삶 전체가 문제라고 할 수 있을 것이다. 그래서 심리적인, 마음의 문제를 주로 다룰 것이라고 기대하는 정신 건강 전문가 입장에서는 아무것도 할 수 없을 것 같은 무력감을 느끼게 된다. 한편으로는 이런 무력감에서 벗어나고자 하는 전문자의 욕구는 북한 이탈 주민의 문제를 해결해 줘야만 할 것 같은 부담감과 의무감으로 바뀌고 현실적인 도움을 주기 위해 북한 이탈 주민들이 요구하고 필요로 하는 것을 해 주기 위해 과도한 노력을 기울일 수 있다. 그러다 보면 심리적 탈진과 정신 건강 전문가로서의 정체감에 대한 혼란이 생기기 시작한다. 북한 이탈 주민을 만나는 정신 건강 전문가의 직접적인 문제 해결은 두 가지 점에서 좋지 않은 영향을 주는데 첫째는 이러한 심리적 탈진과 정체성의 혼란과 노력에도 불구하고 문제 해결에 별 도움이 안 되는 것이고 그보다 더 중요한 것은 북한 이탈 주민을 문제를 해결해 줘야만 하는 문제인으로 바라보기 시작하게 된다는 점이다. 별 다른 도움 없이도 지금까지 잘 지내 왔고 앞으로도 여러 가지 어려움을 나름대로 해결해 나가면서 잘 살아갈 수 있는 평범한 인간 존재로 북한 이탈 주민을 바라보는 시각에 타격을 입는 것이다. 이것보다는 북한 이탈 주민에 대해 여러 가지 자원을 필요로 하는 존재로 바라보는 시각이 더 바람직하다. 지금도 잘 지낼 수 있지만 여러 차원에 더 잘 접근할 수 있고 그것을 적절히 활용할 수 있다면 인생의 문제를 좀 더 쉽게 풀어 나갈 수 있을 것이라는 기대를 갖는 것이다. 그러기 위해서 정신 건강 전문가는 북한 이탈 주민들이 필요로 하는 자원을 정확히 파악하여 여러 자원을 알려 주고 이에잘 접근하고 활용할 수 있는 능력을 갖도록 도와주는 것이 필요하다. 의료 기관, 정신 보건 센터, 북한 이탈 주민 지원 기관의 적응 프로그램, 복지관의 사회교육 프로그램, 여행 및 문화 체험 프로그램, 여러 형태의 캠프, 남한 주민과의 만남 및 모임의 자리, 종교적 모임, 과외나 학원 정보, 학습 도우미, 구직 기술 향상 프로그램, 직업 훈련 프로그램, 근로 의욕 프로그램에서 법률 지원에 이르기까지 여러 형태의 자원에 연결시킬 수 있다. 뿐만 아니라 이러한 자원의 활용 방법을 알 수 있게 도와주고 이용 중 생기는 다양한 문제들에 대해 함께 해결해 나갈 수 있을 것이다. 예를 들어, 잘 구성된 작업 훈련 프로그램을 찾는 것이라든지, 학습 도우미와의 인간관계에서 발생하는 문제, 남한 주민과의 만남에서 생겼던 갈등에 대한 해결, 의료 기관의 이용 방법상의 불편 사항 등 자원을 이용하는데 장애가 되는 여러 문제들을 해결해 나가는 데 도움을 줄 수 있다(조영아 · 유시은, 2007: pp. 56-72).

마지막으로 심리 상담을 통해 북한 이탈 주민의 정신적 어려움을 도울 수 있다. 이것은 정신 건강 전문가의 주된 개입 방법으로서 알려져 있지만 북한 이탈 주민 상담에서는 기대만큼 잘 이루어지지 않는 부분이기도 하다. 첫째로 북한 이탈 주민들이 겪는 심리적 장애로 상담의 주요 주제가 되는 것 중의 하나는 심한 충격적 사건을 경험한 사람들에게서 발병하는 외상 후 스트레스 장애이다. 따라서 북한 이탈 주민 정신 건강 전문가는 외상 후 스트레스 장애의 증상의 의미를 이해하고 이를 적절히 다룰 전문적 지식 기본적인 심리적 지식이 있어야 한다. 또한 필요하다면 적절한 약물 치료를 받도록 도움을 줄 수 있다. 정신적 외상이 인간에게 미치는 의미와 외상에 대한 이야기가 가져올 변화를 어려움을 겪는 북한 이탈 주민에게 설명할 수, 편안하고 안전하며 지지적인 분위기에서 외상 경험을 이야기하게 하여 회상 경험과 감정 반응이 잘 연계되고 경험이 인지적으로 잘 조직화할 수 있도록 도울 수 있다. 또한 치료적 관계가 잘 이루어지지 않고 장기적이 될 수 있음을 예상하고, 여러 증상 중 현재 생활에 막대한 지장을 주는 증상을 먼저 해결해 주려는 노력을 기울여야 한다. 도움이 되는 종교적 신념이나 가치 등을 발굴하고 지원해 주어야하며, 이러한 노력을 기울인 후에도 때로는 북한 이탈 주민이 겪은 외상적 사건의 잔혹성, 재앙의 치명적 성격에 대해 정신 건강 전문가가 아무것도 할 수 없고 도움이 될 수 없다는 것을 인정하는 것이 필요하다. 외상 후 스트레스 장애 증상들은 남한 사회에 정착한 후 안정이 되면서 자연스럽게 없어지기도 하지만 과거의 괴로움을 상기시키는 촉발 사건에 의해 다시 재발하기도 하므로 가족의 북한 탈출, 중국이나 제3국에 있는 가족의 북한 송환, 경제적 어려움, 사기, 인간관계의 배신과 관련된 주요 사건들이 발생할 때 좀 더 민감하게 대응하고 개입할 수 있어야 한다(조영아·유시은, 2007: pp. 56-72).

북한 이탈 주민들의 다양한 가족 문제는 상담의 주요 주제가 된다. 새로운 문화에서의 성역할 변화로 인한 갈등, 문화 적응의 양상과 속도 차이로 인한 세대 간 갈등, 이혼과 재혼 그리고 중혼 문제, 탈출 과정에서 생긴 복잡한 가족사에 얽힌 가족 간 갈등, 두고 온 가족에 대한 그리움과 걱정, 불안감, 죄책감의 등의 심리적 고통을 호소한다. 이러한 문제를 상담함에 있어서 가족 안의 갈등의 원인이 일부분 환경적이고 문화적인 원인일 수 있다는 사실을 북한 이탈 주민들이 이해할 수 있도록 돕는 것이 필요하다. 즉, 현재의 혼란이 문화가 바뀐 가족들이 대부분 겪게 되는 자연스러운 과정이며 적응해 나가는 과정이라는 점을 인정하고 수용할 수 있게 돕는 것이다. 또한 남북한 문화의 차이점과 유사성을 좀 더 잘 이해하며, 자신의 문화적 정체성을 찾고 가족 성원의 것을 수용하도록 돕는 것이 필요하다. 상담과 함께 이혼, 별거, 재혼, 중혼, 자녀 양육, 남한 입국과 관련된 법적인 문제를 포함하여 가족 문제와 관련된 실질적인 자원이 필요한 경우 적절한 자원을 연결할 수 있다. 무엇보다도 어쩔 수밖에 없었던 탈북과 그 탈북으로 인한 가족 구조가 파괴된 것에 대한 슬픔을 수용하는 과정에서 탈북의 의미와 생존의 의미를 찾도록 도와주어야 한다. 때론 북에 남은 가족의 탈북에 대한 결정과 시도가 모두 끝나고 경제적으로도 어느 정도 안정감을 갖게 된 정착 후 수년이 지난 북한 이탈 주민들에게 뒤늦게 고향이나 가족의 상실의 문제가 새롭게 등장할 수 있다. 시급했던 생존의 문제로 인해 의식 깊숙이 묻혀 있었던 고통스러웠던 기억 등에 직면하고 우울해질 수 있으며 뒤늦은 상실감과 슬픔이 북한 이탈 주민들에게 다소 생소하게 느껴질 수 있다. 이러한 모습은 정착 초기에 있는 북한 이탈 주민이나 주변의 일반 남한 사람들에게 이해되지 않는 모습으로 다가올 수 있다는 점을 기억하면서 정신 건강 전문가는 이러한 슬픔과 상실감에 대해 충분히 공감하고 상담 과정 중에 다루어 나가야 한다. 또한 가족 간의 문제가 북한에서 생활할 때 겪었던 문제의 연장선상에 있을 수 있기 때문에 자세한 개인사나 가족사를 얻는 것이 필요하다(조영아 · 유시은, 2007: pp. 56-72).

북한 이탈 주민들이 상담 중에 호소하는 중요한 주제는 인간관계에 대한 것이다. 직장을 어렵게 구하고도 직장에서의 직장 상사 혹은 동료와의 갈등으로 직장을 지속적으로 다니지 못하거나 인간관계의 어려움으로 다른 북한 이탈 주민이나 남한 사람들과 지지적인 관계를 맺지 못하는 경우들이 있다. 이러한 인간관계의 주제는 사회적 관계에서의 문화적 언어적 차이로 인한 사소한 오해로부터, 차별감이나 무시당하는 느낌, 갈등 상황에서의 분노 폭발 등의 주제를 담고 있다. 문화적 · 언어적 차이로 인한 북한 이탈 주민의 인간관계 갈등과 관련하여 정신 건강 전문가는 문화적 차이로 인해 생기는 여러 다른 문제에서와 마찬가지로 이들의 문화적 역량을 높이는 방향으로 상담해야 한다. 북한 사회에서의 인간관계 방식과 사회적 단서에 대한 이해, 사회적 행동의 의미와 남북한의 차이가 분명하게 자각될 수 있도록 돕는 것이 필요하다. 북한 이탈 주민들이 차별당했다든지 무시당했다고 할 때 정신 건강 전문가는 이것이 진정한 차별인지 아니면 내담자의 주관적 이해인지에 대한 명확한 이해를 갖기 어렵다. 정신 건강 전문가의 이러한 주제에 대한 자신의 주관적인 태도에 따라 판단하기 쉬우며 진정한 객관성을 유지하기 어렵다. 또한 객관적 사실을 밝히기 위한 시도는 자칫 비효율적인 질문으로 연결되기 쉽다. 이때 상담에서 중요한 주제로 다루어져야 할 것은 북한 이탈 주민이 무시당하고 차별을 당했다는 감정과, 사회적인 약자라는 것에 대한 지각, 대처 전략의 부재로 인한 좌절감, 문화적 차이에 대한 이해이다. 차별과 무시로 인한 좌절감을 이해하여 문화적 체계 안에서 새로운 문화의 상호 작용을 이해해 나가는 새로운 대처 전략, 좀 더 현실적인 대처 전략을 습득할 수 있게 도와야 한다. 또한 차별감이나 무시에 대한 대응으로 인간관계에서 폭발적인 감정을 보일 수도 있다. 극단적인 정서적 표현은 북한 문화의 영향력 중 하나이며 동시에 현재 좌절과 탈북 과정에서 겪은 수많은 부당한 대우에 대한 반응으로 이해하고 지지적으로 개입해야 한다(조영아 · 유시은, 2007: pp. 56-72).

북한 이탈 주민들이 상담자에게 가장 많이, 비교적 손쉽게 개방하는 심리적 어려움은 구직에 대한 어려움, 진로나 직종을 찾는 것과 관련된 문의가 될 것이다. 북한 이탈 주민들의 직업적인 안정과 이를 통한 경제적인 적응은 단순히 생존의 차원을 넘어서 이들의 정신 건강에도 깊은 영향을 미친다. 대부분 북한의 직장 생활에서 요구됐던 기술, 능력, 자질 등은 남한에서 직업을 구하는 데 크게 도움이 되지 않는 경우들이 많다. 결과적으로 북한 사회에서 비교적 높은 사회적 위치에 있었던 사람들은 남한 사회에서 사회적 지위의 하락과 더불어 좌절감, 자존감이 떨어지는 경험을 하게 된다. 또한 당장 생존하기 위해서는 장기적인 직종을 개발하기보다는 비교적 손쉽게 구할 수 있는 시간제 일을 선택하는 경우들이 많고 남은 가족을 데리고 오기 위해 이동이 많은 북한 이탈 주민들은 정규직에 근무하기가 어려운 부분들도 있다. 직장 생활에서도 필요로 하는 능력 부족, 직장 문화에 대한 이해, 직장에서의 인간관계 등의 여러 가지 문제로 인해 장기적이고 안정적인 직장 생활을 유지하기 어려워 안정적인 직업을 찾기보다는 생계 지원금에 의존하는 경우들도 생긴다. 이렇게 북한 이탈 주민들의 진로와 구직의 문제는 단순히 진로 선택과 유지에 영향을 미치는 개인의 동기나 태도, 기술, 적성, 직업 선택의 문제가 아니라 개인적 · 사회적 · 경제적 · 가정적 · 심리적인 수많은 문제들이 복잡하게 얽혀 있는 매우 복합적인 부분이다. 즉, 북한 이탈 주민들의 직업 선택과 직장 생활의 문제는 남한 사회에서 북한 이탈 주민들의 현존재와 당면 과제의 모든 역동이 드러나는 곳이다. 이에 정신 건강 전문가는 적성 탐색, 직종 탐색, 직업 훈련, 근로 의욕 고취, 직무 만족, 자원 연계 등의 모든 논의가 이러한 다양한 변수와 한계 속에서 이루어질 것임을 고려하여 상담을 진행해야 한다.

북한 이탈 주민들은 북한에서의 능력과 지위에 걸맞은 직업을 발견할 수 없다는 좌절감과 분노, 자신의 능력에 대해 의심과 생활 전반의 깔려 있는 모호함으로 인해 깊은 슬픔과 극단적인 향수와 외로움, 극심한 불안감을 경험 할 수 있다. 또한 가족 탈북이나 생업의 문제가 어느 정도 해결된 후 정착 과정에서 미뤄 두었던 상실감이나 정서적인 문제들을 표현할 수 있다. 처음에 기대했던 남한 생활에 대한 기대가 현실적으로 조정되면서 한편으로는 좌절감과 우울함을 호소할 수 있으며 남한 사회에서 느끼는 차별감과 무시감, 자존감 저하 등에 대한 감정으로 폭발적인 분노감을 표현할 수도 있다. 이러한 정서적인 문제들에 대해 상담자는 매우 지지적으로 개입하면서 그동안 성공적이었던 문제 해결 전략과 변화들을 지속할 수 있도록 도와야 한다. 특히 지역 사회의 북한 이탈 주민들과, 혹은 남한 사람들과 여러 형태의 관계망을 유지하면서 정체감과 소속감을 느낄 수 있도록 정서적 지원자로서 작용해야 한다.

대부분의 북한 이탈 주민들은 큰 스트레스를 받기는 하지만 대처 자원이 일시에 무너지는 경험할 가능성은 별로 없으며 대부분의 사람들은 정착에서 성공한다. 다만 그 중 작은 수는 정착 과정에서 현실의 요구에 압도당하고 적응을 못 하게 되는데 이 과정에서 정신 분열증이나 편집증 같은 정신증 증상이 나타날 수 있다. 특히 이주로 인한 상실, 결혼 실패, 구직 실패 등과 같은 이주 과정에서 비롯된 심리적 환경적 문제가 기능 장애의 촉발 요인으로 작용할 수 있다. 또한 이러한 스트레스가 주요 우울 장애, 약물, 음주, 자살 사고와 같은 문제로 발전될 수 있다. 정신증적 망상, 기질적 이상 없이 지속되거나 과도한 약물 사용을 보일 수도 있다. 이러한 내담자에게는 입원 치료와 약물 치료, 심리 · 사회적 자원의 지원이 요구된다. 위기 개입과 장기적 치료 전략이 필요하며 동시에 내담자를 아픈 환자로서 낙인찍지 않는 것이 중요하다. 개인적 적응 실패, 가족 해체, 환경적인 격리, 실존적 위기와 같은 주제들이 지속적인 상담 과정에서 다루어져야 한다(조영아 · 유시은, 2007: pp. 56-72).

□6장 참고 문헌 □

윤인진(1999), 「탈북자의 남한 사회 적응 실태와 정착 지원의 새로운 접근」, 『한국 사회학』, 33.

노대균(2001), 「탈북자의 개인차 요인이 적응 및 정신 건강에 미치는 영향」, 중앙대 박사학위 논문.

한인영(2001), 「북한 이탈 주민의 우울 성향에 관한 연구」, 『정신 보건과 사회사업』, 11(6): pp. 78-94.

김현아·전명남(2003), 「MMPI에 나타난 북한 이탈 주민의 개인차 특성」, 『통일연구』, 7(2): pp. 129-160.

홍창영(2004), 『북한 이탈 주민의 외상 후 스트레스 장애에 대한 3년 추적 연구』, 연세대 석사 학위 논문.

엄태완(2005), 「남북 주민 통합을 위한 정신 건강 전략-남한 내 북한 이탈 주민, 저소득주민, 일반 주민의 비교를 통하여」, 『통일정책연구』, 14(1): pp. 297-324.

조영아·전우택·유정자·엄진섭(2005), 「북한 이탈 주민의 우울 예측 요인: 3년 추적 연구」. 『한국심리학회지: 상담 및 심리 치료』, 17(2): pp. 467-484.

김연희(2006), 「북한 이탈 주민의 정신 보건에 관한 연구」, 서울대학교 박사학위 논문.

정병호·전우택·정진경(2006), 『웰컴투 코리아 북조선 사람들의 남한살이』, pp. 516-528, 서울: 한양대학교 출판부.

김창오·김연희·안나영·유시은(2006), 『북한 이탈 주민을 위한 정신 건강 증진 프로그램 가이드북』, pp.180-182, 아름다운 생명.

유정자(2006), 「재중 북한 이탈 주민의 정신 건강에 대한 연구-보호기관 대상자를 중심으로」, 연세대 석사 학위 논문.

조영아·유시은(2007), 「북한 이탈 주민 정신 건강 전문가의 역할과 개입 전략」, 『통일정책연구』, 15(2): pp. 56-72.

한반도평화연구원(2008), 『탈북자 그 7년간의 삶들』, p. 67.

김현경·엄진섭·전우택(2008), 「북한 이탈 주민의 외상 경험 이후 심리적 성장」, 『한국 사회 복지연구회』, 39: pp. 29-56.

Beiser, M., Turner, R. J. & Ganesan, S.(1989). "Catastrophic stress and factors affecting its consequences among Southeast Asian refugees". Social Science and Medicine, 28: pp. 183-195.

Berry, J. W. & Kim, U.(1988), Acculturation and mental health, In P. Dasen, J. W. Berry & N. Sartorius(Eds.), "Cross-Cultural Psychology and Health", Towards Applications, pp. 207-236. London: Sage.

Chung, R. C., & Kagawa-Singer, M.(1993). "Predictors of psychological distress among Southeast Asian refugees". Social Science and Medicine, 36(5): pp. 631-639.

Hauff, E. & Vaglum, P.(1995). "Organized violence and the stress of exile: Predictors of mental Health in a community cohort of Vietnamese refugees three years after resettlement", British Journal of Psychiatry, 166: pp. 360-367.

Hermansson, A, C., Timpka, T. & Thyberg, M.(2002). "The mental health of war-wounded refugees; an 8-year follow-up", Journal of nervous and Mental Disease, 190(2): pp. 374-380.

Hinton, W. L., Tiet, Q., Tran, C. G. & Chesney, M.(1997). "Predictors of depression among refugees from Vietnam: A longitudinal study of new arrivals", The Journal of Nervous and Mental Disease, 185(1): pp. 39-45.

Hovey, J. D.(2000), Acculturative stress, depression, and suicidal ideation among Central American immigrants, Suicide & Life-Threatening Behavior, Summer2000, Vol. 30 Issue 2: pp.125-140.

Joseph D. Hovey & Cheryl A. King(1996), Acculturative Stress, Depression, and Suicidal Ideation among immigrant and Second-Generation Latino Adolescents, Journal of the American Academy of Child & Adolescent Psychiatry, Sep.96, Vol. 35(9): pp. 1183-1192

Kinzie , J. D., Boehnlein, J. K., Leung, P., Moore, L., Riley, C., & Smith, D.(1990), "The prevalence of posttraumatic stress disorder and its clinical significance among Southeast Asian refugees", *American Journal of Psychiatry*, 147(7): pp. 913-917.

Nicholson, Barbara L & Walters, Tali K(1997), "The Effects of Trauma on Acculturative Stress", *A Study of Cambodian Refugees, Journal of Multicultural Social Work*(Vol 6), 3/4: pp. 27-46.

Silove, D., Sinnerbrink, I., Field, A., Manicavasagar, V. & Steel, Z.(1997). Anxiety, "Depression and PTSD in Asylum-seekers: associations with pre-migration trauma and post-migration stressors", *The British Journal of Psychiatry,* 170(4): pp.351-357.

Steel, Z., Sllove, D., Phan, T. & Bauman, A.(2002). "Long term effect of psychological trauma on the mental health of Vietnamese refugees resettled in Australia", a population-based study. *The Lancet,* 360(5): pp. 1056-1062.

Sue S., S. Derald W., Sue L. & Takeuchi David T.(1995), "Psychopathology Among Asian Americans: A Model Minority?", *Cultural Diversity and Mental Health,* Vol. 1(1), pp.39-51.

Yoo, Sung-Kyung & Skovholt, Thomas M.(2001), "Cross-Cultrual Examination of Depression Expression and Help-Seeking Behavior", *A Comparative Study of American and Korean College Students, Journal of College Counseling,* Spring(Vol. 4): pp.10-19.

7 삶의 질과 정신 건강

　개인이 잘 적응하고 있는가 아닌가 하는 최종적 결과는 삶의 만족도, 생활수준, 주관적 행복도 등으로 나타낼 수 있다. 임상 의학에서는 치료 결과에 대한 최종 평가는 대개 삶의 질로 한다. 따라서 탈북자의 남한 사회 적응의 성공 정도를 최종적으로 삶의 질로서 평가할 수 있을 것이다. 또한 그들의 삶의 질과 관련된 요인을 연구함으로써 탈북자의 삶의 질을 개선하는 방안을 마련할 수 있을 것이다.

　삶의 질에 대한 정의는 여러 가지가 있을 수 있다. 대개 객관적 삶의 질과 주관적 삶의 질로 나눌 수 있다. 전자는 수입, 교육 수준, 철도망, 수명, 영아 사망률 등 객관적 사실, 주로 사회 경제 지표로서 표시한다. 주관적 삶의 질은 개인이 느끼는 만족도, 내지 행복도를 의미한다. 세계보건기구(WHO)에서는 삶의 질을 "개인의 삶의 목적, 기대, 기준 그리고 관심과 관련하여 개인이 살고 있는 문화와 가치 체계의 맥락에서 개인의 인생에서의 위치에 대한 개인적 지각" 이라고 정의하였고, 주관적인 성향을 강조하였다. WHO는 이를 바탕으로 전 세계적으로 문화 차이에 상관없이 사용할 수 있는 삶의 질 측정 도구인 WHOQOL를 개발했다(The WHOQOL Group 1994, 1998a). 그러나 이는 문항수가 100문항으로 큰 역학적 조사를 하기에는 문항이 너무 많다는 단점이 있어, WHO에서는 총 26문항의 간편형 WHOQOL-BREF를 개발했다(The WHOQOL Group 1998b). 이들은 모두 한국에서 표준화되었다(민성길 등, 2000a,b, 민성길 등, 2002). WHOQOL-BREF는 신체 건강 영역(physical health domain), 정신적 영역(psychological domain), 사회관계 영역(social relationship domain)과 환경 영역(environment domain) 등의 4개의 영역(domains)으로 구성되어 있으며, WHO 삶의 질 척도(WHOQOL) 표준형과 같은 넓은 범위와 높은 포괄성을 지니고 있고 신뢰도, 내적 일관성, 타당도에서 적절한 평가 도구라고 알려져 있다(정병호 외, 2006).

연구 결과 탈북자는 전반적으로 정신적 영역에서 삶의 질이 높고, 신체 건강 영역과 사회적 관계 영역 그리고, 교통수단, 의료 혜택과 등 환경 영역에서도 높았다. 그러나 수면과 휴식, 에너지와 피로, 긍정적 정서, 신체상과 외모, 물리적 환경 등에서는 다소 낮았고, 새로운 정보(교육)를 얻는 기회와, 여가 생활에서 삶의 질이 매우 낮았으며, 재정적 지원에서 가장 낮았다. 이러한 결과는 탈북자의 삶의 질을 높이기 위해서는 재정적 자원, 교육 및 여가 생활에 대한 지원 등이 필요함을 의미한다.

탈북자의 삶의 질과 연관된 요인을 살펴볼 때 탈북한 지 얼마나 오래되었는가 그리고 남한에 정착한지 얼마나 오래되었는가에 따라 삶의 질이 어떻게 변화되었을까 하는 문제는 흥미 있다. 그러나 본 연구 통계 결과 남한에 온지 오래되었을수록 삶의 질은 유의하지는 않으나 나빠지는 경향이 있었고 특히 정신적 영역에서 그러했다. 그러나 그 기간에 차이가 얼마 되지 않아 이 결과는 별 의미는 없다고 본다. 이후 기간 차이가 많은 경우에는 어떠한지 연구해 보아야 할 것이다. 현 시점에서 볼 때 탈북한 지 오래되었다고 단순히 삶의 질이 따라서 좋아지는 것은 아닌 것 같다. 거주 기간이 길어질수록 적응에 도움이 되기도 하겠지만, 적응상의 문제가 누적되기도 한 경우도 있을 수 있어 통계적으로 그 효과가 상쇄되기 때문으로 보인다.

성별에 있어, 2004년에도 여전히 여성 탈북자에서 삶의 질이 다소 낮았다. 이는 주로 신체 건강 영역에서 그러했으나(P=0.0542), 이는 2002년도 조사(민성길 등, 2003)에서와 같다. 여성들이 북한에 있을 때부터 신체적으로 취약하고, 고생도 많았기 때문으로 보인다. 또한 이는 북한에 있을 때부터 습득되어 아직도 그들의 의식 구조에 자리 잡고 있는, 그리고 남한 사회에서도 엄연히 존재하고 있는 남녀 차별 의식과 관련되고 있는 듯하다.

나이에 있어, 나이가 많을수록 신체 건강 영역, 정신적 영역 그리고 사회관계 영역에서 유의하게 삶의 질은 나빠졌다. 이는 2002년도 연구(민성길 등, 2003)에서 45세 미만 젊은 층에서 신체적 통증과 불편이 적었고 신체 건강 영역에서의 삶의 질도 높았다는 사실과 일치한다. 이는 나이가 많을수록 신체적으로나 정신적으로 그리고 새로운 사회관계(인간관계)에 적응하는 능력이 감퇴되기 때문이 아닌가 한다. Kohr(1993)는 젊은 세대들이 기성세대보다 변화에 대한 적응력이 높고 개방적이라고 했다. 이와 같이 한국에서도 탈북 청소년들은 청소년 특유의 호기심으로 새로운 사회에 대해 탄력성 있게 잘 적응할 것이라고 했다. 또한 젊은 탈북자들이 자신들의 국적이나 신분에 대한 생각에서 자신을 남한 사람, 북한 사람을 초월하여 그냥 한국인이라는 새로운 자아상을 만들어 가려는 노력이 보인다는 보고가 있었다. 이런 모든 측면에서 젊은이들이 삶의 질이 높을 것임을 예상할 수 있다. 나이 든 사람들의 삶의 질이 나쁘다는 것은 이 연령층의 탈북자들에게 세심한 배려가 필요함을 시사한다(정병호 외, 2006).

북한에 있었을 때의 학력, 직업, 군 복무 경험, 그리고 노동당 당원이었던 경력 등은 현재 남한에서의 삶의 질에는 아무런 유의한 영향을 미치지 않았다. 이는 2002년도 연구(민성길 등, 2003)에서와 같다. 이러한 사실은 남한 사회가 북한 사회와는 완전히 다른 사회 체계와 가치관을 가지고 있기 때문에 과거 그런 경력은 실제로 아무 쓸모가 없기 때문으로 보인다. 과거에는 북한에 있을 때 신분이 높았던 사람이 남한에 와서도 잘산다는 견해가 있었다. 그러나 그것은 그들이 갖고 있던 정보에 대해 남한 정부가 더 나은 보상을 제공하고 남한에서의 생활을 더 확실하게 보장을 해주었기 때문으로 보인다. 그러나 최근에는 탈북자가 많아지면서 그러한 보상은 웬만한 신분이 아니면 주어지지 않기 때문에 전반적으로 평준화되고 있어, 과거 지위가 현재 적응에 별다른 도움이 되고 있지 못하기 때문으로 보인다. 이제 그들은 남한 사회에서 과거 신분과는 상관없이 꼭 같이 노력해야 하는 것이다. 북한에 있을 때 받은 교육 기간도 남한 사회에서의 삶의 질에 유의한 영향을 끼치지 못하고 있다. 아마도 북한에서 높은 교육을 받았다 해도 그 지식이나 기술이 웬만해서는 남한 사회에서의 생활이나 적응에 도움이 되지 못했을 수가 있고, 어차피 같은 출발점에서 노력해야 하기 때문이 아닌가 한다(정병호 외, 2006).

결혼에 있어 북한에 있을 때, 미혼이었던 경우가 결혼했던 경우보다 삶의 질이 높았다. 기혼자의 경우 삶의 질이 나쁜 것은 아마도 가족을 두고 혼자 탈북한 사람들의 불행한 사람을 반영하는 것 같다.

배우자와 같이 탈북한 경우 또는 남한 사회에서 결혼 또는 동거하여 같이 살고 있는 경우는 독신의 경우보다 전반적 삶의 질이 높았다. 이는 결혼이라는 안정된 생활 조건 때문인데, 이는 결국 직업이 있거나 수입이 확보된 사람이나 정서적으로 안정된 사람에서 또한 결혼도 가능하다는 사실과 관련될 것이다. 이러한 사실은 2002년도 연구(민성길 등, 2003)에서도 미혼인 경우에서 삶의 질 총점과 몇 가지 하부 척도에서 유의하게 높은 점수를 보였다는 사실과는 상반된다. 그 차이에 대한 설명으로는, 과거에는 미혼의 경우가 젊고 자유롭기 때문으로 보았으나, 이제 가족과 함께 탈북한 경우도 많아지고 그 사이 남한에서의 정착이 안정화되고 안정적 결혼 생활도 늘어나고 있기 때문이 아닌가 한다. 이제는 탈북자에게도 혼자 사는 것보다 결혼하여 사는 것이 좋은 상태가 된 것이다. 이혼한 사람의 삶의 질이 나쁘게 나온 것은 앞서 말한 사실들과 종합할 때, 가정생활이 삶의 질에 중요하다는 사실을 보여 준다(정병호 외, 2006).

이번 연구에서 배우자 이외에 다른 가족들과 같이 있을 때 삶의 질이 나빴던 것은 언뜻 이해하기 어렵다. 일반적으로 결혼은 탈북자의 일차적인 심리적 고립감을 해결하고 정신적 안정을 높이는 기능이 있다고 하며, 가족이 모두 같이 탈북한 경우 경제적으로나 심리적으로 빨리 안정을 찾는 경향이 있다고 한다. 또한 다른 연구(전우택, 2000)에서도 남한에 가족을 데리고 들어온 탈북자들이 남한 귀순에 대한 만족도가 높았고, 그렇지 못한 경우에 남겨진 가족에 대한 죄책감과 관련된 심리적 적응의 어려움을 호소한다고 했다. 본 연구의 이러한 상반된 결과는 혼자 사는 삶의 자유로움이나 가족이 있음으로 인한 부담 때문이거나 가족이 많은 만큼 갈등도 많을 수 있다는 것 때문일 수도 있겠다. 이는 남한 내 불법 신분 조선족 노동자들도 가족이 같이 있는 경우 독신자보다 정신 건강과 삶의 질이 나빴다는 사

실과 유사하다(이경매 등, 2004). 하지만 탈북자가 가족에 대한 죄책
감으로 인해서는 남한에서의 적응에 직접적인 문제를 보이지 않는
다고 했고(민성길·전우택, 1996), 통일이 되면 가족들에게 경제적
으로 보상하기 위해 열심히 일하고 돈을 벌게 하는 측면이 있어, 오
히려 남한 사회에 적응하고 심리적 방향을 적게 하는 긍정적인 역할
도 한다는 주장도 있다(전우택, 2000). 이러한 복잡한 관계는 가족 관
계에 대한 더 자세한 연구와 전문적 상담 지원이 필요함을 시사한다
(정병호 외, 2006).

　남한에서의 교육 경험도 삶의 질과 유의한 상관관계가 없었다. 그
러한 교육이 실생활의 삶의 질에 도움이 되려면 시간이 필요할 것이
다. 이와 관련하여 본 연구에서 새로운 정보와 기술을 습득할 수 있
는 기회에 대한 평가는 매우 나빠졌다. 그들은 최근 집중적으로 받고
있는 컴퓨터, 운전, 취업 등의 교육 기회에 대한 불만이 많다는 것은
무슨 의미일까· 그것은 그들의 원하는 개인화된 교육이나 다른 기
술을 습득하기를 바라기 때문인 것 같다. 이는 수요 조사를 통해 필
요한 교육을 실시해야 함을 시사한다.

　경제 상태는 탈북자의 적응과 삶의 질 연구에 주요 관심사이다.
2002년도 연구(민성길 등, 2003)에서는 사회 경제적 상태가 중간 정
도인 군이 하위 정도의 군보다 삶의 질 점수가 높았다. 이번 연구에
서도 그러나 직업은 삶의 질과 대체로 정적 상관관계가 있으나, 단지
신체 건강 영역에서만 통계적으로 유의했다. 또한 월 수입액은 총점
과 신체 건강 영역과 환경 영역의 삶의 질과 유의한 상관관계가 있었
으나, 한편 정신적 영역과 사회관계 영역에서는 다른 영역에서와 같
이 유의하지 않았다는 것은 시사하는 바가 있다. 즉, 탈북자들에게는
돈을 정신 사회적 행복과는 크게 관련시키지 않는다는 사실을 시사
하는 것이다.

따라서 금전적·물질적 지원에 대해서도 삶의 질에 큰 영향이 없었다. 이런 일시적 지원은 그들의 적응에 더 이상 도움이 되지 않았음을 의미한다. 오히려 흥미 있게도, 유의하지는 않으나, 정기적인 금전적 도움은 사회관계 영역에서의 삶의 질에는 오히려 부정적이었다. 이러한 금전적·물질적 지원은 대인 관계를 악화시킬 수 있는바, 이는 이미 보호 경찰관과의 관계에서도 입증된 바 있다(전우택 외, 2001). 그들은 일시적 지원보다, 삶의 질 문항에도 기술되어 있듯이 '실질적·사회적'(금전적이 아닌) 지원(practical social support)을 원한다고 보아야 할 것이다(정병호 외, 2006).

종교가 있는 탈북자가 많았다. 신념에 관련된 삶의 질도 2002년 연구(민성길 등, 2003) 때보다 이번 연구에서 더욱 높아지고 있다. 그러나 종교가 있을 때는 없을 때보다 삶의 질이 높기는 하나, 단지 overall QOL에서만 통계적으로 유의했다. 즉, 신앙생활은 전반적으로 긍정적이나 세세한 항목별 삶의 질과는 큰 상관이 없다는 의미일 것이다. 또한 종교 경험이 삶에 도움이 된다는 생각을 하는 사람에서는 정신적 삶의 질만이 유의하게 높다. 이는 종교 특히 기독교가 탈북자의 삶의 질에 어느 정도 긍정적 역할을 하고 있음을 시사한다. 탈북자들은 북한에서의 경험 때문에 종교에 대한 이해가 부족하고 따라서 신앙이나 개인적 신념에 대한 개념이 없었다. 그러나 그들은 탈북 과정에서 다수 종교인들의 도움을 받았고 또한 남한 사회에서도 탈북자 지원에 종교인들이 열성적이기 때문에, 그들의 자연히 남한 사회에 정착하면서 종교 기관과 많은 관련을 맺는다. 그러다 보니 일부 새로운 종교적 경험에 매료되어 진실된 종교 생활에 귀의한 사람이 많다. 그러나 소위 도움을 받았던 의리를 지키기 위해 종교 행사에 출석하는 경우가 많았다. 심지어 종교에서 말하는 신이나 예배, 헌금, 헌신 등은 마치 북한에 있을 때 경험한 개인숭배 사상과 유사하다 하여 싫어하는 경우도 많았다. 남한 사회 정착 초기에는 신앙생활을 열심히 하더라도 그 신앙이 성숙해 지기 쉽지 않았을 것이며, 점차 종교 기관 출석도 소홀히 되기 쉬울 것으로 추측된다. 또한 초기에는 종교 기관의 지원도 활발하였으나, 점차 종교인들의 관심도 점차 줄어들고, 종교 관계 자원 봉사자들도 열성이 식어질 수 있다. 이러한 상황에서 종교 생활이 주관적 삶의 질에 유의한 영향을 미치지 못할 뿐 아니라 그 영향도 줄어들 것이라는 사실은 이해할 만하다. 그러나 흥미 있게도 overall QOL은 종교가 있을 때 유의하게 높았고, 또한 종교 경험이 정신적 영역의 삶의 질과 유의한 관계가 아직 있음을 볼 때, 종교 내지 신앙 생활이 탈북자의 삶의 질에 영향을 미칠 잠재력은 매우 크다고 본다(정병호 외, 2006).

건강 문제 역시 삶의 질과 직접 관련이 있다. 2002년도 연구(민성길 등, 2003)에서는, 모순되게도 질병이 있는 탈북자가 오히려 없는 경우보다 일부 가정환경과 물리적 환경에서 더 만족감을 나타냈다. 이는 아마도 초기에는 남한이 북한보다 상대적으로 사회적 편의시설과 의료 복지 서비스, 주거 환경이 양호하기 때문에 초창기에는 질병이 있는 탈북자들에게서 주관적 만족감이 더 컸을 가능성이 있다고 판단되었다. 그러나 2004년도 본 연구에서 질병이 많을수록, 신체 건강 영역과, 정신적 영역에 삶의 질이 나빴는데 이는 자연스러운 결과이다. 이제는 탈북자들도 건강이 나쁠 때 얻을 수 있는 혜택이 건강 상태가 주는 혜택보다 낮지 않다는 사실을 알게 된 것이 아닐까. 음주, 흡연은 삶의 질과 유의한 상관관계가 없었다. 낮은 삶의 질이 우울증과 PTSD가 있음과 유의하게 상관관계가 있음은 당연하다. 이러한 정서적 고통 상태는 전문적 치료 과정을 통해 하루빨리 해소되어야 할 것이다. 이러한 결과는 탈북자의 삶의 질의 개선을 위해서는 그들에게 신체 건강 서비스, 특히 우울증과 PTSD에 대한 정신 건강 서비스가 증대되어야 할 필요가 있음을 시사한다(정병호 외, 2006).

분석 결과 탈북자들의 삶의 질의 결정에는 신체 건강 영역의 삶의 질이 가장 중요한 직접적 영향을 미치는 것을 보여 주고 있다. 다음으로 역시 직접 영향을 미치는 것은 정신적 영역의 삶의 질이다. 사회관계 영역의 삶의 질은 신체 건강 영역과 정신적 영역과의 상호 작용을 통해 전반적 삶의 질에 영향을 미친다. 환경 영역은 정신적 영역에 영향을 미침으로 역시 간접적으로 전반적 삶의 질에 영향을 미친다. 이러한 결과가 시사하는 바는 전반적 삶의 질을 증진시키기 위해서는 신체 건강을 증진시키는 것이 가장 효과적일 것이라는 것을 알 수 있다. 신체 건강을 통해 원만한 가정생활(성생활 포함), 일할 수 있는 능력, 직장 생활, 경제 활동, 대인 관계 등을 유지할 수 있을 것이고, 자존심, 신체상, 긍정적 정서, 생각할 수 있는 능력 등도 증진될 수 있을 것이다.

또한 정신적 영역의 삶의 질도 직접 전반적 삶의 질에 영향을 미치지만, 또한 신체 건강에 도움이 됨으로써도 전반적 삶의 질의 증진에도 영향을 미친다. 정신적 영역에서 삶의 질 증진에 도움이 될 방법은 아마도 북한에 있었을 때 경험하지 못했던 부분 특히 긍정적 정서의 함양을 위한 지원과 종교 생활 내지 신앙생활을 경험할 수 있도록 도움을 주는 것이다.

환경 영역에서의 삶의 질이 직접 삶의 질에 영향을 준다기보다, 단지 정신적 영역의 삶의 질에 영향을 미침에 의지하여 간접적으로 전체 삶의 질에 영향을 미친다는 것은 시사 하는바가 크다. 즉, 최소한 탈북자의 경우 안전하고 풍요한 생활 자체보다, 즉 돈이나 여가보다 정신적 만족이 우선적이라는 것이다. 그들이 남한 사회에서 상대적으로 가난하더라도, 남한 사회가 제공하는 정신적 · 정서적 · 사회적 만족이 있고 그리고 신체 건강을 위한 의료 서비스와 새로운 정보와 기술을 습득할 수 있는 기회 등이 확실히 보장된다면, 그들의 삶의 질은 전반적으로 높게 나타날 것이며, 이는 본 연구 결과에서도 잘 나타나고 있다. 달리 표현하면, 그들에게 교육의 기회를 주어 직업을 가지고 일할 수 있게 하고, 신체적으로 건강을 유지하도록 해 준다면, 그들의 삶의 질은 남한 사람보다 오히려 훨씬 높게 나타날 것임을 본 연구는 예측케 하고 있다.

이러한 탈북자의 삶의 질은 탈북자들이 북한에 있을 때와 비교해서 매우 높아진 것이다. 1999년 113명의 탈북자가 남한 사회에 나오기 전 아직 하나원에서 교육을 받고 있을 때, 이전 북한에 살고 있었을 때의 삶의 질을 기억에 의존하여 후향적으로 평가한 연구가 있었다(민성길, 2000). 그 결과는 총점 2.93이었다. 이때 흥미 있는 소견은 북한 사람들의 자존심, 신체상과 외모 그리고 부정적 정서(나쁜 감정이 적었다는 의미), 대인 관계 등 항목에서는 사람의 질 점수가 상대적으로 높았고, 반면 긍정적 정서(기쁜 정서가 없었다는 의미), 종교성·영성·신념, 그리고 환경 영역에서의 모든 항목에서 매우 낮았다는 것이다. 이와 같이 북한에 있었을 때 긍정적 정서, 영성, 그리고 환경 영역 등에서 삶의 질이 나빴다는 점은 이해가 되나 자존심, 신체상과 외모, 대인 관계 등의 주관적 삶의 질이 높았던 것은 특이했다. 그들이 북한에 있을 때, 외부 세계를 잘 모르는 폐쇄적 상태에서 주관적으로 느꼈던 바를 평가한 결과로 생각해야 할 것이다. 특히 비교할 외부 세계를 모르는 상태에서, 사회주의 사회의 우울성과 전체주의 국가의 민족적 우월성에 대한 선전과 교육에 의해 만들어진 고정된 사고방식에 의해 그러한 평가가 나왔을 것으로 생각된다.

탈북한 후 남한 사회에서의 이들 삶의 질은 북한에 있을 때보다는 물론 시간이 지남에 따라 점차 높아지기 시작했다. 엄밀한 의미에서 비교 대상은 아니지만, 2002년도 탈북자 43명을 대상으로 남한에서 살고 있을 때의 삶의 질을 평가하게 한바(민성길 등, 2003), 총점 3.19 이었다. 이번 2004년도 연구에서는 총점 3.28로 더욱 호전되고 있다. 이제 그 호전 상태는 표준화 연구에서 제시된 남한 사람들의 총점 3.27이라는 수준과 유사하다. 즉 대체로 탈북자들의 남한 사회 적응 문제는 그동안의 남한 정부나 사회의 노력으로 점차 개선괴고 있는 것 같다.

영역별로 탈북 전과 탈북 후 (2002년과 2004년도 연구) 사이의 변화 추이를 보면, 모든 영역에서 점진적 호전을 보이고 있다. 차이가 있다면 신체 건강 영역에서는 탈북 후 다소 낮아졌다가 최근 아주 호전했으며(그러나 여전히 남한 사람들보다는 못했음), 사회관계 영역에서는 탈북 전과 탈북 후 2002년도 간에는 별 차이가 없었으나, 2004년도에 아주 호전했고(오히려 남한 사람들보다 삶의 질이 높았음), 환경 영역에서는 탈북 후 호전했으나 이후 더 이상 호전은 없어 별 변동을 보이지 않았다(남한 사람들과 유사).

세부적으로는 신체 통증, 수면과 휴식, 약물 의존도, 일할 수 있는 능력 등은 탈북 후 2002년도에는 다소 낮아졌다가 2004년도에는 호전했다. 에너지와 피로감, 돌아다니는 능력 그리고 일상생활 능력 등은 탈북 후 지속적으로 호전했다. 이러한 전반적 호전은 아마도 최근의 의료 혜택의 확대와 영양 상태의 호전에 따라 신체 건강이 좋아지고 있기 때문일 것이다. 그러나 신체 건강 영역에서의 삶의 질은 여전히 남한 사람들 보다는 낮은 것 같다.

정신적 영역에서는 긍정적 정서와 사고 능력 등은 탈북 전에는 낮았는데, 탈북 후 점차 높아졌다(오히려 남한 사람들보다 높은 편이었다). 부정적 정서는 북한에서는 거의 느끼지 않고 살았던 것 같으나, 남한에 와서 초기에 나빠졌다가 점차 호전하고 있었으며, 역시 남한 사람들보다 나았다. 정서에 관련된 이러한 복잡한 상황은, 탈북에 따라 정신적 만족감도 크지만 동시에 낯선 남한 생활에 대한 초기의 정신적 갈등도 크기 때문이라고 예상할 수 있겠다. 종교성·영성·개인적 신념 항목에서도 탈북 전에는 매우 낮았으나 탈북 후 매우 높아진 항목인데 남한 사람들과 유사했다. 이는 탈북자들이 민주주의 의식이 높아지고 종교에 귀의하고 또한 종교 단체의 도움을 많이 받고 있는 상황과 관련되는 것 같다. 자존심과 신체상 및 외모는 북한에 있을 때에도 높은 편이었는데 남한에 와서 더 높아졌으며 남한 사람들보다도 높았다. 사회관계 영역에서는 개인적 관계는 북한에 있을 때 좋았는데 남한에 와서는 일단 나빠졌다가 점차 호전되고 있으며 오히려 남한 사람들 보다 나은 편이었다. 실제적 사회적 지원과 성관계에서는 북한에 있을 때는 나빴으나 탈북 후 남한에서 호전되고 있다. 특히 성관계에서는 탈북자의 만족도가 높은 편이었다. 이는 북한에서의 통제된 삶에서 자유스러운 삶으로 옮겨온 결과 나타나는 자연스러운 현상으로 보인다. 탈북 후 초기에 개인적 인간관계에 대한 만족도가 낮았던 것은 이전의 연구(전우택 등, 1997; 전우택, 2000)에서 탈북자들이 남한 사회에서 대부분 외로움을 호소하고 있었으며 탈북자들은 남한 사람들이 개인주의적이고 이기적인 모습이 가장 큰 충격이었다고 말하고 있고 대인 관계를 맺기가 힘들었다고 한 바와 관련되는 것 같다. 또 다른 연구(윤인진, 1999)에서는 탈북자들이 적응하는 과정에서 남한이 약자를 배려하지 않는 이기적인 사회로 인식한다고 했다. 탈북자들이 이렇게 느끼는 데에는 북한의 일상이 공동생활로 이루어져 있고 집단을 단위로 하는 생활 습관이 있기 때문이라고 할 수 있다(민성길·전우택, 1995). 실제로 현재 남한 사회 내에 탈북자들을 위한 사회적 지지 체계가 부족하고 사람들이 아직 탈북자를 우리 사회의 구성원이라기보다는 호기심의 대상으로 보는 경향이 있었다. 이와 관련하여 탈북자들이 직장이나 사회생활에 있어 보수나 진급을 중요시하지만 무엇보다 더 나은 인간관계를 원하고 인간관계에 더 많은 가치를 부여한다는 조사(윤덕룡·강태규, 1997)가 있었다. 따라서 일부이기는 하지만 탈북자 중에는 북한에서의 생활을 그리워하는 경향도 볼 수 있었다. 그러나 이번 2004년도 연구 결과는 이러한 상황도 호전되고 있음을 시사한다. 즉, 이제는 과거와 달리 남한 사람들의 탈북자에 대한 이해가 증대되고, 또한 같은 사회 내에서 산다는 것이 일상화됨에 따라 탈북자들도 자연스럽게 남한 사회와 남한 사람들과 어울려 가고 있는 것으로 생각된다. 탈북자는 이제 남한 사람에게 과거 초창기와 달리 특이한 존재가 아닌 것이다.

환경 영역은 생태학적 환경, 사회적 환경, 문화적 환경 등으로 구성되는 객관적이고 중요한 삶의 조건들로서 삶의 질에 영향을 미친다고 한다. 연구 결과 환경 영역의 삶의 질은 탈북자들은 모든 항목에서 북한에 있을 때 나빴으나 안전, 가정생활, 의료 복지 서비스나 교통체제가 경제 붕괴와 더불어 그 기본 골격이 흔들리고 그 질적 수준이 크게 낙후되어 있다고 평가되는 것과 관련이 있어 보인다. 따라서 남한 사회의 정치 사회적 안전과 풍요한 물리적 환경에서 남한 사람들보다 탈북자들의 주관적 만족도가 오히려 높은 편이었다.

그러나 재정적 자원, 정보를 얻을 수 있는 기회(교육), 여가 생활에서 과거 2002년도 조사(민성길 등, 2003)에서와 같이 여전히 삶의 질이 낮았다. 이는 그들 자신의 소득이 낮다는 사실 이외에도 자본주의 사회의 소득의 불균형이라는 특성과 상대적 빈곤감이 반영된 것으로 판단된다. 즉, 탈북자들이 실제적인 경제적 어려움과 함께 자본주의 사회에 편입하면서 경제적 열등감과 함께 돈을 벌어야 한다는 강박관념을 가진다는 사실과 관련된다(전우택, 2000). 이전의 다른 조사(전우택 2001; 윤덕룡·강태규, 1997)에서도 탈북자들이 남한에서 경제적인 어려움을 가장 많이 호소하고 있어, 통일 후에도 경제적 문제가 가장 해결하기 어려운 문제가 될 것이라고 한 바 있다. 우리와 유사한 체제 분단을 가졌던 독일의 경우에도 통일 이후 실제로 존재하는 경제적인 수입 차이와 무능력의 경험은 동독인에게 이등 시민이라는 느낌과 집단적인 콤플렉스를 가져왔다고 한다(Kohr, 1993).

최근 탈북자들에서 경제적 곤란이 지속되는 이유는, 탈북자 예우에 대한 법 개정으로 인해 초기 정착금이 감소하는 등 기초 자산이 적고, 직업 기술이 부족하여 직장이 안정적이지 못하고, 소득이 낮기 때문이며, 한편으로는 자본주의 사회에 대한 이해 부족으로 초기 정착금을 잘 관리하지 못했기 때문이라고도 한다(윤덕룡·강태규, 1997).

이제는 탈북자들은 남한 생활 경험과 교육을 통해 남한 사회의 경제적 체제를 이해하고, 현실 사회에 대한 이해가 커져가고 있다. 이제는 탈북자들도 남한에 빈부의 격자가 존재하고 의식의 발전에 의해 이에 대한 상대적 빈곤감으로 인한 고통을 느끼는 수준에 도달하고 있을 것이다. 북한의 절대적인 빈곤에 비해 상대적으로 훨씬 풍부한 현재의 생활에 만족하고 전체적으로는 남한 경제에 대해 긍정적인 평가를 내리고 있고 남한 사람들이 부지런해서 북한보다 잘 산다는 평가를 내리고 있다 하더라도(윤덕룡·강태규, 1997), 상대적으로 가난한 삶 때문에 삶의 질은 여전히 높게 평가될 수 없을 것이다. 한편 남한의 자본주의 체제에 적응하는데 대한 부담감이나 상대적 박탈감 등은 정신적 적응의 어려움의 원인이 될 수도 있겠으나, 한편으로는 탈북자가 남한 사회에 오히려 강하게 적응하는 동기가 될 수도 있는 것 같다(정병호 외, 2006).

한편 새로운 정보나 기술을 습득할 수 있는 기회에 관한 만족도는 전보다 더욱 악화되었다. 이는 탈북자들끼리 제한된 범위의 정보 교환을 하거나 외부로부터 정보를 체계적으로 구하는 데 문제점이 있다는 보고(전우택 및 민성길, 1996)에 비추어 이해될 만하다. 이제는 그들이 남한 사회에서 살아가기 위한 실제적인 교육을 원하고 있는 것이 아닌가 한다. 현재 진행되고 있는 각종 교육 프로그램에 대한 전면적인 검토가 필요하다(정병호 외, 2006).

종합적으로 이제 많은 탈북자들은 일상생활과 가정생활을 활발히 하면서 높은 자존심과 개인적 신념의 생활을 이어 가고 있고, 안전한 사회에서 의료 혜택과 교통수단 그리고 물리적 환경에 대해 만족해하며 그리고 사회관계에서도 비교적 만족하며 지내는 있는 것 같다. 특히 긍정적 정서, 사고 능력, 개인적 관계, 성생활, 안전, 물리적 환경 등에서는 남한 사람들 보다 주관적 삶의 질이 오히려 더 높기도 하다. 단지 아직도 재정적 자원, 정보를 얻을 수 있는 기회, 여가 생활 등에서는 주관적 삶의 질이 매우 낮은 것으로 나타나고 있다. 즉 아직도 경제적으로 어렵고, 필요한 교육을 받지 못하고 있는 것에 관한 불만이 크다는 의미라고 해석된다(정병호 외, 2006).

북한 이탈 주민의 삶의 질에 대한 질적 연구 결과에 의하면(이은현 외, 2005), '적응', '심신의 조화', '의식 구조 차이로 인한 갈등', '사회적 상호 작용의 어려움', '사회적 지지', '노력하는 삶', 그리고 '미래의 삶에 대한 희망' 이라는 총 7개의 범주로 개념화하고 있다.

북한 이탈 주민은 남한의 정치, 경제, 사회, 문화 전반에 걸쳐 새롭게 다시 적응해야 하는 과제를 안고 있다. 즉, 재사회화 과정을 겪어야 한다. 그리고 이들의 삶의 질에서 또 다른 필수적 요소는 '희망'이다. 적응과 심신의 조화 속에서 북한 이탈 주민은 미래의 삶에 대한 희망을 추구하고 있었다. 재사회화와 희망이라는 두 가지 요소로 북한 이탈 주민의 삶의 질에 대한 의미를 구성해 본다면, '성공적인 재사회화를 통한 희망적 미래 추구하기'가 핵심 범주라고 할 수 있다.

따라서 북한 이탈 주민의 삶의 질의 의미는 사회적 상호 작용이 원활하고 사회적 지지를 받고 있음을 인지하며, 개인적으로 노력하는 삶을 통해 재사회화 과정을 촉진시켜 희망적 미래를 추구하는 것이다.

<표 7-1> 북한 이탈 주민의 삶의 질에 대한 질적 연구 결과

범주	하위 범주	개념
적응	언어 적응	외래어와 한자 사용의 어려움 말투의 차이로 인한 스트레스 낙인
	심리적 적응	정신적 압박감 자신감 부족 정체성 혼란 가족에 대한 죄책감과 그리움 실망감
	물리적 적응	자연 환경 변화 육체적으로 힘든 생활
심신의 조화	심리적 조화	불안 우울 분노 쫓기는 마음
	신체적 조화	두통과 집중력 저하 전신 통증 불면 소화 불량 기운과 에너지 부족(피로) 연속되는 감기 관절 통증
의식 구조 차이로 인한 갈등		집단 위주의 폐쇄적 사고방식 강한 자존심 이분법적 사고 공격적 태도
사회적 상호 작용의 어려움		불안정한 직업 인맥 없음 사회생활에 필요한 교육 내용이 충족되지 않음 수용적이지 않은 남한 사람들의 태도
사회적 지지	관계적 지지	가족의 지지 타인의 지지
	제도적 지지	의료 서비스에 대한 접근성 요구 의료 보호 지속 요구 기초 생활 보장 지원금 제도 개선 요구 교육 기회 확대에 대한 요구 사회 적응을 위한 기본 교육 강화 요구

범주	하위 범주	개념
노력하는 삶		적극적 태도 수용적 태도 긍정적 태도 자기 중심 잡기 자아 존중 대인 관계 넓히기 보람된 활동 추구하기 지식과 기술 배우기
미래의 삶에 대한 희망		희망이 있는 삶 안정된 삶 용화된 삶

□ 7장 참고 문헌 □

Kohr H-U(1993), 「Psychological problems in german unification」, 『한국심리학회 1993년 학술 대회』.

민성길 · 전우택(1996), 『사람의 통일: 정신 의학적 접근, 통일사회로 가는 길』 서울: 도서출판 오름, pp. 72-110.

윤덕룡 · 강태규(1997), 「탈북자의 실업과 빈부격차에 의한 갈등 및 대책: 탈북자들의 경제문 제에 관한 설문조사 결과를 중심으로」, 『통일연구』, pp. 1:169-220.

윤인진(1999), 「탈북자의 남한 사회 적응실태와 정착 지원의 새로운 접근」, 『한국 사회학』, 33: pp. 511-551.

민성길(2000), 「북한 사람들의 삶의 질」, 『통일연구』, 4: pp. 5-19.

전우택 · 윤덕룡 · 민성길(2001), 「보호 경찰관들의 탈북자 지원 경험 분석」, 『신경 정신 의 학』, 40: pp. 203-216.

민성길 · 진용탁 · 손상원 · 김동기(2003), 「탈북자의 남한에서의 삶의 질」, 『사회 정신 의학』, 8: pp. 28-38.

이경매 · 민성길 · 오희철(2004), 「한국 거주 불법신분 조선족들의 정신 건강 및 삶의 질에 대 한 연구」, 『신경 정신 의학』, 43: pp. 209-228.

이은현 · 문성미(2005), 『국내거주 북한 이탈 주민 삶의 질』, http://cafe.naver.com/ArticleRead

전우택(2000), 『사람의 통일의 위하여』, 서울: 도서출판 오름.

정병호 · 전우택 · 정진경(2006), 『웰컴투 코리아 북조선사람들의 남한살이』, 한양대학교 출 판부, pp. 492-515.

8 생애 주기별 정신 건강

인간은 전 생애를 통하여 신체 및 심리적으로 성장하고 발달한다. 인간의 성장과 발달이라는 것이 종래에는 아동기와 청소년기의 상승적 변화만을 지칭하였으나, 현재는 출생에서 사망에 이르기까지 전 생애로 확대된 변화를 포함하고 있다. 모든 인간은 생애 주기별 발달 단계에서 달성해야 할 과업이 있으며, 이는 이후의 생애 과정에 영향을 미치게 된다. 즉 각 단계에서 요구되는 발달 과업을 적절히 수행하지 못할 경우에는 신체적 · 사회적 · 심리적 및 정신적인 성장과 발달에 어려움을 겪을 수 있다.

이주 난민들은 특정한 단계에서 비정상적인 발달 과정을 경험할 가능성이 높다. 이주 난민들의 이러한 상황은 정신 건강의 위기와 재적응의 어려움을 가져오는 요인이 될 수 있다. 특히 이주 난민들의 생애 주기별 발달 과정에서 경험하는 혼란은 새로운 문화에 적응해야 하는 것이다. 기존의 발달 과정에서 학습하거나 체득하지 못한 새로운 문화적 과업은 심리·정신적 위기를 불러일으킬 수 있다. 이주 난민들은 보편적인 발달 과업을 수행해야 하는 동시에 새로운 문화 속에서 이전의 발달을 수정하거나 전면적으로 재구축해야 하는 상황도 만나게 된다. 이러한 모든 과정에서 이주 난민들은 정신 건강에 어려움을 겪을 수 있다.

1. 영유아기의 정신 건강

문화 적응 과정에서 아동, 청소년, 성인, 노인 등 생애 주기별로 다양한 대처와 문제를 나타내게 된다. 따라서 이주 난민들을 위한 정신 건강 개입은 이러한 시기별 특성을 이해하고 실시해야 한다. 영유아기 이주 난민의 경우에는 신체적·심리적인 발달이 역동적으로 이루어지는 시기이므로 새로운 사회 문화적 환경이 부정적으로 작용하지 않도록 세심한 배려가 필요하다.

이 시기의 이주 난민 정신 건강에서 중요한 것은 어머니와의 애착 관계 형성이다. 애착이란 부모 또는 자신을 돌보는 양육자에게 느끼는 강한 감정적 유대 관계로서, 수유과정과 편안한 보살핌을 통해 아이와 어머니의 기본적인 신뢰감이 형성된다(이성태, 2007). 이주 난민들의 경우에, 탈출 과정 또는 난민촌에서는 어머니의 생존조차도 보장받지 못하면서 아이와 관계해야 한다. 또한 이들은 정착 초기에 사회 경제적으로 어려운 시기에 자녀를 양육해야 한다. 이러한 상황에서는 어머니와 떨어져 있는 시간이 많아지고 생활 또는 적응 스트레스로 인하여 어머니의 양육이 방임되고 애착이 원만하게 형성되지 못하여 정서적인 문제나 신체 발육의 지연이 나타날 수 있다.

심각한 경우에는 분리 불안이 표출되거나 부모와의 접촉을 회피하는 경우도 발생한다. 생후 1년이 지나면서 사회성이 발달하기 시작하여 자아의식이 발달하며 어머니로부터 독립하고자 하는 시기로 반항적 성격이 나타나며 자기주장이 강해진다(정옥분, 2007). 이렇게 아이가 자신의 욕구를 충족시키기 위해서 시간과 장소를 가리지 않고 떼를 쓰는 시기에 부모는 안정되게 보살펴 주어야 한다. 그러나 이러한 욕구 좌절을 자연스럽게 충족시켜줄 수 있는 부모의 상황이 되지 않게 된다면 애착 형성에 문제를 가지게 된다. 이주 난민들이 재정착하기까지의 탈출 과정이 장기간이었다면 영아기 아이들을 위한 애착 증진 프로그램과 부모 교육 프로그램을 실시하여 영아기에 발생할 수 있는 정신 건강 문제를 예방하도록 해야 할 것이다.

한편 영아기 이주 난민은 이동과정이나 불안정한 상황에서 뇌 손상을 일으킬 수 있는 물리적 타격, 감염, 영양 부족 등으로 중추에 손상을 입을 수 있다. 특히 태아기와 생후 1, 2년 사이에는 뇌신경계가 급성장하는 시기이므로 뇌 손상을 입기 쉽다. 뇌 손상으로 인한 정신지체의 문제가 이주 난민들의 경우에 다른 사람들보다 많으며 다른 중복 장애를 동반하기도 한다. 영아기의 또 다른 문제들은 분노 발작과 식욕부진이 있다. 분노 발작의 경우에 기질적 원인인지 환경적 원인에 기인하는지를 사정하여 조기 개입을 하는 것이 필요하다. 식욕부진의 경우에는 필요한 칼로리의 부족, 부모의 정서적 문제 등으로 발생하는 경우가 많으므로 이주 난민 부모 교육과 일상적 생활을 가능하게 하는 물질적 원조도 중요하다.

2. 아동 · 청소년기의 정신 건강

1) 이주 난민 아동의 정신 건강

이주 난민 아동의 정신 건강 문제는 영유아기의 발달의 연장선상에서 나타나게 되지만 문화와 언어가 다른 환경에서 생활하는 어려움으로 발생하는 경우도 흔하다. 여기서는 이주 난민 아동기에 나타날 수 있는 주요 정신 건강의 문제를 살펴보기로 한다.

(1) 정신 지체

정신 지체는 지적 기능과 적응 기능의 두 차원에서 심한 한계를 동반하는 증상으로 18세 이전에 발병해야 한다. 지적 기능의 특성은 지능 70 이하에 속하는 지적 기능 보유이다(신경 정신과학, 1997). 그러나 이주 난민의 경우에는 검사 수행에 제한을 가할 수 있는 사회 문화적 배경, 모국어, 의사소통의 결함 등을 고려하여 결과를 해석하여야 한다.

적응 기능의 특성으로는 다음 영역 중 최소 두 영역에서 적응 기능의 심한 한계를 보여야 한다. 그 영역에는 의사소통, 자기 돌봄, 가정 생활, 사회적 기술이나 대인 관계 기술, 지역 사회 자원 이용, 자기 관리, 기능적 학업 기술, 일, 여가, 건강, 안전이 속한다. 적응 기능의 경우에도 이주 난민들의 경우에는 사회 문화, 경제적인 배경을 고려하여 파악해야 한다. 부수적 증상으로 주의력 결핍, 과잉 행동 장애, 기분 장애, 발달 장애, 운동 장애 등을 보이기도 한다.

원인에 대해서는 중추 신경 계통의 기능에 영향을 미치는 다양한 병리적 과정이 있다고 알려져 있다. 생물학적 요인이 원인일 수도 있고, 심리 · 사회적 요인이 원인일 수도 있으며, 이 둘의 혼합일 수도 있다(민성길, 2006). 이주 난민들의 경우에는 유전적 요인이 아니라 임신 기간 중의 문제(영양실조, 미성숙, 저산소증, 바이러스 감염, 기타 감염, 외상 등), 영유아기 또는 아동기 때 있었던 감염, 외상과 영양실조, 사회적 자극 결핍, 언어적 자극 결핍 및 기타 자극 결핍에 의해서 나타날 수 있다.

(2) 자폐성 장애

자폐성 장애는 사회적 상호 작용과 의사소통 기술에 있어 심각하고 상동증적 행동과 관심을 나타낸다. 진단을 위해서는 다음 세 개 영역에서 현저한 비정상적 발달을 보여야 한다(신경 정신 의학, 2005; 양옥경, 2006).

첫째, 사회적 상호 작용 영역에서는 눈 마주치기, 얼굴 표정, 몸자세, 몸짓 등 비언어적 행동 장애를 보여야 하며, 친구 관계 발달의 실패가 있어야 하고, 다른 사람과 기쁨, 관심, 성공 등을 나누지 못하며, 따라서 감정의 상호 교류가 결여되어 다른 사람에 대한 인식의 현저한 손상을 보이는 상태여야 한다.

둘째, 의사소통 장애 영역에서는 언어 및 비언어 의사소통 모두에서 장애가 나타난다. 구두 언어 발달 지연이 보여야 되며, 대화를 시작하고 지속하는 능력에 장애가 초래되어야 하고, 반복적 언어 및 괴상한 언어를 사용하여야 하며, 가상 놀이나 사회 모방 놀이를 하는 것이 결여되어 기계적인 방식으로 행동하는 상태여야 한다.

셋째, 사회 행동 장애 영역에서는 비정상적 강도와 초점을 가진 제한적 관심에 집착하거나, 특이하고 비효율적인 의식에 고집스레 매달리거나, 반복적 매너리즘을 보이거나, 물질 및 대상의 부분에 지속적으로 몰두하는 상태여야 한다.

그러나 이 경우에도 이주 난민들이 익숙하지 않은 사회 문화적 환경에 의해서 나타나는 일시적인 현상인지를 판단해야 한다. 의학적 진단은 항상 열린 자세로 새로운 사실이 발견된다면 언제든지 수정할 수 있다는 사실을 알아야 한다. 이주 난민 아동의 자폐성 장애를 한 번의 사정과 진단으로 영구화해서는 안 된다.

(3) 주의력 결핍 및 과잉 행동 장애

주의력 결핍 및 과잉 행동 장애는 사회적·학업적·작업적 기능에 심한 장애를 초래하는 것으로 7세 이전에 증상을 보여야 한다. 일반적으로 초등학교 때 진단하지만 사회 문화적 차이가 다를 수 있음을 염두에 두어야 한다. 이주 난민의 경우에는 원문화가 아동에게 어떻게 작용하고 있는지를 파악하고 진단을 내려야 한다. 이 장애는 부주의, 과잉 행동, 충동성의 세 개 차원에서 증상을 보인다(민성길, 2006; 신경 정신과학, 1997).

첫째, 부주의 증상에서는 학업이나 작업에서의 부주의한 실수, 지속적 주의 집중의 어려움, 다른 사람의 말을 경청하지 않음, 지시 완수 및 임무수행 못함, 과업이 체계화되지 못함, 지속적 노력이 필요한 과업 회피, 반항 또는 저항이 일어날 수 있으나 이는 주의력 장애에 따른 이차적 증상이다. 대화에 전념하지 못함, 산만해짐, 약속 잊기, 활동에 필요한 물건 분실 등 일상적 활동을 망각한다. 무질서하고 신중하지 못하다. 귀 기울여 듣지 않기 때문에 경기나 활동에서 규칙이나 세부 사항을 따르지 않는 양상으로 표현될 수 있다.

둘째, 과잉 행동 증상으로는 가만히 있지 못하고 계속 움직임, 앉아 있도록 요구되는 상황에서 자리를 떠남, 부적절하게 뛰어다니거나 기어오름, 조용히 놀지 못함, 끊임없이 활동함, 지나치게 수다스러움 등이 주증상이다.

셋째, 충동성 증상은 질문이 채 끝나기도 전에 성급히 대답하거나, 차례를 기다리지 못하고 도움을 기다리지 못하며, 다른 사람의 활동을 방해하거나 간섭하는 등의 행동을 한다. 물건을 뒤집어엎는다든지, 다른 사람과 부딪친다든지 등 사고를 일으키며, 예상할 수 없는 위험한 행동을 한다. 부수 증상으로는 쉽게 좌절하기, 분노, 폭발, 완고함, 불안정한 기분, 사기저하, 불쾌감, 따돌림, 낮은 자존심, 낮은 지능, 낮은 성적, 낮은 직업 성취 등을 들 수 있다.

(4) 기타 정신 건강 문제

① 학교 공포증

이주 난민 아동뿐만 아니라 초등학교 어린이들에게 흔히 나타나는 문제이다. 이는 아동이 학교에 가지 않고 집에 있거나 다른 곳으로 도피하는 상태이다. 본인은 학교에 가지 않으면 안 됨을 인지하고 있으면서도 가지 못하는 일종의 강박 상태에 빠져 있는 것이다. 학교를 거절하는 이유는 여러 가지가 있지만, 이주 난민의 경우에는 학습 장애, 왕따, 격리 불안 등이 원인으로 작용할 수 있다. 신경증이나 인격 장애의 형태로 파악하여 개입하는 것도 필요하지만 학교 환경의 차원에서도 살펴보는 것이 더욱 중요하다. 학교 공포증은 복통, 두통 등의 신체적 증상이 동반될 수 있으며, 교사에 대한 불평과 불만, 학업에 대한 염증, 교통수단의 불편, 또래의 조롱 등을 지속적으로 호소할 수 있다.

② 적응 장애

아동의 적응 장애는 주로 가정에서 일어나는 여러 가지 문제에 직접적으로 영향을 받게 된다. 특히 부모의 불화, 이혼, 가족의 죽음, 이주 등의 문제들로 명백한 정신적·사회적 스트레스를 받고, 이런 환경적 변화가 일어난 지 수개월 안에 아동이 정서상 혹은 행동상의 장애를 보일 때 적응 장애라고 한다. 그 증상으로 가장 흔한 것은 우울, 불안 등의 정서적 증상이나 일시적 과잉 운동 중 공격성의 증가, 파괴성 증가 등의 행동 장애이다(신경 정신 의학, 2005). 두통, 복통 등의 정신 신체적 증상을 동반하는 경우가 많다. 이주 난민 아동의 경우에는 이주 과정과 난민촌에서의 고통스러운 삶과 가족의 죽음, 부모 이혼 등을 경험할 수 있기 때문에 정착 과정에서 적응 장애를 일으킬 가능성이 높다. 이러한 경우에 현재 행동에만 관심을 보일 것이 아니라 과거 아동이 경험했던 다양한 상황들에 대한 이해가 선행되어야 할 것이다.

③ 정동 장애

이주 난민 아동들은 일시적으로 있을 수 있는 정서의 불안이나 공포 외에도 일부에서는 성인의 신경증적 장애와 같이 불안이나 공포, 강박, 우울을 나타낼 수 있다. 이주 난민 아동의 경우에는 사랑하는 사람을 상실하였을 경우에 공포, 불안, 우울의 문제를 가질 가능성이 높다. 또한 부모 중 한 명이상이 우울증을 가질 경우에 아동도 우울을 경험할 가능성이 높아진다. 아동기의 우울은 성인의 경우처럼 명백한 우울이나 무망, 죄악감의 심리적 증상들과 식욕부진, 체중 감소, 수면 장애 등 명확한 생리 정신적 증상들보다는 과잉 운동이라든지 파괴성, 공격성 그리고 신체적 증상 혹은 비행, 성적의 저하, 교우 관계의 악화 등으로 나타난다. 이를 은폐된 우울이라고도 하는데 진정한 우울이라고 할 수 있는지는 논란이 있다.

2) 이주 난민 청소년의 정신 건강

청소년기는 사춘기에 시작하여 성인기의 시작과 함께 끝이 나는 아동기와 성인기 사이의 과도기에 해당한다. 청소년기는 신체적 변화 적응 문제, 부모와의 갈등, 심리적 독립 문제, 자아 주체성의 확립 문제, 친구관계 및 또래 집단 문제, 이성 등의 문제들이 나타날 수 있다. 이러한 문제들은 적응 장애, 불안 장애, 우울 장애 등 정신 건강의 문제를 야기할 수 있다. 이주 난민 청소년들의 경우에는 이러한 청소년기의 특징적 발달 과제와 함께 사회 문화적인 환경의 급격한 변화도 경험하게 된다. 물론 청소년기에 다른 문화권에 이주한 경우와 이주 난민 2세대로서 청소년기를 경험하는가는 차원이 다를 수 있다. 그러나 두 경우 모두 이주 난민 청소년들은 적응의 문제와 자기 정체감 형성에서 어려움을 겪으며 정신 건강상의 문제를 보이기도 한다. 이주 난민 청소년들의 경우에는 알코올 및 약물 남용, 품행 장애, 자살, 기타 정신 장애(외상 후 스트레스 장애, 우울, 불안, 정신 분열병 등)의 정신 건강 문제에 노출될 수 있다.

(1) 알코올 및 약물 남용

청소년기의 알코올 및 약물 남용의 원인은 충분히 밝혀지지는 않았으나, 개인적 · 가정적 · 학교 또는 또래 집단, 사회 환경적인 요인들이 복합적으로 작용하고 있다. 따라서 이주 난민 청소년의 약물 남용의 원인도 구체적으로 밝혀지고 있지 않으며, 정착지의 사회 문화 적응과 관련이 높은 것으로 알려져 있다(Szapocnik and Fernandez,

1980). 또한 가족 구성원 중에서 우울, 알코올 남용 등의 정신 건강상 문제가 있을 경우에 청소년들은 분노, 공포, 외로움, 우울, 불안과 같은 정서적 어려움이 알코올과 약물을 남용하게 만드는 중요한 위험 요인이 된다. 이주 난민 청소년들이 또래 집단에 소속감을 가지지 못할 경우에도 지지 집단과의 관계를 형성할 목적으로 알코올 및 약물을 사용하기도 한다.

청소년기의 알코올 및 약물 남용은 한번 사용하기 시작하면 자꾸 사용하고 싶은 충동을 느끼고(의존성), 사용할 때마다 양을 늘리지 않으면 효과가 없으며(내성), 사용을 중지하면 온몸이 견디기 힘든 이상을 일으키며(금단), 개인에게 한정되지 않고 사회에도 해를 끼치는 물질을 의학적 상식, 법규, 사회적 관심으로부터 일탈하여 쾌락을 추구하기 위하여 약물을 사용하거나 과잉으로 사용하는 행위를 말한다(나동석 외, 2008). 따라서 이주 난민 청소년들의 알코올 및 약물 남용은 가정, 학교, 지역 사회에서 적응에 심각한 문제를 일으키게 되는 요인이 되는 것이다. 또한 약물 의존으로 진행될 경우에는 중단하는 것이 어려우며 전 생애에 영향을 미치게 된다.

(2) 행동 장애

행동 장애(conduct disorder)는 18세 이전에 보이는 반사회적 행동으로 자신보다는 다른 사람이 더 고통스러워하는 것이다. 기본적인 양상은 공격적으로 약자를 괴롭히고, 신체적 공격, 어른들에게 폭언과 반항적, 적대적 행동을 한다. 또한 학교에 결석하고 성적 비행, 흡연, 알코올 등 물질 남용이 일찍 시작되며, 약자를 심하게 괴롭히고, 어른의 인내심을 시험하는 듯한 행동을 해서 화나게 만든다(나동석 외, 2008). 다른 행동 장애 문제를 가진 사람과 마찬가지로 이주 난민 청소년의 경우에도 사회적 애착 관계를 형성하지 못하여 학교에서 친구가 없고, 고독하게 지낼 수 있다. 겉으로 강하고 거친 듯하나 열등감이 많고 자신의 행동에 대한 죄책감이나 후회가 거의 없고 문제를 남의 탓으로 돌리는 경우가 많다. 행동 장애의 원인은 생물학적 요인도 크게 작용한다고 알려져 있으나 심리·사회적 요인도 복합적으로 작용하는 것으로 보고되고 있다. 이주 난민 청소년의 경우에는 이주 과정의 문제와 정착 과정에서의 가정환경 등도 원인으로 세심하게 고려하여야 할 것이다.

(3) 자살

자살과 관련된 문제들은 청소년의 정신 건강은 물론이고 그들 가족 전체에게도 심각한 영향을 미친다는 점에서 중요하다. 자살은 전 연령층에서 질병에 의한 원인을 제외하고 가장 높은 사망 원인이 되고 있다. 청소년의 경우에도 사망 원인 가운데 상위를 차지하고 있는 것으로 나타나서 심각한 사회 문제로 인식되고 있다. 청소년 자살은 폭력, 정학, 퇴학, 물질 남용, 중독, 성적 학대, 불안, 두려움, 외로움, 부끄러움, 우울과 같은 외현화되거나 내재화된 행동문제들 중에 가장 치명적인 사건이라고 할 수 있다(이경진·조성호, 2004).

이주 난민 청소년의 경우에도 문화 적응 스트레스, 자기 정체감에 대한 혼란, 미래에 대한 불확실성, 새로운 사회에서의 성공 가능성에 대한 회의가 일반적으로 성장하는 과정에서 겪는 어려움으로 자살이라는 단어를 떠올릴 수 있다. 또한 자살이 모든 문제의 해결책으로 간주되거나 자살 시도 방법이 치명적이라면 심각성은 증대된다(김태련 외, 2004; Kaplan and Sadock, 1998).

(4) 기타 정신 장애

이주 과정에서 외상적 사건을 경험할 수 있는 난민 청소년의 경우에는 특히 외상 후 스트레스 장애의 징후들을 살펴보아야 한다. 전반적인 불안 증상과 더불어 그 당시 사건이 자꾸 떠오르고, 악몽을 꾸게 되며 자극을 피하고 사건을 기억나게 하는 활동을 피하며, 멍하게 행동한다. 또한 부모나 기타 사랑하는 사람을 상실하였을 경우에는 상실에 대한 반응과 감정을 밖으로 분출하지 못하고 자신에게 극단적으로 향해질 때는 우울증이 발생할 수 있다.

우울증에 걸린 청소년은 학업에 대한 집중 곤란, 흥미 상실로 인해 성적이 떨어지며 심한 경우 학업을 포기하고 등교 거부를 하는 등 전반적 사회생활에 대한 위축과 의욕 상실을 보인다. 매사에 부정적이고 반항적이 되어 가족과 잦은 마찰을 빚게 되고, 심한 경우는 가출을 해서 알코올 등의 약물 남용과 비행을 저지르기도 한다. 매사에 즐거움을 못 느끼고 의욕 상실, 무력감, 절망감을 경험하며, 행동이 느려지고 수면 장애, 식욕 장애를 보이며 체중의 감소가 있다. 죄책감, 허무, 처벌에 대한 망상이나 환각을 경험하기도 한다(민성길, 2006).

또한 청소년기 후반에 정신 분열병이 초발되는 시기이므로 망상, 환각, 혼란된 언어와 행동을 보인다면 전문가와 상담이 필요하다. 이주 난민 청소년들이 외상과 심각한 스트레스를 경험하였다고 모두 정신 분열병과 같은 심각한 정신적 문제를 가지는 것은 아니다. 그러나 취약성을 가진 청소년이 극단적 스트레스를 경험한다면 발병 가능성은 높아질 수 있다. 따라서 이주 난민 청소년들 중에서 정신적 고통을 호소하는 경우에는 다양한 차원에서 개입이 이루어져야 할 것이다.

3. 성인 · 노년기의 정신 건강

이주는 자의든지 타의적이든지 간에 대부분의 사람들에게 환경적 · 문화적 원인에 의하여 정신 건강의 문제를 초래할 수 있다. 새로운 국가 또는 민족으로의 이주는 익숙한 환경으로부터 예측 불가능한 환경으로의 갑작스런 이동에 의한 혼란과 모국의 상실 및 개인적 정체성 위협으로 인한 슬픔이다(Ticho, 1971). 이주 난민들은 희망의 상실, 빈곤, 가족 책임의 부담감, 취약 계층으로 전락, 외상적 경험, 자살 사고와 행동, 알코올 및 약물의 사용, 문화의 상실 등으로 어려움을 겪을 수 있다(Bemark, et al., 2003). 이주 난민 성인과 노인들에게 가장 빈번한 정신 건강의 문제는 외상 후 스트레스 장애, 우울, 알코올 중독 그리고 노년기와 관련 있는 문제들이라고 할 수 있다. 이주 난민들의 물리적, 문화적 환경의 변화와 스트레스는 정신 건강에 취약성을 가진 사람들에게는 더욱 치명적 문제를 일으킬 수 있다.

1) 외상 후 스트레스 장애

이주 난민 중에서 심한 정신적 외상을 갖고 사는 사람들은 가장 흔한 양상으로 자신의 정서 상태를 깨닫거나 표현하지 못하는 상태인 감정 표현 불능증(alexithymia)을 가질 수 있다. 만약 정신적 외상이 어린 시절에 있었다면 그 결과로 정서 발달의 마비가 오게 되지만, 성인기에 있었다면 정서적 퇴행이 나타난다(민성길, 2006; 신경 정신의학, 2005). 이렇게 되면 외상의 생존자들은 내적 정서적 상황을 신호로 사용하지 못하고 정신 신체 증상을 경험하게 된다. 또한 스트레스에 적합하게 자신들을 적응시키지 못한다.

(1) 임상 양상

외상 후 스트레스 장애의 주된 임상 양상은 사건의 고통스러운 재경험 회피와 정서적 마비 양상 그리고 어느 정도 지속되는 과민 반응이다. 사건 발생 후 몇 달 내지 몇 년이 지나도 안 나타날 수 있다. 정신 의학적 검사상 죄책감, 거부감 및 굴욕감의 느낌을 표현하거나 해리상태나 공황발작을 묘사하기도 한다. 특징적 양상은 정신적 무감각, 외상의 재경험, 증가된 자율계 각성이 나타나고, 외상은 반복되는 고통스럽고, 강제적인 회상, 백일몽, 악몽에서 재경험된다. 정신적 무감각이나 감정적 마비도 외부 세계에 대한 감소된 반응, 다른 사람들과 분리되어진다는 느낌, 일상 활동에서 흥미의 상실, 친근감 · 동정심 · 성적인 흥미 같은 감정을 느낄 수 없는 양상으로 나타난다. 과도한 자동적 각성의 증상은 과도한 행동과 흥분성, 과장된 놀람 반응, 주의 집중의 곤란, 수면 이상 등을 포함한다(신경 정신 의학, 2005).

(2) 경과

외상 후 스트레스 장애는 외상 후 어느 정도 시일이 지난 후 나타난다. 짧게는 1주일에서 길게는 30년까지도 발병이 지연될 수 있다. 증상은 시간에 따라 변동되며, 스트레스를 받을 때 가장 강하게 나타난다. 약 30%가 완전 회복되고 40%가 경한 증상이 지속되며, 20%가 중증의 증상을 갖고 있고 10%가 변하지 않거나 더욱 악화된다(민성길, 2006). 좋은 예후는 증상의 급작스러운 발현, 증상 기간이 6개월 이하로 짧거나 병전에 기능이 좋거나 안전한 사회 보장 제도, 다른 정신적 · 의학적 또는 물질 남용과 관련 장애가 없을 때 예견할 수 있다. 경과는 3단계로 나누어 볼 수 있다(민성길, 2006; 신경 정신과학, 1997).

1단계는 외상에 대한 반응과 관련된다. 민감하지 않는 사람은 외상 후 즉시 증상의 교감성 반응의 분출을 경험하나 그것이 오래 계속되지는 않는다. 소질을 가진 사람은 기저에 높은 수준의 불안을 가지고 있고 외상에 과대하게 반응하며 외상이 연이을 것이란 것에 강박적으로 집착한다. 만약 증상이 4~6주간 지속되면 환자는 2단계 또는 급성 외상 후 스트레스 장애에 들어간다. 절망감과 조절 불능, 자율 신경 계통의 증가된 각성, 외상의 회상, 신체 증상 등이 일어난다. 모든 것이 외상을 중심으로 재배치되며 생활 방식과 인격 및 사회 기능에 뒤따른 변화가 일어난다. 공포적 회피, 경악 반응, 분노, 폭발 등이 나타난다. 3단계에서는 무기력, 타락, 의기소침을 동반한 만성적인 장애가 발달한다. 이 시기에는 약물 남용, 가족 관계의 장애, 실업은 물론 신체 증상, 만성적 불안, 우울이 흔한 동반 장애이다.

이주 난민의 외상적 사건은 사회 보장 제도의 접근 용이성에 따라 발병, 증상의 정도 그리고 이 장애의 기간이 영향 받을 수 있다. 일반적으로 사회 보장 제도가 잘 정립된 사회에서는 이 장애가 잘 안 생기거나, 또는 발생하더라도 심한 경로를 밟지는 않는다. 따라서 외상적 사건을 경험한 이주 난민들의 경우에 사회 보장 제도의 접근성을 높이는 전략이 필요하다.

(3) 개입

외상 후 스트레스 장애는 불안 장애의 한 형태이며 개입 방법도 유사하다. 그래서 외상 후 스트레스 장애에 대한 가장 효과적 개입은 심리 치료적인 방법이다. 불안 장애에 대한 개입과 마찬가지로 외상 후 스트레스 장애에 대한 효과적 개입은 불안유발상황을 노출하는 것이다. 부가적으로 외상 후 스트레스 장애에 효과적인 개입 방법은 외상과 관련된 기억과 감정에 초점을 맞추고, 낙인과 비난을 피하게 하고, 외상 반응에 관한 정보를 제공하고, 불안을 관리하는 것과 같은 개인 내부적 자원들과 직업, 가족, 사회적 지지와 같은 외부 자원을 강화하고, 개선할 수 있다는 희망을 유지하는 것 등이다(Vonk and Yegidis, 1998).

외상 후 스트레스 장애 치료의 기본적인 목표는 증상을 경감하고, 더욱 만족스러운 생활을 가능케 하며, 클라이언트가 그들의 상황을 더 잘 이해할 수 있게 돕고, 더 폭넓은 사회적 지지 체계를 구축하게 하는 것이다. 이주 난민의 외상 경험 이후에 신속한 개입은 만성적인 외상 후 스트레스 증상을 예방할 수 있다. 따라서 이주 직전에 예방 개입의 프로그램이 중요하며, 이는 사회적 지지의 확대, 외상 디브리핑, 스트레스 감소 훈련 등이 될 수 있다(Keane, et al., 1992). 이주 난민들의 외상 후 스트레스 장애에 개입하는 치료자는 그들이 이야기하는 공포스럽고 비인간적인 문제에 대한 역전이(countertrans-ference)에도 유의해야 한다. 이주 난민들의 이야기에 지나치게 압도되어 그들을 영웅시 하거나, 지나친 집중으로 인하여 치료자가 외상 후 스트레스 증상을 경험할 수도 있다. 따라서 치료자들이 적절히 대처할 수 있는 방법을 인식하고 강구해야만 한다.

2) 우울

우울증이란 가장 흔한 정신 장애 중 하나로 사람이 살아가면서 일상의 삶에 대하여 흥미를 느끼지 못하고 절망하는, 즉 사는 맛을 알지 못하게 되는 문제이다. 실제로 적어도 성인 10명 중 1명은 일생 동안 한 번 이상 우울증을 경험한다고 하며, 어떤 연구에 의하면 일생 동안에 우울증에 걸릴 확률이 30%에 달한다고 한다(신경 정신과학, 1997). 우울증의 원인은 아직 충분히 밝혀지지 않았지만, 이주 난민과 같이 생활에서 스트레스 경험이 높은 경우에 발병률이 높은 것으로 알려져 있다.

(1) 임상 양상

우울증의 기본 증상은 우울 기분과 흥미나 즐거움의 상실이지만 정신 상태의 검사에서 정신 운동 지연이 가장 흔히 나타나며, 외견상 구부정한 자세로 스스로 움직이지 않고, 눈을 밑으로 깔고, 시선을 피하는 특징을 갖는다(민성길, 2006; 신경 정신 의학, 2005).

· 정서 장애: 우울증을 가진 사람은 우울 기분을 기본 증상으로 상당히 오랜 기간 지속되고 일상생활 전반에 걸쳐 영향을 준다. 그러므로 이들은 우울하다, 희망이 없다, 기운이 없다, 또는 무가치하다고 느끼고, 정신적 고통을 받는다고 표현하며, 때로는 울음조차도 나오지 않는다고 호소한다. 또한 대부분 불안을 경험하는데 이것은 두려움, 공포, 위험에 대한 내적 고통이다. 이런 불안은 발한, 심계 항진, 빈맥, 속이 거북함 같은 자율 신경 계통 증상을 나타낸다.

· 사고 장애: 우울증을 가진 사람의 사고는 자신이나 세상에 대한 부정적 견해를 갖는다. 가벼운 우울증일 경우 상실, 죄책감, 자살이나 죽음에 대한 계속적인 생각을 한다. 그러나 좀 더 심한 경우 건강 염려증, 신체 망상뿐만 아니라 빈곤 망상, 허무 망상, 죄책 망상 또는 피해망상까지 나타날 수 있다.

· 욕동 및 행동 장애: 흥미나 즐거움의 상실뿐 아니라 생활 전반에 걸쳐 의욕 상실을 나타내면서, 이전에 흥미를 가졌던 활동이나 가족, 친구들과의 관계를 멀리할 뿐만 아니라 에너지 저하로 하던 업무를 끝내 마치지 못하고, 학교 생활이나 직장 생활을 제대로 못하며 새로운 일을 시작조차 하지 못한다. 또한 자살 생각이나 자살 시도를 하기도 한다. 우울증이 심할 경우에는 충동적이거나 폭력적 방법으로 자살을 행동할 동기나 기력이 없다. 따라서 우울증이 회복되기 시작함에 따라 자살을 시도하고 계획하는 데 필요한 에너지를 다시 얻으므로 자살 위험도가 증가한다.

· 지각 장애: 심각한 중증 우울증을 제외하고는 환각이 나타나지는 않는다. 주로 착각에 의한 판단 착오가 발생하게 된다.

· 신체 증상: 우울 기분에 수반하여 흔히 나타나는 신체 증상들 중 하나가 수면 장애로 환자의 80%에서 호소한다. 그 양상으로는 새벽에 일찍 깨고, 밤 동안에 자주 깨며, 이러한 문제들에 대하여 밤새도록 골똘히 생각한다. 대부분 식욕이나 체중 감소가 나타나지만 비정상적으로 식욕, 체중, 수면이 증가하는 경우가 나타나기도 한다. 그 외 월경 불순이나 성욕 감퇴가 나타나 남자의 경우 흔히 성불능이 된다. 다른 신체 증상들은 두통, 요통, 근육통, 오심, 구토, 변비, 호흡 곤란, 과호흡, 흉통 등을 호소한다.

(3) 경과

우울증은 발병 전에 뚜렷한 우울 증상이 나타난다고 한다. 그러므로 초기 우울 증상을 조기에 발견하여 치료하는 것이 중요하다. 정신

병(psychosis)적 우울은 약물 치료가 필요하고 그렇지 않은 경우에는 상담으로 상당한 효과를 거둘 수 있다. 우울증의 좋은 예후를 예측할 수 있는 심리·사회적 요인들은 청소년기에 신뢰할 수 있는 친구 관계, 안정된 가족 기능, 발병 전 5년간 안정된 사회적 기능 등이며, 그 외 동반된 정신 장애, 인격 장애 등이 없고, 한번 이상 입원하지 않았거나 나이가 들어 발병한 경우이다.

(4) 개입

이주 난민의 심각한 정신병적 우울증은 약물 치료가 동반되어야 하며, 지지적 상담은 기본적으로 효과를 보일 수 있다. 이주 난민의 우울은 이주 스트레스를 개인적 탄력성(resiliency)과 일차적 예방 노력이 효과적으로 대처하지 못할 때 발생한다. 이러한 우울증은 일반적으로 신체화 경향을 보이는 경우가 많다. 이주 난민의 우울증에 대한 가장 효과적인 개입 방법은 일반인에게 효과가 입증된 인지 행동 개입이다. 부가적으로 우울증에는 대인 관계 개입이 효과적으로 알려져 있다. 인지 행동 개입과 대인 관계 개입은 개인과 집단 모두 가능하다(Dulmus and Wodarski, 1998).

인지 행동 개입이 효과적이기 위해서는 문화적·언어적 문제가 해결되어야 가능하다. 이주 난민의 우울증에 대한 인지 행동개입은 표적 증상의 설정, 적극적·지시적, 구체화, 정신 신체적인 전체주의 관점, 문화적인 중립, 개인적 욕구에 대처, 통찰 중심 개입보다 언어적 어려움이 적다는 등의 유용성이 있다. 대인 관계에 문제를 가지는 단계는 ①슬픔, ②가족, 친구 또는 동료들과의 대인 관계 갈등, ③역할 변화 ④외로움, 사회적 고립과 같은 대인 관계 결함의 과정을 거친다(Egli et al. 1991).

이주 난민들에 관하여 대인 관계 개입을 통한 연구는 거의 없지만 위에서 열거한 네 가지 범위의 과정을 잘 이해하고 활용할 때는 유용한 개입 방법이라고 할 수 있다.

3) 알코올 중독

이주 난민의 알코올 중독도 심각하게 고려되어야 할 정신 건강의 문제이다. DSM에서는 알코올 관련 장애를 알코올 사용 장애(alcohol use disorder)와 알코올 유발성 장애(alcohol induced disorder)로 구분하고 있다. 알코올 사용 장애는 알코올 의존과 알코올 남용으로 구분된다. 알코올 섭취량, 빈도, 그리고 양식에서 국가와 문화권마다 뚜렷한 차이를 보인다. 미국 성인 중 약 90% 정도가 일생에 한 번은 알코올을 사용한 경험이 있으며, 약 50%가 일생에 한 번은 알코올을 남용하고, 약 8%는 알코올 의존을 경험한다고 한다(신경 정신과학, 1997). 아시아 문화권에서는 알코올 관련 장애의 전체 유병률이 비교적 낮고, 여성에 비해 남성의 비율이 높다. 일반적으로 낮은 교육 수준, 실직, 낮은 사회 경제적 상태는 알코올 관련 장애와 연관이 있는 것으로 알려져 있다. 이주 난민들의 경우에도 사회 문화적인 영향으로 인하여 알코올을 포함한 물질 남용과 의존이 심각한 것으로 알려져 있다.

(1) 알코올 사용 장애

알코올 사용 장애는 알코올 남용(alcohol abuse)과 알코올 의존(alcohol dependence)으로 구분하고 있다(민성길, 2006; 신경 정신과학, 1997; 양옥경, 2006).

① 알코올 남용

건강에 장해를 일으킬 정도의 복용 양상으로서, 신체적 또는 정신적인 것일 수도 있다. 알코올 남용에 대한 DSM-IV의 진단 지침은 임상적으로 중요한 장애나 고통을 일으킬 수 있는 부적응적인 알코올 사용 양상을 보이며, 지난 12개월 내에 다음의 4개 항목 중 1개 이상이 나타나고 알코올 의존의 진단 지침에 해당되지 않아야 한다.

첫째, 반복해서 알코올을 사용한 결과로 직장, 학교 및 가정에서의 중요한 역할이나 의무를 수행하지 못한다. 즉, 알코올 사용과 관련되어 반복 결근을 하거나 작업 성적이 좋지 못하다. 학생들은 알코올 사용과 연관되어 결석 · 정학 · 퇴학을 당할 수도 있고, 중독으로 인해 자녀를 돌보지 않고 집안일을 등한시 할 수도 있다. 둘째, 신체적으로 해를 주는 상황에서 반복해서 알코올을 사용한다. 즉, 알코올 사용으로 인해 장애를 일으킨 상황에서 자동차 운전을 하거나 기계 조작을 한다. 셋째, 반복해서 알코올 사용과 연관된 법적 문제를 야기한다. 즉, 알코올 사용과 연관된 탈선된 행동을 해서 체포된 경험이 있다. 넷째, 알코올의 효과로 인해 사회적 또는 대인 관계적 문제들이 지속적으로 반복적으로 야기되거나 악화됨에도 불구하고 계속 알코올을 사용하여 중독된 결과로 인해 배우자와 다투거나 신체적으로 싸움을 한다.

② 알코올 의존

음주가 그 어떤 행동보다도 높은 가치를 지닌 사람에서 보여 주는 일련의 생리적 · 행태적 · 인지적 현상으로서 알코올을 복용하고 싶은 강력하고 압도적인 욕구가 특징이다. 알코올 의존에 대한 DSM-IV의 진단 지침은 임상적으로 중요한 장애나 고통을 일으킬 수 있는 부적응적인 알코올 사용 양상을 보여 주고, 지나간 12개월 내에 다음

7개 항목 중 3개 이상 보여줄 경우이다.

첫째, 내성이 있다(내성은 중독이나 원하는 효과를 얻기 위해서 아주 많은 양의 알코올이 요구되거나 동일 용량의 알코올을 계속 사용할 경우에 그 효과가 현저히 감소하는 것을 말한다). 둘째, 금단 증세가 있으며, 알코올이 금단 증세를 완화시키거나 피할 수 있게 해 준다. 셋째, 원래 의도했던 것보다 알코올을 대량 사용하거나 또는 장기간 사용한다. 넷째, 알코올 사용을 중단하거나 조절하려고 계속 노력하지만 뜻대로 안 된다. 다섯째, 알코올을 구하기 위하여 많은 시간을 보낸다. 여러 의사를 찾게 되고 알코올을 구하려 장거리 운전을 하고, 음주를 위해 알코올의 효과를 다시 얻기 위해서 많은 시간을 보낸다. 여섯째, 알코올의 사용 때문에 중요한 사회적 · 직업적 및 여가 활동을 포기하거나 감소한다. 일곱째, 알코올 사용으로 인해 지속적 및 반복적으로 육체적 · 정신적인 문제가 생기거나 악화된다는 사실을 알면서도 계속 음주를 한다.

(2) 알코올로 유발된 장애

알코올로 유발된 장애는 다음과 같이 구분하고 있다(나동석 외, 2008; 민성길, 2006; 신경 정신 의학, 2005; 양옥경, 2006).

① 급성 알코올 중독
알코올 음주로 인해 의식 수준이나, 인지 능력, 지각, 정동 및 행태 또는 기타 정신 생리적 기능 및 반응의 장애를 초래하는 일시적 상태를 급성 중독이라고 한다.

② 알코올 금단 상태

알코올을 반복적으로 장기간 고용량으로 복용한 후에 완전히 또는 어느 정도 중단했을 때 생기는 증상군을 금단 상태(withdrawal state)라고 한다. 알코올 금단에 대한 DSM-IV 진단 기준을 보면 지속적으로 과량의 알코올을 복용하다 중단 혹은 감소한 후 몇 시간 혹은 몇 일 이내에 자율 신경 기능 항진(발한 혹은 맥박 수 100회 이상 증가), 진전 증가, 불면증, 오심 및 구토, 일시적인 환각(환시, 환청, 환촉) 또는 착각, 정신 운동성 초조증, 불안증, 전신성 발작 등 8항목 중 2가지 이상 나타날 때 진단한다.

③ 알코올로 인한 정신병적 장애

정신병적 장애는 음주 중이거나 그 직후에 대개 나타나며, 특히 환청이 흔하지만 대개 여러 종류의 지각 장애로 나타나는 생생한 환각, 잘못된 지각, 편집성 또는 피해적 성질의 망상이나 관계 망상, 흥분이나 혼미와 같은 정신 운동성 장애 그리고 심한 공포에서 황홀까지 이르는 비정상적인 정동 등으로 특징 지워지는 일련의 정신병적인 현상을 보여 준다. 일반적으로 한 달 이내에 회복되고, 6개월 이내에는 완전히 회복된다.

④ 알코올로 인한 기억 장애

오랜 기간 과음을 하다 기억 장애 증후군이 생긴 경우이다. 만성적으로 최근 기억에 현저한 장애가 있으며, 시간 감각과 사건의 순서를 기억하는 능력의 장애가 있다. 이는 새로운 것을 학습하는 능력에 문제가 있기 때문이다.

(3) 경과

알코올 문제를 가진 사람들은 다양한 원인에 의해서 결과도 다르게 나타난다. 일반적으로 가장 심각한 알코올 의존으로 가는 단계는 다음과 같다(나동석 외, 2008).

① 알코올 중독 전 단계(prealcoholic phase)

알코올을 통해 고민을 해결하고, 마음을 진정시키고, 스트레스와 불안감의 일시적인 대응을 위해 음주를 효과적인 수단으로 하는 단계이다. 술자리가 잦아지고 양과 횟수가 증가하면서 자주 폭음을 한다. 내성이 생기기 시작하지만 음주행위에 대해 자기 조절 능력이 가능하다.

② 알코올 중독 전구 단계(prodromal phase)

술을 이용하여 기분의 변화를 일으키는 단계로 유쾌함이나 기분 전환을 위해 술을 사용하면 틀림없다고 터득한 후 시작이 되며 술이 필요해서 마시는 단계이다. 음주에 대해 비난이나 질문을 받게 되고, 덜 마시도록 압박을 받으며 금주하려는 노력을 하게 되고 술 문제를 감추려고 부정 기제를 사용하기도 한다. 술에 취해 일시적인 의식 상실이 나타나게 되면 전구 단계로 이행되는 것이 분명해진다.

③ 위기 단계(crucial phase)

사회적 압박감에서 회피하기 위하여 음주를 하며, 술 이외의 다른 문제는 점차 흥미를 잃어 가면서 음주가 일상생활의 중심이 되고, 술 문제로 인하여 사회적 압력이나 직장문제에 곤란을 초래하게 된다. 음주 조절 능력이 상실되어 가족이나 친구들을 회피하고 과장된 행동을 하며, 성격 변화도 점점 심해져 안절부절못하고 화를 잘 내며, 공격적이고 무책임하고 신경과민과 우울감이 흔하게 나타나게 되어 점점 더 자기혐오, 죄책감, 혼돈, 분노를 느끼고 자존감이 매우 낮아 지는 상태이다.

④ 만성적 중독 단계(chronic phase)

만성적인 단계의 알코올 중독자는 밤에 수면 후 경험되는 금단의 불편감을 완화시키기 위해 아침부터 술을 마시게 된다. 막연한 두려움과 강박적인 음주로 인해 사회의 가장 밑바닥에서 기능을 하게 되며 신체적 · 정서적 · 사회적 · 영적인 모든 영역에서 황폐화가 일어난다. 결국 알코올 중독자의 내성은 떨어지고 몇 잔의 술로 혼미 상태에 빠지게 되어 마지막 결과는 뇌 손상이나 알코올성 정신병, 죽음에 이르게 된다.

(4) 개입

모든 치료에서와 마찬가지로 사정(assesment)이 중요한데, 이주 난민들의 경우에는 그 문화권에서 허용되는 알코올과 다른 약물의 규범을 아는 것이 필요하다. 이주 난민들의 불안, 우울, 외상 후 스트레스 장애 등의 정신 건강의 문제가 알코올 남용과 연관되어 있을 가능성도 크다. 이 부분에 대한 정확한 사정이 필요하며, 일단 알코올 남용의 문제가 정확하다면 일반적인 중독 개입 프로그램으로 개입하여야 할 것이다. 이주 난민들의 알코올 남용의 개입에서는 특히 가족의 역할이 중요하다. 또한 알코올 남용의 대상이 청소년, 여성, 노인 등에 따라 차이 나는 개입이 이루어져야 한다.

4) 노년기 정신 건강 문제

노년기에 가장 흔한 정신 건강의 문제는 우울, 인지, 공포, 알코올성 장애이며, 그 외에 자살과 약물로 인한 정신 증상도 흔하다. 노년기의 정신 장애의 유발 인자로는 사회적 역할의 상실, 자발성의 상실, 친구, 친지의 죽음, 건강의 약화, 고립, 경제적 압박, 인지 기능의 저하 등이 있다. 이주 난민 노인의 경우에는 위에서 열거한 요인이외에도 문화 적응 스트레스를 다른 연령층보다도 더욱 심각하게 직면할 수 있다. 노인들은 새로운 문화를 학습하거나 융통성 있게 대처할 수 있는 인지 능력이 떨어지기 때문에 스트레스를 높게 경험하게 된다.

(1) 우울증

우울은 노인들 중에서 약 15% 정도 나타난다. 특히 혼자가 되거나 만성적인 내과 질환을 앓게 될 때 우울증이 발생되기 쉽고, 노년기에 발병된 우울증은 재발률이 높다(신경 정신 의학, 2005). 노년기 우울증의 흔한 징후와 증상은 에너지와 집중력의 저하, 이른 새벽이나 밤중에 자주 깨는 수면 장애, 식욕 저하, 체중 감소나 신체 증상 등이다. 노인들은 훨씬 더 신체 증상을 호소하고 강조하기 때문에 젊은 사람들에게서 나타나는 증상과 다르다. 이주 난민 노인들 중에도 우울증의 증상으로 신체 증상을 호소하는 경우가 많으며 우울이 치료되면 신체 증상은 자연히 없어진다.

(2) 망상 장애

망상 장애의 발병 연령은 대개 40~55세이지만 노년기에도 언제든지 발병할 수 있다. 감시당하고, 쫓기고, 독살당한다는 피해망상이 가장 흔하며, 상상의 박해자에게 폭력을 휘두를 수 있고, 자신이 죽을병에 걸렸다고 생각하는 신체 망상도 흔하다(민성길, 2006). 망상은 치매, 알코올 장애, 정신 분열병, 우울증, 양극성 장애 등에서도 나타날 수 있으므로 감별하는 것이 필요하다. 이주 난민 노인들의 경우에 배우자의 죽음, 사회적 고립, 경제적 곤란, 치명적인 내과 질환 등의 신체적·심리적 스트레스가 있을 때 일어나기 쉽다.

(3) 신체형 장애

노년기에 나타나는 신체형 장애는 내과적 질환과 유사한 신체적 증상을 가지므로 중요하다. 노인의 80% 이상이 관절염이나 심혈관 계통 질환 같은 만성 질병을 한 가지 이상 호소한다(신경 정신과학, 1997). 이주 난민 노인들과 같이 의료 접근성이 낮고 문화와 언어적인 이질감이 있는 경우에는 내과 질환인지 신체 증상인지를 구분하기가 어려울 수 있다.

(4) 알코올과 다른 물질 사용 장애

약 10% 정도 노인이 술이나 그 밖의 수면제, 신경 안정제, 마약에 중독되어 있고, 니코틴이나 카페인, 진통제 등도 흔히 남용된다(민성길, 2006). 알코올 의존은 이혼이나 사별 및 독신인 남자의 경우가 많다. 또한 노인들은 만성적인 불안을 경감시키거나 수면 장애 때문에 신경 안정제를 남용할 때가 많고, 노인에서 보게 되는 갑작스런 섬망은 알코올 금단에 의한 경우가 흔하다. 이주 난민 노인들의 경우에도 이주 과정에서 사랑하는 사람을 상실했거나, 독신으로 살아가면서

외롭고, 경제적으로 어려운 상황에 있을 때 알코올이나 다른 물질을
남용할 가능성은 높아진다.

□8장 참고 문헌 □

대한신경 정신 의학회(1997),『신경 정신과학』, 서울: 하나의학사.
김태련 외(2004), 『발달심리학』, 서울: 학지사.
나동석·서혜석·이대식·곽의향·김미혜(2008), 『정신 건강론』, 경기: 양서원.
대한신경 정신 의학회(2005),『신경 정신 의학』, 서울: 중앙문화사.
민성길(2006), 『최신정신 의학』, 서울: 일조각.
양옥경(2006), 『정신 보건과 사회 복지』, 서울: 나남출판.
이경진·조성진(2004), 「청소년 자살 고위험 집단의 심리적 특성」, 『한국심리학회지: 상담 및
    심리 치료』, 16(4): pp. 667-685.
이성태(2007), 『아동발달이론』, 경기: 학현사.
정옥분(2007), 『전생애 인간발달 이론』, 서울: 학지사.
Bemak, F., Chung, R. and Pedersen, P.(2003), *Counseling Refugees: A Psychosocial Approach
    to Innovative Multicultural Interventions*, Connecticut: Greenwood Press.
Dulmus, C. N., and Wodarski, J. S.(1998), "Major depressive disorder and dysthymic disorder".
    In B. A. Thyer and J. S. Wodarski, eds., *Handbook of empirical social work practice:
    Mental disorders,* New York: Wiley.
Egli, E. A., Shiota, N. K., Ben-Porath, Y. S., and Butcher, J. N.(1991), "Psychological
    interventions", In J. Westermeyer, C. L. Williams, and A. N. Nguyen, eds, *Mental health
    services for refugees,* Washington, DC: U. S. Government Printing Office.
Kaplan, H. I. and Sadock, B. J.(1998), *Kaplan and Sadock's Synopsis of Psychiatry,* Baltimore:
    Williams and Willkins.
Keane, T. M., Albano, A. M. and Blake, D. D.(1992), "Trauma reactivation assessment and
    treatment: Integrative case examples", *Journal of Traumatic Stress,* 5(4): pp. 545-555.
Szapocnik, J. and Femandez, T.(1980), "Bicultural involvement and adjustment in Hispanic-
    American youth." *International Journal of Intercultural Relations,* 4: pp. 353-365.
Ticho, H. F.(1971), "Cultural aspects of transference and countertransference", *Bulletin of the
    Menninger Clinic,* 35: pp. 313-334.
Vonk M. E. and Yegidis, B. L.(1998), "Post-traumatic stress disorder", In B. A. Thyer and J. S.
    Wodarski, eds., *Handbook of empirical social work practice,* Vol. I: *Mental disorders,*
    New York: Wily.

III

이주 난민 정신 보건 서비스 현황

9 정신 보건 정책과 서비스

한국의 외국인 기본 정책은 '개방을 통한 국가 경쟁력 강화', '인권이 존중되는 성숙한 다문화 사회로의 발전', '법과 원칙에 따른 체류 질서 확립'을 기본 방향으로 표방하고 있다(법무부 보도 자료, 2008년 12월 17일). 이는 '재한 외국인 처우 기본법'에 근거를 둔 최초의 외국인 정책 5개년 국가 계획(2008~20012년)에서 심의·확정한 내용이다. 이 기본 계획은 4대 정책 목표 및 13대 중점 과제를 포함하고 있는데, 이주 난민의 일상생활과 관련 있는 내용은 다음과 같다.

외국인에게 편리한 생활환경을 조성하기 위해서 외국인종합안내센터(전화: 1345)와 인터넷 포털 서비스 등의 의사소통 및 민원 처리 서비스를 강화하는 내용이다. 사회 통합을 위해서 다문화에 대한 교육 및 홍보를 강화하고 결혼 이민자의 안정적 정착을 위한 보육 등의 사회 서비스를 확충하는 방안이 포함되어 있다. 한국어와 한국 문화 이해를 확대하기 위해서 '사회 통합 프로그램 이수제'를 도입한다는 내용도 있다. 또한 이민자 자녀의 건강한 성장 환경을 위해서 이중 언어 환경을 조성하고 자립 능력을 배양한다는 것이다. 마지막으로 외국인의 인권 옹호를 위해서 '사회 통합 정책 외국인 모니터단'을 발족하고 '이주 여성 자활 공간터'를 설치하여 피해 외국인에 대한 구제를 강화하고, 국제적 수준에 부합하는 난민 인정 체계를 구축한다는 내용이다.

이 계획에는 국내에 거주하는 외국인 관리 정책이 중심을 이루고 있으며, 실질적으로 생활과 관련 있는 내용은 많지 않다. 또한 이주 난민의 정신 보건에 대한 기본 정책은 없으므로 인권 보장의 차원에서 다루어야 할 것으로 보인다. 한국의 경우에 정신 장애를 가진 사람에 대한 정신 보건 정책과 서비스도 제대로 갖추어져 있지 않다. 당연히 이주 난민을 위한 정신 보건 정책과 서비스도 별도로 존재하지 않기 때문에 현 체제와 제도의 범위 내에서 이루어질 수밖에 없다.

1. 한국의 정신 보건 사업 방향

한국에서 정신 보건에 대한 중요성이 부각된 것은 1983년 TV 방송국의 기도원에 수용된 정신 장애인의 실태를 고발한 이후부터라고 할 수 있다. 이때까지 한국의 정신 보건 정책 개발이나 연구에 전념할 수 있는 기관은 확립되어 있지 않았다. 이것은 정신 보건에 대한 사회적 관심의 결여와 편견 그리고 정신 질환 및 정신 장애에 대한 사회적 문제의 심각성이 정책에 반영되고 있지 않기 때문이었다. 이러한 가운데 1995년 정신 보건법이 제정되면서 정신 질환과 정신 보건 시설에 대한 규정을 명확히 하며 정신 질환자의 치료 및 인권 보호에 대한 규정을 구체화했다. 이에 근거한 한국의 정신 보건 사업의 기본 방향은 정신 질환에 대한 편견 해소 및 인식 개선, 지역 사회 정신 보건 체계 및 기반 확충, 정신 질환자 치료 여건 개선 및 권익 증진으로 설정되어 있다(정신 보건 사업 안내, 2008). 이주 난민들의 경우에는 지역 사회 정신 보건 체계 및 기반 확충의 기본 방향과 관련이 많이 있을 것이다.

〈그림 9-1〉 정신 보건 사업의 비전과 기본 방향

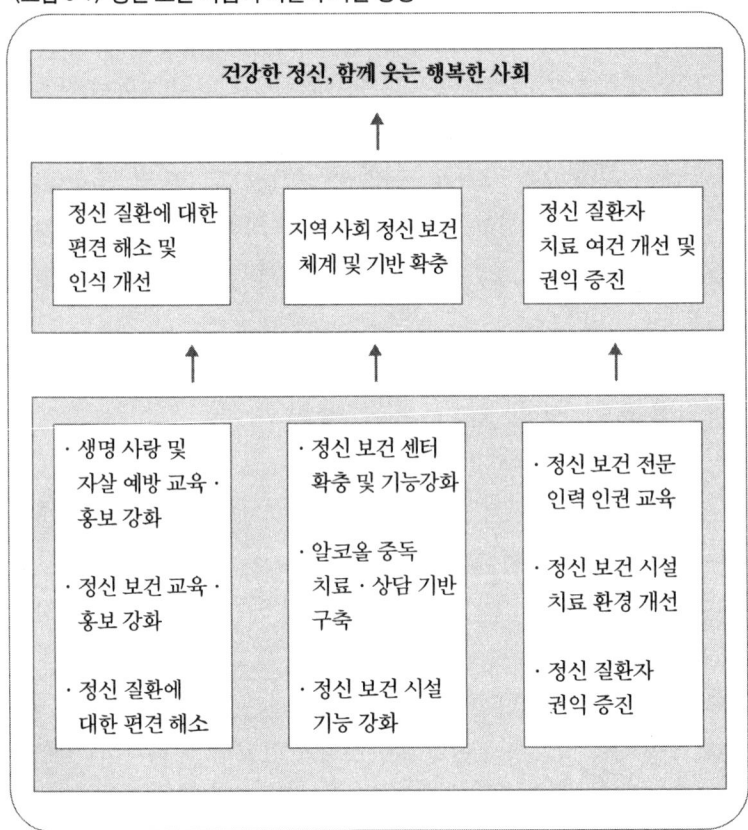

※출처: 보건복지가족부(2008), p. 3.

한국의 정신 보건 사업 추진 방향은 정신 질환에 대한 인식 개선 및 정신 질환자 권익 증진, 지역 사회 중심의 종합적인 정신 보건 서비스 제공, 아동ㆍ청소년 정신 건강 조기 검진 및 조기 중재, 정신 보건 시설의 요양 및 치료 환경 대폭 개선, 정신 보건 사업 기반 구축의 다섯 부분으로 구분할 수 있다(정신 보건 사업 안내, 2008).

2. 정신 보건법과 이주 난민

한국에서는 1960년대 이후 정신 보건법의 제정에 대한 관심과 함께 입법을 꾸준히 시도하여 오다가 1995년 12월에 국회를 통과하여 제정되었다. 이후에 정신 보건법은 총 10차례의 개정을 거쳤고 최종 개정안은 2008년 3월에 이루어졌다. 현재 정신 보건법은 전체 6장 59조 부칙 6조로 구성되어 있다. 제1장은 총칙으로 제1~7조로 되어 있고, 제2장은 정신 보건 시설로 제8~20조가 배정되어 있다. 제3장은 보호 및 치료로 제21~26조, 제4장은 퇴원의 청구ㆍ심사 등으로 제27~39조, 그리고 제5장은 권익보호 및 지원 등으로 제40~54조로 구성되어 있다. 제6장은 벌칙으로 제55~59조로 구성되어 있다. 이와 같은 정신 보건법의 기본 내용을 통하여 이주 난민들에 대한 정신 보건 관련 내용들을 살펴보기로 하자.

1) 법의 목적 및 이념과 이주 난민

정신 보건법 제1조에서 정신 질환의 예방과 정신 질환자의 의료 및 사회 복귀에 관하여 필요한 사항을 규정함으로써 국민의 정신 건강 증진에 이바지함을 목적으로 한다고 천명하고 있다. 즉, 단순히 정신 질환자의 치료와 예방에 국한하지 않고 국민의 정신 건강의 향상에 기여하기 위하여 이 법이 제정되고 있음을 보여 준다(김기태 외, 2001). 정신 보건법의 목적에서 본다면 전체 국민을 대상으로 포괄적인 정신 건강의 문제를 다루어야 한다는 것이다. 한국의 이주 난민들을 정신 보건법상 국민으로 포함시켜야 하느냐는 법적, 정서적인 논란을 일으킬 수 있다. 그러나 제2조의 6항에 걸쳐서 있는 기본 이념을 통해서 이주 난민들이 정신 보건법상의 대상이 되어야 하는 타당성을 알 수 있다.

법의 이념은 법을 통하여 평화와 안정을 확보하는 것이고, 법이 추구하는 가치는 정의라는 데 이견이 없다(김부찬, 1994). 일반적으로 정의는 '인간과 사회와의 관계에서 이상적 상태로서 인간이 달성해야 할 사회적 내지 국가적 목적', 또는 '사회 질서 내에서 실현되어야 할 일정한 도덕적 내용'이라고 할 수 있다(김부찬, 1994). 따라서 정의는 부당하게 권리를 침탈당하고 있는 사회적 약자의 편에 서서 강자로부터 보호함으로써 달성될 수 있다. 정신 보건법의 등장도 이러한 맥락에서 이해할 수 있다.

정신 보건법은 헌법이 보장하는 인권을 실현하는 개개의 실정법들 가운데 하나이다. 정신 보건법이 실정법의 하나인 이상 역시 이념을 지녀야 한다. 따라서 현재 정신 보건법은 제2조에서 헌법이 보장하고 있는 인간의 존엄과 가치를 추구하기 위한 법 이념을 규정하고 있다(제2조 1항). 정신 보건법의 기본 이념은 인권을 실현하기 위한 내용들을 규정하고 있음을 알 수 있다. 이주 난민들과 같은 사회적 소수자의 인권은 무차별의 원칙으로 모든 인권의 내용과 기준들이 이들에게 동일하게 적용될 수 있다(정근식 외, 2004). 오히려 무차별 원칙은 사회 내에서 지배 집단이 아닌 자의 정체성을 보호하기에는 불충분하다고 본다. 그러므로 소수자 인권 문제에는 무차별 규정에

의하여 해결될 수 없는 소수자 차별 금지 및 구제 행동의 적극적인 정책이 추가적으로 필요하다는 것이 UN 인권위원회와 전문가들의 견해이다. 따라서 국내에 거주하는 이주 난민들이 인권을 실현하는 개개의 실정법률 가운데 하나인 정신 보건법상의 대상에 포함되는 것은 당연하다.

2) 이주 난민의 정신 건강 증진과 법

이주 난민들의 정신 건강 증진과 관련 있는 법 내용 중에 직접 서비스를 받을 수 있는 기관인 정신 보건 시설이 있다. 정신 보건법에서 정신 보건 시설이라 함은 정신 의료 기관, 정신 질환자 사회 복귀 시설(생활 훈련 시설, 작업 훈련 시설, 종합 훈련 시설, 주거 시설 등), 정신 요양 시설, 정신 보건 센터, 보건소를 말한다.

정신 의료 기관은 의료법에 의한 정신 병원, 정신과 의원, 병원급 이상의 의료 기관에 설치된 정신과가 해당된다. 여기서는 주로 정신 질환의 급성 치료와 정신 사회 재활의 많은 부분을 담당한다. 이주 난민들 중에서 입원 치료 또는 약물 치료가 필요한 경우에 해당한다. 정신 요양 시설은 정신 질환자의 요양과 사회 복귀 촉진을 위한 훈련을 하는 시설로 이주 난민들은 일반 주민들과 똑같이 이용할 수 있다. 그러나 이주 난민들이 정신 의료 기관과 요양 시설을 이용할 경우 언어적·문화적인 문제가 상당히 발생할 수 있다. 한국에는 아직까지 이들을 위하여 전문적인 개입을 할 수 있는 기관이 거의 없다.

지역 사회에 거주하는 이주 난민들과 가장 밀접한 관련을 가질 수 있는 정신 보건법상의 기관은 정신 보건 센터와 보건소이다. 정신 보건 센터는 정신 보건법에 의해서 지역 사회 정신 보건 사업을 관리·조정하는 기능을 담당한다. 보건소는 정신 질환자의 발견·상담·

상담 · 진료 및 사회에 복귀한 만성 정신 질환자를 관리할 수 있고, 정신 보건 전문 요원을 둘 수 있다. 지역 사회에 거주하는 이주 난민들의 정신 건강 문제를 직접적으로 지원할 수 있는 기관이 정신 보건센터와 보건소라고 할 수 있다.

또한 이 법에 의한 정신 보건 전문가는 정신과 의사와 정신 보건 전문 요원이라고 할 수 있다. 정신 보건 전문 요원은 정신 보건 사회복지사, 정신 보건 간호사 및 정신 보건임상심리사를 말한다. 각 정신 보건 전문 요원은 1급과 2급으로 구분하고 있으며 1급은 석사 학위 소지자로 정신 의료 기관에서 3년간의 수련을 마친 자가 시험을 통하여 자격을 얻게 되고, 2급은 학사 학위 소지자로 정신 의료 기관에서 1년 이상의 수련을 쌓은 후에 시험에 합격하면 자격을 얻는다. 이들 정신과 전문의와 정신 보건 전문 요원들이 이주 난민들의 문화와 상황에 대한 일정 부분의 교육을 받는다면 중요한 인적 자원이 될 수 있다.

또한 정신 보건법에는 정신 질환자의 인권 보호를 위하여 보호 의무자의 지정과 의무, 입원과 퇴원 과정의 인권 보장, 부당한 입원에 대한 인권 보호 조치 등을 규정하고 있다. 이주 난민들 중에서 정신 질환으로 입원 치료를 받을 경우에는 상기의 모든 규정들에 의해서 인권과 권익을 한국의 일반인들과 똑같이 적용받을 수 있다. 2008년 정신 보건법 10차 개정에서는 보호 의무자에 의한 입원의 경우에 보호 의무자 2인(기존 1인)의 동의를 받도록 하는 등의 조치를 하고 있지만, 아직까지 미흡하다는 주장들이 많다. 이주 난민들 중에서 정신 의료 기관에 입원 치료를 받는 경우에는 언어적 · 문화적 차이로 인한 인권 문제가 부각될 수 있다. 이주 난민들이 이중 낙인의 고통에서 벗어날 수 있도록 관련 전문가들의 각별한 관심이 있어야 한다.

4. 이주 난민 정신 보건 서비스

1) 서비스 원칙

심리 · 사회적 위기를 겪고 있는 이주 난민에 대한 서비스는 세심한 배려가 필요하다. 이들은 사회 환경적 조건에 익숙하지 않으며 문화적 차원에서도 혼란을 경험하게 되어 정체감의 혼란과 자존심의 손상을 입게 될 수도 있다. 또한 이주 난민들은 상황적 독특성을 가지는 집단인 동시에 인류 보편적 특성이 존재한다는 사실을 인식할 수 있어야 한다. 따라서 이주 난민에 관여하는 전문가는 미시적 · 중간적 그리고 거시적 서비스를 시행하기 이전에 기본적인 접근 원칙을 가져야 한다. 이는 효율적이고 효과적인 접근일 뿐만 아니라 이주 난민의 존엄성과 인권을 강조하는 것이라 할 수 있다.

이주 난민의 정신 건강 문제에 관계하는 전문가들은 다음과 같은 대처 원칙을 가지고 있어야 한다(Potocky-Tripodi, 2002). 그 원칙에는 이주 난민들의 문화를 인정하고, 그들을 지역 사회 내에서 임파워먼트를 향상하고, 동등한 입장에서 질적으로 높은 개입을 통해서 문제들을 예방해야 한다는 것이 포함되어 있다.

(1) 전반적 원칙

① 문화적 유능성(cultual competence)의 원칙
문화적 유능성은 가치와 상황이 다른 서비스 체계 내의 행정가와 실천가들에게 효과적인 서비스를 가능하게 만드는 지식, 기술, 태도 등을 포함한다. 회복과 재활은 문화적 유능성을 실현하는 지식과 기술을 가지고 이주 난민, 그들의 가족 그리고 지역 사회를 소비자 관점으로 서비스를 제공할 때 더욱 가능하다. 문화적 유능성은 정신 건강의 문제에 대하여 정상적인 행동, 신념 그리고 가치를 결정하는 데 유용하게 작용하며 사정과 치료에서도 필요한 개념이다.

② 소비자(consumer) 관점의 원칙

이주 난민들에 대한 서비스 제공 과정에서 가장 중요한 참여자는 본인과 그 가족들이라는 원칙이다. 가능하다면 서비스는 다문화의 관점을 유지하고 이주 난민들이 살고 있는 지역 사회에서 가족들의 삶의 방식 속에 이루어져야 한다.

③ 지역 사회 중심 개입의 원칙

이주 난민 서비스의 연속성을 강조하며 조기 개입, 예방 노력과 최소한의 제한 원칙이다. 이주 난민들이 생활하고 있는 지역 사회의 친밀하고 가치 있는 자원들을 활용해야 한다.

④ 관리 보호(managed care)의 원칙

이주 난민 정신 건강 서비스의 비용 효율성은 서비스를 제한하거나 단절할 때 달성되는 것이 아니라 효과적이고 질적으로 높은 서비스를 할 때 나타난다는 것이다. 효과적인 전달 체계는 성과와 긍정적 결과를 강조하는 개별화된 맞춤 서비스를 제공할 수 있다. 이러한 체계는 이주 난민들을 치료 파트너로서 동참하게 만든다. 이러한 체계는 경제 원리가 아니라 지속적 보호의 원칙을 고수하게 된다.

⑤ 자연적 지지 체계 활용의 원칙

이주 난민의 개입에서 가족과 같은 자연적인 지지 체계를 활용하는 경우에 긍정적 성과물을 더 많이 얻는다는 원칙이다. 전통적인 치료 방법이 있다면 사용할 수 있다. 또한 많은 이주 난민들이 혈통보다도 가족의 기능을 중요시하고 애정을 가지고 있다.

⑥ 협력과 임파워먼트의 원칙

이주 난민들 및 그들의 가족은 정신 건강 서비스의 과정에 효과적인 협력을 할 수 있는 능력이 있다는 것이다. 이러한 협력의 과정에 많이 참여할수록 회복과 기능 향상의 기회가 더욱 자주 올 수 있으며, 향상된 기능을 지속적으로 유지할 수 있다. 이들에 대한 임파워먼트는 자아 존중감을 향상하고 스스로 위기에 대처할 능력을 강화시킨다는 원칙이다.

⑦ 전체주의(holism) 관점의 원칙

이주 난민들을 위한 임상 실천과 정책 과정에서 전체주의적 관점이 효과적 · 효율적이라는 원칙이다.

⑧ 피드백 강조의 원칙

이주 난민들의 정신 건강 서비스에서 합법적인 피드백의 기회를 통하여 바람직한 성과와 서비스 질을 향상시킬 수 있다는 원칙이다. 피드백을 의미 있게 활용하지 않는다면 정신 건강 서비스와 정책은 이주 난민들의 욕구를 충족시키지 못할 것이며 높은 만족도를 유지할 수 없다. 정신 건강 서비스가 문화적인 특정한 상황을 이해하지 못한다면 이주 난민들의 정신 건강 문제는 증가하게 될 것이다.

⑨ 접근성 강화의 원칙

이주 난민들의 정신 건강 증진을 위해서 지역 사회 전문가들이 이들에게 쉽게 접근할 수 있어야 한다. 이주 난민들에 대한 정신 건강 서비스는 지리적 · 심리적 · 문화적인 접근성을 높여야 개입의 효과가 높고 비용이 줄며 긍정적 성과가 나타난다는 원칙이다.

⑩ 보편성의 원칙

난민과 이주 난민의 위기 상황(건강, 정신 건강 문제, 생활사적 사건 등)은 수입이나 사회 경제적 지위에 관계없이 보편적으로 치료 또는 개입되어야 한다는 원칙이다.

⑪ 통합(integration)의 원칙

이주 난민들은 건강 문제가 발생할 가능성이 높다. 따라서 이주 난민들에게는 신체적 건강, 정신 건강, 물질 남용 등의 서비스를 포괄적으로 실시해야 높은 효과성을 확보할 수 있다는 것이다.

⑫ 질적 향상의 원칙

이주 난민들의 정신 건강 서비스는 문화적으로 유용한 수준 높은 질적 서비스가 문제를 예방하고, 개입 효과를 높이고 비용을 절감한다는 원칙이다.

⑬ 과학적 접근의 원칙

이주 난민들에 대한 서비스는 다양한 객관적인 자료들에 근거하여야 한다는 원칙이다.

⑭ 성과 중심의 원칙

이주 난민들은 정신 건강 서비스를 자신들의 문제 해결 정도를 가지고 평가한다. 이주 난민들의 정신 보건 요구를 객관적으로 측정해서 근거를 제공할 수 있는 서비스가 되어야 한다. 이주 난민들의 서비스에서 실제적 성과에 근거한 서비스가 만족도를 높이고 이들의 자조에도 긍정적 역할을 한다는 원칙이다.

⑮ 예방 중심의 원칙

이주 난민들의 정신 건강 문제에 대한 정책과 서비스는 예방을 강조하는 지역 사회 교육 프로그램 등을 활성화해야 한다는 것이다. 목표는 개인과 가족을 더욱 건강하게 만들고 정신 건강 문제의 초기 경고를 파악하여 예방적 서비스를 제공하는 것이다. 예방적 서비스는 정신병과 같은 심각한 문제의 사건에 대처하거나 감소시킬 수 있는 방법이다.

(2) 거시적(macro) 서비스

이주 난민들의 정신 건강 문제에 거시적 차원의 실천은 이주 과정에서 나타나는 다양한 위험 요인들을 경감시키는 것이다. 정착 과정에서는 난민과 이주 난민들을 위한 예방 전략이 실패하였을 경우는 가장 신속하고 접근성이 높은 방법을 개발하는 것이다. 이주 난민들의 정신 건강 문제에 대한 지역 사회 수준의 거시적 서비스는 다음과 같다.

① 서비스 아웃리치

난민과 이주 난민들이 이용할 수 없는 서비스 확인하기, 기존의 서비스와 프로그램 옹호하기.

② 고위험 대상 서비스 아웃리치

난민과 이주 난민의 위기 상황을 발견하고, 이를 극복할 수 있는 서비스를 옹호하기.

③ 지역 사회 및 기관 자문

난민과 이주 난민을 위한 지역 사회 중심 서비스를 개발하도록 자문하기, 관련 기관에 서비스 전달을 강화하기 위한 자문하기.

④ 교육 및 프로그램 개발

난민과 이주 난민의 심리·사회적 위기 극복을 위한 교육 프로그램 참여하고 구조화하기, 욕구에 맞는 프로그램 개발하기.

⑤ 정책과 프로그램 옹호

난민과 이주 난민들의 욕구에 잘 대처할 수 있는 정책과 프로그램 형성과 수행을 지원하기, 관련 기관의 유용한 프로그램 옹호하기.

⑥ 지역 사회 및 기관 연계

난민과 이주 난민들, 그들의 가족들과 관련 기관 및 지역 사회가 접촉하고 관계하도록 하기.

(3) 중간적(meso) 서비스

이주 난민들의 정신 건강 증진을 위한 중간 수준에서의 실천은 기관의 서비스 효과성을 강화하는 조직 개발과 다학제적 팀의 협력 전략을 확립하는 것이 중요하다. 이러한 과정에서 서비스 전달을 향상하기 위하여 기관을 자문하고, 이주 난민들의 욕구에 근거한 새로운 서비스와 프로그램을 개발하도록 기관을 원조하고, 효과적으로 질적으로 향상된 서비스를 기관이 지속하도록 하고, 이주 난민을 위하여 서비스를 연계하도록 하는 것들이 포함된다(신창식 외, 2007; 최송식, 2008; Potocky-Tripodi, 2002). 우선 이주 난민들의 정신 건강 증진을 위한 중간수준의 서비스는 문화·언어를 기반으로 하는 것이어야 한다. 문화와 언어는 클라이언트의 접근성과 서비스 반응에 상당한 영향을 미치는 것이다.

① 조직 개발(organization development)
정신 건강 서비스 전문가의 문화적 역량을 강화하기 위해서는 그가 속한 기관의 문화적 역량을 강화하는 것이 필요하다. 문화와 언어 장벽을 극복하기 위하여 기관은 이중 언어 사용자, 이중 문화의 정체성을 가진 지역 사회 정신 건강 전문가, 전문 통번역가를 활용할 수 있다. 이중 언어와 문화의 정체성을 가진 지역 사회 정신 건강 전문가를 활용하는 것이 문화적 차이를 극복하는 하나의 방법이 될 수 있다. 그러나 이러한 사람들은 많지 않다. 이는 서비스 자격을 가진 외국인을 교육하거나, 그 문화에 속한 전통적 치료자를 훈련시키거나 관련학과의 학생들에게 언어를 교육하는 방법이 있지만 쉬운 것은 아니다. 특히, 정신 보건 서비스의 경우에는 언어와 문화가 효과성에 중요한 역할을 한다.

따라서 정신 보건 전문가는 아니지만 이중 언어와 문화를 가지고 정신 보건 서비스 영역에서 활동하는 사람들을 지속적으로 훈련하고 교육하는 것이 중요하다. 이들은 대상자들을 아웃리치하고, 정신 보건 전달 체계 내에 참여를 촉진하고, 전문가들에게 문화를 교육하고, 서비스의 지속성, 조정 그리고 질적으로 향상된 서비스를 이주 난민들에게 제공할 수 있게 한다. 외국의 경우에는 정신 보건 기관에서 언어 장벽을 해소하기 위한 전문 기관을 활용하고 있지만, 한국에서는 비공식적 자원을 활용해야 하는 현실이다. 이주 난민들이 정신 건강 서비스 전달 체계 내에서 언어 장벽을 해소할 수 있는 장치가 마련되어야 할 것이다. 이중 언어만 가능한 사람들의 경우에는 문화를 이해할 수 있도록 교육하는 것이 필요하다. 또한 정신 보건 서비스의 경우에는 단순한 통역과는 다른 상황이 많이 발생할 수 있으므로 이러한 교육도 필요하다. 따라서 단기간에 관련 인적 자원을 확보하는 것이 어렵고 자원 봉사자들만을 활용하는 것도 한계를 가지게 된다.

가장 좋은 방법은 정신 보건 서비스 기관 또는 연합체를 위한 전문 통번역가를 채용하는 것이다. 이 경우에는 장기적인 관점에서 바람직하지만 재정 확보의 문제가 가장 큰 걸림돌이다. 또한 대도시에서는 여러 서비스 기관을 관할하는 전문가를 둘 수도 있지만 지방에서는 더욱 힘든 상황이다. 다른 대안은 지역 사회의 대학에 그 언어를 전공한 학생들을 활용하는 방법이다. 장기적 대안은 아니지만 학생이 어느 정도 정신 보건 훈련을 받는다면 서비스 체계 속에 포함될 수 있을 것이다. 이주 난민들의 정신 건강 증진을 위해서 서비스 기관이 문화적, 언어적으로 역량을 가질 수 있도록 만드는 것이 중요하다.

② 다학제적 협력(interdisciplinary collaboration)

정신 보건 서비스는 정신 의학자, 정신과 간호사, 임상 심리학자, 정신 보건 사회 복지사 등을 비롯한 각 전문가들이 그들의 전문적 기능과 책임을 토대로 서로간의 상호 작용과 기술의 합동을 위한 숙련된 과정에 의해서 이루어진다(최송식, 2008). 여기에 이주 난민의 경우에는 이중 언어 또는 이중 문화를 가진 전문가 또는 자원 봉사자가 참여하게 된다면 더욱 복잡한 관계가 된다. 정신 보건 영역에서 팀워크의 필요성이 요구되는 이유는 정신 장애가 생물학적 · 심리학적 · 사회 환경적 요인들이 복잡하게 얽혀 발생되기 때문에 총체적 환경에서 전체로서의 인간으로 보아야 하기 때문이다. 이러한 영역에서 문화와 언어가 상이한 이주 난민들의 경우에는 한층 더 복잡한 접근이 필요하다. 정신 보건 기관에서는 이러한 이해를 바탕으로 기관의 목표와 전체 구조를 잘 이해하는 방향에서 서비스를 수행하여야 한다.

이주 난민들에 개입하는 정신 보건 조직은 팀워크에서 발생할 수 있는 갈등들을 해결하도록 노력해야 한다. 이러한 갈등은 문제를 파악하고, 규칙을 만들고, 팀의 신뢰 분위기를 조성하고, 팀 활동에 대한 다른 전문가의 동의를 얻는 노력을 통하여 해결할 수 있다. 이주 난민들에게 정신 보건 서비스를 수행하는 것은 다양하고 포괄적인 관계들을 조정할 필요가 있다는 것을 서비스 기관은 반드시 알아야 한다.

(4) 미시적(micro) 서비스

이주 난민들이 재정착국에서 경험하는 대표적인 심리·사회적 문제는 문화 적응 스트레스, 우울증과 불안, 외상 후 스트레스, 물질 남용 등이다. 문화 적응 스트레스에 대한 개입은 예방 모델에 강조를 두고 스트레스를 경감시켜서 우울증과 같은 정신 건강의 문제를 유발하지 않도록 하는 것이다. 이주 난민들의 문화 적응 스트레스 및 정신 건강 증진을 위해서 중요한 네 가지 개입은 사례 관리(case management), 위기 개입(crisis intervention), 지지적 상담(supportive counseling), 정보 제공 및 사회 기술 훈련(information and skills training)이라고 할 수 있다.

① 이주 난민과 사례 관리
사례 관리는 난민과 이주 난민들의 재정착 초기 단계에서 생존 욕구 충족을 위해서 필수적인 사항이다. 사례 관리의 내용에는 주택, 교육, 언어 교육, 직업 훈련, 고용, 건강 케어 및 다른 필요한 자원들이 포함되어야 한다. 난민들과 이주 난민들의 사례 관리에 포함된 내용들이 충족되지 않았을 경우에 스트레스는 경감되지 않을 것이다. 사례 관리는 자원에 대한 접근성과 기술이 부족하여 필요한 서비스를 제대로 받을 수 없는 이주 난민들에게 중요하다.

효과적인 사례 관리를 위해서는 지역 사회 서비스와 프로그램에 관한 지식을 알고 의뢰 기관의 전문가와 좋은 관계를 유지하여 의뢰를 원활히 수행할 수 있어야 한다. 사례 관리자는 이주 난민의 욕구를 충족할 수 있도록 조정하는 타협과 갈등 해결 기술이 있어야 한다. 또한 사례 관리자는 이주 난민의 위기 상황을 다룰 수 있는 능력과 필요한 서비스를 즉시 제공할 수 있는 대처 기술이 필요하다. 이주 난민을 위한 사례 관리도 일반적인 방법과 큰 차이가 없으나 의뢰, 연계 및 중개하는 기능이 필수적으로 수반된다. 이주 난민의 경우에는 문화적으로 역량 있는 사례 관리가 중요하며, 필요하다면 〈표 9-1〉과 같이 통역가를 동반하는 사례 관리를 실시해야 한다.

② 이주 난민의 위기 개입
위기 개입은 이주 난민들이 정착 과정에서 적절한 서비스를 받지 못하는 상황에 유용하다. 위기는 이전에 배운 대처 기제로 문제를 해결할 수 없을 때 발생하게 된다. 위기 상황이 되면 긴장감과 불안이 증가하게 되고, 위기 해결에 지속적으로 실패하면 성격적·정서적 문제를 드러내게 된다. 이주 난민들은 이전의 대처 전략이 새로운 상황에서는 효과적이지 못할 뿐만 아니라 사회적 지지 체계도 부재하기 때문에 위기에 취약할 가능성이 높다(Egli et al., 1991). 위기 개입은 스트레스를 줄이고 증상을 경감하며, 자아 존중감을 회복하여 문

〈표 9-1〉 통역가를 동반한 사례 관리

과정	내용
사전 전화 통화	통역가의 스케줄을 확인하여 참여 가능 여부를 확인하고, 사례 관리자가 성취되기를 원하는 것을 설명한다. 그리고 이주 난민과 통역가의 배경을 탐색해서 관계를 형성하기 좋은 매칭인지(성별, 나이, 기타 경험 등)를 확인하고 이주 난민 접촉 전에 통역가와의 사전 토의 일정을 정한다.
사전 토의	이주 난민과 사례 관리 과정의 비밀 보장을 숙지시키고, 사전 미팅의 목적을 설명하면서 통역가와 라포를 형성한다. 사례 관리자는 이주 난민의 이름을 어떻게 불러야 할지를 통역가에게 배우고 문화적으로 민감한 부분을 설명해야 한다. 또한 통역의 타이밍을 정하고, 대면 과정에서 자주 사용되는 단어들을 정리해야 한다. 이주 난민에게 소개할 방법과 통역가의 피드백을 위한 근거 규칙을 만들어야 한다(세션 중에 제공할지 아니면 세션 이후에 제공할지, 비언어적인 부분과 언어 패턴 등을 포함할지에 관해서).
대면	모든 사람에게 시작 초기에 통역가를 소개하고, 의사소통을 위한 근거 규칙에 대해서 이주 난민의 동의를 얻어야 한다. 이주 난민이 한국어에 대한 이해가 어느 정도인지를 확인하고 진행해야 하며, 쉬운 한국어로 진행해야 한다. 또한 이주 난민이 통역가와 사례 관리자의 관계를 중단하려고 할 때는 민감하게 대처해야 한다. 이주 난민의 비언어적 표현을 중요하게 생각하고 통역가와 이주 난민이 대화하는 동안의 역동을 잘 살펴야 한다.
사후 토의	세션 중에 적절하게 토의되지 않았던 부분을 확인하고 문제점과 오해들을 토의해야 한다. 필요하다면 사후 관리 스케줄을 서로 확인해야 한다.

※출처: Raiff and Shore(1993), *Potocky-Tripodi*(2002), pp. 244-245에서 재정리.

제를 억제하고 부적응을 예방하는 것이다.

위기 개입은 시간 제한적인 단기 개입으로 다음과 같은 특징을 갖는다. 위기 개입은 제한된 목표, 작업 동맹의 강화, 초점 유지, 치료자의 적극적 개입, 신속한 초기 사정, 치료적 유연성, 개입의 강화, 감정 정화의 격려 등을 특징으로 한다(Egli et al., 1991). 위기 개입의 단계는 위기 사정, 우선순위 설정, 감정 정화 원조, 문제를 해결할 수 있도록 성격적 · 사회적 대처 차원을 배열하도록 원조, 미래의 유사 문제 대처 방안 마련으로 진행된다. 또한 위기 개입은 지지적 상담의 많은 방법들이 활용된다. 위기 개입에서는 사례 관리의 방법도 활용되는데, 이는 많은 위기가 필요한 자원들을 획득함으로써 해결되기 때문이다.

이주 난민들의 외상 경험에 대한 위기 개입도 중요하다. 외상으로 인해 발생하는 외상 후 스트레스 장애는 불안 장애의 한 형태이다. 불안 장애에 대한 개입과 마찬가지로 불안 유발 상황을 노출하는 것이다. 또한 외상과 관련된 기억과 감정에 초점을 맞추고, 낙인과 비난을 피하게 하고, 외상 반응에 관한 정보를 제공하고, 불안을 관리하는 것과 같은 개인 내부적 자원들과 직업, 가족, 사회적 지지와 같은 외부 자원을 강화하고, 개선할 수 있다는 희망을 유지하는 것 등이다(Vonk and Yegidis, 1998). 외상 후 스트레스 장애 치료의 기본적인 목표는 증상을 경감하고, 더욱 만족스러운 생활을 가능케 하며, 클라이언트가 그들의 상황을 더 잘 이해할 수 있게 돕고, 더 폭넓은 사회적 지지 체계를 구축하게 하는 것이다.

이주 난민들의 외상 경험 이후에 신속한 위기 개입은 만성적인 외상 후 스트레스 장애를 예방할 수 있다. 따라서 이주 직전에 예방 개입의 프로그램이 중요하며, 사회적 지지의 확대, 외상 디브리핑(debriefing), 스트레스 감소 훈련 등을 대상자들에게 신속하게 실시해야 한다(Keane, et al., 1992). 이주 난민들의 외상 후 스트레스 장애에 개입하는 치료자는 그들이 이야기하는 공포스럽고 비인간적인 문제에 대한 역전이(countertransference)에도 유의해야 한다. 이주 난민들의 이야기에 지나치게 압도되어 그들을 영웅시하거나, 지나친 집중으로 인하여 치료자가 외상 후 스트레스 증상을 경험할 수도 있다. 따라서 치료자들이 적절히 대처할 수 있는 방법을 인식하고 강구해야만 한다.

③ 지지적 상담

지지적 상담은 공감적 이해를 하며, 충고와 제안 및 격려를 통하여 문제를 해결하고, 이주 난민, 그들의 가족, 지역 사회 및 재정착국에서의 사회적 관계를 증진하는 것이 포함된다(Egli et al., 1991). 또한 지지적 상담은 부적응적 사고를 변화시키는 것을 목적으로 하는 인지 재구축의 기술도 포함된다.

④ 정보 제공 및 사회 기술 훈련

정보 제공 및 사회 기술 훈련은 난민과 이주 난민들이 새로운 문화에서의 일상생활과 관습을 배우고, 이러한 관습과 일상생활에 효과적으로 대처하는 기술을 습득하는 과정이다. 이러한 개입은 주로 집단적으로 이루어지며, 난민과 이주 난민들이 자연스럽게 모이는 언어 교육장, 직업 훈련 센터, 종교 기관에서 행하여진다. 개입은 전문가 또는 난민 및 이주 난민 중의 준전문가에 의해서 행해지고 있다(Gonsalves, 1992). 집단 세션은 교육적이고 구조적이며, 횟수는 한 번부터 몇 주간 지속적으로 이루어지기도 한다.

⑤ 인지 행동 개입

이주 난민들의 우울과 불안에 가장 효과적인 개입 방법은 일반인에게 효과가 입증된 인지 행동 개입이다. 부가적으로 우울에는 대인 관계 개입이 효과적으로 알려져 있다. 인지 행동 개입과 대인 관계 개입은 개인과 집단 모두 가능하다(Dulmus and Wodarski, 1998). 이주 난민들의 우울과 불안은 이주 스트레스를 개인적 탄력성(resiliency)과 일차적 예방 노력이 효과적으로 대처하지 못할 때 발생한다. 이러한 우울증과 불안은 일반적으로 신체화 경향을 보이는 경우가 많다.

인지 행동 개입이 효과적이기 위해서는 문화적 · 언어적 문제가 해결되어야 가능하다. 이주 난민의 우울과 불안에 대한 인지 행동 개입은 표적 증상의 설정, 적극적 · 지시적, 구체화, 정신 신체적인 전체주의 관점, 문화적인 중립, 개인적 욕구에 대처, 통찰 중심 개입보다 언어적 어려움이 적다는 등의 유용성이 있다.

⑥ 물질 중독 치료

이주 난민들의 물질 남용 문제도 심각한 정신 건강 문제이다. 모든 치료에서와 마찬가지로 사정(assesment)이 중요한데, 이주 난민들의 경우에는 그 문화권에서 허용되는 알코올과 다른 약물의 규범을 인지하는 것이 필요하다. 이주 난민들의 불안, 우울, 외상 후 스트레스 장애 등의 정신 건강 문제가 물질 남용과 연관되어 있을 가능성도 크다. 이 부분에 대한 정확한 사정이 필요하며, 일단 물질 남용의 문제가 정확하다면 일반적인 중독 개입 프로그램으로 개입하여야 할 것이다. 이주 난민들의 물질 남용의 개입에서는 특히 가족의 역할이 중요하다. 또한 물질 남용의 대상이 청소년, 여성, 노인 등에 따라 차이나는 개입이 이루어져야 한다.

□9장 참고 문헌□

김부찬(1994), 『법학의 기초이론』, 서울: 대응출판사.

김기태 · 황성동 · 최송식 · 박봉길 · 최말옥(2001), 『정신 보건복지론』, 서울: 양서원.

신창식 · 김도환 · 노병일(2007), 『지역 사회 정신 보건 정책 및 서비스』, 서울: 다운샘.

최송식(2008), 『지역 사회 정신 보건과 사례 관리실천』, 경기: 공동체.

법무부(2008), 보도 자료, http://www.moj.go.kr/

보건복지가족부(2008), 『정신 보건 사업 안내』.

정신 보건법, '2008년 10차 개정 내용'.

정신 보건법 시행령.

Dulmus, C. N., and Wodarski, J. S.(1998), "Major depressive disorder and dysthymic disorder", In B. A. Thyer and J. S. Wodarski, eds., *Handbook of empirical social work practice: Mental disorders*, New York: Wiley.

Egli, E. A., Shiota, N. K., Ben-Porath, Y. S., and Butcher, J. N.(1991), "Psychological interventions", In J. Westermeyer, C. L. Williams, and A. N. Nguyen, eds., *Mental health services for refugees*, Washington, DC: U. S. Government Printing Office.

Gonaalves, C. J.(1992), "Psychological stages of the refugee process: A model for therapeutic interventions", *Professional Psycology: Reserch and Practice*, 23: pp. 382-289.

Keane, T. M., Albano, A. M. and Blake, D. D.(1992), "Trauma reactivation assessment and treatment: Integrative case examples", *Journal of Traumatic Stress* 5(4): pp. 545-555.

Potocky-Tripodi, M.(2002), *Best Practices for Social Work with Refugees and Immigrants*, Columbia: Columbia University Press.

Vonk M. E. and Yegidis, B. L.(1998), "Post-traumatic stress disorder", In B. A. Thyer and J. S. Wodarski, eds., *Handbook of empirical social work practice(Vol. I): Mental disorders*, New York: Wily.

10 정신 보건 서비스 전달 체계

한국의 정신 보건 정책은 지역 사회 중심의 정신 보건 개념을 바탕으로[1] 서비스 전달 체계를 구축하고 있다. 그러나 정신 보건 서비스 전달 체계가 미흡하여 일반 주민뿐만 아니라 가장 일차적인 대상자인 정신 장애인에 대해서도 불충분한 체계 구축을 하고 있다(양옥경, 2000; 최말옥 2003). 이러한 상황에서 이주 난민들은 공식적인 정신 보건 전달 체계에서 소외될 가능성이 높다. 이주 난민들의 정신 보건이 재적응에 중요한 역할을 한다는 사실이 확인된다면 서비스 전달 체계를 새롭게 구축하여야 할 것이다. 현실적으로는 이주 난민들을

---

1 정신 질환의 특성상 입원 중심 치료의 한계성을 극복하기 위해 지역 사회 중심의 패러다임으로 전환되는 과정에서 정신 보건 센터, 사회 복귀 시설, 알코올 상담 센터 등의 기관이 신설되고 지역 보건소의 업무 범위가 확대되고 있다. 신설·확대된 관련 기관들은 지역 사회 이주 난민의 정신 건강 증진 욕구를 충족시킬 공식적 자원들이 될 수 있을 것이다.

위한 정신 보건 서비스 전달 체계를 확립한다는 것은 인적 · 재정적 차원에서 한계가 있다.

그러나 한국에서 이주 난민들이 일반 주민과 함께 지역 사회 공동체를 만들며 살아가는 데 중요한 정신 건강 문제를 체계적으로 지원해야 한다는 당위성은 인식해야 한다. 이에 이 장에서는 한국의 공식적 전달 체계 내에서 이주 난민 정신 보건 서비스 전달 체계의 방향을 모색하고, 이를 북한 이탈 주민에 적용해 보고자 한다. 우선 이주 난민을 위한 정신 보건 서비스 전달 체계의 접근 방안을 살펴보자.

1. 정신 보건 전달 체계의 유형

1) 기존 체계 유지형

이는 이주 난민들의 정신 건강 지원을 위하여 새로운 전달 체계를 확립하는 것이 아니라 기존의 서비스 전달 체계를 그대로 활용하는 것이다. 이를 위하여 기존의 공공 서비스 전달 체계 내의 자원들을 활용하는 방안을 수립하는 것이다. 이러한 전략 중에는 서비스 연계 모델을 활용할 수 있는데, 다음과 같다(전우택, 2000).

첫 번째 단계에서는 이주 난민들의 정신 보건 서비스를 총괄적으로 연계하는 중앙 연계 기구를 설립한다. 두 번째 단계에서는 이 연계망에 포함될 모든 기관들을 선정한다(예를 들어 국 · 공립은 의무적으로, 사립 기관은 신청 기관에 한정하여). 세 번째 단계에서는 선정된 기관에 이주 난민 담당자를 지명하여 연계망을 구축한다. 네 번째 단계에서는 원조가 필요한 이주 난민들이 발생하면 공무원, 보호자, 관련 담당자 및 이주 난민 자신이 중앙 연계 기구로 서비스를 신청한다. 다섯 번째 단계에서는 중앙 연계 기구가 그 이주 난민의 상황과 지리적 위치를 고려하여 가장 적절한 기관을 선택하여 이주 난민에게 알려 주거나 의뢰한다. 여섯 번째 단계에서는 이주 난민들이 직접 그 기관에 찾아가서 자발적 서비스를 받거나, 비자발적 서비스가 필요하다면 그 기관은 적극적인 개입을 실시한다.

이 체계의 장점은 비용이 새로운 전달 체계를 확립할 때보다 저렴하기 때문에 현실적으로 적용 가능성이 높다. 전국에 있는 모든 정신 보건 서비스 기관들을 망라할 수 있기 때문에 이주 난민들의 접근성을 높일 수 있다. 또한 대규모로 정신 보건 기관들을 동원할 수 있기 때문에 대량 이주 난민 사태가 발생하였을 때 효율적으로 활용 가능하다.

그러나 단점은 이주 난민의 특수한 상황과 문화를 고려하는 차원에서 전문성이 떨어질 수 있다. 전달 체계 내에서 이주 난민을 담당하는 전문가가 수시로 바뀔 수 있기 때문에 일관성이 부족하고 개입 역량의 축적이 제한적일 수 있다. 이주 난민을 위한 독립적 전달 체계보다는 책임성이 부족하여 서비스의 질이 떨어질 수 있다. 또한 연계망에 속한 기관들과의 협조 체제가 이루어지지 않거나 불필요한 경쟁 상황이 발생할 수도 있다. 이러한 문제를 조정할 수 있는 법률적·제도적인 장치를 마련하지 않으면 문서상의 서비스에 그칠 가능성이 높다

2) 독립 체계 구축형

이 체계는 이주 난민의 정신 보건을 위한 독립적 전달 체계를 확립하여 전문성을 가진 기관과 서비스를 제공하는 것이다. 독립 체계의 가장 큰 장점은 이주 난민들의 정신 건강 문제를 전문적으로 개입할

수 있다는 사실이다. 즉 이주 난민들의 상황과 문화적 특수성을 충분히 인식하여 세심하고 배려 있는 실질적 개입이 가능하다. 독립 체계는 이주 난민 정신 건강 프로그램의 영속성을 확보할 수 있기 때문에 인적 교체가 직접 서비스 질로 연결되지는 않는다. 이주 난민을 위한 공적 전달 체계가 확립되면 관련 기관의 협조를 유기적으로 확보할 수 있다. 또한 이주 난민의 정신 보건 욕구는 시간에 따라서 다양하게 나타난다. 이러한 욕구에 따른 대응이 독립 전달 체계에서는 신속하게 이루어질 수 있다.

그러나 독립 전달 체계의 가장 큰 단점은 시설과 전문가 확보에 따른 재정을 확보하는 것이 어렵다는 사실이다. 또한 이주 난민의 급작스런 증가에 따른 대처는 기존 체계보다는 탄력적으로 대응하기가 어렵다. 예를 들면 수천 명 이상의 북한 이탈 주민들이 한국에 일시적으로 입국하는 경우에는 체계적으로 접근하기가 어려울 것이다. 물론 기존 서비스 전달 체계를 활용하는 모델에서도 쉬운 문제는 아닐 것이다. 이주 난민을 위한 정신 보건 기관이 대도시 중심으로 설립된다면 접근성의 어려움을 가지는 사람들이 발생할 수 있다. 이주 난민을 위한 독립 전달 체계를 확립한다고 할지라도 인적·물적 자원들을 전국에 골고루 배치하는 것은 한계를 가지게 된다. 또한 독립 전달 체계에서는 전문 인력을 확보해야만 그 기능을 발휘할 수 있다. 이주 난민의 정신 건강을 증진할 수 있는 전문 인력은 단기간에 양성될 수 없다. 전문적이지 않은 개입은 지속될 수 없으며 효과적이지도 않아서 이주 난민들의 적응에 어떠한 도움도 줄 수가 없다. 마지막으로 이주 난민을 위한 정신 보건 전달 체계는 남한 주민으로부터 소외를 강화하고 새로운 낙인을 찍을 수 있다. 원래 정신 보건 영역의 서비스에 대한 편견을 일반 주민들이 가지고 있으므로 이중적 낙인으로 어려움을 겪을 수 있다.

3) 북한 이탈 주민 적용 모형

이주 난민의 정신 보건 서비스 전달 체계의 모형을 실제적으로 이해하기 위한 사례를 파악하는 것이 필요하다. 윤여상과 김성회 (2006)는 북한 이탈 주민 정신 건강 향상을 위한 이론적 모델을 제시하고 있다. 이 자료는 해외에서부터 국내 거주 지역 단위까지 이들의 입국과 정착 과정의 동선을 고려하여 연속적이고 유기적인 정신 건강 통합 지원 시스템을 설계하였다. 이 모델은 해외 체류 탈북인에서 한국 사회 정착 북한 이탈 주민에 이르기까지 각 단계별로 적절한 수준의 정신 건강 지원 서비스를 제공하고, 이에 대한 정보를 서로 공유함으로써 이들의 성공적인 한국 사회 정착을 돕도록 되어 있다. 따라서 이 모델의 기본 구성은 〈그림 10-1〉에 나타나 있듯이 민간과 정부 영역을 포괄하고 있으며, 대상자와 담당자(기관), 역할, 지원 수준을 명시하고 있다. 이를 구체적으로 살펴보면 다음과 같다(윤여상 · 김성회, 2006: 102-110).

(1) 해외 지역

북한 이탈 주민들이 정신 건강에 어려움을 겪는 요인은 북한에서의 생활과 해외 체류 경험, 그리고 한국 거주 환경 등 다양한 요인들이 복합적으로 작용하고 있으나, 해외 체류 기간 동안의 가족의 이산과 체포 및 송환에 대한 공포, 고문, 극심한 생활환경 등이 정신 건강에 부정적인 영향을 미치는 것으로 알려져 있다. 따라서 북한 이탈 주민 정신 건강 향상을 위해서는 해외 체류 단계에서 적극적인 개입과 지원으로 이들의 정신 건강을 해치는 요인들을 제거할 필요가 있다. 그러나 현실적으로는 해외 체류 지역의 환경적 조건 때문에 서비

〈그림 10-1〉 북한 이탈 주민 정신 건강 통합 지원 이론적 모형

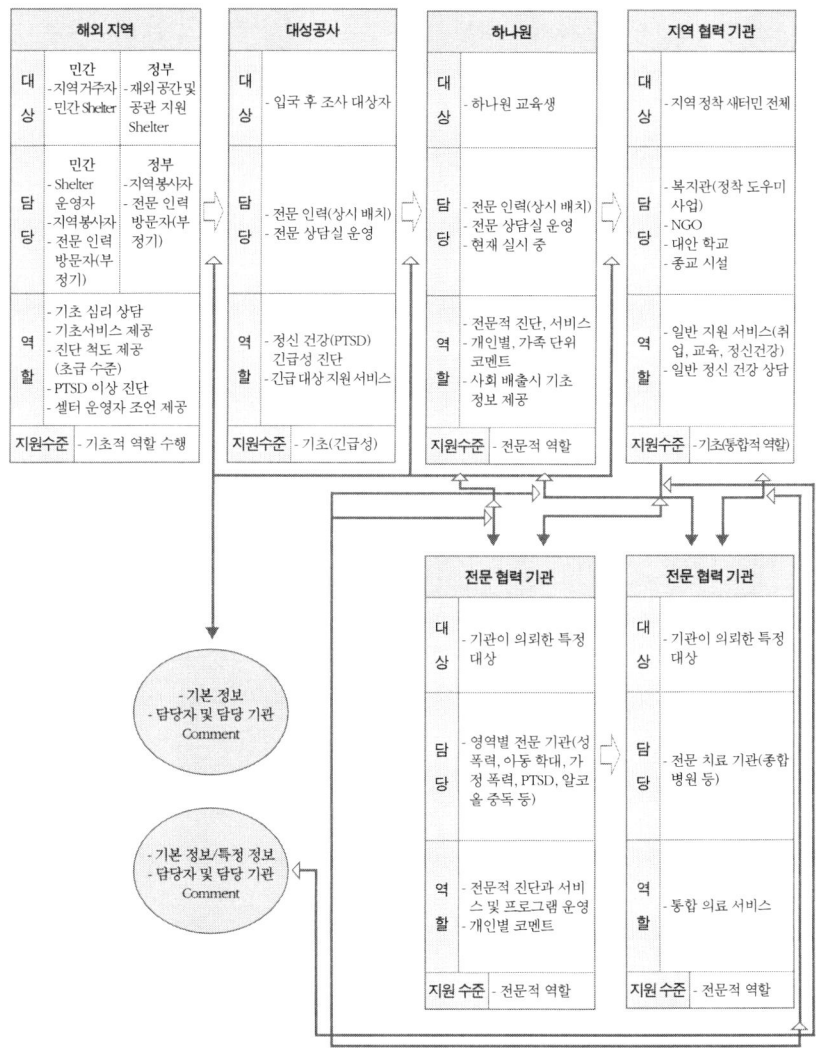

※ 출처: 윤여상 · 김성회(2006), p. 102.

스 개입이 거의 불가능한 상황이다. 그러나 최근 들어 재외 공관 진입 후 입국자 규모가 증가하면서 재외 공관 체류 기간 동안은 안정적인 서비스 개입이 가능하게 되었다. 따라서 정부와 민간 차원에서 운영되고 있는 은신처에서 가능한 수준의 정신 건강 지원 서비스가 제공될 수 있으며, 그러한 결과와 과정은 국내 입국 후 대성공사로 연결될 경우 이들의 정신 건강 지원에 효과를 높일 수 있을 것이다.

(2) 대성공사[2]

북한 이탈 주민들은 국내 입국 직후 대성공사에서 기본적인 조사와 심사를 받게 된다. 조사 과정은 불가피한 측면이 있으나, 대부분의 북한 이탈 주민들은 조사 과정에 대한 부정적인 경험을 밝히고 있다. 대성공사 조사 기간은 북한 이탈 주민들에게 한국 생활의 최초 기억이 부정적으로 각인되는 측면이 있기 때문에 대성공사의 조사 기법, 그리고 조사원들과 생활 관리자들에 대한 검토가 요구된다. 특히 기본 조사가 종료된 경우 조사 과정에서 외상에 대한 재현이나 이로 인한 이들의 심리적 불안과 정서 장애를 해소할 수 있도록 전문 인력과 상시 시설을 유지할 필요가 있다.

(3) 하나원

하나원은 현재 전문 인력과 상담실이 상시적으로 운영되고 있으며, 각종 검사와 진단, 그리고 심층적인 상담 서비스가 제공되고 있다. 그러나 하나원은 통합 지원 시스템이 구축될 경우 정부와 민간을

---

2 대성공사는 현재 합동 심문 기관으로 불린다.

연계하는 정보 교환과 의견 제공의 중심적 역할을 수행해야 함에도 불구하고 보안 시설이라는 한계와 북한 이탈 주민 인적 정보의 특수성 때문에 중심적 역할 수행에 어려움을 겪고 있다. 따라서 하나원은 정보 교환과 사업 진행의 중심적 역할이 기대되고 있기 때문에 하나원의 기능은 사회 정착 이후 부분적인 사후 관리의 기능을 위한 연계 기능의 적극적인 역할 수행이 전제되어야 북한 이탈 주민 정신 건강 향상의 실효를 거둘 수 있다.

⑷ 지역 협력 기관

현재 북한 이탈 주민 지원 활동의 주요 기능자는 지역 협력 기관이며, 정신 건강 지원 영역에서도 가장 중요한 역할을 담당하고 있다. 지역 협력 기관은 지역 복지관을 비롯하여 시민 단체, 종교 단체, 대안 학교 등을 들 수 있다. 이들 중에서도 북한 이탈 주민 밀집 지역에 위치한 사회 복지관이 가장 중심적인 역할을 수행하고 있으며, 이들은 서비스 대상자와의 접근성과 적정 규모의 대상자 확보라는 장점을 갖고 있기 때문에 정신 건강 서비스 제공의 1차적 주된 기능과 전문 협력 기관의 연계망 유지의 중요 역할을 담당하게 된다. 따라서 지역 복지관과 민간단체들은 정신 건강 사업의 1차적 사업자로서 지역의 센터 기능을 수행하면서 전문 협력 기관 및 전문 치료 기관과의 협업(co-work)이 필요한 전문 영역의 경우에는 지역 내 또는 지역 외 전문 기관과 협업 체계를 유지하여 전문적인 서비스 제공에 기여해야 할 것이다. 또한 그러한 협업 체계는 상호 정보 공유를 전제로 실시되는 것이며, 협업시 주된 기능 수행 기관 선정은 서비스 대상자의 서비스 제공 영역과 수준 등에 따라서 담당자 회의에서 결정될 수 있을 것이다.

(5) 전문 협력 기관

북한 이탈 주민 정신 건강에 대한 지원 역할은 북한 이탈 주민들을 일상적으로 접하는 관계자들의 영역에 국한되지 않는다. 정신 건강 영역은 일반적 현상보다는 전문적인 영역에 포함되기 때문에 전문적 훈련과 교육을 이수한 전문가 집단의 지원과 참여가 필요하다. 따라서 일반 생활 상담과 생활 지원은 지역 단위 지역 복지관과 일반 시민 단체, 종교 단체, 대안 학교 등에서 담당하더라도 북한 이탈 주민 집단에서 발생 빈도가 높거나 전문적인 진단과 치료가 필요한 성폭력, 아동 학대, 가정 폭력, PTSD, 알코올 중독 등의 분야는 전문 협력 기관과 협력을 하거나 지원을 받는 것이 필요하다. 이러한 전문 협력 기관은 각 분야에서 전문성을 갖고 있기 때문에 북한 이탈 주민에 대한 이해 수준이 높은 지역 복지관과 지역 북한 이탈 주민 지원 단체의 지원을 받을 경우 효과적으로 북한 이탈 주민 정신 건강의 증진을 도모할 수 있을 것이다. 전문 협력 기관은 수도권 또는 광역도시의 경우 지역 단위에서 지원을 받을 수 있으나, 비밀집 지역이나 지방의 경우 광역 또는 전국 단위를 포괄할 수 있는 지원 네트워크를 갖추는 것이 필요하다.

(6) 전문 치료 기관

정신 건강 수준이 심각한 것으로 진단을 받은 북한 이탈 주민의 경우 지역 단위 또는 전국 단위로 분야별 전문 치료 기관을 선정하여 북한 이탈 주민들이 심리적 또는 경제적 부담을 최소화한 상태에서 치료를 받도록 해야 할 것이다. 전문 치료 기관은 각 분야별로 수요가 높은 경우 각 지역 단위로 의료 기관을 선정하여 운용할 수도 있으며, 수요가 많지 않은 분야인 경우 국립의료원 또는 서울대학교 병원 등 특정 의료 기관과 협약을 통하여 운용하는 것이 실효성이 높을 것이다. 현재 국립의료원과 서울대학교 병원은 기관 단위 또는 담당의 수준에서 북한 이탈 주민 정신 건강에 대한 지원 서비스를 제공하고 있다.

북한 이탈 주민 정신 건강 통합 지원 시스템의 가장 중요한 구성 기관은 하나원과 지역 사회 협력 기관, 그리고 전문 협력 기관이며, 이들간의 유기적인 협조와 정보의 흐름이 통합 지원 시스템의 성과를 결정하게 될 것이다. 따라서 이들 구성 기관들간의 유기적인 협조 체계를 유지하기 위하여 정기적인 실무자 회의를 운영할 필요가 있다. 정신 건강 지원 사업 담당 실무자 회의는 북한 이탈 주민 후원회 또는 지역 사회 복지관에서 사무국 역할을 담당하는 것이 합리적일 것이다.

(7) 사회 정착 이후 영역별 통합 지원 시스템

하나원 퇴소 시점에서 교육생들을 사회로 배출할 경우, 일반적인 지원 서비스나 일상적인 정신 건강상의 문제를 보이는 북한 이탈 주민은 지역 사회 복지관과 같은 지역 사회 협력 기관에 의뢰하고, 심각한 정신 건강 문제를 보이는 북한 이탈 주민의 경우에는 각 전문 영역별 전문 협력 기관에 상담을 의뢰, 정보를 공유하여 하나원을 퇴소한 이후에도 대상자에 맞는 전문 상담 서비스가 이루어지도록 해야 한다.

또한 지역 사회 협력 기관과 전문 협력 기관간의 협업 수준과 대상자별 주무 기관의 선정이 효과성 제고에 중요한 영향을 미칠 것이다. 따라서 지역 사회 협력 기관에 정신 건강 전문 인력이 상근할 경우

이들의 개입이 우선적으로 이루어져야 하지만 성폭력, 아동 학대, 가정 폭력, 알코올 중독, PTSD, 고문 피해 등의 수준이 심각한 경우 전문 협력 기관과 협업 체계를 갖추는 것이 필요하다. 그러나 수도권 또는 광역시의 경우 지역 단위 정신 보건 센터 또는 지역 소재 전문 협력 기관과 협업을 유지하는 것이 용이하지만 고문 피해와 PTSD 등과 같이 북한 이탈 주민의 특성이 강하게 작용하는 경우 전국단위 전문 기관과 협력 체계를 갖추는 것이 필요할 것이다.

〈그림 10-2〉 사회 정착 이후 영역별 정착 자원 시스템 모형

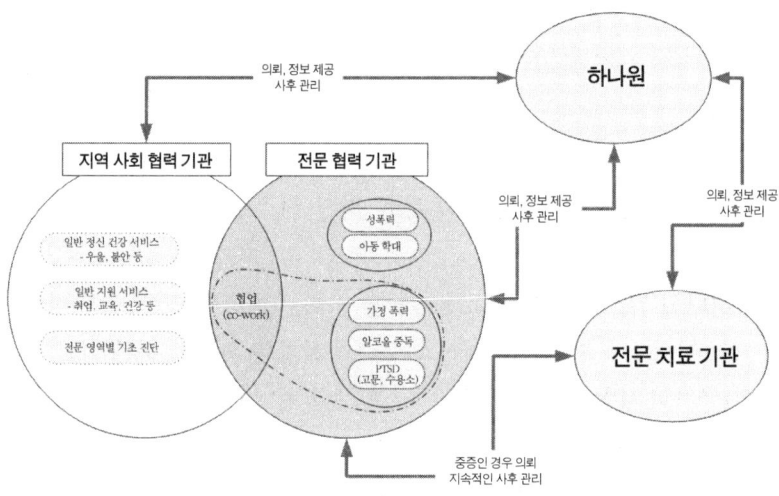

〈그림 10-2 설명〉 상황에 대한 예시임
① ②: 전문 협력 기관 내 협력 체계를 통한 지원 서비스(co-work)
③: 지역 사회 협력 기관과 전문 협력 기관 간의 협력 체계를 통한 지원 서비스

※ 출처: 윤여상 · 김성회(2006), p. 107.

이주 난민들은 새로운 적응 과정에서 정신 건강 문제에 직면하여 수동적·능동적 욕구를 동반하게 된다. 이주 난민들이 지니는 정신 보건 욕구의 독특성 때문에 한국의 정신 보건 체계가 적절히 충족을 시키기에는 한계가 많다. 따라서 이주 난민들의 적응에 중요한 정신 건강 증진을 위해서 새로운 전달 체계를 모색할 필요가 있다. 그러나 독립적인 서비스 전달 체계는 재정적 어려움과 법률, 제도적 문제가 결부되어 시급하게 시행될 수 없다. 현재는 기존의 전달 체계 내에서 이주 난민들을 위한 서비스를 확보할 수 있는 방안을 찾아야 한다. 따라서 먼저 한국의 정신 보건 서비스 전달 체계의 특성과 내용을 확인해 볼 필요가 있다.

2. 정신 보건 서비스 전달 체계

1) 전달 체계의 구성

(1) 전체 구조

현재 한국의 정신 보건 사업이 추구하는 궁극적인 목표는 지역 사회를 중심으로 지역특성에 적합한 포괄적인 정신 보건 체계를 구축하는 것이다. 또한 지역 사회를 좀 더 지지적이고 치료적인 환경으로 변화시켜 정신 질환자의 치료, 재활 및 사회 복귀를 도모하고, 일반 주민의 정신 건강 증진을 통하여 더불어 살아가는 지역 사회 공동체를 가꾸어 나가는 데 그 목표를 두고 있다. 이와 같은 사업을 추진하기 위하여 조직 및 제도를 정비하고, 전문 인력의 교육과 훈련, 정신 건강 관련 지역 사회의 자원 개발 등은 물론 민·관의 협력 체계를 구축하여 그 추진 기반으로 삼고 있는 것이다(정신 보건 사업 안내, 2008).

정신 보건 사업 기반 구축을 위하여 정신 보건 서비스 전달 체계를 확립하고(〈표 10-1〉참조), 보건소 또는 정신 보건 센터가 지역 사회 내 포괄적인 정신 보건 서비스 제공을 위한 기획·조정 역할을 담당한다. 서비스 전달 체계의 구조 속에서 이주 난민들이 얼마나 접근성을 확보할 수 있을 지는 의문이다. 지금 현재의 구조는 만성 정신 장애인에 대한 서비스 중심이고, 일반인들은 자발적 접근의 형태이기 때문에 사회 문화적으로 생소한 이주 난민들의 자발적 이용 가능성은 희박해 보인다.

〈표 10-1〉한국의 정신 보건 서비스 전달 체계

보건복지가족부	
국립 정신 의료 기관 (진료, 기술지원)	중앙 정신 보건심의위원회
	중앙 정신 보건 사업 지원단

시·도	
공립 정신 의료 기관	지방 정신 보건심의위원회
광역 정신 보건 센터	지방 정신 보건 사업 지원단

시·군·구			
정신 보건 센터(예방, 상담, 재활)//보건소			
사회 복귀 시설 (재활·주거)	알코올 상담 센터 (상담·재활)	정신 의료 기관(진료·재활)	정신 요양 시설 (요양 보호·재활)

정신 질환자, 가족, 지역 주민

〈표 10-2〉 정신 건강 상담 전화 운영 체계

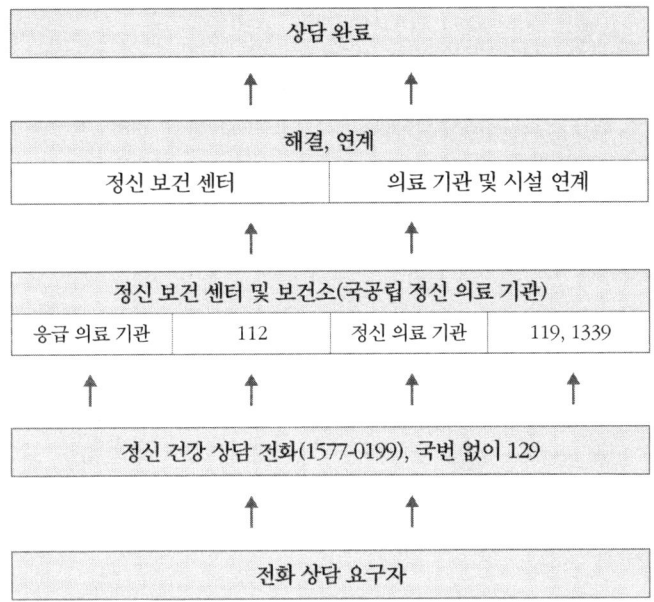

(2) 정신 보건 상담 전화 체계

정신 보건 상담 전화는 전국 어디에서나 전화를 걸면(전국 동일 번호 1577-0199, 국번 없이 129) 시 · 군 · 구별로 정신 보건 전문 요원[3] 등이 자살 위기 상담 등 정신 건강 상담과 지지, 정신 건강 정보 제공, 정신 의료 기관 안내 등을 제공할 수 있도록 하는 것을 말한다(표 10-2) 참조). 야간 및 일 · 휴무일은 전국의 광역 단위로 지정된 16개

---

3 정신 보건 전문 요원은 지정된 정신 보건 관련 수련 기관에서 1~3년 수련을 받고 자격을 취득하는 정신 보건법상의 전문가를 말하며 정신 보건 사회 복지사, 정신 보건 간호사, 정신 보건 임상 심리사로 분류된다.

의 관할 국공립 정신 의료 기관으로 착신을 전환하여 연결하게 되어 있다. 상담 요원은 정신 보건 전문 요원 또는 의료인을 우선적으로 지정하고, 인력의 문제 등 불가피한 경우 정신 보건 분야에 관한 전문 지식을 가진 자를 지정할 수 있으나 자체 또는 외부의 전문 교육을 받도록 조치하고 있다.

상담된 내역과 실적(상담 의뢰자, 조치 사항 등)은 관할 구역의 정신 보건 센터(또는 보건소)와 정보를 공유하도록 되어 있다. 정신 보건 상담 전화는 이주 난민의 지역 사회 관련 조직에서 긴급한 정신 건강의 문제가 발생하였을 경우 활용할 수 있는 자원이 되도록 인지시켜야 할 것이다. 휴일을 포함한 24시간 활용 가능한 자원이기 때문에 더욱 의미 있는 체계인 것이다. 기존의 정신 보건 서비스 전달 체계에 정신 건강 상담 전화의 체계를 통합하여 이주 난민들을 위한 전달 체계를 모색할 필요가 있다.

2) 전달 체계의 범위

한국의 정신 보건법과 보건복지가족부의 정신 보건 사업에는 지역 사회 수준의 전달 체계로 정신 의료 기관, 정신 요양 시설, 사회 복귀 시설, 보건소 및 정신 보건 센터, 알코올 상담 센터 등이 규정되어 있다. 그러나 양옥경(2000)은 지역 사회 정신 보건 사업의 서비스 전달 체계는 존재하지 않는다고 해도 과언이 아니다 라고 하였다. 지금도 여전히 설득력이 있는 주장으로 남아 있다. 정신 의료 기관, 사회 복귀 시설, 정신 보건 센터는 서비스 중복과 누락이 되고 있으며 예산상의 낭비인 경우까지도 발생하고 있다.

공공 분야인 정신 보건 센터와 민간 영역인 정신 의료 기관은 전혀 유기적 협조 체계를 이루지 못하고 사회 복귀 시설과도 마찬가지이다. 문서상 표현되는 전달 체계만 존재하며 실제적인 서비스 체계가 작동되고 있지 못하다고 할 수가 있다. 정신 보건 서비스에서 연계의 문제도 마찬가지이다. 연계의 필요성만 강조되고 있으며, 실제적으로는 연계할 기관이나 시설의 부족으로 서비스는 불만족으로 돌아오고 서비스는 소비자 중심이 아닌 공급자 중심이 될 수밖에 없다(최말옥, 2003). 이와 같은 한국의 정신 보건 전달 체계와 서비스 연계의 문제를 고려해 볼 때, 이주 난민의 정신 건강 증진을 위한 양적·질적 기관 및 시설의 확보와 서비스가 적절히 공급될 가능성은 희박해 보인다. 그러나 현 전달 체계 내에서 이주 난민을 위한 정신 보건 서비스가 논의될 수밖에 없는 현실이다.

(1) 대상

정신 보건 사업의 대상은 사례 관리와 재발 예방 및 재활 프로그램 대상으로 만성중증정신 질환자인 표적 인구, 정신 질환 조기 발견 및 조기 치료 연계의 주요 대상인 위험인구, 정신 건강 증진 및 정신 질환 예방 프로그램의 주요 대상인 일반 인구(전체 지역 주민 인구)로 구분하여 대처토록 하고 있다. 정신 보건의 대상을 밝힘에 있어, 정신 보건법 제3조에서 정신 질환자는 정신병(기질적 정신병을 포함)·인격 장애·치매·알코올 및 약물 중독자·기타 비정신병적 정신 장애를 가지는 자라 정의하고, 입원 및 거주 중인 정신 질환자가 같은 연령의 정상인과 유사한 환경에서 생활할 수 있도록 노력해야 한다고 규정(법 제6조)하고 있다. 따라서 이 법의 대상은 정신 질환자라 할 수 있다. 그러나 법의 목적이 국민의 정신 건강 증진인 만큼 그 대상은 전 국민이어야 하며(김기태 외, 2001), 이주 난민들도 대상에 포함되어야 한다(엄태완, 2006).

(2) 주요 전달 기구

한국의 법적인 공식적 정신 보건 기관과 시설은 정신 의료 기관, 정신 요양 시설, 정신 보건 센터, 정신 질환자 사회 복귀 시설(이하 사회 복귀 시설)로 구분할 수 있다(〈표 10-3〉 참고). 정신 의료 기관에는 의료법에 의한 정신 병원, 정신과 의원, 병원급 이상의 의료 기관에 설치된 정신과를 말한다. 현행 의료법에서는 300병상 이상의 종합 병원에서는 정신과의 설치를 의무화하고 있다. 대부분 민간 의료 기관으로 이주 난민의 정신 보건 서비스 전달 체계의 주체가 될 수는 없다. 이러한 기관들은 심각한 정신병적 문제를 가진 이주 난민들의 약물 치료 및 입원 치료 대상자를 위하여 의뢰할 수 있다. 일부 국공립 정신 의료 기관(2008년 18개소)의 경우에는 법적인 장치가 마련된다면 다양한 역할을 할 수 있지만 현재 이주 난민을 위한 주체적 서비스 기관은 아니다. 이주 난민들의 정신병 및 심각한 정신 건강 문제에 대한 약물 및 입원 치료와 지역 사회 정신 보건 전문가를 양성하기 위한 교육체제의 일정 부분을 담당할 수 있다.

정신 요양 시설은 "정신 의료 기관에서 의뢰된 정신 질환자와 만성 정신 질환자를 입원시켜 요양과 사회 복귀 촉진을 위한 훈련을 행하는 시설"을 말하며, 사회 복귀 시설은 "정신 질환자를 정신 의료 기관에 입원시키거나 정신 요양 시설에 입소시키지 아니하고 사회 복귀 촉진을 위한 훈련을 행하는 시설"을 말한다. 정신 요양 시설과 사회 복귀 시설은 이주 난민을 위한 정신 보건 서비스의 주체이기보다는 전문가를 활용하는 등의 지역 사회 주요 자원으로서 의미가 있다. 현시점에서 이주 난민을 위한 정신 보건 서비스의 전달 주체는 정신 보건 센터와 알코올 상담 센터가 될 수밖에 없다.

〈표 10-3〉 정신 보건 기관 · 시설 현황

단위: 개소, 명, 병상

구분		기관수	주요 기능
계		1555	-
정신 보건 센터		151	정신 질환 예방, 정신 질환자 발견 · 상담 · 진료 · 사회 복귀 훈련 및 사례 관리, 정신 보건 시설간 연계 체계 구축 등 지역 사회 정신 보건 사업 기획 · 조정 및 수행
정신 의료 기관	국 · 공립	18	정신 질환자 진료, 지역 사회 정신 보건 사업 지원
	민간	1,128	정신 질환자 진료
정신 요양 시설		58	만성 정신 질환자 요양 · 보호
사회 복귀 시설		170	치료 · 요양하여 증상이 호전된 정신 질환자 일상생활 · 작업 훈련, 주거
알코올 상담 센터		30	알코올 중독 예방, 중독자 상담 · 재활 훈련

※출처: 보건복지가족부(2008). p. 5. 2007년 6월 말 기준.

① 정신 보건 센터

정신 보건 센터의 설립 목적은 지역 사회 중심의 통합적인 정신 질환자 관리 체계를 구축함으로써 정신 질환의 예방, 정신 질환자의 조기 발견 · 상담 · 치료 · 재활 및 사회 복귀를 도모하는 것이다(정신 보건법 제 13조에 근거). 센터의 설치자는 국가 또는 지방 자치 단체(시 · 도지사, 시 · 군 · 구청장)이며 표준형(인구 20만 미만 시 · 군 · 구 : 1개소)과 광역형(2008년 2개 시 · 도에 각 1개소 설치 · 운영) 정신 보건 센터로 구분된다. 기본 방향은 지역 사회 중심의 통합적인 정신 보건 서비스 제공을 위한 기반과 서비스 대상자 분류 및 5단계 정신 건강 서비스 제공 체계 구축이다.

5단계의 분류는 〈표 10-4〉(240쪽)와 같다.

〈표 10-4〉 정신 보건 센터 단계별 서비스

단계	내용
1단계	증상이 없거나, 일시적인 스트레스에 대한 예상 가능한 반응을 하므로 가정에서 생활이 가능한 단계(방문 보건 사업 연계)
2단계	가벼운 몇몇 증상(우울한 정서와 가벼운 불면증) 또는 사회적, 직업적, 학교 기능에서 약간의 어려움이 있으며, 일반적인 기능은 꽤 잘되는 편이나 의미 있는 대인 관계에는 약간의 문제가 있는 단계
3단계	중간 정도의 증상(무감동한 정서와 우회적인 말, 일시적인 공황 상태 등) 또는 사회적, 직업적, 학교 기능에서 중간 정도의 어려움(친구가 없거나 일정한 직업을 갖지 못함)이 있는 단계
4단계	심각한 증상(자살 생각, 심각한 강박적 의식, 빈번한 소매치기 등) 또는 사회적, 직업적, 학교기능에서 심각한 손상이 있는 단계
5단계	대상자는 정신 의료 기관이나 의료 기관으로 연계

※출처: 보건복지가족부(2008). p. 21-22.

시 · 도지사(시장 · 군수 · 구청장)가 보건소 또는 국 · 공립 정신 의료 기관에 정신 보건 센터를 설치 · 운영하거나 민간에 위탁하여 정신 보건 센터를 운영하여야 한다. 또한 관할 시 · 도내 표준형 정신 보건 센터 중 1개소를 거점 정신 보건 센터로 지정하고, 정신 보건 센터간 유기적 협력 체계를 구축하여야 한다. 모든 보건소는 정신 보건 업무 담당 공무원을 정신 보건 전문 요원으로 지정하고, 교체를 최소화하여 업무의 지속성이 유지되도록 해야 한다. 정신과 전문의 1인 이상을 정신 보건 자문의로 위촉하여 정신 보건 센터의 사업 수행에 대한 수시 자문 체계를 구축하여야 한다. 정신 보건 센터의 인력 및 사업 내용은 〈표 10-5〉와 같다.

현행 정신 보건 센터의 특수 사업의 일부로 새터민, 해외 이주 여성 및 혼혈 자녀 정신 건강 상담 서비스가 포함되어 있다. 이는 단일 사업의 내용이지 구체적인 전달 체계에 포함되는 것은 아니다.

《표 10-5》 정신 보건 센터 사업 내용

기본 사업	특수 사업
· 지역 정신 보건 사업의 기획 및 자원 조정 · 대상자 발견 · 등록 및 사례 관리 · 대상자 의뢰 체계 구축 및 운영 · 정신 건강 전화(1577-0199) 운영 · 청소년 정신 건강 조기 검진 및 조기 중재 · 주간 보호(day care) 프로그램 · 자살 예방 사업 · 정신 질환 예방, 정신 건강 증진 사업 · 정신 질환 편견 해소 홍보 · 지역 내 정신 보건 관련 자문 및 보건복지 인력 교육(보건소 공무원, 사회 복지 전담 공무원, 관련 교사, 자원 봉사자 등을 대상으로 연 2회 이상 교육) · 정신 질환자 가족 교육(연 6회 이상) 및 모임 지원 · 자원 봉사자 관리 및 연결 · 운영 위원회 운영	· 거점 정신 보건 센터 사업(시 · 도로부터 거점 센터로 지정받았을 경우: 관내 정신 보건 시설 등에 대한 기술 지원 및 평가, 교육 훈련, 홍보 책자 개발 등 시 · 도 정신 보건 사업 지원) · 직업 재활 프로그램 · 알코올 중독환자 재활 프로그램 · 조건부 수급자 재활 프로그램 · 응급 상담 서비스 · 아동 · 청소년 정신 보건 사업 · 노인 정신 보건 사업 · 직장인 정신 건강 증진 사업 · 노숙인 정신 보건 사업, 미인가 시설 정신 질 환자 진료 및 관리 · 새터민, 해외 이주 여성 및 혼혈 자녀 정신 건강 상담 서비스 · 가족지원 사업(후원금품 연결, 저소득층에 대한 의료비 지원 등 사회 경제적 지원)

※출처: 보건복지가족부(2008), pp. 19-27.

② 알코올 상담 센터

알코올 상담 센터는 국민 기초 생활 보장 수급권자 및 차상위 계층, 이주 여성 및 자녀, 북한 이탈 주민 등 사회 취약 계층이 우선 이용할 수 있도록 대상자를 선정할 때 이들이 전체 이용자의 2분의 1 이상으로 유지하도록 하고 있다. 알코올 문제에 관한 상담 치료 체계는 보건복지가족부, 시 · 도, 보건소, 알코올 상담 센터 및 민간 기관이 상호 유기적 협조 체제를 유지하도록 되어 있다. 이러한 기관들의 목표는 음주와 관련된 문제의 예방, 치료, 재활과 관련이 있다. 기관별 추진 내용을 보면 다음과 같다.

보건복지가족부는 정책 수립과 실태 조사 및 관련 기관 사업 지원과 평가를 담당한다. 시 · 도 단위에서는 지역 단위 예방과 치료 대책의 수립과 관련 법규의 이행 실태와 점검을 담당한다.

〈표 10-6〉 알코올 상담 센터 사업 내용

기본 사업	특수 사업
· 알코올 남용 및 의존자 발견·등록 사업 (음주 문제 조기 발견 검진 도구를 활용하여 문제 음주자 조기 발견 및 상담 연계) · 알코올 의존자 및 가족전화·내방 상담·교육 · 알코올 의존자 재활 프로그램 개발 및 시행 · 알코올 의존자 및 가족 사례 관리 · 학생, 직장인, 지역 주민 대상 알코올 문제 예방 홍보·교육, 자문 및 프로그램 진행 · 지역 사회 자원 발굴 및 유관 기관과의 연계 체계 구축 · 지역 내 알코올 문제자 조기 발견 및 치료 연계 · 자원 봉사자 관리 및 연결 · 운영 위원회 운영(월 1회, 자문위원회는 필요시)	· 음주 운전자 및 음주 범죄자 보호 관찰(수강 명령, 상담 명령) 프로그램 · 지역 사회 학교와 연계한 방과 후 프로그램 운영 · 지역 사회 조사 사업 · 주간 보호(day care) 프로그램 · 알코올 의존자 및 가족 자조 모임 지원 · 알코올 문제 관련 세미나 · 소식지 발간 · 사이버 상담 등 · 직업 재활 준비 및 타기관 재활 프로그램 연계 등

※출처: 보건복지가족부(2008), pp. 122-124.

보건소는 지역 사회 음주 실태 진단 및 분석을 지역 사회 단위의 예방 교육과 목표를 설정하며 알코올 상담 센터 활동 지원 등을 담당하고 있다.

알코올 문제 상담 치료에서 가장 일차적인 기관인 알코올 상담 센터는 지역 사회 음주 실태 조사 및 유관 기관 연계 체계 구축, 알코올 의존 예방 교육, 알코올 문제자 조기 발견 및 치료 연계, 알코올 문제자 및 가족전화, 방문 상담, 환자 및 가족 사례 관리, 알코올 의존자 및 가족 자조 모임 운영, 음주 운전자 및 음주 범죄자 보호 관찰 프로그램 진행 등을 담당한다(〈표 10-6〉 참조).

민간단체는 예방과 홍보 연구 개발, 전문가 양성 등을 담당한다(2008년 정신 보건 사업 안내).

그러나 현행 알코올 문제에 관련된 서비스 전달 체계는 추상적이고 실제적 전달 및 연계는 부족한 편이다. 이주 난민들의 알코올 및 약물 문제는 일차적으로 지역 사회의 관련 기관과의 유기적 관계 내에서 알코올 상담 센터에서 직접 서비스를 받는 방법이 고려될 수 있다. 알코올 문제 서비스 체계는 각 기관간의 서비스 연계의 문제와 같은 실질적 원조의 한계는 많지만, 이주 난민을 위한 정신 보건 서비스 전달 체계에 포함시킬 수 있는 전달 기구이다. 또한 이주 난민들의 알코올 문제가 심각하게 대두되고 있는 시점에서 중요한 기관이다. 알코올 상담 센터의 전문가들도 경험과 자격을 갖추고 있으므로 이주 난민들의 문화와 특수성에 대한 교육과 훈련만 받는다면 중요한 역할을 할 것이다.

3. 현 전달 체계내의 북한 이탈 주민 적용[4]

한국의 정신 보건 서비스 내용과 전달 체계를 북한 이탈 주민에 적용하는 과정을 통하여 결혼 이주 여성, 이주 노동자 등을 위한 서비스 방법을 고려할 수 있을 것이다. 북한 이탈 주민들과 다른 이주 난민들은 여러 가지 사회 문화적 차원에서 차별성이 있겠지만, 특히 언어에서 다름이 클 것이다. 정신 보건 서비스는 비언어적인 요소가 크지만 일차적으로 말을 통해서 정서적이고 정신적인 관계를 형성하여야 한다. 이러한 상황에서 볼 때 북한 이탈 주민을 위한 정신 보건 서비스는 다른 이주 난민들보다는 용이하게 이루어질 수 있을 것이다. 그렇다고 남한과 북한의 문화가 유사하다고 성급하게 생각하는 것은 바람직하지 않다. 남북의 문화적 차이를 바탕에 두고 정착 단계별로 신중하게 접근하는 것이 중요하다.

---

4 엄태완(2006), 「새터민의 재적응 토대 마련을 위한 정신 보건 서비스 전달 체계 모색」, 『통일정책연구』, 15(1)의 내용을 바탕으로 함.

1) 정착 단계별 정신 보건 욕구

북한 이탈 주민들은 이주 전의 외상과 적응 스트레스로 인하여 신체적 · 심리적인 불안정을 유발할 수 있으며, 이러한 사실은 이들이 정신 건강의 고위험 대상자로 분류될 수 있음을 말한다. 북한 이탈 주민들은 이주 전후의 정신적 문제들로 인해 우울증과 PTSD의 증상을 가지고 있거나, 문화 적응 스트레스로 어려움에 직면해 있을 수 있다. 북한 이탈 주민들에게 남한 중심의 문화 배경을 중심으로 관여하는 것은 바람직하지 않지만, 문화 적응 과정에서 발생할 수 있는 스트레스에 각별한 관심이 필요할 것이다. 외국의 이주 난민의 경우에도 이주 전후의 외상으로 인한 PTSD와 우울 등을 경험하고 있다. 이들의 정신 건강을 위협하는 고위험 요인으로는 정신 증상의 정도, 빈곤, 교육, 지속적인 실업, 낮은 자아 존중감, 병약한 신체 등이다 (Hsu, et al., 2004). 이는 북한 이탈 주민의 정신 건강 증진을 위하여 개별적인 상황들이 고려되어야 함을 보여 준다.

북한 이탈 주민들의 적응은 물리적 · 사회적 · 경제적 · 문화적 측면의 다차원적 변화와 충격의 과정이라고 할 수 있다. 북한 이탈 주민들의 적응을 위해서는 이와 같은 다차원적 모든 요소들이 고려되어야 하며, 여기에 개인적 특성을 통합하여야 한다. 이 과정에서 남한 사회의 경제적 대처를 위한 제도와 개인적 능력의 향상, 남한 주민들과 공동체를 형성하기 위한 지역 사회 통합의 과제들이 해결되어야 한다. 성별, 연령 등과 관계없이 나타날 수 있는 북한 이탈 주민의 정신 건강 문제는 남한 사회에서의 재적응과 관련성이 있다. 즉, 북한 이탈 주민의 정신 건강 증진이 북한 이탈 주민의 적응을 보장하는 요인이 될 수는 없지만, 필수적 요인으로 간주될 수는 있다.

북한 이탈 주민 성인들은 자신이 겪은 외상과 상실감의 충격으로

〈표 10-7〉 북한 이탈 주민의 정신 보건 욕구

	초기(하나원 교육 단계)	중기(지역 사회 노출 단계)	지속기(지역 사회 적응 단계)
전반적 욕구	북한 이탈 주민의 외상적 사건의 접근 여부, 노출 기간 및 외상 경험의 강도를 종합적으로 조사, 평가된 개별적 개입.	이주후의 심리적·정신적 불안과 증상에 대한 전문적 개입	남한 사회에 문화 적응하면서 표출되는 심리·사회적 문제(빈곤, 소외, 외로움, 대인갈등 등)에 대한 지지적 개입.
대상별 욕구	아동·청소년: 수동적 이주에 대한 이해와 외상에 대한 집중개입[5] 여성[6]: 성적 문제 등에 대한 정신 치료적 개입 노인: 신체적 쇠약에 따른 정신 신체 개입	아동·청소년: 학교 및 또래적응을 위한 개입 성인: 직장 초기의 적응 불안과 스트레스에 대한 개입	아동·청소년: 가족, 동료, 지역 사회의 지지적 사회망 개입 성인: 문화 적응의 실패 또는 왜곡으로 인한 일탈 행동, 정서적 문제 개입 노인: 문화 적응 과정의 소외 현상 극복을 위한 개입
미해결 문제	외상 후 스트레스 장애, 급성 정신병 등	불안, 우울 등 급성 신경 정신증, 왕따 등	만성 우울증, 자살 사고 및 행동, 부적응적 일탈 행동, 물질 남용, 도박 중독, 섭식 장애 등

※출처: 엄태완(2006). p. 299.

---

5 Lin 등(1979)은 미국에 정착한 베트남 난민에 관한 연구에서 나이가 젊을수록 적응에 유리하고 적응에 따른 정신 건강상 이상이 적게 나타나는 반면에, 나이가 많을수록 적응 과정에서 정신 병리가 더 많이 나타난다고 하였다. Digdon과 Gotlib(1985)은 연령에 따라 우울증의 차이가 있는지에 관한 연구를 하였다. 첫째, 청소년들은 성인에 비하여 사건의 원인을 외부적 원인에서 찾으려고 하는데, 청소년들은 자기중심적인 세계관을 가지고 있어서 원인과 결과에 대하여 부정적 추론 양식을 성인들에 비하여 덜 사용하는 경향이 있다. 둘째, 청소년들은 '지금 그리고 여기에서' 의 사고를 가지고 있다. 이러한 사고는 부정적 사건의 장기 결과를 파국적으로 몰고 가는 경향이 성인에 비하여 적으며, 이는 우울증 생성을 방지하는 역할을 할 것이다. 마지막으로 청소년들은 그들이 부정적 특성(characteristics)을 소유하고 있다는 것을 알 수 없다고 하였다. 따라서 북한 이탈 주민 아동·청소년의 경우에 남한 이주 초기에 외상 경험에 대한 적극적 치료와 개입은 이후의 정신 건강 문제에 적응을 용이하게 할 수 있을 것이다.

6 엄태완(2004)의 연구에서 난민 연구의 결과들을 종합하여 여성들이 남성들에 비하여 훨씬 심각한 정신 건강의 문제를 가지고 있다는 결과들을 제시하였다. 또한 여성들은 강간과 성폭행으로 심각한 정신 건강 장애의 고위험 집단이고, 재정착 과정에서 심리적 위험에 직면할 수 있다. 디스트레스 수준에서 성차는 처음에 그들의 재정착국에 도착했을 때가 아니라 재정착과 문화 적응의 기간에 출현하게 된다. 정신 건강의 측면에서 회복률에서도 남성은 상당한 회복을 보여 주지만, 여성 난민의 심리적 상태는 여전히 변화되지 않은 채 남아 있게 된다. 이것은 이주 전 문화의 성차와 문화 적응 과업에 기인한 것이다(Rumbaut, 1990. pp. 53-91).

가정 폭력, 음주, 도박과 같은 역기능적 행동 패턴을 유발할 수 있다. 북한 이탈 주민 아동이나 청소년들도 성인과 비슷한 정신적 문제로 고통을 받을 수 있으며, 학업 기능과 정신 건강의 문제가 상관이 높기 때문에 이후 삶에 지속적으로 영향을 미칠 수 있다. 이주 난민의 경우에 2세대(정착지 도착 후 출생한 세대)가 이주 1세대의 아동과 청소년보다 물질 남용, 행동 장애, 섭식 장애 등의 문제가 더 많다는 보고들이 있다.

북한 이탈 주민의 경우에도 남한에서 출생한 아동에 대한 정신 건강의 문제에 점차 관심을 가져야 할 것이다. 연령이 높은 북한 이탈 주민 노인들은 북한 문화의 가치와 남한 문화의 가치 사이에서 융통성을 발휘하여 통합할 가능성이 낮을 것이며, 가족적·사회적 지지가 부족하거나 신체적 질병이나 문제를 동시에 가지고 있어서 정신 건강 문제에 취약성을 가지게 될 수 있다. 북한 이탈 주민 여성들의 경우에도 성폭력 등의 독특한 문제가 정신 건강과 깊은 관련성이 있는 것으로 나타났다. 정신 보건의 욕구는 개인이 인식하지 못하는 수동적 욕구와 능동적 욕구가 혼재되어 있다는 가정 하에, 지금까지의 연구 결과들을 바탕으로 북한 이탈 주민의 정신 보건 욕구 정도를 정리하면 〈표 10-7〉과 같다.

현행 남한의 정신 보건 전달 체계는 서비스의 포괄성 부족과 부적절성 등의 문제가 지적되며 효과적·효율적으로 이루어지지 않고 있다.[7] 남한의 서비스 전달 체계의 미흡함은 북한 이탈 주민의 정신 건강 증진을 위한 서비스 제공에서도 문제점을 가질 수밖에 없다. 이러한 남한의 정신 보건 서비스 전달 체계상의 문제를 극복하기 위하

---

7 이선혜(1999)는 남한의 정신 보건 서비스 전달 체계를 포괄성, 연속성, 적절성, 조정의 차원으로 구분하여 평가하면서 지역 사회 중심의 정신 보건 서비스가 충분하지 않음을 지적하였다.

여 북한 이탈 주민을 중심으로 새로운 서비스 전달 체계를 수립하는 것은 예산상의 문제뿐만 아니라 인적 자원의 확보에서도 어려움을 겪을 것이다.[8] 따라서 현재 북한 이탈 주민의 정신 건강 증진은 기존의 정신 보건 서비스 전달 체계 범위 내에서 인적 자원의 조정 및 연계를 통하여 이루어지는 것이 가장 타당해 보인다.

2) 북한 이탈 주민 중심의 정신 보건 서비스 전달 체계

지금까지 한국의 정신 보건 서비스 전달 체계를 고찰하고 북한 이탈 주민의 정신 보건 욕구를 살펴보았다. 북한 이탈 주민에 대한 정신 건강 증진은 일상생활의 기능을 향상하고 삶의 융통성을 높여 주기 때문에 적응에 중요한 토대를 마련하는 것이다. 북한 이탈 주민 개개인에 대한 정신 건강 증진을 위해서 서비스 전달 체계를 확립하는 것은 상당히 중요하다. 그러나 한국의 정신 보건 전달 체계가 미흡하게 구축되어 있기 때문에 북한 이탈 주민을 위한 새로운 전달 체계를 구성하는 것은 현실성이 높지 않다고 판단된다. 북한 이탈 주민에 대한 새로운 정신 보건 서비스는 비용 효과 분석이 필요하겠지만, 다른 한국 내의 이주 난민(외국인 노동자, 결혼 이주 여성 등)과의 형평성의 문제 등도 고려되어야 할 것이다. 하지만 향후 대규모의 북한 이탈 주민들과 이주 난민들이 유입되는 상황을 가정한다면 적응에서 중요한 의미를 가지는 정신 건강 문제에 전문적으로 개입할 수 있는 새로운 서비스 전달 체계의 확립이 필요할 것이다. 그러나 이 책에서는 북한 이탈 주민의 정신 보건 서비스를 기존 전달 체계 내에서

---

8 정신 보건 영역의 인적 자원은 한정적이며, 영역의 특성상 단기간에 우수한 인력을 확보하는 것이 불가능하기 때문이다. 또한 새로운 전달 체계는 법적·행정적·제도적인 장치가 필요하며, 보건 복지 전체의 상황과 조정이 필요하기 때문에 욕구에 따른 비용 효과 분석이 요구된다.

접근성과 포괄성 및 전문성이 확보되는 방향으로 접근하려 한다.

북한 이탈 주민에 대한 정신 보건 서비스는 남한 입국 초기의 정착 교육 단계인 하나원 과정과 이후의 지역 사회 생활 과정으로 분류할 필요가 있을 것 같다. 북한 이탈 주민은 남한 입국 초기에 심리적 안도와 환상 및 불안 등이 교차하기 때문에 심리·정서적 개입이 필요한 시기이다. 이 시기에는 외상 등으로 인한 정신 의학적 개입이 시급히 필요한 개인들도 발생할 것이고, 지속적인 정서적 지지와 교육을 통하여 심리·정서적 안정을 확보해야 하는 개인들도 있을 것이다. 현재 조직적인 팀이 이러한 문제를 관리하고 전문적으로 개입하고 있으나 통합적으로 지역 사회와 지속적인 연결을 추진하고 있지는 못하다. 따라서 이러한 개입을 통합적으로 할 수 있는 좀 더 활성화된 정신 보건팀이 하나원 내에 필요하다. 이 팀은 북한 이탈 주민 개개인의 정신 건강을 사정하고 분류하여 개인 치료, 집단 치료, 사회적 지지 등의 다양한 방법으로 개입하며, 정신병적인 문제는 입원 치료와 같은 집중 개입도 가능케 하여야 할 것이다. 또한 활용 가능한 전문가 집단을 확보하고 체계적인 원조 계획을 수립하는 역할을 해야 할 것이다.

지역 사회 정착 과정에서 발생하는 개인적·사회적 요인에 의한 정신 건강의 문제는 정신 보건 관련 기관과 정신 보건 상담 전화 및 알코올 상담 센터와 유기적 관계를 맺도록 되어 있는 지역 사회 정신 보건 센터가 일차적 조정과 관리 기능을 가지는 것이 바람직할 것으로 생각된다. 지역 사회 관련 조직의 아웃리치나 상담 전화 등을 통하여 확인된 북한 이탈 주민의 정신 건강 증진을 체계적으로 관리, 연계, 조정하는 역할을 정신 보건 센터에서 하여야 할 것이다. 정신 보건 센터는 북한 이탈 주민의 정신 건강 상태를 사정하여 지역 사회 내 적응 중심으로 개입할지, 치료 중심으로 개입할 것인지를 판단하여야 한다. 적응 중심으로 분류된다면, 지역 사회 내에 거주하면서 전문가 단체나 공식적인 기관 또는 전문가를 통한 심리 · 사회적 지지가 중요한 서비스가 될 것이다. 치료 중심으로 분류된다면, 지역 사회 내의 정신 의료 기관이나 사회 복귀 시설 또는 알코올 상담 센터에 연계해야 한다. 그리고 지속적인 사례 관리와 사후 관리가 관련 기관에 의해서 이루어질 수 있도록 해야 한다(〈그림 10-3〉 참조). 다음에서는 각 하위 전달 체계의 기능과 역할 및 조정의 과정을 살펴보기로 하겠다.

〈그림 10-3〉 북한 이탈 주민 중심의 정신 보건 서비스 전달 체계

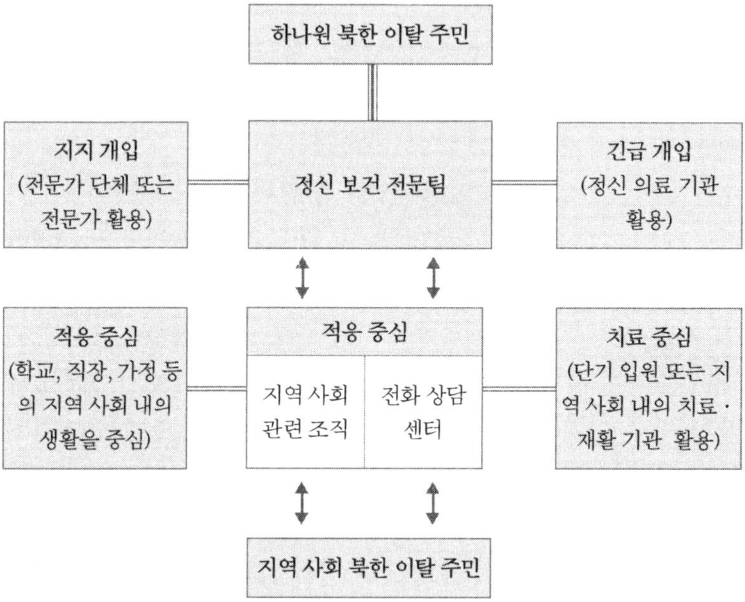

※출처: 엄태완(2006), p. 311.

(1) 하위 체계의 기능과 역할

① 하나원 정신 보건팀

북한 이탈 주민을 위한 정신 보건 서비스 전달 체계에서 새롭게 존재해야 하는 조직이다. 지금까지의 연구 결과들을 살펴보면 북한 이탈 주민들은 남한 입국 이전에 상당한 정도의 심리 · 정서적 외상을 경험하고 있다. 이러한 북한 이탈 주민의 특성을 이해하는 정신 보건 전문가팀의 전문적 접근은 심리적 안정과 정신 증상을 감소시켜 앞으로의 남한 생활 적응에 상당히 긍정적 영향을 미칠 것이다. 300명 정도의 인원을 대상으로 최소한 6~10명의 팀 접근이 필요한데, 북한 이탈 주민이 가지는 다양한 정신 보건 욕구를 충족시킬 수 있으며 집단 치료 등의 실질적인 개입이 가능하기 때문이다.

현행 정신 보건법에서 보면(2008년 개정된) 정신 병원의 입원 환자를 기준으로 정신과 전문의는 60명당 1명이고 정신 보건 전문 요원은 100명당 1명으로 명시되어 있다. 남한에 입국한 북한 이탈 주민들이 모두 정신 질환을 가지고 있다고 판단되지는 않지만 각 개인마다 체계적인 심리 · 정서적 개입을 위해서는 위의 기준을 근거로 300명의 북한 이탈 주민이라면 다양한 분야의 최소 전문가는 6~10명은 되어야 할 것이다. 이들 전문가는 정신과 전문의, 정신 보건 전문 요원 등이 될 수 있겠지만, 상주 근무의 문제, 급여 조건 등을 고려할 때 정신 보건 전문 요원 중에서 선발되는 방법이 가장 현실적인 것 같다. 정신 보건 전문 요원 중에서 향후 북한 이탈 주민이 지역 사회에 거주하게 될 때 서비스 연계의 문제, 일상생활의 문제와 가장 관련이 높은 전문가는 정신 보건 사회 복지사가 될 수가 있다.

정신 보건팀의 서비스는 하나원 내의 지지 개입과 외부의 응급 개입으로 분류할 필요가 있을 것이다. 내부 개입은 전문가팀의 일상적 개입과 외부 전문가의 지원 하에 이루어질 수 있다. 외부 개입은 정신 증상이 심각하게 나타나는 북한 이탈 주민을 대상으로 정신 의료 기관의 협조 하에 치료 · 재활의 문제가 논의될 필요가 있다. 하나원 정신 보건팀의 기능과 역할은 다음과 같이 정리될 수 있을 것이다. a)북한 이탈 주민의 정신 건강 사정 b)지지적 서비스 c)디브리핑 (debriefing) d)외부 치료 기관과의 연계 및 치료 개입 e)아동 · 청소년과 성인 서비스 분류 f)여성에 대한 세심한 개입 g)북한 이탈 주민에 대한 개입을 하는 공 · 사적 전문가 교육 h)기타 북한 이탈 주민의 정신 건강 증진을 위한 기획 및 조정 i)지역 사회 정신 보건 센터와 정보 교류 ― 이는 북한 이탈 주민의 사생활 보호와 인권 침해의 소지가 있으므로 관련 규정을 엄격히 적용하여야 할 것이다.

② 지역 사회 정신 보건 센터

지역 사회에 거주하는 북한 이탈 주민의 정신 보건 서비스 개입의 중추 기관이라고 할 수 있다. 정신 보건 센터는 남한의 지역 사회 중심 정신 보건을 실천하기 위하여 만들어진 기관으로 정신 질환 예방, 정신 질환자 발견 · 상담 · 진료 · 사회 복귀 훈련 및 사례 관리, 정신 보건 시설 간 연계 체계 구축 등의 지역 사회 정신 보건 사업을 기획 · 조정 및 수행하는 기관으로 명시되어 있다. 정신 보건 센터는 정신과 전문의를 비롯하여 정신 보건 전문 요원인 간호사, 임상 심리사, 사회 복지사들이 팀을 이루고 있다. 정신 보건 센터는 기존의 많은 역할을 수행해 오고 있기 때문에 북한 이탈 주민의 정신 건강 증진을 위한 중심 기관이 된다는 것은 업무 과중이 될 수도 있다.

그러나 지금까지 정신 보건 센터, 사회 복귀 시설, 낮병원 그리고 알코올 상담 센터가 서로의 역할 중복 또는 업무 중첩의 문제로 혼란을 초래하고 있다. 정신 보건 센터가 지역 사회 내의 정신 보건 사업을 기획하고 조정하는 역할을 수행하려 한다면 관련 기관들과 다른 업무를 개발해야 할 것이다. 그중 하나가 새로운 지역에서 문화 적응을 해야 하는 북한 이탈 주민, 외국인 노동자, 결혼 이주 여성 등을 아웃리치하고 연계, 조정하는 역할을 수행해야 한다. 즉, 현행 공식적인 정신 보건 전달 체계에서 북한 이탈 주민들의 정신 건강 증진을 위한 접근성과 전문성을 가장 잘 확보할 수 있는 기관이라고 할 수 있다.

정신 보건 센터의 전문가들은 하나원의 정신 보건팀에서 북한 이탈 주민의 특성에 대한 이해와 교육을 받는다면 충분한 역할을 해낼 수 있는 인적 자원이라고 할 수 있다. 정신 보건 센터의 개입은 북한 이탈 주민들이 지역 사회 내의 생활 과정에서 정신 건강 증진을 위한 서비스를 수행할지, 단기 입원 등의 체계적인 증상 완화를 위한 개입을 해야 할지를 분류해야 할 것이다. 그리고 지역 사회 내의 자연적 지지 자원들과 활용 가능한 관련 조직들에 대한 정보와 연계가 지속적으로 가능하도록 구조화되어 있어야 할 것이다.

정신 보건 센터의 기능과 역할은 다음과 같이 정리될 수 있을 것이다. a)지역 사회 북한 이탈 주민의 적응 사정 b)지지적 서비스 c)외부 치료 기관과의 연계 및 치료 개입 d)하나원 정신 보건팀과의 교류 e)아동·청소년과 성인 서비스 분류 f)북한 이탈 주민의 지역 사회 적응 강화를 위한 멘토링 제도 구축[9] g)지역 사회 북한 이탈 주민과 교류하는 민간 영역의 실천가 교육 h)문화 적응 스트레스 개입 i)정신 보건 상담 전화, 알코올 상담 센터 및 정신 의료 기관과 북한 이탈 주민에 대한 정보 교류, 치료 개입을 위한 한계 범위 내에서 이루어져야 한다.

---

9 지역 사회의 정신과 의사 협회 또는 정신 보건 전문 요원 협회, 학회 등과의 협력을 통하여 시도해 볼 수 있을 것이다.

③ 지역 사회 관련 조직

북한 이탈 주민과 직접적으로 관련 있는 공·사 기관은 공식 학교, 대안 학교, 사회 복지관, 동사무소, 각종 비영리 단체, 보호 경찰, 종교 단체 등이라고 할 수 있다. 지역 사회 내에서 북한 이탈 주민들의 적응에 밀접한 관련성을 가지는 기관들이라고 할 수 있다. 그러나 이러한 조직들은 북한 이탈 주민들의 탈북 전후의 외상과 문화 적응 과정에서의 스트레스, 심리 정신적 문제와 일상생활과의 관계에 관한 경험과 지식이 부족한 경우가 많다. 이러한 경험과 지식의 부족은 북한 이탈 주민과의 관계를 악화시킬 수도 있으며 피상적 접촉에 그치게 될 수도 있다. 지역 사회 내의 북한 이탈 주민과 관련된 조직들의 정신 보건에 관한 경험과 지식은 정신 보건 센터에서 제공될 수 있을 것이다. 정신 보건 센터에서 직접 시행할 수도 있지만 관련 전문가 집단이나 기관에 의뢰하여 수행할 수도 있다.

그리고 이들 관련 조직들은 다음과 같은 노력들이 행해져야 할 것이다. a)북한 이탈 주민의 적응 강화를 위한 전문성 향상을 위한 노력 b)지역 사회 지지망 확충 c)아웃리치를 통한 적응 장애의 발견과 연계 d)심리·사회적 지지 강화 e)정신 보건 센터와 긴밀한 협조 f)지역 사회 내의 정신 보건 관련 기관 및 시설의 자원 확인.

④ 정신 보건 상담 전화

정신 보건 상담 전화는 야간 및 일요일과 휴무일에도 전화 상담 요원을 지정하여 운영하고 있는 제도이다. 전화 상담 요원들에게 북한 이탈 주민의 특성을 교육하여 위기 상황에 적절히 대처하고 조치를 취하는 지식과 경험을 가지도록 하여야 할 것이다. 지역 사회 내의 정신 보건 관련 기관과 시설을 충분히 숙지하고 관련 전문가 단체에 관해서도 이해를 하고 있어야 할 것이다. 정신 보건 상담 전화의 기능과 역할은 다음과 같다. a)위기 상황의 대처와 응급 서비스 b)지역 사회 정신 보건 기관 및 시설과 유기적 협조 체제 c)정신 보건 센터와 협조 체계.

⑤ 알코올 상담 센터

알코올 상담 센터는 알코올 문제에 관한 상담 치료 체계의 핵심적 역할을 하는 조직이다. 북한 이탈 주민의 경우에도 알코올과 약물 남용이 점점 증가되는 추세에 있다. 주류 사회에 편입되지 못하는 일탈 행동으로 청소년의 음주 문제가 심각히 노출되고 있으며, 성인의 경우에도 알코올 중독의 경향성이 나타나고 있다(김연희, 2006). 알코올 남용과 의존 상태는 본인은 물론 가족 전체에 악영향을 미치는 문제이기 때문에 세심하고 전문적인 개입이 요구되는 문제이다. 북한 이탈 주민의 청소년과 성인에게 발생되는 알코올과 약물의 문제는 알코올 상담 센터에 체계적으로 연계하여 해결해 나가야 할 것이다.

알코올 상담 센터는 지역 사회 내의 아웃리치를 통하여 알코올 및 약물 문제를 가진 북한 이탈 주민을 발굴하거나 정신 보건 센터, 정신 의료 기관 및 관련 조직들에 의해서 의뢰된 북한 이탈 주민에 대한 개입이 될 것이다. 알코올 상담 센터의 기능과 역할은 다음과 같다. a)북한 이탈 주민 관련 공·사적 기관과 상호 유기적 협조 체제 b)북한 이탈 주민 알코올 및 약물 중독자 본인 및 가족 개입 c)심각한 알코올 문제를 가진 북한 이탈 주민 입원 치료 기관과 연계 d)정신 보건 센터와 상호 협조 체제.

⑥ 기타 정신 보건 기관 및 시설

기타 정신 보건 기관은 정신과 전문 병원, 정신과 의원, 종합 병원의 정신과 및 정신 요양 시설과 정신 장애인 사회 복귀 시설 등이 될 것이다. 지역 사회의 전문가들은 이들 기관에 북한 이탈 주민의 특성을 이해시키고 상호 협조 체제를 구축하고 자문을 구해야 할 것이다. 또한 북한 이탈 주민과 일하는 전문가들은 지역 사회 내의 이들 기관의 위치와 개입 범위를 확보하여 위기 상황이나 적절한 서비스가 필요한 경우를 준비하여야 할 것이다. 정신 보건 센터, 정신 보건 상담 전화, 알코올 상담 센터 및 북한 이탈 주민과 관련되는 각종 기관에서는 지역 사회 내의 정신 보건 기관의 위치와 서비스 내용을 숙지하고 있어야 할 것이다.

현재 한국의 정신 보건 서비스 전달 체계가 정신 장애인을 포함하여 일반 주민들을 만족시킬 수 있는 수준이 되지 못한다. 어떤 측면에서 보면 문서상의 전달 체계라는 비판도 받고 있는 실정이다. 이러한 상황에서 북한 이탈 주민의 정신 건강 증진이 중요하다고 할지라도 새로운 전달 체계를 만들라는 요구는 현실성이 없어 보인다. 기존의 서비스 전달 체계 내에서 효율적인 접근성을 향상시키는 방안들을 모색하는 것이 실현 가능성이 높은 것 같다. 따라서 지역 사회 정신 보건 센터를 중심으로 기존의 전달 체계를 포괄적으로 조정하며 하나원 내에는 새로운 정신 보건 전문팀을 상설화하여 실질적 기능을 부여하여야 할 것이다.

한국에는 공·사적 정신 보건 관련 기관들이 있지만 서비스 전달 체계는 포괄성, 연속성, 적절성에서 많은 문제를 가지고 있다(이선혜, 1999). 민간 영역에 포함되어 있는 정신 병원 등의 기관이 북한 이탈 주민의 정신 보건 서비스를 위한 중추적인 역할을 하기에는 한계가 많다. 북한 이탈 주민의 경우에 지역 사회 내에서 공공성의 성격이 가장 강한 정신 보건 센터에서 포괄적인 기획과 조정의 역할을 담당하는 것이 바람직한 것 같다. 그러나 지역 사회 정신 보건 센터에서 북한 이탈 주민의 정신 건강 문제를 어느 정도 범위까지 관여하느냐의 문제는 여전히 남아 있다. 북한 이탈 주민의 문화 적응을 포함한 재적응에서 나타나는 모든 심리 · 정서적 문제에 관여할지, 아니면 심각한 신경증과 정신증의 문제에 관해서만 개입해야 할지는 실천 경험과 연구들이 더 필요할 것 같다. 이 책에서는 지역 사회 북한 이탈 주민을 적응 중심과 치료 중심으로 분류하여 포괄적 개입을 강조하였다. 아직까지 1만 5000명 정도의 북한 이탈 주민이 남한 사회에 거주하기 때문에 충분히 가능한 방안이라고 할 수 있다. 그러나 향후 북한 이탈 주민이 크게 증가한다면 또 다른 방안들과 제도들이 필요하다.

북한 이탈 주민들이 남한의 지역 사회 주민으로서 삶을 영위하는 과정에서 중요성을 가지는 정신 보건 서비스 전달 체계를 제대로 정립하는 방안을 모색해야 한다. 북한 이탈 주민의 정신 건강 증진이 완벽한 적응을 보장하는 것은 아니지만, 촉진시킬 수 있는 요인임은 틀림이 없다. 북한 이탈 주민의 정신 보건 서비스 전달 체계가 제도적 · 실천적으로 확보되지 못하고 있는 상황은 분명히 재적응과 관련하여 불리한 여건이라는 사실은 확실하다. 앞으로 이 책에서 제안된 서비스 전달 체계를 바탕으로 포괄성, 연속성, 전문성을 갖춘 체계의 구축이 필요하다고 본다.

□ 10장 참고 문헌 □

이선혜(1999), 「정신 보건 서비스 전달 체계의 강화방안에 관한 연구: 전달 체계의 서비스 기능을 중심으로」, 『사회과학논총』, 8(1): pp. 280-285.

전우택(2000), 『사람의 통일을 위하여』, 서울: 오름.

양옥경(2000), 「공중정신보건을 위한 지역 사회 정신 건강 모형개발 연구」, 『정신보건과 사회사업』, 9: pp. 79-96.

최말옥(2003), 「사회 복지기관 및 시설과의 업무연계와 역할 정립」, 한국정신 보건 사회사업학회, 춘계학술대회 발표문.

엄태완(2004), 「북한 이탈 주민의 무망감에 의한 우울증 완충 효과에 관한 연구」, 부산대학교 박사 학위 논문(미간행).

엄태완(2006), 「새터민의 재적응 토대 마련을 위한 정신 보건 서비스 전달 체계 모색」, 『통일정책연구』, 15(1): pp. 287-316.

김연희(2006), 「북한 이탈 주민의 정신 보건에 관한 연구」, 서울대학교 박사 학위 논문(미간행).

윤여상 · 김성회(2006), 「새터민 정신 건강 향상을 위한 통합 시스템 구축 방안 연구」, 2006년 통일부 정책연구 결과 보고서.

보건복지가족부(2008), 정신 보건 사업 안내.

Digdon, N., and Gotlib, I. H.(1985), "Developmental considerations in the study of childhood depression", Developmental Review, 5: pp. 162-199.

Hsu, E., Davies, C. and Hansen, D.(2004), "Understanding mental health needs of Southeast Asian refugees: Historical, cultural, and contextual challenges", Clinical psychology review, 24(2): pp. 193-197.

Lin, K. M., Trzuma, L. and Mazuda, M.(1979), "Adaptional problems of Vietnamese refugees", Archives General Psychiatry, 36: pp. 955-963.

Rumbaut, R. G.(1990), "The agony of exile: A study of the migration and adaptation of Indochinese refugee adults and children". In F. L. Aheam & J. Garrison, eds., Refugee children: Theory, research, and practice, Baltimore: Johns Hopkins University.

11 이주 난민 정신 건강 개입의 실제

정신 건강의 위기를 겪고 있는 이주 난민에 대한 개입은 세심한 배려가 필요하다. 이들은 사회 환경적 조건에 익숙하지 않으며 문화적으로도 혼란을 경험하게 되어 정체감 혼란을 겪거나 자존심의 손상을 입게 될 수 있다. 이주 난민의 정신 건강 문제에 대한 거시적 차원의 전략은 이주 과정에서 나타나는 다양한 위험 요인들을 경감시키는 것이다. 예를 들면 난민들이 탈출 전과 탈출 과정에서 겪는 심리·사회적 고난을 경감하기 위해 국제적 차원으로 인권 문제를 다루는 것이다. 일시적 보호 과정에서는 난민 캠프의 질적 수준을 향상하고 재정착 단계의 스트레스 문제에 관해 교육하게 될 것이다 (Williams and Berry, 1991). 그러나 이 장에서는 이주 난민들이 생활하고 있는 지역 사회 내에서 정신 건강 문제를 해결하기 위한 실제 모델과 전략들을 다루고, 이를 북한 이탈 주민에 적용시키고자 한다.

1. 다문화 정신 건강 사업단(Transcultural Psychosocial Organization; TPO)

TPO에서는 이주 난민들이 생활하고 있는 지역 사회 내에서 정신 건강 문제를 해결하기 위한 실제적 프로그램을 실행하고 있다.

1) 등장 배경

난민에게 나타나는 심리·사회적 위기와 정신 건강의 문제를 일반적 방법으로 해결하지 못하는 한계를 극복하기 위하여 다문화 정신 건강 사업단(Transcultural Psychosocial Organization; 이하 TPO)이 구성되었다(Bemark, et al., 2003). TPO는 난민들의 정신 건강의 문제를 해결하는 데 있어서 개인의 적응 유연성(resilience), 가족과 지역 사회의 지지 및 전통적인 치료(healing)를 중요하게 생각한다. TPO 프로그램은 지역 사회(community) 중심의 접근을 기반으로 가족과 지역 사회의 구조 내에서 이주 난민의 임파워먼트를 고취시켜 정신 건강의 문제를 해결하고자 하는 것이다. TPO는 처음에 난민들의 정신 건강 문제가 전쟁과 폭행에 기인한 외상의 결과에 의해서만 발생한다고 보았다. 그러나 시간이 지나면서 난민들은 정신 질환뿐만 아니라 생활 속에서 나타나는 사회적 이슈에서도 광범위하게 정신 건강의 문제가 발생한다는 것을 파악하였다.

2) 목표

TPO의 목표는 정신 건강의 문제를 예방하고 치료하기 위하여 지역 사회, 가족, 개인의 힘을 강화하여 스스로 지속적으로 문제를 해

TPO 프로그램의 목표

세부 목표

· 문화적으로 민감한 지역 사회 중심 개입을 위해서 지역 내의 토착 원조가들을 활용
  하는 것
· 문제 해결을 위해서 장단기로 구분하여 치료하는 것
· 위기 개입, 심리·사회적 교육 및 지역 사회와 아동 청소년들에 대한 개입을 통하
  여 정신 건강 문제를 예방하는 것
· 위기의 난민들을 위하여 문제를 예방하고 지역 사회와 가족들이 임파워먼트할 수
  있도록 정신 건강의 이슈들에 대한 지역 사회의 인식을 증가하는 것
· 가족과 함께 그들 스스로 임파워먼트하도록 격려하는 것
· NGO를 비롯한 지역 사회의 공식 또는 비공식 조직의 사람들이 함께 협력하도록
  하는 것
· 인권, 평화 및 화해를 증진하는 것

※출처: Bemark et al.,(2003), p. 197.

결할 수 있는 방안을 마련하는 것이다. 따라서 지역 사회가 이주 난
민들의 심리·사회적 문제를 이해하고 치료와 예방의 구조 속에 포
함되도록 하는 교육이 중요하다. TPO 프로그램은 난민의 심리·사
회적 문제와 정신 건강의 문제에 관하여 훈련 받은 전문가가 지역 사
회의 지도자, 건강 전문가, 교사들을 교육하도록 고안되었다. TPO
프로그램의 전문가들은 상담가의 역할뿐만 아니라 프로그램 관리자
와 전문가를 위한 교육도 담당하게 된다.

3) 과정

TPO는 캐스케이드(cascade) 훈련 방식을 활용하기 때문에 상담가
는 캐스케이드의 단지 출발점에 불과하다. 일단 훈련을 받고 난 후에

그들은 교육이 가능한 지역 사회 구성원들인 지역 사회 지도자, 전통적 치료자, 건강 종사자 및 교사들을 교육한다. 이러한 교육은 지역 사회가 난민들의 문제를 이해하는 계기가 되어 치료, 의뢰, 상담 등의 요청이 있게 된다. 지역 사회의 토착민에 대한 교육은 정신 건강의 문제를 가진 난민들에 대한 의뢰를 가능하게 만들어서 원조가 가능하게 된다. 이렇게 서비스가 연속적으로 이루어지기 위해서 지역 사회 토착민에 대한 교육이 전적으로 상담가로만 양성시키는 것이 아니라 프로그램의 관리자 또는 훈련가를 위한 훈련가가 되도록 하는 것이 중요하다.

이러한 효과적인 서비스는 정부의 공식적인 지원을 획득할 수 있다. 이 프로그램은 난민뿐만 아니라 정신 건강의 문제를 가진 일반 대중에게로 확대되어 정부 기관의 지원을 확보할 수 있다. 지역 사회 토착 스태프는 지역 NGO가 되어서 훈련과 기술을 제공하고 프로그램을 지속적으로 실행하게 된다.

4) 개입 단계

TPO의 프로그램은 개인의 문제는 가족과 지역 사회를 바탕으로 이해되고 해결될 수 있음을 강조하는 가족, 지역 사회 중심의 접근법이다. TPO의 프로그램은 서로 연관성이 있는 9개의 범주로 나뉘어 각각 예방과 치료 개입의 단계로 구성되어 있다(Bemark et al., 2003). 이러한 9단계의 개입들은 사회적 상황, 다양한 커뮤니티, 인권, 정부정책, 정치, 환경, 문화, 관습, 사회 경제적 지위 및 종교에 영향을 받게 된다.

(1) 1단계: 생존(survival) 개입(예방 중심)

모든 원조의 일차적 과제는 난민이 생존을 유지하도록 하는 것이다. 의식주, 의료와 같은 생존에 필요한 도구들이 부족할 때 모든 사람들은 정서적 스트레스와 증상을 나타낼 수 있다. 이 단계에서는 난민들에게 정상감(normalcy)과 임파워먼트를 향상시켜서 무기력과 의존을 감소시키는 것이 중요하다.

개입 사례 ①

- 의존성과 학습된 무기력에서 벗어나서 정신 건강을 증진하고 임파워먼트를 향상해야 하는 이유를 원조 단체에 교육하기
- 많은 난민들이 지역 사회 서비스와 접근 방법에 대해서 알지 못하므로 지역 사회 자원에 대한 의뢰를 활성화하기

(2) 2단계: 정치적(political) 개입(예방 · 치료 중심)

정치적 개입은 인권, 평화, 민주주의, 갈등 해결, 화해를 증진하는 과정이다. 만약 지역 사회 내에 전쟁과 폭력의 원인 제공자들이 피해들과 함께 거주할 때는 특히 중요한 과정이다.

개입 사례 ②

- 인권, 난민 권리와 아동 인권 옹호하기
- 인권 전문가 훈련하기
- 감옥에 수감되어 있는 사람에 대한 정신 건강 지원
- 지역 사회 평화와 화해를 위한 활동

(3) 3단계: 지역 사회 임파워먼트 활동(예방 · 치료 중심)

이 단계는 지역 사회가 임파워먼트를 증진하고 스스로 힘을 구축할 수 있도록 돕는 것이다. 이러한 힘을 바탕으로 난민들과 같이 심리 · 사회적 취약성이 있는 주민들을 지역 사회 스스로 원조하도록 하는 것이다. 이 단계가 효과적이 되기 위해서는 지역 사회 교육이 전체 지역 사회에 확산되도록 해야 한다. TPO 프로그램의 전문가들은 지역 사회 지도자, 종교 지도자, 교사, 건강 전문가, 청소년 지도자, 여성 지도자, 전통적 치료자, 공무원, NGO 관련자들을 훈련시켜야 한다. 또한 지역 사회에서 난민들에 개입하는 전문가들은 위기 개입의 이론과 실천에 능통하여 자살과 같은 심각한 문제를 예방할 수 있어야 한다.

개입 사례 ③

· 정신 건강 증진 워크숍에 지역 사회 참여시키기

(4) 4 단계: 원조자들의 훈련과 능력 구축(예방 및 치료 중심)

난민의 심리 · 사회적 문제와 정신 건강에 개입하는 모든 원조자들(관련 직원들, 공무원, 교사, 사회 복지사, NGO 관계자 등)이 훈련을 받고 능력을 향상시키는 과정이라고 할 수 있다.

(5) 5단계: 가족 및 지지자들의 네트워크 구축(치료 중심)

TPO 상담가는 가족과 지역 사회 중심 접근법을 활용한다. 심리 ·

개입 사례 ④

> · 지역 사회 토착 스태프가 상담가로 인정받도록 훈련하기
> · 공공 기관의 종사자들에 대한 인식을 증진하고 기술들을 향상시키기
> · 건강 전문가, 교사, NGO 관계자들을 훈련하기

개입 사례 ⑤

> 한 여성이 TPO 상담가에게 상담을 요청했다. 남편이 그녀를 떠나갔으며, 7명의 자녀
> 들도 남편의 두 번째 아내가 되는 젊은 여성과 살기 원한다는 내용이었다. 이 문화에
> 서는 남자의 가족들이 그녀에게 이혼 위로금을 주어야 하며 그녀의 자녀들에 대한 책
> 임도 있다. 두 번째 아내를 맞이하는 것은 받아들일 수 있지만 양쪽 모두 공정하게 이
> 문제를 조정하는 것이 중요하다. 따라서 TPO 상담가는 아내와 남편 가족들의 만남을
> 통해서 첫 번째 아내와 자녀들을 원조할 수 있는 방안을 찾도록 하였다. 가족들의 만
> 남을 통해서 모든 사람들이 만족스러운 타협점을 찾았다. 그러나 이 여성은 분노와
> 슬픔이 지속되어서 상담가는 상담을 시작하였다.

사회적으로 문제가 있는 난민을 원조하기 위하여 가족이나 지지자
들과 원조 네트워크를 구축하는 단계이다.

(6) 6단계: 자조 그룹 형성(치료 중심)

난민들이 원조자에 의존하기보다는 스스로 문제를 해결해 가는
구조를 형성하게 하는 것이다. 치료 자조 그룹은 알코올 남용자, 미
망인, 외상 경험 아동 등이고, 예방 그룹은 알코올에 관한 심리 · 사
회적 교육, 스포츠 리그, 드라마 그룹, 아동과 청소년을 위한 전통 댄
스 그룹 등이다.

(7) 7단계: 상담(치료 중심)

상담은 난민의 심리·사회적 문제를 해결하고 정서적 스트레스를 감소하는 방법으로 문화와 맥락에 따라 다르다. TPO 상담가들은 활동 중심의 문제 해결 접근법을 활용하여 개인과 가족들의 임파워먼트를 향상하도록 해야 한다(Bemark, et al., 2003).

상담을 위한 11단계

1단계: 모든 원조는 가족과 지역 사회의 맥락에서 임파워먼트하여 자조 그룹으로 이어지게 하라.
2단계: 원조 과정에서 가족, 친구 및 지역 사회의 잠재적 지지자들을 네트워크에 포함시켜라.
3단계: 원조 요청자와 그의 가족, 지지자 네트워크 그리고 원조자들이 신뢰 관계를 형성하도록 하라(상담 과정 전체에서).
4단계: 참여하는 모든 사람들을 경청하라(상담 과정 전체에서).
5단계: 필요한 모든 정보를 조사하라(상담 과정 전체에서).
6단계: 모든 참여하는 사람들의 감정 표현을 격려하라(상담 과정 전체에서).
7단계: 편견 없이 모든 사람에게 열정, 공감, 정서적 편안함과 지지를 제공하라(상담 과정 전체에서).
8단계: 문제를 사정하라(지속적으로 중요함).
9단계: 참여하는 모든 사람의 상황과 문화 및 능력을 고려하여 활동 계획을 개발하라.
10단계: 문제 해결을 위한 계획은 단계적으로 세우도록 하라.
11단계: 원조 과정이 해결되고 평가되었을 때 원조 관계를 종결하도록 하라.

(8) 8단계: 정신 치료(psychotherapy) 단계(치료 중심)

이는 훈련과 슈퍼비전이 필요한 전문적 과정이다.

(9) 9단계: 정신 의학적(psychiatric) 개입(치료 중심)

이 단계는 정신병을 포함하여 정신지체 등의 다양한 정신 의학적 문제에 개입하는 과정을 포함한다(Bemark, et al., 2003).

개입 사례 ⑥

> · 정신병 치료를 위해서 약물 치료와 지역 사회 및 가족 교육과 개입을 동시에 실시한다. 정신 보건 전문가들이 정신 건강 증진을 위해서 훈련되고 이동 정신 건강 클리닉을 활용한다.
> · 정신병의 치료 중요성을 공공 및 민간 기관의 관계자들을 이해하기 위한 옹호 활동을 한다.
> · 정신 건강의 문제에 대한 의뢰를 증가시키기 위해서 지역 사회 내에서 워크숍을 제공한다.
> · 난민들은 질병, 열, 감염, 사고와 부상 등에 의해서 기질성 뇌 증후군의 가능성이 크다. 이는 일반 건강 관련 기관에서 치료하는 것이 어렵기 때문에 약물 치료와 더불어 개인, 가족과 지역 사회를 교육한다.
> · 난민 가족들은 자주 지적 장애 아동의 원조를 요청한다. 많은 아동들이 뇌 손상의 문제를 가지고 있으며, 이는 고열에 의한 경우가 많으며 지속되는 경련의 문제도 포함하고 있다. 지적 장애 아동의 수는 많으며 대부분 전통적인 방법을 선호하거나 치료를 위해서 많은 돈을 쓰게 된다. 일부 지적 장애 아동은 유기되거나 지역 사회에 버려지기도 한다. 아버지들은 지적 장애 아동의 어머니들을 버리는데, 이는 어머니들이 치료 대상이고 이후의 출산에서도 지적 장애 아동을 낳게 된다는 두려움에 기인한다. TPO 상담가들은 가족에 대한 정서적 지지와 지적 장애에 대한 교육과 사랑을 제공하는 가족에 대한 격려와 열정, 그리고 그들의 부모들이 지적 장애 아동을 교육하는 방법 등의 서비스를 제공해야 한다(Bemark and Chung, 2002).

2. 북한 이탈 주민의 적용

1) 개입을 위한 전제 조건

이주 난민의 사례를 통하여 북한 이탈 주민의 정신 건강 개입도 다양한 이해가 전제되어야 함을 알 수 있다. 북한 이탈 주민의 심리적·사회적 이해의 토대 위에 직접 개입하는 전문가의 인식과 기술들이 포함되어야 한다.

먼저 북한 이탈 주민들의 정신 건강 위기를 유발하는 경험들을 이해하여야 할 것이다. 북한 이탈 주민들에 대한 이해의 영역은 사회 정치적 배경, 개인력, 이주 이전의 외상, 과거·현재의 스트레스, 현 적응력, 문화 적응, 민족적 정체감, 가치관 또는 세계관, 남한 주민의 낙인 또는 차별에 대한 인식 등이 될 것이다. 이러한 경험들은 북한 이탈 주민들에게 슬픔, 소외와 외로움, 심각한 자존심의 손상, 우울, 불안, 편집증, 죄책감, PTSD, 물질 남용, 공격성 등의 정신 건강 문제를 일으키게 된다. 이러한 모든 상황을 직선적 인과 관계로 이해하는 것이 아니라, 전체주의적(holistic) 관점에서 파악해야 한다.

다음으로 개입하는 전문가의 기본적 인식과 기술이다. 일차적으로는 개인, 가족, 집단과 관계하는 기술을 지니고 있어야 한다. 북한 이탈 주민들의 정신 건강 문제를 해결하기 위하여 기본적인 관계 형성과 상담 기술이 필수적이기 때문이다. 또한 다른 난민과 마찬가지로 북한 이탈 주민들도 외상적 경험의 문제가 존재하므로 이에 대한 지식과 대처 능력을 가지고 있어야 한다. 남북의 문화적 차이, 북한 이탈 주민의 남한 생활에서의 문화 적응의 과정과 영향에 대한 이해도 필요할 것이다. 북한 이탈 주민에 대한 남한의 정책과 제도, 사회적 인식 및 옹호 기술과 같은 거시적 차원의 이해도 중요하다.

지역 사회에서 북한 이탈 주민과 협력하기 위해서는 서비스 아웃리치[1]에 관한 이념과 기술, 지역 사회 기관에 자문할 수 있는 능력, 북한 이탈 주민을 위한 교육과 프로그램 능력, 연계와 의뢰의 기술이 필요하다. 또한 지자체와 같은 공공 기관과 사회 복지관과 같은 민간 기관의 역할과 관계를 적절히 조정할 수 있어야 한다. 지역 사회 내의 북한 이탈 주민들이 심리 · 사회적 위기 대처의 이러한 과정이 원활하게 운영되는지를 확인하기 위하여 지속적으로 사정(assessment)하고 평가할 수 있어야 한다. 그리고 전문가 자신의 북한 이탈 주민에 대한 인식과 태도에 관한 점검도 필요하다.

2) 개입 모델[2]

북한 이탈 주민들의 심리 · 사회적 위기에 따른 정신 건강 증진을 위한 개입 과정은 전반적이고 모든 개인들에게 해당되는 포괄적 접근과 지역 사회를 중심으로 하는 체계적이고 단계적인 접근이 필요하다(엄태완, 2007). 포괄적이고 전체적인 접근과 지역 사회 중심의 접근으로 구분되어야 하는 이유는 다음과 같다. 첫째, 포괄적 접근은 정신 건강의 위기를 겪을 수 있는 북한 이탈 주민 전체를 위한 접근 방향과 과제를 확인할 수 있다. 그러나 지역 사회 차원에서 정신 건강 문제가 있는 대상자에 대한 실제적 접근은 모호할 수 있으므로 지역 사회 중심의 접근 모델이 세부적 역할을 해야 하는 것이다. 둘째,

---

1 신체화(somatization)란, 다양한 신체 증상을 반복적으로 호소하나 내과적으로는 아무런 이상을 발견하지 못하는 경우로 정신 · 심리적 스트레스가 주원인이 되어 나타난다. 30대 이전의 여성에게 발병하는 것이 특징으로, 여성 100명 중 1~2명에게서 나타나고 남성에게서는 드물게 나타난다. 북한 이탈 주민의 경우, 주로 심리적인 문제를 다양한 신체화로 호소하는 경향이 매우 뚜렷하다.
2 이 글은 WHO 와 UNHCR의 Mental health of refugees를 발췌 번역한 것임.

포괄적 접근은 중앙 정부 차원의 모델인데, 개별 지역 차원의 개입 모델이 필요한 것이다. 셋째, 포괄적 접근만으로는 개별 대상의 정신 건강 위기의 문제를 감소하고 해결하는 것에 제한을 가지기 때문이다.

(1) 포괄적(전체적) 접근 모델

포괄적(전체적) 접근은 남한 입국 직후부터 모든 북한 이탈 주민들을 네 과정 속에 포함시켜 개입 방안을 모색하는 과정이다(〈그림 11-1〉 참조). 이러한 네 과정은 반드시 일정한 순서대로 개입해야 하는 것은 아니다. 북한 이탈 주민에 대한 관련 기관과 전문가들이 이와 같은 전반적 모델을 이해하면서 주어진 상황에 맞는 단계에서 개입을 할 수 있다. 반드시 연속적 단계로 추진하지 않아도 효과를 얻을 수 있다.

〈그림 11-1〉 포괄적(전체적) 접근 모델

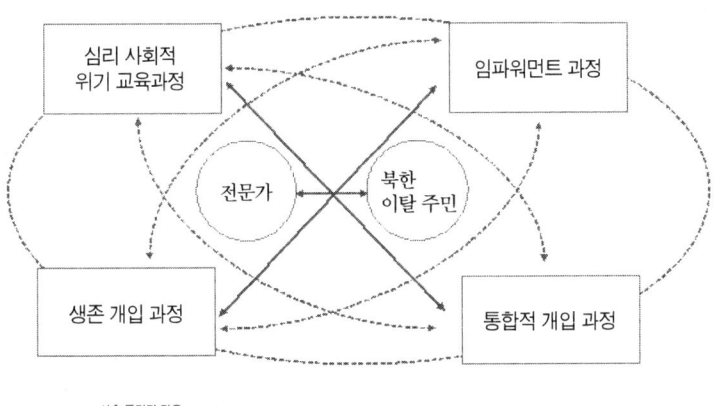

① 과정 1: 남한 입국 직후에 심리 · 사회적 위기 교육

이 단계는 디브리핑(debriefing)을 통한 지지와 안정이 필요하고, 탈북 전후의 심리 · 사회적 문제를 이해하여 남한 적응에 미치는 영향을 최소화하도록 교육하는 과정이다. 현재 이러한 역할은 입국 직후에는 경기도 안성의 정착 지원 사무소인 하나원이 될 수 있으며, 지역 사회 내에서는 사회 복지 기관, 동사무소 등의 공공 기관, 교회 등에서 전문가에 의해서 진행될 수 있을 것이다.

북한 이탈 주민의 심리 · 사회적 위기를 이해하고 있는 전문가들이 교육에 참여해야 한다. 또한 유사한 경험을 가진 북한 이탈 주민들을 전문가로 양성하여 활용하는 방법을 고안해야 한다. 집단 교육의 경우에는 북한 이탈 주민들이 공감할 수 있도록 사전에 충분한 준비가 필요하며 집단 상담과 집단 치료의 역동성을 알고 있는 전문가들이 실시해야 한다.

② 과정 2: 생존 개입

생존(survival)의 차원을 어느 선까지 규정하느냐의 문제에 직면하게 된다. 현재 북한 이탈 주민이 남한 정착 후에 정착 지원금, 교육 지원, 의료 지원, 생계 보호, 취업 보호, 신변 보호, 북한 이탈 주민 후원회 및 북한 이탈 주민 지원 지역 협의회 등을 통한 지원이 이루어지고 있다. 기본 생존적 차원의 지원과 개입은 다른 이주 난민과 비교해 보았을 때 북한 이탈 주민들의 경우에 미비하지는 않은 것 같다. 문제는 정착 기간이 지속되면서 남한에서의 심리 사회적 · 경제적 · 문화적 적응이라고 할 수 있다.

모든 원조의 일차적 목적은 생존을 가능케 하는 것이다. 심리적 스트레스와 증상은 의식주와 의료 같은 생존에 필수적인 도구들이 부족할 때 발생한다. 심리 · 사회적 위기를 경험한 북한 이탈 주민들이

남한의 지역 사회에 거주한 직후부터는 기본적인 생존 도구들의 존재가 중요하다. 따라서 전문가는 북한 이탈 주민에 관한 제도와 정책에 관하여 상세히 아는 것이 필수적이다.

③ 과정 3: 임파워먼트(empowerment) 단계

이 과정의 핵심은 북한 이탈 주민들을 남한 주민이나 제도에 의존하게 하는 것이 아니라, 스스로 역량을 강화하고 힘을 부여하여 문제들을 해결하고 이에 따른 책임도 스스로 인식하게 하는 것이다. 임파워먼트 단계는 북한 이탈 주민들에게 문화적, 환경적 숙달감을 향상시키는 과정이다.

지역 사회에 거주하기 시작하는 초기의 북한 이탈 주민들에게는 심리 내적이고 대인 관계적인 문제의 해결을 강조하기 전에 주거, 고용, 언어, 학습, 사회 복지 서비스 체계를 이해시키는 것을 우선시하는 것이 중요하다. 이전의 경험과 현재의 스트레스로 인한 심리·사회적 위기를 개인 내적 문제에 한정하여 개입하기에는 이른 시기이다. 북한 이탈 주민들에게 사회 시스템이 어떻게 작용하는지 교육, 재정, 건강 및 고용과 관련된 서비스에 어떻게 접근해야 하는지를 이해시키는 것이 우선시된다.

이 단계에서 전문가는 북한 이탈 주민에 관한 정부 정책이나 인권 문제를 옹호하고 사회적 불공평과 차별을 해소하도록 노력해야 한다. 또한 북한 이탈 주민들이 임파워먼트를 획득하도록 하기 위해서 새로운 문화에 숙달하기 위한 전략과 사회 시스템의 작용, 문제 해결을 위한 문화 시스템의 정보를 제공하고 옹호를 해야 한다.

④ 과정 4: 통합적 개입

통합적 개입의 주체가 어디인가에 관한 논의가 현 상황에서 있을 수 있지만, 북한 이탈 주민들과 관여하는 모든 기관과 전문가들은 이러한 전반적인 방향을 숙지하고 있어야 할 것이다. 북한 이탈 주민들이 기본적인 생활에 적응하고 안정된 후에 이전의 심리·사회적 문제를 해결하는 시기이다.

이는 심각한 외상으로 인한 재적응의 문제, 남한 적응 과정에서의 심리·사회적 위기, 새로운 문화 적응 과정에서 나타나는 다양한 심리정신적인 문제이다. 이에 대한 개입을 위해서 전문가는 지역 사회의 다양한 기관과 지역 사회 지도자, 종교 지도자, 치료자들과 관계를 형성하여 개입할 수 있어야 한다. 통합적 개입 단계에서는 이주 난민들의 적응 스트레스에 대한 네 가지 중요한 개입으로 알려진 사례 관리, 지지적 상담, 정보 제공 및 사회 기술 훈련, 위기 개입의 방법이 활용될 수 있을 것이다(Potocky-Tripodi, 2002).

북한 이탈 주민들도 주택, 교육, 언어 교육, 직업 훈련, 고용, 건강 케어 및 다른 필요한 자원들이 포함되는 사례 관리를 실시하여야 한다. 또한 일상생활 기능을 더욱 향상하고 스트레스로 인한 증상을 경감할 수 있도록 지지적 상담을 하여야 한다. 정보 제공 및 사회 기술 훈련을 북한 이탈 주민에게 실시하여 새로운 문화에서의 일상생활과 관습을 배우고, 이러한 관습과 일상생활을 효과적으로 대처하는 기술을 습득하도록 해야 한다. 북한 이탈 주민들이 정착 과정에서 적절한 서비스를 받지 못할 경우에 위기 개입이 이루어져서 스트레스를 줄이고 자아 존중감을 회복하여 재적응에 도움을 주어야 한다.

(2) 지역 사회 중심 접근 모델

북한 이탈 주민에 대한 네 과정 모델이 전체적이고 포괄적이라면, 지역 사회 중심의 6단계 모델은 지역 사회 내에서 심리·사회적 위기에 있는 북한 이탈 주민들에 대한 구체적이고 단계적인 접근이라고 할 수 있다(〈그림 11-2〉 참조).

북한 이탈 주민의 심리 · 사회적 위기와 정신 건강의 문제를 지역 사회 중심의 접근을 기반으로 지역 사회의 구조 내에서 해결하고자 하는 것이다. 이는 북한 이탈 주민의 심리 · 사회적 문제를 예방하고 해결하기 위하여 지역 사회, 가족, 개인의 힘을 강화하여 스스로 지속적으로 문제를 해결할 수 있는 방안을 마련하는 것이다. 따라서 지역 사회 전체의 합의가 중요하고 훈련받은 전문가가 지역 사회의 지도자, 건강 전문가, 교사들을 교육하여 문제 해결 과정에 포함시키는 것이 중요하다.

〈그림 11-2〉 지역 사회 중심 모델

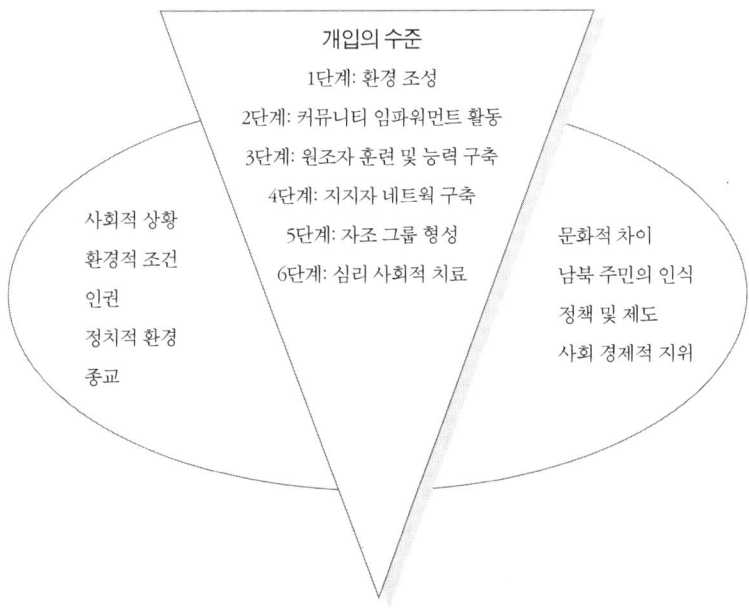

※출처: 엄태완(2007), p. 192에서 재인용.

① 1단계: 환경 조성

북한 이탈 주민의 지역 사회 내의 인권을 향상하고 민주주의 가치관을 인식시키고 남북 주민의 인식 차이를 좁히는 것이다. 북한 이탈 주민 또는 가족 간의 갈등이나 문제에 대하여 개입하는 단계라고 할 수 있다. 지역 사회 적응 초기에는 북한 이탈 주민간의 갈등이 스트레스를 유발하거나 지지적 자원으로 활용되지 못할 수도 있다. 북한 이탈 주민들이 지속적으로 상호 지지적 관계를 형성할 수 있도록 조정하는 것이 중요하다.

북한 이탈 주민들이 정착 초기에 접촉하는 남한 주민들은 공식, 비공식적으로 제한적이다. 소수의 남한 주민들과의 관계가 이후의 남한 사회 전체에 대한 태도를 형성할 수 있으므로 신중한 접근이 필요하다. 또한 위기 이후의 가족 역동은 다양하게 변화될 수 있다는 사실을 전문가들은 알아야 한다. 탈출 과정의 경직된 가족 체계가 남한 사회의 정착 과정에서 융통성 있는 긍정적 가족 체계로 변화된다고 하더라도 가족 갈등이 일어날 수 있다.

지역 사회에서는 북한 이탈 주민들이 기본적인 의식주 문제를 해결하는 것에 초점을 두어야 한다. 북한 이탈 주민들은 남한 사회에 대한 환상, 외상과 같은 특별한 경험의 생존에 대한 자신감 등으로 일상적 생활의 의미를 깨닫지 못할 수도 있다. 이들에게 의식주 문제를 해결하는 기본적인 생활의 중요성을 일깨워 주는 것이 필요하다. 전문가는 북한 이탈 주민의 심리 · 사회적 위기와 정신 건강의 문제에 관하여 인식하고 있어야 하는 단계이다.

② 2단계: 지역 사회 임파워먼트 활동

이 단계는 지역 사회가 임파워먼트를 증진하고 스스로의 힘을 자생하도록 돕는 것이다. 이러한 힘을 바탕으로 북한 이탈 주민과 같이 심리 · 사회적 취약성이 있는 주민들을 지역 사회 스스로 원조하도록 하는 것이다. 이 단계가 효과적이 되기 위해서는 지역 사회 교육이 전체 지역 사회에 확산되도록 해야 한다. 이는 북한 이탈 주민의 심리 · 사회적 위기에 따른 재적응을 향상시키기 위한 지역 사회 준비 단계라고 할 수 있다.

1단계와 2단계는 지역 사회의 전반적인 분위기를 조성하고 힘을 구축하는 단계라고 할 수 있다. 북한 이탈 주민들이 밀집되어 있는 지역을 중심으로 직접 실천할 수 있으며, 이는 향후 다문화 시대를 위한 예비 지역 사회 운동 또는 지역 사회 조직이 될 수 있을 것이다.

③ 3단계: 원조자 훈련 및 능력 구축

북한 이탈 주민의 심리 · 사회적 위기와 정신 건강 문제에 개입하는 모든 원조자들(관련 직원들, 공무원, 교사, 사회 복지사, NGO 관계자 등)은 훈련을 받고 능력을 향상시켜야 한다. 또한 지역 사회에서 북한 이탈 주민들에 개입하는 전문가들은 위기 개입의 이론과 실천에 능통하여 자살과 같은 심각한 문제를 예방할 수 있어야 한다. 이 단계는 북한 이탈 주민의 심리 · 사회적 위기에 따른 재적응을 향상시키기 위한 지역 사회 내의 관련 원조자 준비 단계라고 할 수 있다.

④ 4단계: 지지자 네트워크 구축

심리 · 사회적 위기와 정신 건강의 문제가 있는 북한 이탈 주민을 원조하기 위하여 가족 및 지지자들과 원조 네트워크를 구축하는 개입이다. 북한 이탈 주민의 심층적 이해를 위한 교육과 훈련을 받은 전문가들이 지지망을 구축하여 개인 및 가족들과 유대를 강화하는 단계이다. 이 단계는 북한 이탈 주민의 심리 · 사회적 위기의 문제를 해결하기 위하여 지역 사회와 관련 원조자들을 통합하는 단계라고 할 수 있다.

⑤ 5단계: 자조 그룹 형성

5단계와 6단계는 심리 · 사회적 위기와 정신 건강의 고위험 대상
자나 증상 또는 문제 유발 북한 이탈 주민들에 대한 예방 또는 직접
치료를 시행하는 단계라고 할 수 있다. 특히 6단계는 지역 사회 중심
의 최종 단계로 이전에 문제가 해결된다면 필요가 없는 단계라고 할
수 있다.

북한 이탈 주민들이 원조자에 의존하기보다는 스스로 문제를 해
결해 가는 구조를 형성하게 하는 것이다. 치료 자조 그룹은 알코올
남용자, 미망인, 외상 경험 아동 등이고, 예방 그룹은 알코올에 관한
심리 · 사회적 교육, 스포츠 활동 그룹, 아동과 청소년을 위한 그룹
등이다. 이 단계는 지역 사회 내에서 북한 이탈 주민의 심리 · 사회적
문제를 해결하는 것에 어려움이 있는 경우에 전문가 개입 이전의 집
단 치유 단계라고 할 수 있다.

⑥ 6단계: 심리 · 사회적 치료

이 단계에서는 심리 · 사회적 위기와 정신 건강 문제에 대하여 적
극적 지지를 통해서 해결할 수 있는 그룹, 심리 · 사회적 상담이 필요
한 그룹 및 정신 의학적 개입(정신과 입원과 약물 치료 등)이 필요한
그룹으로 세부적인 구분을 하는 것이 바람직하다. 또한 북한 이탈 주
민의 심리 · 사회적 문제를 해결하고 정서적 스트레스를 감소하는
방법은 남한 주민들과는 문화와 맥락에서 다르다. 이러한 특성을 이
해하고 훈련 받은 전문가에 의해 수행되어야 할 것이다.

□ 11장 참고 문헌 □

김순진 · 김환(2000), 『외상 후 스트레스 장애』, 서울: 학지사.

전우택(2000), 『사람의 통일을 위하여』, 서울: 오름.

이금순 · 김규륜 · 김영윤 · 안혜영 · 윤여상(2005), 『북한 이탈 주민의 사회 적응 프로그램 연구』, 서울: 통일연구원.

윤여상 · 이금순(2006), 『북한 이탈 주민 사회 적응 교육 표준 교재 개발』, 서울: 통일연구원.

조정아 · 임순희 · 정진경(2006), 『새터민의 문화갈등과 문화적 통합 방안』, 서울: 한학문화.

엄태완(2007), 「북한 이탈 주민의 심리 · 사회적 위기대처 향상 전략: 난민과 이주 난민 모델의 적용을 통하여」, 『통일정책연구』, 16(2): 173-197.

이종복 · 이권일 · 김화순 · 오은경(2007), 『사례 관리의 이론과 실천』, 서울: 창지사.

Williams, C. L. and Berry, J. W.(1991), "Primary prevention of acculturative stress among refugees", *American Psychologist,* 46: pp. 632-641.

Ben-Porath, Y. S.(1991), "The psychosocial adjustment", In J. Westermeyer, C. L. Willians, and A. N. Nguyen, eds., *Mental health services for refugees,* Washington, DC: U. S. Government Printing Office.

Schiraldi, G. R.(2000), *The Post-Traumatic Stress Disorder Sourcebook,* LA: Lowell House.

Bemak, F., and Chung, R.(2002), "Counseling and psychotherapy with refugees", In P. B. Pedersen, J. G. Draguns, W. J. Linner and J. E. Trimble, eds., *Counseling across cultures,* Thousnand Oaks, CA: Sage.

Potocky-Tripodi, M.(2002), *Best Practices for Social Work with Refugees and Immigrants,* Columbia: Columbia University Press.

Bemak, F., Chung, R. and Pedersen, P.(2003), *Counseling Refugees: A Psychosocial Approach to Innovative Multicultural Interventions,* Connecticut: Greenwood Press.

Drachman. D. and Paulino. A.(2004), *Immigrants and Social Work: Thinking Beyond the Borders of the United States,* New York: Haworth Press.

Kemp, C. and Rasbridge, L. A.(2004), *Refugee and Immigrant Health: A Handbook for Health Professionals,* Cambridge: Cambridge University Press.

12 이주 난민을 위한 정신 보건 개입 지침[1)]

이 장에서는 난민 아동에 대한 개입 지침, 알코올과 약물 문제, 고문과 폭력 희생자, 강간 희생자 등에 대한 실질적인 개입 방안, 지침에 대하여 언급하고자 한다.

1. 아동에 대한 개입

아동들은 부모와 안전을 찾아 나설 때 혹은 안전을 위하여 자신의 나라 밖으로 보내질 때 난민이 된다. 그들은 또 이미 난민인 부모에게서 태어남으로써 난민이 된다. 그들은 자신이 자신의 문화와는 다

---

1 이 글은 WHO와 UNHCR의 'Mental health of refugees'를 발췌 번역한 것임.

른 문화권에 있음을 알게 된다. 많은 아동들이 외상적 삶의 사건들을 경험하지만 모두가 정신 건강 문제를 가지는 것은 아니다. 단지 소수의 사람들만이 정신 보건 보호를 필요로 한다 하더라도 난민 아동과 그 가족들과 일하는 워커들은 아동의 정신 장애나 정서적 혼란의 중후들과, 돕는 방법들을 알고 있어야 한다. 난민 아동들에게 있어서 적절한 도움은 난민이 아닌 아동들에게 적절한 도움과는 다르다.

가능한 한 난민 아동들은 가족과 공동체 안에서 보살펴져야 한다. 아동 보호 워커들은 전통적 건강, 종교, 사회 체계의 도움을 찾아서 아동들을 그들 문화에 맞는 방식으로 다루어야 한다.

1) 난민 아동의 정신 건강 탐색

난민들은 기회만 주어진다면 스스로 도울 수 있다. 난민들이 음식, 물, 쉼터와 의료 보호 같은 물질적 욕구만 제공할 필요가 있다고 생각하는 경우가 많다. 이제 우리는 난민들도 그들의 정서, 문화, 영적 강함을 회복하기 위하여 도움을 받아야 한다는 것을 알게 된다. 아동들과 일하는 것은 물질적 비물질적 욕구를 해결하는 것이 관련된다. 정신 건강을 유지하기 위하여 난민 공동체 전체를 돕는 것은 아동들을 위한 막대한 지원을 제공하게 될 것이다.

난민 아동들의 정신 건강과 복지를 개선시키는 요인들은 다음과 같다.

· 강력하고 안정된 가족이 제공할 수 있는 안전함을 제공한다.
· 아동들에게는 매일매일 변하지 않는 안정된 환경 속에서의 삶과 삶에서 목적 의식과 구조, 달성 가능한 목표가 필요하다.
· 음식, 물, 의료 보호 등 물질적 욕구를 제공한다.

· 부모와 아동이 정서적 충격으로부터 회복되도록 돕는다.
· '정상적' 삶을 사는 아동들이 기대하는 경험을 할 수 있도록 한다. 예로 난민 아동들은 긍정적 역할 모델(아이들이 모방할 수 있고 좋은 예를 제공해 주는 사람들)을 필요로 한다. 다른 아동들처럼 난민 아동들은 새로운 기술을 배우고 교육을 받을 필요가 있다.
· 미래에 대한 믿음과 그들에게 일어나는 것에 영향을 미칠 기회가 있을 것이라는 믿음을 가질 수 있도록 한다.
· 그들에게 일어난 것과, 왜 일어났는지에 대한 어느 정도의 이해와 수용이 필요하다. 그것은 정치적 혹은 다른 용어들로 설명될 수 있다.
· 아동 발달의 모든 정상적인 단계들을 완수할 수 있는 기회
· 충격적 경험 이후 그것을 회복할 수 있는 기회와 절친했던 사람들의 죽음에 대한 애도의 기회를 가져야 한다.
아동들은 그들이 정상적인 심리적 발달에 필요한 지지와 보호를 가질 때에만 아동기로부터 혜택을 받을 수 있다. 그러한 지지를 박탈하는 것은 그들에게서 음식과 쉼터를 박탈하는 것만큼 심각하다.

2) 난민 아동들의 특별한 욕구

아동과 부모들은 난민이 될 때, 별거, 상실, 불확실성, 스트레스 곤경 등에 직면하게 된다. 그 결과 난민 부모들은 많은 어려움을 갖게 되고 고통을 경험하게 된다. 이로 인하여 정상적인 성장과 아동 발달이 붕괴된다.

· 그들을 난민으로 만든 사건으로 인한 충격
· 학대, 폭력과 고문
· 가족원의 죽음

· 가족원들의 죽음, 고문, 수감과 행방불명 목격
· 나라, 언어, 문화, 양육자와 재산 상실에 대한 애도
· 현재와 앞으로 개인적인 안정에 대한 두려움
· 도피 과정 동안 그들이 남겨 두고 왔거나 별거한, 수감된 가족 구성원
   들의 안전에 대한 우려

난민이 된다는 것은 특별한 환경 속에서 사는 것이다. 난민들은 그
들이 과거에 살았던 것처럼 살지 못하며, 앞으로도 그렇게 살지 못할
것이다. 난민 상황 속에서 성인과 부모의 역할은 대단히 다르다. 성
인들은 과거, 그들 자신의 아동기, 이주 전의 삶을 기억할 수 있다.
난민 아동들은 그들의 전체 삶을 난민으로서 보낼 수 있고 혹은 자신
들에 대한 기억 전부가 난민으로서만 기억될 수 있다. 그들은 자신들
의 부모를 난민으로서만 보며, 부모들이 이전에는 어떠했는지에 대
한 기억이 거의 없을 수 있다.

난민의 삶에서는 자신들에게 무엇이 일어날 것인지 알지 못하며
그러한 상황에 대하여 전혀 통제할 수 없게 된다. 또 일자리를 구할
수 있는 가능성이 거의 없으며 공간과 이동이 거의 없고 먹을 것과
마실 것도 많지 않다. 전반적으로 정상적인 역할, 문화생활, 일상이
없어져 사람들을 불확실, 좌절, 우울하게 만든다. 이러한 상황 때문
에 부모들은 자신들에게 일어나는 것들에 좌지우지될 뿐이다. 남성
들은 가족을 위해 돈을 벌고 충족시킬 수단을 상실하게 된다. 모든
사람이 자존감 상실, 삶의 동기와 흥미를 상실하게 된다.

3) 문화적 준거틀 구축

일반적으로 문화는 아동들에게 정체감과 영속성을 제공한다. 사

람들을 가족과 공동체 안에서 함께 결속시키는 신념과 가치는 문화를 통하여 전승된다. 워커가 자신의 문화와 다른 난민 아동과 일할 때 난민들로부터 아동들의 문화에 대한 정보와 도움을 얻을 수가 있다. 공동체와 이야기할 때 워커는 사람들이 어떻게 아동을 보호하는지, 그들이 가진 의례와 축하 파티, 앞으로 그들이 무엇을 원하는지도 물어볼 수 있다. 가족이 없는 아동들은 공동체가 어떻게 보살피는지도 파악한다.

따라서 자기 나라에서는 아동들이 어떻게 보살핌을 받고 양육되는지 물어본다.

- 부모, 형제 같은 직접적 가족이 아이를 돌보는가 · 혹은 할머니, 이모 고모 등 확대 가족이 아동을 돌보는가?
- 아동 훈육은 누가 어떻게 하는가?
- 아동이 일정 연령에 이를 때까지 어떤 행동들이 받아들여지는가?
- 부모는 각 연령대 자녀에게 어떤 기대를 하는가? 부모는 자녀가 가정에서 각 연령대별로 어떤 일을 하도록 기대하는가? 동생들을 얼마나 보살피는가?
- 친척이 없는 아동들을 전통적으로 보살피는 방법은 무엇인가?

4) 자녀 양육 실제상의 변화

난민 공동체의 자녀 양육 실제는 일반적으로 붕괴된다. 이것은 최근에 와서 일어나는 것이 아니다. 자녀 양육 실제는 고국에서의 문제, 기근, 계속되는 이동, 가족과 전체 공동체의 상실 때문에 수년간 파괴되어 왔다.

◆ 왜 자녀 양육 실제가 변하는가

· 가족은 지금까지 익숙했던 방식으로 자녀들에 대하여 제공해 줄 수 없
  다. 더 이상 부모가 이전의 역할을 수행할 수가 없다.
· 남성들은 전처럼 일할 수 없고 가족을 부양할 수가 없다. 자신의 가족
  들에게 어떤 일들이 일어날 것인지 결정할 수가 없다.
· 여성들은 가족을 위해 지금까지 해오던 일상적인 일들을 수행할 수가
  없다.
· 가족들은 공동체로부터 더 이상 지원을 얻을 수가 없다. 예를 들면 공
  동체는 종교적 예식이나 교육을 조직할 수가 없다. 시장과, 댄스나 극장
  등 문화적 사건 등이 중단되어 왔다.
· 난민 부모들은 자녀들을 돕는 데 무력감을 느낀다.
· 가족 역할은 변화되거나 상실되었다. 이 스트레스가 가족 학대와 방임
  을 야기한다. 가족 단위가 붕괴까지 될 수 있다.
· 난민 가족은 가족이 생존하기 위해 일하는 데에 많은 시간을 보내야 하
  는 편모가 가장인 경우가 많다. 이는 정상적인 모자 관계를 심각하게 손
  상시킬 수 있다.

5) 학령기 아동 돕기

세상에 대한 그들의 시각과 세상에서 일어나고 있는 것에 대한 그
들의 관점이 극적으로 이 시기에 변화한다.

(1) 특별한 도움을 필요로 하는 학령기 아동 찾아내기

· 아동이 항상 운다.

· 아동이 무언가 겁에 질려 있고 두려워하는 듯하다.

· 아동이 돌에 머리를 부딪치는 등 자해 행위를 한다.

· 아동이 수면 장애, 악몽, 불면이 있거나 지나치게 많이 잔다.

· 침대를 적신다.

· 섭식 장애가 있다.

· 분명한 이유 없이 두통, 동통, 안구 긴장, 복통, 만성 졸음증 등의 신체 질병이 있다.

· 놀이할 때 신체적으로 공격적이거나 대단히 시끄럽고 거칠다.

· 극단적으로 철회되어 있고, 조용하며 절대로 감정이나 바람을 표출하지 않고 우울하고 무반응적이다.

· 나이에 비해 훨씬 어리게 행동하기 시작한다.

· 과제 완수 능력이 없고 조바심을 낸다.

· 학교에서 집중이 어렵고 기억을 잘 못한다.

· 다른 사람들에 대하여 화를 잘 내고 함께 일을 잘못한다.

· 다른 사람들에 대하여 두려워하고 신뢰를 못한다.

· 항상 앞으로 일어날 나쁜 일만 생각한다.

(2) 학령기 아동 자극하기

아동의 장애가 심각하지 않으면 부모나 양육자가 호의적으로 경청만 해도 도움이 된다. 더 많은 도움이 필요한 경우에는 연극이나, 그 외 아동이 자신의 스트레스와 불안을 이완하도록 도와주는 다른 활동을 할 기회를 제공하는 것도 한 가지 방법이다.

연극은 다른 아동들과 상호 작용하고 이완하는 방법이다. 성인들의 관여는 거의 없어야 한다. 연극은 아동들이 자기감정을 이야기하고 혼란스러운 사건 이후 그들에게 일어난 것을 이야기하는 한 가지 방법이다. 연극은 아동 전문가나 아동들과 작업하는 데에 익숙한 사람들의 도움을 필요로 한다. 성인들과는 거의 관계가 없다. 또 신체, 정신, 정서, 사회 기술을 발전시키는 방법이기도 하다. 아동은 그림, 만들기, 드라마 활동 등을 통하여 감정을 표출할 수 있다. 이런 경우 아동을 잘 알고, 민감한 경청자인 성인이 아동이 감정을 표출할 수 있도록 도울 수 있다.

집단은 학령기 아동들과 작업하는 데에 있어서 중요한 부분이다. 성인은 집단을 지도하고 집단은 아동의 필요에 따라 다양한 목표와 활동들을 가질 수 있다. 집단은 구조, 일관성, 안전을 제공하고, 배움을 위한 안정된 장소를 제공한다. 집단은 시작, 중간, 종결이 있는 익숙한 형태의 사건에 안정감을 제공한다. 이것은 아주 간단해 보이지만 아동에게 안전의 중요한 근거가 된다. 집단은 아동들이 타인들에게도 유사한 감정과 문제들이 있다는 것을 알 수 있도록 해 준다. 아동들은 다른 사람들의 문제에 대하여 어떻게 반응하는지 알게 되며, 문제 해결의 단계들에 대하여 배우게 된다. 집단 활동은 아동들이 그들에게 기대되는 바를 알고, 규칙을 아는 구조화된 상황 속에서 이루어진다.

일부 아동 집단은 오락만을 위하여 만날 수도 있다. 오락은 단순한 게임, 스포츠, 아동들이 정상적인 환경에서 놀 수 있는 구조화된 놀이 활동 등을 의미한다. 가능할 때마다 부모와 공동체 성인들은 그러한 활동을 준비하고 운영하는 데에 관여되어야 한다. 초점이 있는 활동 집단은 댄스, 노래와 드라마 등 민속이나 문화예술을 아동들에게 가르칠 만한 성인을 지역 사회 내에서 찾는다. 이것은 보통 일어나는 것이다. 그러나 난민 상황에서는 특별히 조직되어야 한다. 활동 집단은 그림 그리기, 찰흙 만들기, 음악, 이야기 등 표현 놀이를 할 수도 있다. 문화 활동은 문화적 유대를 강화해 주고 아동들에게 일상을 제공한다. 민속 음악, 춤과 이야기들은 지역 사회에 대하여 익숙하고 편안함을 제공해 준다.

치료 집단은 아동들이 자신을 더 잘 표현할 수 있도록 해 주는 활동들을 함으로써 자연스럽게 이루어진다. 자신의 문제들에 대하여 이야기할 수 없는 아동들은 그림, 음악과 드라마를 통하여 두려움을 표현할 수 있도록 도움을 받을 수 있다. 여기에는 아동의 말을 경청하고 지지해 주도록 훈련된 성인의 호의적인 도움과 지원이 필요하다.

이상의 아동 집단들은 다음과 같은 특징을 가져야 한다.

· 아동 집단은 잘 구조화되고 안정되어야 한다.
· 집단은 일주일에 한두 번 만나고 한 시간 정도 진행되어야 한다.
· 집단은 항상 동시에 만나야하고 합의된 것을 바탕으로 행해야 한다.
· 보통 4~6명이 되어야 하되 12명을 넘지 않아야 한다.
· 아동들은 비밀을 보장 받아야 한다.
· 집단은 호기심을 갖고 보는 사람들이나 부모가 없는 조용하고 사적 공간에서 이루어져야 한다.
· 집단은 집단에서 이루어져온 것을 별도의 만남을 통하여 부모와 아동과 함께 논의할 준비가 되어 있어야 한다.
· 집단은 안전과 안정적인 분위기를 조성해서 아동들이 자신의 욕구를 표현할 수 있어야 한다.

6) 12~18세 청소년의 정신 건강 욕구

이 연령 집단의 주요 문제는 가족으로부터 분리하여 독립적으로 되는 것이다. 그들이 같은 연령의 다른 청소년과 기술을 실행할 수 있게 되는 것은 그들의 발달에 중요하다. 이들에게 있어서의 긴장 중후는 다음과 같이 나타난다.

- · 다른 사람들로부터의 철회, 관계 형성 실패
- · 다른 사람들과 너무 많은 동일시, 지침을 위하여 다른 사람들에게 기댐
- · 공격적 행동, 태도나 활동
- · 조바심과 집중력 장애
- · 극단적 우울, 움직일 수 없을 정도의 무반응
- · 짧은 동안 한쪽 극단에서 다른 극단으로 분위기와 행동의 급격한 변화
- · 스트레스로 인한 기능적인 혹은 신체적 호소(잦은 두통, 복통, 안구 긴장)
- · 수면 장애
- · 망상, 환청, 환각
- · 자살 시도
- · 망상이나 타인을 믿지 못함

여기에 난민 상황은 상황을 더욱 악화시킨다. 첫째 강제 이동과 빈 곤으로 인하여 가족과 너무 일찍 헤어지게 됨, 둘째 공동체 내에서의 청소년의 역할 변화와 공동체 자체의 변화, 셋째 가족 욕구가 청소년 들을 정상보다 빨리 성인의 역할을 하게 함으로써 사태를 더 악화시 키게 된다. 또 이들과 일하는 데에 있어서 특별히 관심을 기울여야 할 공통된 문제들이 있다.

먼저 일부 아동들은 취약한 가족에 속해 있다. 이 가족들이 붕괴되 는 것을 막기 위하여 도움을 받아야 한다. 또 일부는 무연고 청소년 들로서, 그들은 특별한 욕구를 가지고 있다. 이 욕구가 해결되지 않 으면 심각한 정신 건강상의 문제가 발생될 수 있다. 가족과 가정의 상실에 대한 애도는 정상이며 청소년들은 이 상실에 대하여 이야기 할 수 있도록 고무하여야 한다. 마지막으로, 이들의 정신 건강 기록

시 이들이 양육되어 온 문화를 반영하도록 하며 또 그것들은 비밀이 보장되어야 한다. 정신 건강 기록들에는 이들과 이들 가족을 위협하거나 해롭게 하는 데에 사용될 수 있는 정보가 포함되지 않아야 한다.

또 가능한 빨리 파악해야 하는 취약 가족들이 있는데 구체적으로 다음과 같은 가족이 속한다.

- 한 부모 가족 특히 어린 자녀를 여러 명 둔 가족
- 확대 가족
- 자기 자녀 외에 다른 사람의 자녀를 돌보고 있는 가족

이들 취약한 가족을 초기에 파악하기 위해서는 아래와 같은 방법을 취해야 한다.

- 신규 전입자에 대한 신속한 인터뷰
- 가가호호 방문에 의한 조사 실시
- 문제가 있는 가족을 파악하기 위하여 다른 북한 이탈 주민 리더에게 요청
- 이미 그러한 가족들을 파악해 온 원조 조직과의 연락

이들 취약 가족들 중 부모가 자녀를 유기하게 되는 경우 그 이유들은 다음과 같은 몇 가지 상황 때문이다.

- 상황이 절망적이라고 느낀 부모가 자녀를 유기할 만한 상황에 이르게 될 때
- 부모가 자녀를 모두 보살필 수 없을 때
- 부모가 식량이나 다른 물질이 부족하고 도움 받을 수 없다고 생각될 때
- 부모의 사기가 저하되고 자녀를 돌볼 능력과 미래에 대하여 불확실하

다고 느낄 때
· 부모가 아프거나 건강, 영양 상태가 좋지 못하거나 희망이 보이지 않을 때. 이것은 신체 정신적으로 자녀를 돌볼 수 없다는 것을 의미한다.
· 자녀 중 일부가 건강 상태가 좋지 않거나 회복되지 않을 때

이들 취약한 가족을 돕기 위한 단기 지원으로는 다음과 같은 것이 있다.

· 물질적 지원
· 의료 보호
· 추가 음식 제공
· 아동 활성화 프로그램
· 부모 역할 기술 훈련

장기 지원으로는 다음과 같은 것이 있다.

· 농촌 가족에게는 대지와 가축 등 농업적 지원
· 도시 가족에게는 직업 훈련, 소규모 경영을 위한 대부와 보육 지원
· 전체 공동체 개선
· 아동 보호 주선
· 모국으로 되돌아가도록 최종 지원을 하는 것

7) 무연고 아동들

가족 붕괴와 별거는 대량 인구 이동에서는 불가피하다. 무연고 청소년을 위한 긴급 보호는 피신처, 음식, 의료 보호, 안전한 환경과 신

체 정서적 안정 등 긴급 필요를 위하여 제공되어야 한다. 동시에 각 아동과 행방 불명 가족원들에 대한 정보가 수집되어야 한다. 추적 센터가 설치되어서 정보가 수집되고 부모를 찾는 아동과 아동을 찾는 부모에게 제공되어야 한다.

긴급 상황 초기에는 어린 아동과 영아들에게 특별한 관심을 기울여야 한다. 그들 건강, 영양 상태와 발달상의 욕구가 해결되고 있는지 확인이 이루어져야 한다.

- 아동들의 의료 검진과 의료 기록들이 보관되어야 한다.
- 각 아동들, 특히 6개월에서 5세 사이의 영아들에 대하여 질병 예방 접종이 이루어져야 한다.
- 아동들은 아동 연령에 적합한 양의 비타민 A를 복용하여야 한다.
- 특히 6세 이하 아동들의 영양 상태가 확인되어야 한다. 영양 결핍이 있는 경우 그에 따른 조치가 이루어져야 한다.
- 각 아동들의 영양 상태, 건강 악화, 질병과 방임 등 심리적 문제, 발달 지체가 확인되어야 한다.

장기적인 보살핌이 아동 연령과 문화에 적절하게 제공되어야 한다. 보살핌은 자연적인 가족 상황 안에서 제공되는 것과 가능한 유사하게 이루어져야 한다. 무연고 아동들에게 제공되는 보살핌은 다음과 같은 일련의 필요들을 해결해 주는 데에 목적을 두어야 한다.

- 신체적 욕구: 아동들에게는 충분한 음식, 피난처, 의류와 위생 상태가 이루어져서 건강 상태를 잘 유지하여야 한다.
- 의료 욕구: 의료 서비스는 질병과 면역, 의료 비상시에 제공되어야 한다.

· 심리적 욕구: 아동들의 현재와 미래의 안녕을 위하여 안정적이고 안전한 환경이 제공되는 것이 필수적이다. 이들은 성인과의 애정 있는 장기적 관계가 유지될 수 있어야 한다. 주변 사람들과 같은 언어로 이야기할 수 있어야 하며, 또 그들 문화권이나 공동체 안에 거주할 수 있어야 한다. 또 개인적 욕구나 어려움들에 대한 도움을 필요로 한다.

· 특별한 욕구: 무연고 아동들은 다른 난민 혹은 북한 이탈 주민과 같은 수준의 물질적 지원을 받아야 한다. 이들에게 더 높은 수준으로 지원하지는 말아야 한다. 왜냐하면 이렇게 됨으로써 취약한 가족들이 더 많은 물질적 지원을 얻기 위하여 자녀를 유기하려는 경향을 가질 수 있기 때문이다. 신체 안전에 대한 위협이 있고, 미래가 불확실하면 부모들은 자녀들이 부모들을 떠나 무연고 아동 시설로 들어가도록 조장할 수 있다. 그들은 자녀를 안전하게 하고 교육을 받고 음식과 미래를 위한 기회를 가질 수 있도록 하기 위하여 그렇게 하는 것이다.

필요한 도움은 다음의 방식으로 제공될 수 있다.

· 각 아동은 적절한 성인의 보살핌에 맡겨진다.
· 무연고 아동들은 확대 가족이나 소집단에 다른 아이들과 함께 보호된다.
· 훈련받은 양육자들이 소그룹 아동들을 보살핀다.
· 연장 아동들을 위해서는 감독을 받는 동시에 독립된 생활 시설들이 제공된다.

별거와 가족 상실로 혼란스러운 모든 아동들은 다음과 같은 유사 증후를 보인다.

◆ 상실의 증후들

① 영아와 걸음마기 아동들
· 짧은 동안에 강렬하게 운다.
· 대치 양육자를 받아들이기를 꺼린다.
· 음식을 거절한다.
· 소화 장애로 고통을 겪는다.
· 수면 문제를 갖는다.

② 4~5세 아동의 경우
유사 반응을 보인다. 그들의 경우 발달이 역전된다. 더 어린아이처럼 행동하기도 한다. 구체적으로 다음과 같다.
· 손가락을 빤다.
· 침대를 적신다.
· 충동 자제가 어렵다(쉽게 흥분하고 다른 감정들은 행동화한다).

③ 4~5세 무연고 아동들
· 가끔 악몽을 경험한다.
· 특정 물건이나 대상들(큰 소리, 동물), 귀신과 악녀 등 상상 속의 존재들에 대한 두려움을 가진다.

④ 학령기 아동들
· 양육자들로부터 철회
· 우울
· 조바심
· 집중 못 함

· 학교에서 산만함
· 같은 연령 아동들로부터 고립됨

⑤ 청소년들
· 우울
· 기분 변화
· 고립
· 공격적
· 잦은 두통, 복통과 다른 기능적 호소

◆ 무연고 아동들에 대한 지원

가족 없이 사는 아동들은 소속감과 함께 어떤 환경 속에서든 가족에게 의지할 수 있다는 확신이 사라진다. 이러한 상실과 애도 과정은 아동의 행동에 영향을 크게 미친다. 정신적 건강 문제가 바로 혹은 수년 후 일어나고, 가족 상실은 심각한 기능 장애를 일으킬 수 있다. 심지어는 일상생활을 영위할 수 없는 정도가 되기도 한다.

이들에게 심리적 도움을 주는 데에 있어서 회복을 위한 최대의 도움 중 한 가지는 가족원과의 재결합이다. 가족과의 연계를 재수립하는 것, 부모의 부재가 지속된다 하더라도, 이 아동에게 미래에 대한 희망과 안정감과 소속감을 가져다 줄 수 있다.

재결합이 어려울 때 아동을 가족을 추적하는 데에 관여시키는 것이 중요하다. 이로써 아동이 가족 찾는 일에 실질적으로 참여하게 됨으로써 희망을 자극하게 하고 자존감을 가지게 된다. 이것은 부모와 별거하게 된 아동들을 짓누르는 죄의식의 일부를 완화시켜 준다. 또 무연고 아동들은 가족, 친구, 소유품, 언어, 문화와 고향을 상실하게 됨에 따른 슬픔과 비애(grief)를 표현할 수 있도록 허용되어야 한다. 비애가 표현되고, 비애로부터 회복되는 방식은 아동이 양육되어 온 문화에 따라 다르게 이루어진다. 아동에게 이러한 과정이 일어날 충분한 시간과 여건이 허락되지 않는 경우가 많다. 그렇게 되면 그때에 혹은 수년 이후에 발달상의 심각한 걸림돌을 가져올 수 있다.

어린 아동들은 성인 양육자와의 긍정적 애착 경험이 필요하다. 많은 난민 아동들은 부모와 다른 성인 친척 등 일련의 상실들을 경험한다. 그들은 다른 성인들과의 밀접한 가까운 관계를 형성하기가 어렵다는 것을 알게 되는데 왜냐하면 또 다른 상실을 경험하게 될 것이 두렵기 때문이다. 그들이 이러한 두려움을 극복하도록 돕기 위해서는 성인 양육자가 인내를 가질 필요가 있다. 오랜 시간 경과에 따라 아동들은 자신들이 사랑받고 있다는 인식을 가지게 될 것이다.

8) 아동 정신 건강 기록

무연고 아동에 대한 건강 보호 상태를 기록할 필요가 있다. UNHCR은 이에 대한 지침을 제공하고 있다. 즉 아동이나 성인에게 진단명을 붙이지 말아야 한다. 단순히 행동을 기술하고 그러한 행동이 얼마나 자주 발생하는지만 기술한다. 예로 아동이 "대단히 우울한 상태에 있다."로 기록하기보다는 "아동이 하루 종일 울고 있으며, 다른 아동들과의 활동에 참여하도록 할 때 관심을 보이지 않으며 밤에는 잠을 잘 못 잔다. 이러한 상태가 2주간 지속되어 왔다." 는 식으로 기술하는 것이다. 또 아동이 급성 불안으로 고생한다고 생각되면, "아동이 학교에서 앉아 있기만 하고 집중을 못하며 잠을 못 자고 거의 먹지 않는다. 바로 당장에 대한 질문을 하며, 과거 경험에 대해서는 말하기를 거절한다. 아동은 두 달간 이러한 상태였다."로 기술한다.

그룹 홈 등 거주 시설에서도 기록은 신체 · 심리 문제로 보건 보호를 받는 모든 아동들을 위하여 지속되어야 한다. 보통 의료 치료와 예방 접종은 기록된다. 부모가 장소를 옮긴다면 그들이 가지고 갈 수 있는 기록 사본들을 제공한다. 무연고 청소년들에게 있어서, 기록 보관은 좀 더 복잡하다. 기록에는 가족사와 아동과 한 인터뷰 내용들이 포함되어야 한다. 이것들은 나중에 가족을 찾고 재결합하는 데에 사용될 수도 있다. 상세한 치료와 보호 내용, 아동의 진행 세부 사항들 역시 기록되어야 한다. 기록 보관은 아동 보호의 사소한 부분으로 생각될 수 있으나 비밀 보장과 아동의 권리와 이해관계를 보호하기 위하여 조심스럽게 이루어져야 한다.

비밀 보장을 위하여 정보는 항상 주의 깊고 안전하게 기록 보관되어져야 한다. 때로 아동의 친척들에 관한 정보를 기록하는 것을 피해야 할 만한 정치적 이유들이 있다. 어떤 정보는 아이와, 다른 곳에 있는 가족원들에게 위험할 수도 있다. 때로 이름과 장소도 비밀에 부쳐야 할 경우들이 있다. 가족이 갑자기 이동해야 할 때 그 기록들은 분실될 수도 있고 그것을 만든 사람들의 손에 남겨질 위험이 있다. 만일 의료 기록이나 가족 정보를 다른 사람이나 조직으로 이관하는 것이 필요하다면, 가족에게 관련된 위험에 대하여 알려야 하며, 그 이관에 만족하는지 여부를 물어야 한다. 간단한 전후 참조(cross-references)를 사용하고 파일에 숫자나 글씨로 표기해 두는 것이 최선이다.

기록을 할 때에는 정확성이 필수적이다. 비상시, 헤어진 아동에 대한 정보를 가진 가족이나 다른 사람들을 인터뷰할 유일한 기회가 있을 수 있다.

연고가 없는 아동들에 관한 핵심 정보 기록 카드는 부모와 헤어진 모든 아동들이 쉽게 접근할 수 있어야 한다. 여기에는 가족에 관한 별도의 정보 외에 일반적인 세부 사항들이 포함되어 있어야 한다. 주목할 만한 가족 관계를 포함한 가족력 기록들도 중요하다. 가족력들은 아동의 과거 이동과, 아동이 가족과 헤어지기 전의 가족원들에 대한 상세 정보들이다. 다른 형제자매들과 아동을 인터뷰해서 기본 정보를 알아내고 아동의 이력에 대한 세부 사항들을 구축하여야 한다. 여기에는 다음의 사항들이 포함되어야 한다.

· 상세한 개인 정보(깨끗한 사진 포함)
· 아동이 발견된 곳, 발견자, 상황 등 여건
· 부모와 헤어진 상황(어디서, 어떤 상황이 벌어졌는가)
· 부모와 헤어지기 전과 이후의 아동의 이력
· 의료와 건강 기록 (예방 접종, 성장 정도)
· 현재 상태와 아동 발달에 대한 세부 사항들

2. 알코올과 약물 문제

1) 알코올과 약물 문제가 어떻게 일어날 수 있는가

알코올이나 다른 약물을 복용하는 사람들은 많은 문제들을 야기할 위험이 있다. 여기에는 건강, 가족, 개인 문제들이 포함된다. 사람들이 이러한 약물들을 점점 더 복용하게 됨에 따라 더 위험에 처하게 된다. 일부는 그들이 탈북인의 상황이 되기 전에 이미 이 문제를 가지고 있었을 수 있다.

많은 알코올과 약물 복용자가 난민의 상황이 되면 도피의 혼란과 좌절 속에서 그러한 사용을 덜하게 되거나 중단하게 될 수 있다. 그러나 알코올과 약물 복용을 방지하기 위하여 어떤 것도 할 것이 없다면 그들은 더욱 심각한 문제 상황에 처하게 된다. 난민이 되기 전에 많이 복용했던 사람들은 일단 그들이 새로운 사회에 정착하게 되면 가장 위험해 질 수 있다. 난민 공동체 역시 새롭게 알코올이나 약물 사용자가 생겨나서 순식간에 심각한 상태로 될 수 있다.

일부 난민들은 자신들의 실제 문제들에 직면하기를 피하기 위한 방법으로 알코올이나 약물을 사용하기 시작한다. 또 다른 사람들은 유용하지 못한 일을 할 만한 시간이 많아진다. 난민들은 '나는 미래나 다른 사람들이나 내게 어떤 상황이 벌어지든 상관 않는다.'고 느낄 수 있다. 가족과 사회가 사람들의 행동을 정상적으로 통제하기를 그만둘 때 특히 젊은이들은 알코올이나 약물을 복용하기 시작할 수 있다.

난민들이 알코올과 다른 약물들을 정기적으로 복용하면, 그들은 생활 여건을 개선할 노력들을 거의 하지 않게 된다. 이것은 모든 난민들에게 영향을 미친다. 술을 마시거나 약물 복용자가 비록 소수에 불과하다 하더라도, 그것은 전체 공동체의 자신감과 절제에 영향을 미친다.

2) 무엇을 할 수 있나?

난민들 스스로 자신들의 공동체 안에서 알코올과 약물에 대한 요구를 방지하도록 조직하는 것을 돕는다. 또 이들에게 외부인이 약물을 제공하지 못하도록 막는 것도 중요하다.

(1) 공동체 지원

난민 공동체 지도자에게 알코올이나 약물 사용을 시작하는 위험에 대하여 알릴 필요가 있다. 외부인이 그러한 요구를 조성하려고 하는 것을 경고한다. 공동체 리더가 난민들이 약물판매자에게 쉬운 표적이 되는 대상이라는 것을 이해해야만 한다. 이것은 난민들이 공동체로서 잘 조직화되어 있지 못하고 다시 정상적인 사회생활로 돌아갈 희망이 거의 없을 경우 특히 그렇다. 공동체 리더들이 문제를 주시하도록 한다. 그들이 알코올과 약물 사용을 이미 시작했거나 증가하고 있다고 혹은 이러한 문제들이 곧 일어날 것 같다고 생각되는지 물어본다. 문제가 곧 일어날 것 같다면 개별 난민들이나 집단에게 발생하기 전에 문제를 예방하도록 도움을 요청한다. 그들은 전체 공동체가 예방 활동을 하도록 노력한다. 외부인이 시장을 조성하려고 하는지 여부를 찾아낼 수 있다. 그들은 이들 외부인이 누구이며 어디서 오는지도 찾아낼 수 있다.

일단 난민들과 지도자가 위험을 인식하면, 그들과 그들이 사용하지 않도록 어떻게 설득할 것인가를 지속적으로 논의한다. 모든 사람이 약물 매매가 얼마나 유해한지 알고 있다. 난민들이 서로 시작하거나 지속하는 것을 막기 위하여 조치를 취하도록 설득한다. 외부인이 난민들이 거주하고 있는 환경으로부터 이득을 취하지 못하게 한다.

약물 문제를 막기 위해서는 난민들을 위한 전반적 복지와 사기 고양과 유지를 위한 모든 조치들이 이루어져야 한다. 모든 난민들은 자신들이 유용하다고 느끼고, 서로를 위하여 그리고 전체 공동체를 위하여 최선을 다하려고 한다. 만일 유용한 할 일이 있고 미래에 대한 희망이 있다면, 약물을 덜 복용할 것이다. 약물 복용을 하는 난민들은 약물 복용을 하되 보통의 사회에서 사는 사람들보다 더 많은 문제를 가지게 된다는 것을 전체 공동체에게 경고하는 것이 필요하다.

(2) 개인 돕기

일부 개인들은 특별한 관심과 도움을 필요로 한다.

· 약물이나 알코올을 사용하고 이것 때문에 문제를 가지고 있는지 물어본다.
· 약물이나 알코올 복용을 암시하는 행동을 살펴본다. 신체 질병, 상처, 만취, 낯선 행동 등 약물이나 알코올 복용의 증후들과 결과들을 찾아본다.
· 그들이 난민이 되기 전에 심각한 정도의 복용자였는지, 보통 정도의 복용자였는지 파악한다.

① 이전부터 복용했던 경우

난민들은 공동체의 누가 약물을 복용하여 유해한 상태에 있는지 여부를 알게 된다. 현재 심각한 문제가 없다면 공동체 리더나 영향력 있는 사람에게 약물 문제를 가지고 있는 사람을 알고 있는지, 그들이 매일 먹는지, 난민이 되기 이전부터 복용했는지에 대하여 물어보도록 한다.

이들은 알코올이나 약물에 접하게 되면 특별히 위험에 처하게 된다. 이들이 현재는 약물을 사용하지 않는다 하더라고 난민 리더는 지역 사회 활동이나 미팅에 그들을 끌어들이려고 노력하여야 한다. 이로써 그들이 집단 내에서 가치 있는 존재라고 느끼게 된다. 그들에게 전체 난민들의 복지를 위하여 사소한 일이라도 할 수 있는 기회를 주는 것이 중요하다. 심지어 난민으로서 이전에 약물을 복용했던 사람이 약물을 사용했을 때보다도 더 가치 있다고 느끼도록 도와주어야 한다.

② 현재 사용자

· 지역 사회는 일반적으로 누가 약물이나 알코올을 복용하는지 알고 있다. 다양한 약물은 비슷한 문제를 일으키지만 각각의 약물은 사용자에게 특유의 영향을 가져온다.

· 어떤 사람들은 매일 알코올이나 약물을 복용한다. 그것은 약물 없이는 그들이 지낼 수 없기 때문인데 이러한 사람들을 '의존자'라고 부른다. 보통 그들은 많은 문제를 가지고 있는데 그들의 건강을 손상시키고 가족을 방임하게 만들며 결국 가족과 공동체에 짐이 된다.

· 약물 의존자들은 정기적으로 약물을 복용할 필요가 있다. 약물을 먹지 못하면 그들은 우울과 고립 증세를 보이게 된다. 코카인과 알코올은 신체적으로 위축 증후를 가져오고 헤로인을 복용하지 않으면 전신에 통증을 가져온다. 수면 장애, 콧물, 축축한 눈, 설사 등이 생긴다. 알코올 섭취를 멈추면 수면 장애, 쉽게 화를 내고 조바심을 보인다. 심각한 경우에는 이들은 충분히 의식을 못한다. 두려움과 상상을 보고 간질이 있는 사람처럼 발작을 일으킨다. 알코올에 의존하는 사람에게서 갑자기 알코올을 빼앗으면 위험해지고 심지어 죽음을 초래할 수 있다. 약물에 의존하지 않은 경우도 문제가 있을 수 있다. 여기에는 건강 문제, 영양 부족, 가족 문제, 사고, 다툼과 다른 사회적 문제들이 포함된다.

불법 약물이 사용될 때 특별한 문제가 발생된다. 약물 배부와 판매는 불법 행위이고 판매자는 범법자가 된다. 일부는 때로 과량을 복용하거나 약물에 대한 이상 반응이 생긴다. 과량은 의식 불능과 죽음까지도 초래하게 된다.

③ 약물 문제가 있다는 것을 받아들이도록 돕기

때로 약물 사용자들은 스스로 돕도록 혹은 다른 사람들의 도움을 받아들이도록 동기 부여가 된다. 그들은 약물 복용을 중단하고 좀 더 의미 있는 삶을 살도록 결정할 수 있다. 그들이 자신이 문제를 가지고 있다고 인정할 때 약물을 포기하는 좋은 기회를 가지게 된다. 그들이 약물 문제를 통제하도록 끈기 있게 일하고 약물 사용으로 일어나는 모든 행동을 변화시키도록 해야 한다. 이것은 정상적인 생활보다 난민 캠프에서 좀 더 쉬운데, 그 이유는 그들이 덜 고립되어 있기 때문이다.

3) 알코올과 약물이 사용될 때 일어날 수 있는 문제들

(1) 만취 행동

한 가지 문제는 만취나 주사(酒邪)이다. 만취한 사람은 폭력적이고 공격적이 된다. 일부 사람들은 술을 마신 후 공격적으로 되고 그러나 그들이 그것을 알게 되면 공격적인 행동을 통제할 수 있게 된다. 만취 상태의 사람이 공중 앞에서 공격적으로 행동할 때 그를 그곳으로부터 떼어 놓거나 다른 사람들이 다른 곳으로 가 버리도록 하는 것이 최선의 방법이다. 취하고 공격적인 사람에게 도전하지 말고, 그 행동을 중단시키려고 하지 않아야 한다. 그렇게 할 경우 공격을 받게 된다. 일반적으로 만취 상태의 사람에게 동조하고, 폭력적 반응을 유발시키는 상황에서 그를 떠나게 하는 것이 일반적으로는 훨씬 낫다.

(2) 과량 섭취

과량 섭취는 개인을 무의식 상태에 빠지게 한다. 무의식 상태에서 더 해로운 상태에 빠지는 것에 주의해야 한다. 호흡에 특별한 관심을 기울인다. 알코올 섭취 후 의식이 없는 환자들은 혈중 농도가 낮아지는 경우가 많다. 이것은 뇌 손상을 가져오고, 손상은 알코올이 몸에서 없어진 이후에까지 남아 있게 된다. 의식 불명의 사람의 입에 무엇을 주어서는 안 된다. 그들에게는 포도당을 주사할 필요가 있다. 훈련된 보건 전문가가 해야 한다.

(3) 철회

알코올이나 약물 복용을 중단할 때 사람들이 경험하게 되는 증세들은 여러 가지 방법으로 이완될 수 있다. 디아제팜과 유사 약물이 심각한 알코올 의존으로 일어나는 위험한 철회 반응을 막을 수 있다.

알코올 섭취를 중단한 경우 의식 상태가 완전하지 않는 경우가 있다. 이들은 발작이나 혼미상태를 경험하게 되기도 한다. 또 현실에 없는 것을 보기도 한다. 그러한 경우 다이아제팜 같은 약물 처방이 단기간 처방되어야 하고 점차 양을 줄여야 한다.

이러한 철회를 경험하는 사람은 혼자 두면 안 된다. 그들과 분명하게 의사소통할 수 있고 그들이 의식 상태로 있도록 자극할 수 있는 사람이 있어야 한다. 주변 환경도 적절한 불빛 등 자극이 있어야 한다. 이들 상황이 많이 악화될 경우, 아무런 의약품이 가능하지 않을 경우에는 적은 양의 알코올을 제공한다.

원조자들은 또 그들이 돕고 있다는 것을 이들 가족에게 이야기해야만 한다. 약물을 줄이거나 중단한 사람은 그 성취에 대하여 칭찬과

축하를 받아야 한다. 가족과 친구, 원조자들은 그들에 대한 만족과 격려를 보여 주어야 한다. 또 원조자들은 약물 복용자에게 그들이 다른 방법으로 존중을 받을 수 있는 일을 이야기해 준다. 원조자와, 약물 중단한 사람들은 공동체에서 그 변화를 얼마나 인정하고 있는가를 논의한다. 이전에 약물을 복용했던 사람들은 난민들을 위하여 알코올과 다른 약물 제공을 중단하는 방법들을 계획할 수 있다. 이렇게 그들은 공동체를 돕고, 서로에 대한 충성심을 강화시킬 것이다. 원조자들은 이전 사용자들과 그들이 이룩한 변화를 유지하도록 돕기 위하여 정기적으로 연락을 취해야 한다. 그들은 이전 사용자들이 현재 사용자에게 이야기하고 사용을 중단하도록 돕는다. 오랜 기간 동안의 정기적인 접촉은 이전 사용자들이 다시 약물을 사용하지 않도록 확실히 하는 데에 필요하다. 약물 사용을 중단한 사람들을 돕는 한 가지 방법은 그들이 유용한 과제를 찾아 주거나 그들이 유용한 과제를 찾도록 격려하는 것이다. 이 과제는 다른 약물 사용자들이 약물 복용을 중단하도록 돕는 것이 될 수 있다. 혹 난민 공동체에 약물 제공을 중단하는 것일 수도 있다. 모든 사람은 그들이 원조자의 노력을 얼마나 가치 있게 평가하는지 보여 주어야 한다. 그러나 성공은 앞으로 일어날 약물 문제를 막기 위한 난민 공동체의 지속적인 조직 노력에 달려 있다.

3. 고문과 다른 폭력 희생자 돕기

고문은 전 세계 여러 나라의 3분의 1 정도 지역에서 일어난다. 고문은 고문당하는 사람의 시각을 바꾸거나 정보를 얻기 위하여 신체, 정서적 고통과 괴로움을 가하는 것을 뜻한다. 고문은 희생자가 고문을 가하는 사람이 원하는 것을 강제로 하도록 하기 위하여 고안된 것이다. 신체적 기법에는 온갖 종류의 때리는 것, 전기 충격이 포함된다. 사람들은 또 음식, 물과 소리, 빛을 빼앗고, 물속에 잠수시키기도 하고, 다른 폭력과 신체, 성적 학대로 구문을 가하기도 한다. 사실이 아닌 비난, 죽음의 위협, 사형 위협 같은 심리적 기법은 희생자를 혼동시키고 저항을 못 하게 하기 위하여 사용된다. 가장 흔한 결과는 두려움, 우울과 신경질 같은 심리적인 것이다. 고문당한 사람은 집중하는 데에 어려움을 겪게 되고, 악몽을 꾸게 되며 잠을 잘 수 없다. 이런 문제는 보통 고문당한 바로 직후 시작되지만 어떤 경우에는 원래의 고문을 당한 수개월 혹은 수년 후 시작되기도 한다.

많은 난민들은 고문과 같이 심각한 또 다른 폭력으로 고통을 받기도 한다. 그들은 가족원을 한명 혹은 그 이상 잃어버리고, 심지어 그들의 죽음을 목격하기도 한다. 일부는 신체적으로 상처를 당하거나 장애를 갖게 되기도 한다. 그들은 또 다른 사람들이 굶어죽는 것을 목격하거나 폭격을 당하기도 한다.

1) 여러 가지 폭력을 경험한 사람들을 어떻게 알아내는가?

고통스럽고 힘든 경험을 한 사람들은 신체적으로 정서적으로 유사하게 반응한다.

그들은 아프거나 약한 것이 아니다. 일반적으로 그들은 시간이 지나면 나아진다. 심각한 폭력에 대한 몇 가지 공통된 반응들이 있다.

· 어떤 사람들은 항상 고통스러운 경험을 생각한다. 또 어떤 사람은 마치 그들이 계속 같은 경험을 하고 있는 것처럼 느끼기도 한다. 그들은 선명하게 폭력적 사건이나 고문을 보기도 한다.

- 어떤 사람들은 아프다고 느끼고 고통을 경험한다. 이로써 그들은 보건 전문가를 과거보다 더 자주 방문하게 된다.
- 또 어떤 경우는 수면 장애를 경험한다. 그들은 깊이 잠들 수 없거나 아주 이른 시간에 눈을 뜨게 된다.
- 가끔 나쁜 꿈을 꾸고 악몽을 경험한다.
- 삶에 대한 흥미 상실, 에너지 상실, 피곤함을 느끼기도 한다. 이것은 항상 일상 과제나 일터에서 어려움을 가져온다.
- 식사 문제를 갖게 되거나 너무 조금 혹은 너무 많이 먹게 된다.
- 성에 흥미를 상실한다.
- 집중을 못 하거나 기억력 훼손, 같은 이야기를 반복하여 이야기한다.
- 아주 사소한 일에 화를 내는 경향이 있고, 기분이 쉽게 변화된다.
- 두려움과 신경질, 안절부절못하게 된다.
- 다른 사람들은 죽었는데 자신은 살아 있다는 데에 대하여 죄책감을 느낀다.
- 다른 사람들이나 가족들에 관심을 보이지 않는다.
- 고통스러운 경험을 기억나게 하는 상황이나 이야기를 회피한다.
- 알코올을 너무 많이 섭취하거나 약물을 섭취한다.

어떤 사람은 다른 사람보다 고통을 더 잘 견딘다. 그러나 이러한 반응들 중 여러 가지를 호소하는 사람들에게는 별도의 지지가 필요하다.

2) 폭력 경험으로부터 회복하도록 어떻게 도울 것인가

(1) 집단을 통하여 돕기

고문이나 다른 폭력으로 인한 고통을 겪고 있는 난민들을 도와주기 위하여 집단을 활용할 수 있다. 어떤 경우 거의 모든 사람이 폭력이나 고문을 경험한다. 예를 들면 전쟁 후의 경우가 그 예이다. 이런 경우에는 집단 접근이 도와주는 최선의 방법이다. 사람들과 공유되지 못한 경험을 한 개인들, 혹은 집단 세션에서 참여하지만 여전히 심각한 증세를 가지고 있는 개인들에게는 특별한 관심을 보인다. 그렇다면 동료를 위하여 지지 집단을 어떻게 구성할 것인가.

폭력 희생자를 치유하는 데에 있어서 경험을 교환하기 위하여 동료들을 몇 명 초대하여 상호 지지 집단을 형성한다. 문화가 허락한다면, 집단은 남성과 여성은 서로 다른 방법으로 자신들의 문제를 해결하기 때문에 남녀를 포함해야만 한다. 집단 성원들은 다양한 전문직이나 배경에서 올 수 있다. 또, 지역의 보건 치료사, 종교 지도자, 의사와 교사도 포함한다. 집단 규모는 6~10명이 바람직하다.

그룹이 처음 만나면, 구성원들은 함께 오는 이유를 명확히 알아야 한다. 여기에서는 아래의 사항들을 유념한다.

· 과거에 대하여 서로 이야기할 기회를 준다.
· 그룹 안에서 고문과 폭력의 영향을 다루는 방법에 대하여 경험을 얻는다.
· 고통 받아 온 사람들을 돕는 효과적 방법에 관하여 서로의 경험으로부터 배운다.

- 집단원들이 희생자를 대하는 데에 있어서 그들의 감정들에 대하여 이야기하도록 한다.
- 비밀 보장에 대하여 배운다. 서로 이야기한 것은 집단 밖으로 가져가지 않는다.

고문이나 폭력 희생자 상담에 사용하는 본문

당신에게 일어난 것이 대단히 무시무시해서 같은 경험을 한 다른 사람과 같은 증세를 가지고 있다. 극단적인 스트레스를 겪은 많은 사람들은 (전쟁이나 강간 같은 사건에서) 자동적인 반응을 나타내 보일 것이다. 보통 그들은 대단히 잘 반발하고 도망하거나 생존하는 데에 필요한 것을 한다. 위험이 지났을 때 그들은 충격을 받고 자신들이 도망했다는 것을 믿지 못한다는 것을 알게 된다. 그들은 여러 시간 혹은 여러 날 동안 떨고 두려움과 분노, 슬픔을 느끼게 된다. 누군가 자신을 안심시켜 주고 모든 것이 끝났고 '이제 당신은 안전하다'고 이야기해 주는 사람이 있다면 대단히 위로가 된다.

그런 다음에는 그 경험이 끝나기 시작한다. 자주 당신은 자신에게 일어난 것을 기억하고 싶지 않을 것이다. 항상 살아왔던 대로 살게 될 것이다. 혹은 다른 사람이 과거에 대하여 이야기하기를 원하지 않을 것이다. 때로는 마치 모든 무서운 일이 다시 일어나는 것 같아서이다. 당신은 모든 것을 기억한다. 당신 앞의 모든 상세한 것들을 보게 되고 불행하고 두렵고 수치심과 분노를 느끼게 된다. 대부분의 사람들은 아무 것도 기억되지 않는 이러한 과정을 염려한다. 그리고 그 다음에는 모든 것이 기억나는 것을 두려워한다.

사람들은 변한다. 예를 들면 한 남성이 전에는 그가 좋아할 만한 사람이었어도 지금은 항상 불안할 수 있다. 그는 전에는 잡담하고 게임을 하고 댄스를 하고 싶어 했다 해도 지금은 다른 사람들과 접촉하기를 피할 수 있다. 혹은 그는 전에는 하지 않았던, 술을 너무 많이 마시거나 약을 복용하기도 한다.

만일 당신이 고문을 당했다면 고문은 성격을 손상시켜 왔다는 것을 기억해야 한다. 고문은 자주 사람들에게 그들이 잠을 못 자거나 성에 문제가 생길 것으로 이야기함으로써 사람들을 두렵게 한다. 만일 당신이 이렇게 두려움을 가져왔다면, 고문자의 말을 기억해야 한다. 고문으로 인하여 희생자는 위협이 이후의 그들의 삶에 지속적으로 존재한다고 생각하게 만드는 마음의 상태로 들어가게 할 수 있다. 고문은 당신의 잘못이 아니라는 것을 기억해야 한다. 당신은 고문 동안 일어난 것에 대하여 어떤 책임도 없다.

집단 세션은 당신이 음식을 잘게 부수어 좀 더 쉽게 소화될 수 있게 하는 것처럼 당신이 조금씩 고통스러운 기억들이 소화되는 것을 도울 것이다. 악몽, 고통스러운 기억, 조바심과 울음 같은 문제들을 가지게 되는 것은 정상이다. 당신이 이전에는 이처럼 느끼지 않았기 때문에 속이 상할 것이라고 걱정하지 않는다.

어떤 사람은 그들의 지역 문화적 사고로 곤경을 설명한다. 그들은 자신들의 문제가 마귀, 영의 분노, 그들의 초월적 존재에 의해 야기된다고 말한다. 혹은 그들은 자신들이 영을 잃었고, 인생에서 혹은 이전 삶에서 한 어떤 것에 대하여 처벌받는 것으로 생각한다. 이런 방식으로 문제를 보는 것은 당신에게 별로 도움이 되지 않을 것이다.

모든 사람은 그러한 어려움 이후에 같은 문제를 덜 경험한다. 일부는 수치스럽거나 죄책감을 느끼는데, 왜냐하면 그들은 자신들이 다른 사람을 구할 수 있었다고 상상하고 심지어는 자신들이 아직도 살아 있다는 것을 굴욕적으로 느끼기 때문이다. 심지어 일부는 그들이 겪은 고통에도 불구하고 스스로를 반역자처럼 느끼기도 한다. 그러나 그들 대부분은 그 상황에서 그들이 할 수 있는 최선을 다했다. 어떤 사람들은 과거에 나쁜 일을 강요당했다. 그런 경우 용서를 얻고, 초월적 존재나 영혼의 분노를 막기 위하여 적절한 예식이나 기도와 희생 의식을 수행한다.

이 세션들은 당신이 앞으로 기분이 좋아지도록 도울 것이다. 많은 사람들은 전 세계적으로 이렇게 위안과 지지를 찾았다. 일어난 것에 대한 그들의 기억들은 덜 고통스럽고 덜 빈번하게 된다. 당신은 처음에는 단지 가끔만 그렇지만 또다시 인생을 즐길 수 있게 될 것이다. 그러나 더 기분이 좋아지기 위하여 당신은 어느 정도 힘든 시간을 겪어 내야만 할 것이다. 당신은 그것을 제거할 수 있기 전에 고통스러운 과거에 직면해야만 할 것이다.

이따금 당신은 당신이 겪어 온 공포들을 상기시켜 주는 이야기와 사물을 여전히 듣고 보게 될 것이다. 그러나 서서히 당신은 낫기 시작할 것이다. 자신의 문제를 그 안에 쓰레기가 많은 옛날 상처처럼 생각하게 된다. 그 상처를 치유하기 위하여 당신은 그 쓰레기들을 끄집어내야만 한다. 이것은 많은 고통을 가져올 수 있지만 그럴 때에만 상처가 흉터로 될 것이다. 때로 흉터가 여전히 통증을 가져올 것이다. 그것은 날씨가 변화하고 누군가가 그것을 누르기 때문에 저절로 통증을 가져온다. 그러나 흉터는 좋은 것이기도 하다. 흉터는 더 심각한 질병을 막아 줄 것이다.

1, 2회기에서 집단 성원들은 집단이 어떻게 조직되어야 하며, 그 모임이 어떻게 일상과 잘 조화가 될 것인가를 이야기할 수 있다. 돌아가면서 모임을 주도할 수 있다. 일단 서로 조금씩 알아 가게 되면 모임에서 집단이완 운동을 할 수 있다. 계속적인 각 모임은 이 집단이완 운동으로 시작한다.

2, 3회 미팅에서는 긴장에 대하여 그리고 긴장에 대한 사람들의 반응에 대하여 이야기 나눈다. 다음 본문이 유용하다. 다른 집단 성원들과 이 본문을 현재 상황에 맞추어 본 다음 그것을 복사한다. 나중에 복사본은 집단과 개별 상담에서 사용될 수 있다.

다음 10회기 모임에서는 서로의 폭력 경험과 그것이 자신의 삶에 어떻게 영향을 미쳤는지에 대하여 이야기를 나눈다. 집단원들은 서로 고통스러운 사건들에 연결된 정서를 느끼도록 도울 수 있다. 10~15회기 이후 집단원들은 그들이 자신의 이야기를 할 기회를 충분히 가졌다고 느낄 때까지 모임을 계속하기를 원할 수 있다. 여러 번 이야기를 하는 것은 사람이 인생의 줄거리를 다시 찾아내도록 돕는다.

이 모임 동안 여러 기법을 활용할 수 있다. 이완 기법과 호흡 기법, 신체 운동처럼 레크리에이션을 찾는 것도 중요하다.

3) 심각한 폭력으로 고통을 겪은 개인을 어떻게 돕는가?

많은 사람들이 전쟁 이후 같은 고통스러운 정서 경험을 했다면 집단 접근이 유용하다고 하였다. 그러나 때로 개별 접근이 더 나은 경우도 있다. 예를 들면 희생자의 경험이 다른 많은 사람들이 공통으로 경험하는 것이 아니거나, 개인이 이미 집단 성원이 되어 왔지만 여전히 심각한 문제를 가지고 있는 경우는 개별 접근법이 더 낫다.

어떤 사람은 집단 모임에 대해 두려움을 느낀다면 개인 상담으로 시작하는 것이 낫다. 또 일부에 있어서는 지역 사회나 정치 운동에서의 그들 위치 때문에 그들이 다른 사람들 앞에서 폭력과 고문에 대하여 이야기하는 것이 불가능하다. 그런 경우 개별적으로 돕는 것이 최선이다.

10~15회기 정도가 적당하다. 그러나 심리적·사회적 문제들은 너무 복잡해서 도움을 구하는 개인은 더 많은 세션을 필요로 할 수도 있다. 각 세션은 40~45분 정도가 적당하다. 초기 3회기에서는 개인들에게 한 명 이상의 가족원이나 친구들을 데리고 오도록 요청한다. 다음과 같이 전 회기를 진행할 수 있다.

■ 1회기
목표: 도움을 구하는 사람이나, 그가 데리고 온 가족원 혹은 친구와의 신뢰와 믿음의 관계 형성

첫 모임에서 편안하게 느끼도록 한다. 방해받지 않을 만한 곳을 찾는다. 이름과 자신의 역할을 이야기해 준다. 45분간 이야기할 시간이 있다는 것을 알리고 관심을 집중하여 들음으로써 그들이 자유롭게 이야기할 수 있도록 한다. 존중심을 보인다. 희생자를 존중하고 이해를 갖추고 대한다. 비밀이 보장됨을 알린다. 상대가 이야기하는 것을 이해하지 못할 때 확실한 이해를 위해 질문을 한다. 예를 들면 그때 어떤 일이 있었어요? 혹은 그렇게 되었을 때 당신은 어떤 느낌을 가졌나요? 같은 것이다. 그가 과거에 대하여 이야기하고 감정을 표현하는 것을, 고개를 끄떡이거나 "알겠습니다." 혹은 간단한 질문으로 돕는다. 조언을 하거나 문제를 해결하려고 하기보다 상대가 먼저 말하게 한다. 먼저 상대가 도움을 구하도록 하고 그 친척들이 어떤 일이 있었는지 설명하도록 한다. 그들이 전체 이야기를 하도록 한다.

그들은 특히 어려운 순간에 그들이 무엇을 했는지 어떤 느낌을 느꼈었는지, 신체적으로 무엇을 느꼈고 어떤 생각을 했었는지 이야기한다. 그들이 자신들의 이야기를 끝냈을 때 앞에서 제시된 앞에서 제시된 14개 공통된 호소 사항들 중 몇 개가 현재 나타나는지 주목한다.

회기를 끝낼 때 10~15회를 일주일에 한 번씩 만나게 될 것이라고 이야기한다. 많은 사람들이 자신들에게 일어난 것에 관하여 이야기하고 싶어 한다는 이야기를 하고, 세션 마지막에는 여전히 문제를 가지게 될 것이며 과거에 사로잡혀 있을 것이라고 이야기한다. 그러나 그들은 계속 그렇게 살다가 새로운 시작을 하게 될 것이다. 와 준 친구와 가족원들에게 감사를 표하고, 그들도 정보를 얻고 조언을 얻을 것이라고 이야기한다. 마지막으로 다음 약속을 정한다.

만일 도움을 구한 사람들이 많은 사회 문제를 가지고 있다면 먼저 그들이 자신들의 문제를 유형화하여 순서대로 하는 것을 돕는다. 여기에 한두 번의 세션이 필요하다.

그들이 생각하는 가장 심각하고 덜 심각한 문제 리스트를 만듦으로써 문제를 해결하도록 돕는다. 그들이 문제 해결을 위한 다양한 방법들을 생각하고 각각의 문제를 해결하기 위한 가장 좋은 방법들을 결정하도록 돕는다. 그들이 조치를 취하도록 하고 그것이 어떻게 작용하는지 파악한다. 조치의 긍정적 측면에 대하여 이야기한다. 이렇게 도움을 구하는 사람들은 자신들 안에서 보다 자신감을 갖게 된 것을 알게 될 것이다. 그들은 자신들의 삶에 대하여 다시 통제권을 가지고 있다고 느끼기 시작할 것이다.

■ 2회기
목표 : 도움을 구하는 사람들이 이완 기법을 배울 수 있게 한다.

이완 기법을 가르친다. 도움 없이 하기까지에는 여러 회기가 소요
된다. 테이프 레코더가 가능하면 하루에 2회 이완 운동 테이프를 들
을 수 있다. 일주일 후 그들은 테이프 없이 매일 운동을 할 수 있어야
한다. 매회기 이완 운동을 한다. 가능하다면 폭력 희생자들은 몇 회
기가 끝난 후에 까지도 운동을 지속해야 한다.
　　마사지 기법을 가르칠 수도, 혹은 마사지 기법을 활용하도록 할 수
있다. 이것은 배우자들이 서로 이야기하는 데에 문제가 있을 때, 성
적 관계에 문제가 있을 때 특히 도움이 된다. 마사지가 사람을 이완
시키고 몸과 영혼에 새로운 힘을 준다는 것을 설명해 준다.

■ 3회기
목표 : 스트레스에 대한 정보와 공통된 반응들을 제공한다.

스트레스가 무엇이며 사람들이 스트레스에 어떻게 반응하는지 설
명한다.
　　동료지지 집단 모임에 사용된 본문을 읽고 그것을 주거나 녹음기
가 있다면 본문 내용을 녹음하여 줄 수도 있다. 그 사람은 가족이나
친구들에게 중요한 부분을 반복해 줄 수 있을 때까지 그것을 반복하
여 읽거나 듣는다.
　　그 다음 폭력 희생자와 그 가족, 친구에게 그들 자신의 삶에서 본
문 내용에 언급된 것들 중 일부를 인식하는지 물어본다. 배우자와 다
른 가족원이 이 문제가 그들에게(가정에서의 폭력을 통해서) 혹은
그들 환경(알코올 남용 등)에 영향을 미치고 있다고 느끼는지 묻는

다. 함께 와 준 것에 대하여 감사한다. 마지막으로 본인과 가족이나 친구에 의하여 언급된 문제들을 적는다.

■ 4 회기
목표 : 가장 두려운 순간들을 파악한다.

폭력 희생자가 일어난 전체 이야기를 이야기하도록 한다. 가장 어려운 기간은 무엇이었는지 묻는다. 대답은 '전쟁이 시작되었을 때' 혹은 '가뭄이 왔을 때', '군인들이 총을 쏘았을 때', '그들이 나를 고문했을 때', '우리가 고향을 떠나야만 했을 때' 등이다. 많은 사람들은 두 세 개의 어려운 시기들을 이야기할 것이다. 그 대답을 기록한다. 다음으로 그가 이야기한 가장 어려운 기간을 이야기한다. 그동안 그들에게 특히 어려웠고 괴로웠던 순간들이 있었는지 묻는다. 사람들은 한두 가지 순간들을 언급할 것이다. 이 순간들을 기록한다. 그들은 '그들이 나의 눈을 가로막았을 때', '그가 칼을 빼들었을 때' 혹은 '비행기 오는 소리를 들었을 때' 등이다. 그 순간들 각각에 대하여 다음 질문을 하고 그 답을 주의 깊게 기록한다.

· 그 순간 당신은 무엇을 했나요?
· 당신 몸에서는 어떤 느낌이 들었나요?
· 또 다른 무엇을 느꼈었나요? (그가 대답을 하지 않으면, 예를 들면 "당신은 두려웠나요? 화가 났어요? 무력감을 느꼈나요? 수치스러웠나요?" 등을 물을 수 있다).
· 당신은 무슨 생각을 했나요?
· 당신은 무엇을 들었나요?

이러한 질문들에 답하면서 그들은 정서적으로 될 것이다. 그렇게 된다면 효과적이다. 그것은 그들이 일어났던 것 일부로부터 이완되도록 도울 것이다. 만일 상대가 망설인다면 서두르지 않는 것이 좋다. 어떤 사람들은 말하고 울고 침묵하는 데에 시간을 필요로 한다. 잠시 침묵이 흐른 후, 자신에게 일어난 것에 대한 적당한 단어를 찾기가 어렵다는 것을 이해한다고 말한다. 상대가 계속 세션을 진행하고 싶은지 여부를 확인한다.

그 다음 언급되어 온 또 다른 어려웠던 시기를 이야기한다. 다시 가장 어려웠던 순간들에 대하여 이야기하도록 요청한다. 그리고 그 답들을 기록한다. 매순간에 대하여 "당신은 무엇을 했나요?" "당신은 무엇을 느꼈나요?" "당신은 어떤 생각을 했습니까?" 등의 질문을 한다.

그 다음 다른 특정 기간이 다른 시기보다 더 어려웠는지 묻는다. 가장 어려웠던 때, 그 다음으로 어려웠던 때 등의 순서로 시기들을 기록한다.

이 세션 끝에 이 경험들에 대하여 말하는 데에 있어서 개인의 용기에 대하여 당신의 단어들로 감사를 표현한다.

■ 5~7회기
목표 : 폭력과 고문이 개인의 삶에 준 영향을 변화시킨다.

이 세션 동안 여러분 모두가 이전 세션에서 이야기 했던 고통스러웠던 기간들로 돌아갈 것이라는 것을 폭력 희생자들에게 이야기한다. 그것은 쉽지 않을 것이다. 그러나 치료받는다는 것은 종양을 치료하는 것과 같다. 고름을 뽑아내는 것은 아프지만 그 다음에는 기분이 훨씬 좋아지고 종양은 사라지게 되는 것이다.

먼저 기억의 경험이 너무 고통스럽다면 잠시 중단할 수 있다고 설명한다. 그때 그저 손가락 하나나 한 손을 들어 올리는 것이다. 머리를 가슴에 갖다 대고 첫째 손가락이나 손을 약간 올림으로써 이것을 나타낸다.

상대에게 당신이 앞에서 배운 방식으로 이완하는 것을 돕겠다고 이야기한다. 다음 지난 세션 동안 기록했던 가장 힘들었던 상황의 가장 덜 고통스러웠던 순간으로 돌아간다. 희생자가 당신이 지난번 썼던 세밀한 부분들을 읽음으로써 자신을 회고하도록 돕는다. 마치 현재 일어나고 있는 것처럼 현재 시제를 사용한다. 기록된 부분들로부터 희생자가 행하고 느끼고 생각하며 듣고 냄새 맡는 것에 대하여 이야기한다. 예를 들면 "당신은 방에 있다. 발자국 소리가 가까이 온다. 당신은 생각한다. 그들이 나를 때리고 나를 고문한다. 당신은 두려움을 느낀다. 당신은 그들이 당신 얼굴을 때린다고 느낀다……."

만일 그 사람이 자신이 멈추고 싶은 싸인을 보낸다면, "그 이미지가 서서히 당신이 더 이상 그들을 보지 않을 수 있을 때까지 사라지도록 하세요. 지금까지 배워 온 대로 계속 심호흡과 이완을 계속하세요." 그가 이완되면, 그 사람이 그 싸인을 주었을 때 당신이 멈추었던 곳에서의 그 기억을 가져온다. 그 다음 처음부터 끝까지 그 어려웠던 순간을 이야기함으로써 그 과정을 반복한다.

다시 희생자가 이완하도록 한다. 대면이 처음보다 두 번째에는 덜 고통스러운지 묻는다. 그 다음 그가 그 사건을 반복할 때 여전히 긴장감을 느끼는지 여부를 묻는다. 긴장이 덜 느껴질 때까지 운동을 다시 반복하는 것이 낫다고 이야기한다. 어려운 순간을 다시 이야기한다. 나중에 긴장이 완화되는지 혹은 거의 사라졌는지 묻는다. '그렇다'는 답이 나오면 다음과 같은 말을 반복하게 한다. "모든 것이 끝나 가고 끝났다. 나는 그것이 사라지게 할 수 있다. 나는 자유롭다."

이 모든 순간을 서너 번 경험한 후 가장 어려운 기간으로부터 보다 고통스러운 순간을 택하여 같은 것을 행한다. 가장 어려운 시간의 고통스러운 순간들을 모두 경험할 때까지 이것을 계속한다. 한 세션에서 한 번, 두 번, 세 번 혹은 네 번의 순간들을 경험할 수 있다. 그 세션 후에 치료 과정 중 가장 어려운 부분을 성공적으로 완수하고 있다고 이야기한다. 만일 희생자가 이렇게 계속한다면 상담 세션은 곧 완성될 것이다.

■ 6~7회기

'세션 5'에서와 같은 방식으로 '세션 4'에서 적어 놓은 다른 2, 3번의 어려운 기간들에 직면하도록 한다.

■ 8회기

목표 : 특정 상황이나 사람을 피하지 않도록 돕는다.

2, 3회 이상의 세션을 함께 할 것이라고 이야기한다. 앞으로 다시 혼란스러움을 느끼게 될 것이라는 것을 설명한다. 이것은 정상이며, 치유되었으나 때로 다시 통증을 가져다주는 옛날 상처와 같다고 이야기해 준다.

이 세션에서 다른 문제들이 그를 고통스럽게 하는지 찾아낸다. 특히 하고 싶어 하지만 하기를 두려워하는 것에 초점을 맞춘다. 답을 기록한다. 만일 문제를 이야기하지 않으면 '세션 3'에서 사용된 본문 내용을 반복한다. 본문을 서서히 읽는다. 당신이 어려운 것을 언급할 때 당신을 멈추게 하는 리스트를 다시 만든다. 그 다음 무엇이 가장 덜 어렵고 가장 어려운 문제는 무엇인지 묻는다. 사례를 든다면 가장 덜 어려움 문제는 캠프를 걷는 것이고 가장 어려운 문제는 캠프를 떠나 야채밭으로 걸어가는 것이다. 왜냐하면 그것은 폭탄이나 지뢰를 생각나게 하기 때문이다.

먼저 가장 덜 어려운 문제를 돕기 위하여 운동을 제안한다. 이번 세션 동안 첫 운동을 시작한다. 이완 운동을 함으로써 시작하고 그 다음 상담실이나 미팅장소를 함께 떠난다. 만일 가장 덜 어려운 문제가 캠프를 걷는 것이라면 캠프를 함께 걷는다. 최소한 20분간 이것을 한다. 그 다음 그가 집으로 가기 전에 최소한 20분간 이완 운동을 하게 한다. 그는 매일 걷고 이완 운동하는 것을 반복한다. 처음에는 배우자나 친구와 걷고 그러나 1, 2주 후에는 혼자서 해야만 한다. 만일 친구와 마지막에 혼자서 매일 이것을 시도하는 데에 동의한다면 3주 후에는 새로운 약속을 한다.

■ 9회기
가장 어려운 문제를 다룬다. 세션 8에서와 같은 운동을 한다. 도움을 구하는 사람은 이것을 또 다른 3주 간 계속해야만 한다. 만일 필요하다면 추가 세션이 세 번째 문제를 다루기 위하여 이루어질 수 있다.

■ 최종 회기
목표: 방해물을 찾는다. 생활 속에서 어렵고 고통스러운 경험을 통합시키기 위하여 그것의 의미를 찾는다.

이번이 마지막 회기임을 이야기한다. 힘든 과거에 직면해 올 수 있었던 것에 대하여 인정을 해 준다. 개선이 조금씩 계속될 것이며 방해물은 보통은 누군가의 도움 없이도 극복될 것이라는 확신을 준다. 방해물로부터의 회복은 보통 몇 시간 혹은 며칠이 걸린다. 그 이후에는 혼자서 수행할 수 없다고 느끼는 경우는 또 다른 회기시간을 가질 수 있다.

폭력 희생자나 가족원은 어떤 식, 기도나 봉헌이 필요하다고 느낄 수 있다. 이것이 그들을 도울 수 있다. 그들은 비슷한 경험을 했던 사람이나 정치적 목표를 함께 하는 사람들과 합류하고 싶어 할 수 있다. 그것은 효과적일 수 있다. 개인이 인생에서 유용한 역할을 찾는 것이 중요하다는 것을 기억해야 한다.

폭력 희생자들에게, 그 순간 그들이 믿기 어려울지라도, 사람들은 때로 고통이 긍정적인 효과도 가지고 있다는 것을 알게 된다고 이야기해 준다.

4. 강간 희생자와 그 공동체 돕기

강간은 흔히 난민 여성과 소녀들에 대하여 저질러지는 성적 폭력이다. 그것은 고국에서, 도피 중에 혹은 아무런 보호가 없을 때 난민 캠프에서도 발생될 수 있다. 강간 같은 성적 폭력 행위는 여성 난민들에게 대단히 두려운 경험이다. 강간을 당한 사람들 중 일부는 대단히 충격적이어서 자살을 시도하게 되기도 한다. 강간은 희생자와 그 가족의 삶과 공동체에 영향을 미친다.

1) 강간과 강간 외상에 대하여 알아두어야 할 사실들

· 강간은 폭력적이고 강제적 행위이다. 그것은 난민 여성과 소녀들에게 저질러진다.
· 강간은 일차적으로 성적 행위로 생각해서는 안 된다. 여성과 소녀를 강간하는 남성들은 통제력과 힘을 보여 주기 위하여 그렇게 하는 것이다.

그들은 분노에 차 있고 누군가를 상처 입히고 싶어 하는 것이다.

· 강간과 다른 성적 폭력은 난민 여성과 소녀들의 인권에 반한 것이다.
· 모든 연령대의 난민 여성들은 강간당할 수 있다. 그녀는 9세 미만일 수
  도 60세 이상일 수도 있다.
· 난민 여성과 소녀들은 자신의 나라에서, 그들이 도착한 최초의 나라 캠
  프에서 혹은 그들이 최종적으로 정착하는 나라에서도 강간을 당할 수
  있다.
· 난민 여성과 소녀들을 보호하게 되어 있는 남성들도 때로 그들을 강간
  한다.
· 강간은 자주 사전에 계획된다.
· 강간은 난민 여성과 소녀들에게 심각한 해악을 가져온다. 그들의 삶을
  바꿀 수 있다.

  강간은 전 세계 모든 나라에서 모든 인종, 모든 사회 경제적 계층
의 여성들에 대하여 일어난다. 통계에 의하면 5분마다 한 명의 여성
이 강간을 당한다. 많은 여성들은 강간당한 사실을 알리지 않는다.
강간은 자주 성적 만족을 얻기 위한 수단이 아닌 경우가 많다. 연구
에 의하면 남성들이 여성에 대하여 자신들의 힘을 보여 주기 위한 방
법으로 사용된다고 한다. 이것은 특히 난민들에게 전쟁 후 남성들은
보다 더 힘과 통제력을 회복하려는 욕구를 더 많이 느끼게 된다. 강
간은 여성에 대한 폭력의 한 형태일 뿐이다. 다른 형태로는 가족 폭
력이 있다.

  여성 난민들은 도피 중에도 언제든 강간당할 수 있다. 그들은 해
적, 국경 수비대, 경찰, 다른 난민, 난민들이 불법으로 다른 나라로
도망가도록 돕는 대가로 큰돈을 받는 남성들에 의해서도 강간당할
수 있다. 돈을 받는 이들은 안전한 통과를 대가로 강간할 수 있다. 그

들은 돈을 받는 대신 강간을 할 수 있다. 난민 캠프에서 여성들은 음식과 다른 생필품을 대가로 관리를 담당하는 남성들과 강제로 성관계를 갖도록 강요받을 수 있다.

또 남성들도 강간당할 수 있다. 남성들과 소년들은 그들이 강간을 당했다는 것을 받아들이기가 어렵다. 그들은 강간을 중단시킬 수 없었기 때문에 자신이 약하다고 느낀다. 그들은 많은 다른 남성들도 강간당할 수 있다는 것을 알지 못한다. 남성들은 비밀리에 남성 상담자에게 말할 수 있다는 것을 확실히 해 둔다. 만일 남성들이 밝힌다면 남성 희생자들을 위한 지지 집단을 구성할 수 있다.

2) 어떻게 강간 희생자들을 알아차리는가?

난민 여성과 소녀들은 그들 문화나 종교에 의하여, 자신들이 강간을 당했다는 것을 드러내지 못하고, 그들 경험을 드러내어 이야기하지 못하도록 좌절된다. 이것은 문제가 드러나지 못한 채로 있다는 것을 의미한다. 문제가 숨겨져 있으면 희생자를 돕기가 어렵다. 강간 희생자로 생각되는 사람을 넌지시 만나도록 한다. 가능하다면 여성 난민 실무자가 이것을 해야 한다. 만일 여성이나 소녀가 이야기하지 않으려면 조심스럽고 간접적인 질문을 한다. 강간 희생자들을 확인하기 위하여 다음과 같은 방법들을 활용할 수 있다.

(1) 강간 희생자들을 확인하는 방법

① 도피 환경을 기술하는 난민 이야기와 배경 자료들을 파악한다. 이 정보는 강간이 일어났던 상황을 확인하도록 도울 것이다.
② 외상 후 스트레스 증후를 찾는다. 이것들은 악몽, 식욕 상실, 슬

픔, 두려움, 혼돈과 고립 등이다. 때로 강간 희생자들은 자살에 대하여 이야기한다.

③ 희생자에게서 신체적 폭력 사인을 찾는다. 때로 남편이나 다른 남성 가족원들이, 희생자가 더 이상 깨끗하지 않다고 생각하기 때문에 희생자를 신체적으로 공격할 수 있다.

④ 가족원이 문제를 알아차리고 있는지의 여부를 파악하기 위하여 가족원을 만난다.

⑤ 어린 소녀나 여성이 고립된 채로 있는지 여부 혹은 못마땅해 하며 희생자에 대하여 이야기하는지의 여부를 파악하기 위하여 공동체 성원들과 리더들과 긴밀한 관계를 유지한다.

불행하게도 강간 희생자에게 있어서, 캠프의 다른 난민들이 그녀의 경험을 알게 되면 그들은 그녀에 대하여 나쁘게 말한다. 실무자는 연장자, 종교 지도자와 다른 지역 리더들을 만나 강간을 당한 여성과 소녀들에 대하여 소문과 못마땅해 하는 말이 있는지 여부를 파악한다.

(2) 강간에 대한 몇 가지 반응들

우울은 강간에 대한 흔한 반응이다. 그러나 강간 희생자는 또 다음의 경험들도 할 수 있다.

· 수치심과 불명예
· 가족에 대한 불명예로 인한 죄책감
· 분노
· 체념
· 자신의 문제에 대한 지속적 사고

- 자기 고립 혹은 가족에 의한 고립
- 낯선 사람에 대한 두려움
- 악몽, 수면 문제
- 식욕 부진
- 미래에 대한 희망 없음 혹은 변화에 대한 두려움
- 무력감
- 수치스러움과 더럽혀졌다는 느낌

(3) 강간 희생자를 어떻게 돕는가?

모든 강간 경우에 있어서 정보를 비밀 유지함으로써 비밀 보장을 존중한다. 철저한 비밀 보장이 필수적이다. 만일 강간 희생자가 상담자나 워커를 신뢰할 수 없다면 희생자는 고통을 받고 워커가 그 역할을 적절히 할 수 없을 것이다. 강간 희생자와 다른 여성들은 워커를 자신의 경험을 비밀 유지하는 것을 믿을 수 없다고 느낄 수 있다. 이 것은 나서서 자신의 경험을 누군가에게 이야기하지 않는 다른 희생자를 좌절시킬 수 있다.

비밀 보장은 다른 사람들에게 희생자의 이름을 이야기하지 않는 것이며 그 여성의 정체감을 드러내지 않도록 하는 것이다. 희생자에 대해 쓰여진 정보나 파일은 다른 사람들이 볼 수 없도록 차단되어 있어야 한다. 일부 강간 희생자는 그들 이야기를 긴장 해소 워커, 심지어 남편과 가족에게까지도 하고 싶어 하지 않는다.

① 여성 난민과 소녀에 대한 강간과 다른 형태의 성적 폭력이 흔하다는 것을 인식한다. 강간당한 여성, 소녀들은 다른 사람들에게

자신들의 비극을 이야기하고 싶어 하지 않는다. 왜냐하면 그들은 수치스럽다고 느끼기 때문이다.

② 만일 희생자가 강간에 의하여 성병에 결렸거나 임신을 했다면 그 여성은 의료 시설이나 보건센터에 가야 한다는 것을 확실히 한다. 그 여성이 강제로 결정을 하도록 하지는 않아야 한다. 그러나 그녀에게 전문적 의료 도움을 필요로 한다는 것을 명확히 한다.

③ 강간 희생자에게 지지와 보살핌을 보여 준다. 그 여성의 이야기를 경청한다. 그녀에 대하여 도덕적 판단을 하지 않아야 한다.

④ 희생자가 할 준비가 되면 이야기할 수 있도록 한다. 그녀는 자신이 워커를 믿을 수 있다고 느낄 때 이야기할 것이다. 그녀가 결정을 하도록 밀어붙이지 않는다.

⑤ 강간 희생자의 사회적 고립을 끝내는 방법을 찾는다.

⑥ 경험을 나누기 위하여 다른 워커와 당신의 느낌을 이야기한다.

⑦ 강간 희생자와 당신 자신을 위하여 지지 집단을 조직한다. 모든 사람은 누군가가 정서적, 사회적 지지와 이해를 위하여 의지할 누군가를 필요로 한다.

⑧ 난민의 언어로 리플렛이나 일반적인 문서 정보를 준비하는 것을 돕는다. 정보는 모든 사람에게 접근 가능해야 한다. 여성 난민뿐 아니라 남성의 경우도 강간과 성적 폭력에 대하여 더 알게 될 것이다.

(4) 치료의 네 단계

일단 소녀와 젊은 여성이 그 결과로 고통을 겪는다는 충분한 증거가 있다면 그 여성이 관심과 치료를 받아야 한다는 것을 확실히 하기 위하여 다음 네 단계들이 이루어져야 한다.

단계 1

자신에게 일어난 것이 자신의 잘못이 아니라는 것을 희생자에게 설명한다. 종교나 문화 때문에 이 비극은 그들이 한 나쁜 것에 대하여 그들을 처벌할 것이라고 믿는 여성들에게 특히 중요하다.

단계 2

강간 후 희생자는 보통 자신이 불결하고 나쁘다고 생각한다. 어떤 문화권에서는 사람들이 여성의 가치는 처녀성과 조심스러움, 여성의 정결함에 있다고 믿는다. 그러한 문화권에서는 강간은 여성을 덜 가치 있게 만들고 그녀를 불결하게 한다고 믿는 것이 보통이다. 그러한 믿음과 태도를 변화시키도록 돕기 위하여 종교 지도자의 도움을 구하는 것이 필요하다. 예를 들면 그들은 희생자가 특별한 종교적 정결식을 수행하거나 그녀와 그 공동체를 위한 기도를 함께 함으로써 희생자를 도울 수 있다.

단계 3

희생자가 강간범에 대한 분노를 표출하도록 격려한다. 강간범을 비난하는 것은 그녀가 스스로를 비난하던 것을 멈추게 한다.

단계 4

희생자에게 앞으로 강간을 당하지 않는 방법을 가르친다. 어두워진 후에는 혼자보다는 집단으로 다니는 것이 안전하다. 난민들은 강간을 시도하는 남성들을 적당한 담당자에게 보고하는 체계를 만들도록 하여야 한다.

(5) 대단히 심각한 외상

강간 희생자의 외상은 때로 너무 심각해서 그 영향은 정서적 지지와 약물로조차도 짧은 동안에는 약화될 수 없다. 희생자 전부가 다시 성공할 것이라고 느낄 때까지 계속 관심을 가지는 것이 필요하다. 워커는 심각한 외상을 가진 희생자에게 좀 더 집중적인 접근에 동의하기 위하여 훈련된 상담가와 다음의 단계들에 대하여 논의한다.

단계 1
워커는 적어도 일주일에 한 시간씩 만날 훈련받은 상담가에게 갈 수 있도록 한다.

단계 2
상담가는 훈련된 여성 보건 실무자나 강간 희생자와 같은 문화권의 복지사와 팀으로 일한다.

단계 3
상담가와 난민 워커는 다른 서비스 제공자들, 지역 사회 주민과 종교 지도자들과 긴밀하게 일해야 한다. 그렇게 해서 모두가 감정 이입적으로 또 노련하게 강간 희생자를 대하는 방법을 알아야 한다.

단계 4
난민 워커와 서비스 제공자들은 강간 희생자를 위한 유용한 활동을 찾기 위하여 협조해야 한다. 대부분의 난민 여성들은 생존에 대한 그들 자신이나 가족의 욕구를 해결하기 위하여 무엇인가를 하는 것은 그들이 강간에 대하여 항상 생각하지 않도록 해 준다고 이야기한다.

가족원의 강간을 목격한 남성들도 외상으로 고통당한다. 그들은 이 외상을 극복하기 위한 도움을 필요로 한다.

(6) 지지 집단

강간 희생자를 돕는 한 가지 방법은 지지 집단을 조직하는 것이다. 집단 성원들은 서로 지지하고, 각 개인들이 느끼는 고립을 해소하도록 돕기 위하여 함께 만난다. 그 집단은 자주 만나도록 고무되어야 한다. 집단 활동은 성원들이 흥미 있고 가치 있다고 느끼는 것이어야 하며 긍정적 생각이 마음에 꽉 차게 하는 것이어야 한다. 이것은 그들이 자신의 강간에 대하여 항상 생각하는 것을 막을 것이다. 그들은 자신들이 여전히 유용하고 필요한 일을 할 수 있다고 확신할 것이다. 또 지지 집단은 각 여성들이 희생자로 느끼지 않도록 할 것이며 자신에 대하여 긍정적으로 느끼게 되고 집단 작업에 자신도 기여를 한다는 것을 느끼게 될 것이다.

지지 집단은 강간 희생자와 반드시 강간을 당하지는 않았으나 다른 방식으로 고통을 받고 있는 여성들도 포함한다. 집단은 개인적 문제들을 논의할 수 있다. 그러나 터놓고 이야기하는 것은 직접적으로 강간이나 다른 형태의 학대를 다루기보다는 집단의 일반적 욕구들에 초점을 두어야 한다. 일단 집단 성원들이 서로에 대하여 편하게 느끼게 되면 집단 지도자는 성폭력에 대하여 일반적인 이야기로 안내할 수 있다.

가능하다면 집단은 일주일에 한 번 만난다. 모임은 정보를 제공하고 흥미로워야 하며, 그렇게 함으로써 여성들이 참석하고 싶어질 것이다. 여성들 스스로 편한 시간과 장소에 합의하여야 한다. 지지 집단의 모임들은 성원들을 훈련하여야 하고, 바느질, 독서와 글쓰기, 여성 건강과 영향, 돈을 버는 법 등 활동에 대한 기술들 개선시킬 수 있어야 한다.

지지 집단 모임은 상담이나 정신 치료를 위한 것이어서는 안 된다. 일반적으로 워커는 직간접적으로 집단 성원들의 의료, 심리적 욕구에 대하여 알게 될 수 있다. 그들은 훈련과 다른 활동 동안 이야기를 경청함으로써 이것을 할 수 있다. 다양한 훈련 모델과 운동들이 지지 집단의 모임에서 사용될 수 있다.

(7) 워커를 위한 제안들

강간 희생자를 보건 혹은 복지 전문가에게 도움을 얻기 위하여 의뢰해야만 할 경우들이 있다. 일부 강간 희생자들은 훈련된 상담가로부터 자신의 정서적 문제를 극복하기 위하여 도움을 필요로 한다. 그럴 경우 일반 실무자가 집중적인 정서적 상담을 제공하려고 하지 않아야 한다. 일선 워커의 역할은 다음과 같이 이루어져야 한다.

· 강간 희생자의 사회적 고립을 해소하도록 돕는 것이다.
· 희생자가 문제를 이해하도록 돕는다.
· 희생자가 스스로를 비난하지 않도록 돕는다.
· 희생자가 여성 공동체의 적극적인 성원이 되도록 격려한다.
· 희생자가 자신의 욕구를 조심스럽게 해결할 서비스에 대한 접근성을 확실히 한다.

이 다섯 가지 활동은 희생자가 점차적으로 강간이라는 정서적 · 사회적 상처로부터 회복하도록 도울 것이다.

강간 희생자는 워커를 자신의 확대 가족으로 생각할 것이다. 그 여성은 또 당신을 외부 세계와의 유일한 연결 고리로 볼 것이다. 이것을 생각하고 따뜻하고 보살핌을 제공하는 관계를 유지한다. 그녀 앞에서 강간 희생자에 관한 기록을 적지 않는다. 난민들은 정보가 자신들의 파일로 추가되고 그들이 적응하지 못하도록 한다고 생각할 수 있다. 그들이 떠난 이후 곧 기록하도록 하고, 그들이 워커를 만나고 있는 동안에는 그들을 재촉하지 않는다.

IV

북한 이탈 주민의 상담 모형과 실제

13 | 외국 이주 난민의 상담 모형과 사례

이주 난민을 대상으로 하는 상담자는 이주 난민의 특성에 적합한 상담 및 심리 치료 제공, 다른 문화권에서 출생하여 현 거주지에서 정착하고자 하는 내담자와의 문화 연계인 역할, 문화적 역량 강화와 관련된 사회 및 정착 지원 제도 등의 정보 제공자, 사회 심리적 적응을 도울 수 있는 관련 기관과의 연계 구축 등 여러 가지 역할을 동시에 수행하게 된다. 하지만 이주 전과 이주 과정 위협적인 상황과 더불어 입국 이후 적응 과정상의 매우 복합적이고 다양한 스트레스에 노출된 이주 난민들의 경험 세계를 상담자의 문화적 배경에서 국한하지 않고 진심으로 이해하며, 정착 과정 비교적 장기간에 걸친 치료적 개입 전략을 세우기가 쉽지 않다. 이 장에서는 이주 난민을 대상으로 한 외국의 상담 모형 예시와, 그 예시에 따른 실제 상담 사례를 살펴볼 것이며, 이를 통해 이주 난민이 겪는 외상과 상실의 공통 경험에 비추어 볼 때 북한 이탈 주민을 대상으로 한 상담 모형 및 개입 방법에 어떻게 활용할 수 있을 것인지에 대한 기초를 마련할 수 있을 것이다.

1. Bemak와 Chung의 중다 개입 모델(Bemark et al., 2003: pp. 47-59)

중다 개입 모델(Multi-Level Model: MLM)은 난민들의 정신 건강 예방 및 개입을 위한 상담 및 심리 치료 모형이다. Bemak, Chung와 Bornemann(1996)이 개념화시킨 것을 Bemak와 Chung(2002)이 그 개념을 확장시켜 모델화하였다. 특히 문화적 차이가 있는 난민 대상에게 적용할 수 있는 모형으로서 주요 상담 기법, 내담자에 대한 이해, 내담자의 역사적, 사회 경제적, 문화적 민감성, 내담자의 심리적 특성 이해, 주요 외상, 갑작스러운 이주와 관련된 상실감 등을 이해할 수 있는 전문성을 필요로 한다. MLM은 좀 더 효율적인 상담 개입을 위해 이주 전, 이주, 이주 후의 난민의 요구에 적합한 상담 훈련과 현 이주 국가에서의 치료적 적용을 문화적 특성에 적합하게 재 개념화시킨 것으로서 다문화적 심리 치료에서 강조되는 상담 훈련과 슈퍼비전에 대한 내용을 포함하고 있다. 세부적인 내용은 〈그림 13-1〉(332쪽)과 같다.

MLM에 있어서는 상담자가 필수적으로 지녀야 할 상담 기술은 개인 상담, 가족 상담, 집단 상담, PTSD 치료, 상대 문화에 대한 공감 능력이다. 두 번째 상담자의 자질은 다른 문화를 바라보는 견해, 가족과 지역 사회, 사회적으로 내담자가 어떻게 변화되고 있는가를 인식하고 수용하는 능력이다. 뿐만 아니라 난민을 대상으로 하는 상담

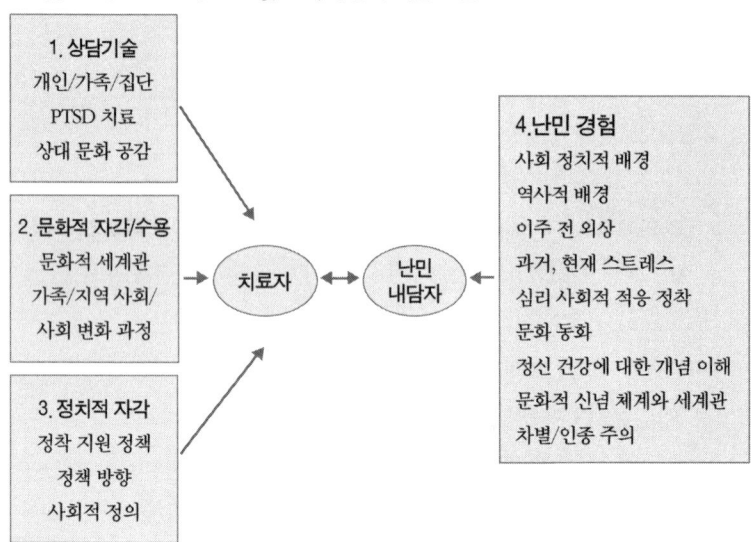

〈그림 13-1〉 Bemak와 Chung(2002)의 중다 개입 모델

1. 상담기술
개인/가족/집단
PTSD 치료
상대 문화 공감

2. 문화적 자각/수용
문화적 세계관
가족/지역 사회/
사회 변화 과정

3. 정치적 자각
정착 지원 정책
정책 방향
사회적 정의

치료자

난민
내담자

4. 난민 경험
사회 정치적 배경
역사적 배경
이주 전 외상
과거, 현재 스트레스
심리 사회적 적응 정착
문화 동화
정신 건강에 대한 개념 이해
문화적 신념 체계와 세계관
차별/인종 주의

자는 윤리적 정체감, 타문화에 대한 민족 정체감을 지니고 있어야 한다. 마지막으로 상담자가 지니고 있어야 할 슈퍼비전 내용에는 정착지원 제도, 정책 방향, 사회 정의와 같은 윤리적 측면도 포함되어져있다.

상담자가 난민의 이주 과정 경험을 이해하는 것은 상담에서 내담자를 이해하는 기본 틀이 되며, 이는 치료 과정에 중요한 영향을 미치게 된다. 난민의 경험을 이해하는 것에는 사회 · 정치적 배경, 역사적 배경, 이주 전 외상, 과거 · 현재의 스트레스, 심리 · 사회적 적응 및 정착수준, 문화적 동화 수준, 민족 정체감, 정신 건강에 대한 개념 이해 정도, 자기 문화에 대한 문화적 신념 체계와 세계관, 차별 및 인종주의가 해당된다. MLM의 다문화적 상담 및 심리 치료에서 강조되는 상담 훈련과 상담 지도(supervision)에서는 다음 네 가지 수준에서의 상담 내용을 강조한다.

Level 1: 정신 건강 교육
Level 2: 상담 및 심리 치료/심리 진단
Level 3: 문화적 역량 강화
Level 4: 전통적인 토속적 치유 방법과 서양 심리 치료 방법의 통합

MLM 심리 치료의 목적은 난민의 특성, 경험을 이해하는 것이다. MLM은 난민과 같은 집단의 정신 건강에 대한 문화적 개념, 문화적 신념 체계와 견해와 같은 다문화적 문제를 설명할 수 있도록 한다. 난민의 역사적 사회 정치적 배경, 새로운 문화에 적응하는 데 필요한 사회 심리적 요소, 문화 동화 과정, 재정착 과정에서 직면하는 차별과 인종주의 문제, 이주 전 외상, 과거와 현재의 스트레스원(stressor)을 복합적으로 다루게 된다. 또한 MLM은 사회화와 지역 사회 정착과 관련되며, 문화적 입장에 기초를 둔 정서적 · 행동적 · 인지적 개입과 예방 전략을 통합시키는 심리 교육적 모델이다.

이러한 네 가지 수준은 순서가 정해져 있는 것이 아니고 동시에 사용하거나 각각 독립적으로 사용될 수도 있다. 정신 건강 전문가는 치료적 과정의 단계에 따라 한 가지씩의 수준을 활용할 수 있거나 혹은 치료 과정 중 필요한 때는 언제라도 사용할 수 있다.

1) Level Ⅰ: 정신 건강 교육

정신 건강 교육 과정에서는 내담자에게 정신 건강 실제와 개입에 대한 교육에 초점을 둔다. 난민은 특히 정신 건강 서비스에 익숙하지 않거나 심리 치료 과정에서 발생하는 상담에 대한 기대가 없다. 여러 문화권에서 온 많은 난민들은 자신들의 문화권에서 보았을 때 정신 건강 전문가가 지시적이고 규범적이라고 생각하며, 개인적인 문제

를 가족의 연계망 밖에서 사람들과 함께 나누지는 않는다. 정신 건강 교육에서 중요한 것은 치료적 관계를 설정하는 것이며, 이는 효과적인 심리 치료의 필수적인 구성 요소로 인식되어 왔다(Whol, 2000). 하지만 신뢰감과 라포 형성을 촉진시키기 위해서는 난민 내담자들이 알고 있는 기본적인 지식 수준보다는 문화적으로 적합한 방식으로 이러한 문제를 논의하고 제시하는 것이 중요하다. 난민들과의 상담에서는 이러한 문제를 논의하고 탐색하는 데 더 많은 시간을 필요로 한다(Root, 1998).

정신 건강 교육 수준에서는 '정신 건강 기초'에 대해 논의할 것을 포함시킨다. 상담 구조화에 대한 명료화 과정에는 상담회기 시간에 대한 구조화, 접수면접 평가 기간에 물어볼 수 있는 질문의 형태, 상담에 필요한 개인적인 노출과 질문, 비밀 보장, 기관 담당자와 심리 치료사와 입장 차이, 전문가의 역할, 통역자의 역할, 생소한 심리 치료 기법, 상담 장소, 치료자 — 내담자간의 관계에 대한 한계, 약물 치료의 사용 문제가 포함된다. 난민 내담자는 정신 건강의 중요성에 대해 논의한 이후에도 치료적 관계에 참여하는 데 있어서 익숙하지 않고 중요하지 않은 것으로 느낄 수도 있다. 그래서 1수준에서는 개인, 집단, 가족에게 심리 치료 과정에서 직면할 수 있는 정신 건강에 대한 정보, 교육, 명료화를 제공하게 된다.

이 수준에서 심리 치료사는 심리 치료의 매개 과정에 대한 교육과 제공, 명료화와 동시에, 내담자의 정신 건강에 대한 신념 체계와 조력 추구 행동에 대한 문화적 견해에 관한 정보를 수집하는 두 가지 방식의 과정을 강조한다. 또한 이주 전 불신에 대한 과거사가 있을 것이고 이는 심리 치료에 대한 저항이나 두려움의 원인이 될 수 있다. 정신 건강 전문가는 난민 내담자들이 보이는 불신, 의심, 거부, 혼란, 회의주의 등을 병리적인 저항으로 보는 실수를 하지 않고 이러한 행동의 원인을 이해해야 하며, 편안한 상담 분위기를 조성해 주도록 해야 한다. 이러한 특성은 흔히 생사를 넘나드는 과정의 생존 전략이 되기도 하며, 그래서 문화적으로 적합한 심리 치료 과정의 도입이 내담자의 불신과 두려움을 감소시킬 수 있는 것이다.

2) Level II: 심리 치료

2수준에서는 전통적인 서양식 개인 상담, 집단 상담, 가족 치료를 문화적으로 적합한 방식으로 적용시키고, 심각한 외상을 경험한 내담자를 상담하는 것에 기초를 두고 있다. 정신 건강 전문가는 내담자의 요구에 대한 심리 평가를 하고 난 다음, 어떤 심리 치료 형태를 취할 것인지 어떤 상담 기법이 이 특수 집단에 적합한 방식인가를 결정해야 한다. 전통적인 서양식 상담 기법은 대부분의 난민 내담자에게는 낯설고, Zane과 Sue(1991)는 개인 상담과 가족 치료가 몇몇 문화적으로 특수한 집단에게만 적용 가능하다는 것을 검증하였다. 정신 역동적 이론에 뿌리는 둔 서양식 상담 기법은 난민 내담자들에게는 낯설기 때문에 이러한 상담 기법을 강조하기보다는 문화적 속성과 서양의 심리 치료 개입 방법을 통합시켜야 한다. Kinzie(1985)는 심리 치료사들에게 동남아시아 난민들의 경우 좀 더 직접적이고 적극적인 개입을 추천한다.

다문화적 난민과의 효과적인 상담을 위한 치료 기법으로 인지 · 행동적 개입 방식은 난민들에게 더 성공적으로 활용되어 왔고 (Bemak & Greenberg, 1994; Egli, Shiota, Ben-Porath, & Butcher, 1991), 미래에 대한 불안(Beiser, 1987)과 이주 전 고통스러운 기억을 현재에서 재정립할 수 있기 때문에 아시아 난민에게 적용하기가 더 쉬운 것으로 확인되었다.

이야기 치료와 투사적 그림 검사는 이전에 외상 경험을 한 아동들이 그들의 삶에 대한 통제력을 다시 되찾는 데 도움을 주었다(Pynoos & Eth, 1984). 가족 치료도 효과적이고 문화적으로 적합한 개입 방식인 것으로 나타났다(Bemak, 1989; Szapocznik & Cohen, 1986). Bemak와 Timm(1994)은 아이티 섬 난민(Charles, 1986)들에게 있어서는 정직과 마찬가지로 가치에 중점을 둔 도덕성 발달이 효과적인 개입 방식인 것으로 나타난 반면, 캄보디아 난민들의 사례 연구에서는 꿈 분석이 치료의 핵심적인 역할을 하는 것으로 검증되어졌다. 기타 게슈탈트, 이완, 이야기 치료, 역할 연기, 사이코드라마를 포함한 기타 상담 기법이 상담 장면에서 활용되어질 수 있다.

문화적으로 적합한 상담 기법을 사용하기 위해서는 상담 이론에 대한 지식, 치료 과정, 예방 및 개입 모델에 대한 자각이 있어야만 한다. 인권 피해, 외상, 강제 이주와 같은 과거사를 지닌 난민들에게는 난민의 배경을 이해하고 고려하는 것이 현재의 심리적 기능에 영향을 끼칠 수 있고 PTSD를 치료할 수 있도록 한다. 많은 정치적 집단이나 정권은 난민들의 생존, 가족, 난민 공동체를 강요하고 이는 권위에 대한 불신과 두려움을 가져오게 한다. 안정적이지 못한 생존권은 개인적인 정보를 탐색하는 것에 매우 민감하도록 한다. 그래서 정신건강 전문가들이 하는 아주 개인적이고 민감하지 못한 질문은 위험하고, 위협적이며 부적절한 것으로 경험될 수 있다. 심리 치료가 개인적인 자기 노출과 심리 치료자와의 친밀성 수준을 필요로 하기는 하지만, 이주 전 과거사에 기초한 내담자의 세계관을 고려한 신뢰감이 주의 깊게 형성되어야 한다.

대부분의 난민들은 공산주의 문화에서 왔고, 사회적 연계망과 가족적 연계망 구축을 길러 주기 위해서 집단 상담과 가족 상담을 강력히 추천한다(Morris & Silove, 1992; Rechtman, 1997). 비록 난민을 대상으로 한 집단 상담이나 가족 치료에 대한 연구가 많지 않더라도, 실제 현장 사례와 정부, 국제연맹의 비공식적인 보고에 따르면, 이러한 가족 및 집단 상담의 치료적 모델은 MLM의 핵심적인 요소로 간주되고 있다. Yalom(1985)에 의하면, 난민들의 고통스러웠던 심리적 문제를 해결하기 위해 적용해볼 수 있는 집단 상담의 치료적 요소는 보편성, 이타심, 교정적 정서 경험이었다. 이러한 치료적 요인은 난민을 대상으로 한 집단 치료에서 그들의 고통스러웠던 심리적 문제를 해결하기 위해 사용되어 왔다. 효과적인 집단 상담으로는 난민 아동을 포함한 그들의 외상 사건의 경험을 나누도록 하거나(Galante & Foa, 1986), 동남 아시아인들을 대상으로 1년의 장기 치료 집단을 통해 신체화, 문화적 갈등, 상실감을 통합시킨 예들이 있다(Kinzie et al., 1988).

대부분 난민들의 경우 가족 결속력이 강하고 이주 국가에서 가족 적응이 필요하기 때문에 가족 체제의 관점에서 문제를 강조하는 가족 치료를 추천한다. 난민 가족의 문화적 중요성은, 특히 새롭고 낯선 국가에서 하나의 구성단위로 존재한다는 맥락으로 볼 수 있으며, 이는 MLM에서 주된 치료적 개입으로서 가족 상담을 포함시키도록 한다. 공산주의 문화에서 가족은 특히 전체적인 하나의 구성단위로 정의되기 때문에, 난민 집단에 있어서 가족 치료가 좀 더 전체적인 가족 활동이 될 수 있다. 난민을 대상으로한 가족 치료 전문가들은 이주 전 가족의 역할과 전통적인 가족 관계와 배경에 대한 분명한 이해와 지식을 갖추어야만 한다. 서양의 나라에서는 가족 치료가 흔히 부모와 어린이를 포함한다. MLM에서는 조부모, 숙모, 삼촌, 사촌 그리고 친구들, 심지어는 더 먼 친척들도 가족의 한 구성원 자격으로 포함시켜 평가하도록 추천한다. 가족 내 역할의 미덕에 의해 더 존경해야 할 대상을 알고 적절하게 강조하며, 가족 위계를 파악해야 하는 심리 치료사에게는 가족 구성원을 누구로 결정할지가 중요하다.

심리 진단

서양에 기초한 심리 진단의 기준인 DSM-IV와 ICD-10은 난민 집단에게는 문화적으로 적합하지 않을 수 있다. 문화는 정신 건강 문제에 대한 개념화와 증상 확인에 영향을 끼치고, 때로는 증상의 형태와 서양식의 장애에 대한 구체적인 분류가 정확하게 일치하지 않을 수도 있다. 이것이 잘못된 진단을 초래할 수도 있고, 결과적으로 비효과적인 처지가 될 수도 있기 때문에 심리 치료사는 문화적으로 표현된 증상의 의미를 이해하려고 해야 하며, 이를 구체적으로 범주화하려고 노력해야 한다(Chung & Kagawa-Singer, 1995). 연구 결과들에서 보여 주는 바와 같이, 미국 내 민족주의적 내담자(아시아계 미국인, 아프리카계 미국인, 라틴계 미국인)들은 문화적 · 언어적 차이에 대한 심리 치료사의 이해 부족으로 정신 병리적 장애를 잘못 분류하기도 한다(Baskin, Bluestone, & Nelson, 1981; Huertin-Roberts & Snowden, 1993). 그래서 정신 건강 전문가는 효과적인 진단과 치료를 진행하기 이전에 난민들이 정신 건강을 어떻게 개념화하고 고민을 어떻게 표현하는지를 알아낼 수 있어야 한다. 따라서 MLM에서 심리 진단은 기본적인 진단 분류 체계에 대한 자민족 중심적인 자각을 포함하고 있다(Chung & Kagawa-Singer, 1995).

3) Level III: 문화적 역량 강화

MLM 3수준의 문화적 역량 강화는 난민 내담자의 치유에 대한 또 다른 중요한 차원을 제공한다. 문화적 역량 강화는 이주 후, 난민들이 문화적으로 그리고 환경적으로 더 적응을 잘하는 데 필요한 기술을 습득하도록 도와주는 중요한 요소이다. 자발적으로 전문가에게 도움을 요청하는 난민은 심리 · 사회적 적응 문제나 대인 관계의 문제의 탐색보다는 더 즉시적으로 해결해야 할 현실적 문제인 주택 배정, 취업, 영어 학습, 사회 서비스 시스템 이해와 같은 생존에 필요한 것에 대한 압박감으로 인해 찾아온다. 다른 심리적 문제가 발견되기 전에 해결해야 할 노동 시스템, 서비스 접근 방식, 교육, 경제, 건강, 취업과 관련된 문제를 도와줄 수 있는 기관을 알지 못하는 것으로 인한 좌절과 스트레스가 두드러진 문제이다.

대부분의 난민들은 기타 서비스 시스템과 연관되어 있기 때문에, 다양한 기관에 대한 정보를 공유할 필요가 있다. 아동 보호 서비스, 사회 서비스, 청소년 서비스, 주거, 학교, 의료 서비스 활용을 충분히 이해시키고 도와주기 위해 건강상의, 정신 건강 전문가들은 그것들을 활용할 수 있는 정보를 확인 하는 것이 중요하다. 예를 들어 많은 난민들은 기아, 영양 결핍, 비위생적인 생활 환경, 질병, 난민 캠프 경험의 과거사 때문에 건강상의 문제를 지니고 있다. 난민들은 신체적 증상을 이해하고 장기간에 걸친 진료 상황을 이해할 수 있는 의료 지식이 부족하여, 이러한 건강 문제는 난민들에게 때로는 혼란스럽고 두려운 것이다.

MLM에서 정신 건강 전문가는 정부의 재정착 정책과 실행 그리고 난민 내담자들에게 문제가 되고 불공정하게 존재하는 기본 인권과 관련된 사회적 옹호자 역할을 할 수 있어야 한다. 보다 적극적인 입장에서 사회 정의가 심리 치료의 기본적 구성요소라는 가정을 하고 있다. 난민들이 직접 제시하는 문제로서 불합리한 인권 피해와 차별의 문제는 난민들이 불공정하고 평등하지 못하다는 것이다. 이러한 문제는 가족의 재통합, 복지 혜택, 사회 서비스, 난방이나 전기료, 거주지 혜택과 같은 재정 지원 문제에 관심을 가져야 할 필요성이 있고, 차별과 무시와 같은 문제들이 적응을 잘하지 못하도록 방해하는 장애가 될 수 있다. 그래서 심리 치료사들이 사회적 정의와 평등의 가치에 기초를 둔 사회적 권익을 치료적 개입으로 통합할 것을 권장하고 있다. 따라서 내담자와 심리 치료를 하면서도 치료적 회기 이상의 부가적인 시간에 사회적 권익을 위해 관여해야 한다.

문화적 역량 강화의 마지막 단계는 재정착 국가에서 발생할 수 있는 인종주의, 차별, 억압을 다루는 기술을 습득하는 것이다. 주류 사회가 특히, 경제적 상황이 열악하거나 난민들을 경쟁 대상의 자원으로 지각하게 된다면, 난민을 환영하지도 수용할 수도 없을 것이다. 이러한 주류 사회의 적대감과 거부감은 난민들에게 부정적인 반응을 하도록 촉진시키며, 주류 사회가 난민의 관습과 행동을 이해하지 못하거나 수용하지 못했을 때 더 악화된다. 이러한 부정적 반응은 개인적이고 급진적인 인종주의를 초래할 수도 있고 이는 사회 통합을 더욱 어렵도록 만들며, 인종주의가 심리적 안녕감에 미치는 부정적 효과를 검증한 문헌 연구 결과들이 이를 지지해 주고 있다(Aponte & Johnson, 2000; Asamen & Berry, 1987; Hughes & Demo, 1989).

그래서 정신 건강 전문가는 새로운 문화 적응에서 발생하는 기본적인 문제에 아주 민감해야 하고 전통적인 역할에서 더 확장하여 난민들의 역량을 강화시켜 줄 수 있는 사례 관리 유형별 지원, 수퍼 비전, 정보 제공 등의 조화를 이룰 수 있어야 한다. MLM에 있어서, 심리 치료자는 실제로 내담자에게 사례 관리자가 되는 것만이 아니다. 그것보다는 '문화적 체제에 대한 정보 안내와 옹호'의 책임을 강조하며, 이것은 체계적인 구직기술, 문제 해결 방법, 새로운 문화에 익숙해지는 데 필요한 대처 전략 등에 대한 정보를 제공해 주는 것을 말한다. 이것은 심리 치료사가 장기간의 상담 기간을 감당할 수 있는 능력, 장기간의 목표를 통해 내담자가 새로운 체제를 다룰 수 있는 기술과 지식을 발달시킬 수 있는 기능을 필요로 한다. 내담자에게 이러한 기술을 익히도록 하는 것은 결과적으로 성공적인 경험을 하도록 하고 문화적인 역량을 강화하도록 하는 것이다.

4) Level IV: 서양의 심리 치료 방식과 전통적인 토속적 치유 방법의 통합

MLM의 Level IV에서는, 전통적인 토속적 치유 방법을 서양의 전통적 · 비전통적 치료 방법과 통합시키도록 한다. 세계건강보건기구(WHO, 1992)에 따르면 서양의 전통적인 방식과 전통적인 토속적 치유 방법의 통합이 더 효과적인 결과를 초래하는 것으로 발표되어 왔고, 대체 치료 방법의 사용이 세계적으로 확대되고 있다.

Pedersen(2000)에 따르면, 상담과 상담 심리 치료 분야에서 토속적 치유 방식에 대해 더 많은 관심을 기울였을 때, 치유에 대한 서양과 비서양적 접근 방식이 상호 보완이 될 것이라고 한다. 하지만 토속적인 치유 방식을 특히, 서양의 정신 건강 전문가들은 무시해 왔고, 이들은 다문화적 상담을 이해할 수 있는 지식과 경험도 부족하다. 따라서 전문적인 훈련과 난민 내담자와 심리 치료적인 과정을 지지하고 고양시킬 수 있는 문화에 기초를 둔 치유 형태인, 비서양적 접근에 대한 수용성을 필요로 한다. 하지만 여기에서 주의하여야 할 점은 모든 토속적 치료자가 모두 합법적인 것은 아니라는 점이다. 즉, 서양의 정신 건강 전문가들은 치료적 과정에서 이들과 협력하기 이전에 토속적 치료자들의 공인된 자격을 확인하는 것에 주의를 기울여야 한다.

또한 심리 치료사들은 지역 사회 지도자, 종교인, 치료자, 기타 주요 지역 사회 인사들과의 관계 수립이 중요하다. 이러한 지역 사회 구성원들은 신체와 정신 건강에 대한 다른 문화적 견해뿐 아니라 난민 내담자의 문화적 배경을 학습시킬 때 심리 치료사를 도와주는 중요한 역할을 해줄 수 있다. 주요 지역 사회 구성원들은 지역 사회에서 심리 치료사가 심리 치료와 정신 건강 개입에 관한 교육을 시킬 때 도움을 줄 수 있다.

토속적인 치유자들과 '치료 협력자'가 되기 위해서 정신 건강 전문가는 이러한 전통적인 문화적 개입 방식을 이해하고 받아들이는 것이 난민들로 하여금 고국 문화의 치유 방법과 재정착 문화를 의미 있게 조화시킬 수 있도록 도와준다. 특히 가족 구성원이나 그 지역 사회가 매우 높은 영성을 지니고 있을 때는 종교적, 영적 지도자들이 토속적인 치유에 있어서 매우 중요한 역할을 할 수 있다.

난민과 활동을 하고 있는 정신 건강 전문가들의 경우는 이러한 점을 알아야 하고, 상담 및 심리 치료 기간에 그들과 협력하고 지역 사회 연장자와 토속적 치유자들에게 적극적으로 다가가야 할 필요가 있다(Chan, 1987; Hiegel, 1994). 마찬가지로 정신 건강 전문가들이 알아야 할 중요한 것은 내담자들은 토속적인 방식을 더 선호하거나 토속적인 치료 방법과 서양식 접근 방식을 혼합한 방식을 원하고 있으며, 이들과 만나는 많은 전문가들은 심리 치료자가 누군지 어떠한 역할을 하는 사람인지를 알지 못하면서 두 가지 방식 모두를 사용하고 있을지도 모른다는 점이다(Chung & Lin, 1994).

전통적인 치유자와 성공적으로 상담하기 위한 핵심은 상호 관계 설정의 질과 특성이라고 볼 수 있다. 상호 관계는 진솔한 상호 존중, 신뢰, 이해, 확신감에 기본을 두어야 하고, 그래서 전통적인 치유자들이 자신의 치료 방법의 성공이나 실패에 대한 두려움이나 자신의 방식에 대한 근거를 지속적으로 설명할 필요 없이 자유롭게 행동할 수 있도록 하는 것이다. 비록 토속적인 치유자들이 하는 일부 행동이 자신의 능력을 뽐내고 그들의 이미지를 보호하려고 하는 것과 같이 정신 건강 전문가들이 보기에는 신뢰가 가지 않는다고 하더라도, 지역 사회에서는 존경 받으며 신뢰 받고 있다는 점을 명심하는 것이 중요하며(Hiegel, 1994), 정신 건강에 효과적인 치유 방법이라는 동일한 목표를 향해 솔직하게 공유하며, 가치와 판단에서 자유로운 치료 파트너십을 유지하는 것이 중요하다.

단, 심리 치료사가 토속 치유자와의 파트너십으로 협력적인 활동을 하도록 하지만, 모든 난민 내담자가 전통적인 치유 방식을 더 좋아하는 것은 아니라는 점에 주의하여야 한다. 토속적 치유자와의 협력 모델은 내담자가 이러한 방식에 대해 먼저 의논하려고 할 때, 내담자의 사회적 연계망으로 이러한 치료 개입 방식을 추천할 때, 혹은 사회 문화적 배경이나 역사를 보았을 때 이러한 형태의 치료 개입이 효율적이라는 확신이 들 때 탐색해 볼 것을 제안한다. 또한 심리 치료사는 전통적인 치유자의 신뢰성에 대한 것뿐 아니라 효과적인 치료 개입 방법으로서 전통적인 치유의 타당도, 신뢰도, 효과성을 충분히 탐색하고 검증해 보는 것이 필요하다. 지금까지 설명한 상담 모형에 의거하여 다음의 난민 청소년의 실제 사례에 어떻게 상담이 적용될 수 있는지 살펴보기로 한다.

2. MLM 모형에 따른 캄보디아 난민 청소년의 상담 사례(Bemark et al., 2003: 77-81)

1) 사례의 개요

16세의 캄보디아 남자 청소년인 뷰우는 6개월 전에 미국으로 이주하였다. 영어를 잘하지 못하기 때문에 이 중 언어 소통이 가능한 지역 사회 상담 기관에서 활동하고 있는 사례 관리자를 통해 의사 전달

이 되고 있다. 내담자는 사례 관리자에게 캄보디아에서 숙모와 가족이 함께 살았다고 설명하였다. 그리고 자신의 개인적인 인적 상황에 대해서는 더 많은 정보를 이야기하려고 하지는 않았지만, 사례 관리자는 뷰우의 친부모가 모두 사망하였고 그의 숙모는 친숙모가 아닐 것이라고 생각하였다.

미국에서는 입국 수용이 불가능한 미성년자로서 도착하였기 때문에, 뷰우는 미국 난민 사회 적응 기관에서 위탁 가정으로 배치되었다. 그 가정은 인근 중소 도시로부터 30마일 떨어진 도시 근교의 중산층이었고, 양아버지의 12세 된 아들과 같은 방을 함께 사용하였다. 뷰우의 이야기에 따르면, "모든 것이 괜찮았지만 그는 항상 내 주위를 따라다녔고, 내가 자신의 오디오를 만지지 못하도록 하였다." 뷰우는 양 부모님과의 관계에 대해 "내 생각에도 양 부모님은 괜찮은 사람들이에요. 잘 모르겠지만…… 그들은 좋은 사람들이에요."라며 잘 지내고 있다고 하였다. 하지만 뷰우의 양 부모님들은 내담자와는 달리 내담자가 점점 말이 줄어들고 위축되어 가며, 가족 동반 저녁 식사를 포함해서 가족들이 함께 하는 활동에는 참여하지 않으려 한다고 기술하였다.

뷰우는 위탁 가정에서 소외된 채 세 달을 보냈다. 네 달째 되면서 그는 지역 사회에 거주하고 있는 같은 캄보디아인들과 함께 시간을 보냈다. 그는 사례 관리자에게 "나는 영어도 형편없어요. 나는 절대로 미국 학생들과 사귀지 못할 거예요. 그들은 나와 이야기하려고 하지도 않아요."라며, 미국 친구와 사귈 자신 없다고 털어놓았다. 그의 양부모님은 모두 이탈리아 출신의 이주민 2세들이고 대학교를 졸업하고 지금은 도시 근교의 교사로 일하고 있기 때문에 내담자의 문제를 잘 이해하고 있다고 믿고 있었다. 그들은 이민자 배경을 지닌 자신들의 확대 가족이 뷰우를 환영해 줄 것이라고 생각하였다. 하지만,

뷰우에 대한 가족들의 반응에 매우 놀랐다. 그들이 도시 근처에 있는 사촌 결혼식에 갔을 때 뷰우를 '냉대'로 접대하는 것을 보면서 이러한 사실을 확인하게 되었다.

가족 모임 참여에 대한 뷰우의 불편함은 점점 더해 갔고 결국 양부모님이 서둘러서 관련 기관에 도움을 요청하게 만들었다. 그의 양아버지 말에 따르면 "참으로 이해할 수가 없어요…… 그는 내 생각에는 훌륭한 아이지만 말을 하지 않을 뿐입니다. 처음 우리 집에 왔을 때는 실제로 괜찮은 아이였으나, 지금은 잘 모르겠어요. 그가 변해 가고 있어요. 예전의 뷰우가 아닌 것 같아요." 상담 기관에서는 뷰우가 독립해서 혼자 생활할 위험이 있음에도 불구하고 가족 치료를 권장하였다. "나는 더 이상 어느 누구와도 함께 살고 싶지 않아요. 양부모님이어서 그런 것이 아니고…… 나는 나 혼자 스스로 생활하고 싶어요." 그의 양부모님은 함께 더 지내고 싶어 하였다. "우리는 우리와 함께 지냈으면 좋겠어요. 그는 우리 아들과 같아요. 하지만 우리는 도움이 필요해요. 그와 한지붕 아래에서 지낸다는 것이 지금은 힘든 결정이에요!" 뷰우는 양 어머니가 사례 관리자에게 전화로 털어놓은 이야기를 엿들었고, 그의 이름이 여러 번 언급되면서 긴장감은 점점 더해 갔다.

2) 주요 사건

결정적인 주요 사건은 토요일 밤에 발생하였다. 뷰우는 주말에는 야간 외출을 금한다는 규칙에 동의를 해 왔다. 그가 집에 도착하지 않았을 때, 양부모님은 걱정하면서 뷰우가 돌아온 새벽 4시까지 기다렸다. 양부모님은 걱정도 되고 화도 나고 해서 왜 집에 전화를 하지 않았는지 그 이유를 알고 싶으니 설명을 해 달라고 했다. 뷰우는 파티에서 친구들과 함께 외출을 했고 더 이상 상세한 이야기는 하고 싶어 하지 않았다. 그 순간 양부모님은 지푸라기라도 잡는 심정이었고 이 상태를 지속하는 것이 불가능하다고 결정을 내렸다. 다음 날 그들은 상담 기관에 전화를 하여 도움과 지지를 요청하게 되었다.

3) 주요 사건의 결과

뷰우와 양부모님은 내담자가 도착한 후 첫 3주는 별 문제없이 즐겁게 지냈다. 네 달째 뷰우는 새로운 캄보디아 친구를 사귀면서 집 밖으로 나가기 시작했고 양부모님과 함께 하는 시간이 점점 줄어들었다. 부모님은 계속해서 뷰우가 사회와 학교 활동에 참여하도록 하였지만, 뷰우는 점점 더 가족들로부터 멀어지기 시작했다. 그는 사례 관리자에게 혼자 생활하는 것이 더 좋겠다고 하였고, '밤에는 집에 있어야만 하는' 가정의 엄격한 규제를 불평하였다. 사례 관리자는 뷰우에게 '미국의 위탁 가정'에서 생활하는 좋은 점에 대해서 설명하려고 노력했지만, 뷰우는 완고하게 독립하고 싶다고 주장하였다.

사례 관리자는 뷰우가 적절한 지지 체계와 각별한 지도가 없다면 쉽게 문제를 일으킬 수 있는 문제가 있으며 제대로 적응하지 못하고 미성숙한 것으로 기술하였다. 뷰우는 점점 더 위탁 가정에서 고립되기 시작했고, 어떤 때는 주말 모임이나 저녁 식사 자리도 함께 하지 않으려고 했다. 특히 독립에 대한 관심이 집중되고 점점 더 고집이 세어지면서 내담자와 의사소통하기가 더욱 힘들어지고 있다.

4) 상담을 위한 핵심 논의 사항

- 16세의 캄보디아 청소년이 12세의 미국 청소년과 같은 방을 쓰면서 어떤 기분이었을까? 내담자의 의붓동생이 오디오를 사용하지 못하도록 한 것에 대해서 내담자는 어떻게 생각할 것 같은가?
- 사례 관리자는 내담자가 스스로 문제를 자처한다고 생각했다. 내담자의 입장에서 보았을 때, 그렇게 행동하는 이유가 무엇일까?
- 내담자와 양부모님이 서로 갈등이 생기기 시작했을 때, 그 논쟁은 어떻게 시작된 것이며, 무엇 때문에 증폭되었는가? 상호 작용 패턴에 대한 더 상세한 기술을 해보면, 실제적으로 어떤 일이 발생하였고, 가족 구성원들이 어떻게 서로 긴장감이 커지게 되었는지를 결정하는데 도움이 될 것이다.
- 내담자의 원 가족에게는 어떤 일이 발생하였는가? 그들은 여전히 살아 있는가? 아니면 행방불명되었는가?
- 내담자는 어떻게 캄보디아를 탈출할 수 있었는가? 이주 과정에 어떤 일이 발생하였는가?
- 내담자의 친부모와는 어떤 관계를 맺고 있었으며, 그러한 부모 관계가 양부모님과의 관계에 어떻게 영향을 끼치고 있는가?
- 내담자가 지금 실제로 원하는 것은 무엇인가? 지금 상황이 지속된다면 그 결과는 어떠할 것이며, 장래 희망을 어떻게 설정할 수 있겠는가?
- 내담자가 양부모님으로부터 위축되는 이유가 무엇인가? 내담자는 자신의 이런 행동과 관련해서 어떤 기분이 들 것인가? 가족과 식사를 하거나 가족 모임에 참여하지 않는 것이 단지 독립을 원하는 것 이상의 의미를 내포하고 있을 것이다.
- 내담자와 그의 또래 친구들은 함께 무엇을 하고 있는가? 이러한 활동들 중 위험하거나 비행, 혹은 문제를 더 심각하게 만드는 것은 없는가?
- 내담자는 삶에 대해 대한 비전을 스스로 어떻게 세우고 있는가? 그가 진정 하고 싶어 하는 것이 무엇이라고 생각하는가?
- 내담자가 미국에 대해서 좋아하고 싫어하는 것은 무엇인가? 이를 위해서는 정착 기간 6개월간의 회고적 평가를 탐색해 보는 것이 도움이 될 것이다.

5) MLM에 따른 심리 치료 개입

(1) Level I : 정신 건강 교육

뷰우는 미국에서 거우 6개월 동안 생활하였다. 그는 자기 자신이나 주변 환경에 대한 자신의 느낌과 생각을 표현하는 것에 대한 두려움이 심하고 정치적인 탄압의 역사를 지닌 국가에서 왔다. 그래서 정신 건강 개입을 도입하기 이전에, 뷰우에게는 심리 치료의 목적과 과정을 설명하는 것이 중요하다. 사례 관리자와 심리 치료사의 역할과 책임을 명료화하고 비밀 보장의 문제와 그들이 누구를 위해서 상담하는지를 상세히 설명하는 것이 상담시작 이전에 우선적으로 중요한 사항이다. 또한 역할 기대와 상담 목적에 대한 명확한 규정과 같은 상담구조화는 신뢰와 라포 형성에 필수적인 사항이다.

(2) Level II: 개인, 집단, 가족 치료

뷰우는 캄보디아를 떠난 이후의 첫 거주지 배치였다. 미국으로 입국하였을 때 첫 삶의 환경이 '새로운 나라'에 대한 긍정적 문화적 전이를 경험하는 것이 목적이었다. 위탁 가정에서의 문제가 있다는 것은 주요한 의미이고 새로운 문화에 대한 삶의 기초를 세워 줄 것이다. 그래서 뷰우에게 양 가족과 함께 가족 치료에 참여할 것을 권하였다.

가족 치료에서 뷰우의 상황을 개념화하는 것이 중요하다. 그는 미국에서 생활한 지 6개월이 되었다. 초기 적응 기간 새로운 문화는 '허니문' 시기라고 불린다. 뷰우의 상황은 바로 그 6개월 허니문 말기 단계였고 최근에는 다른 캄보디아 친구들과 사귀기 시작했다. 이

것이 양 부모님과의 관계에 영향을 끼치는 가정 내 행동 변화를 초래하게 된 것이다. 이러한 발달 시기에 뷰우를 포함한 가족들은 뷰우가 가정 밖 환경에 순응하고 있다는 것을 이해하고 이 점에 대해서 논의하는 것이 중요하다.

규범과 규칙, 청소년기 행동에 대한 기대가 문화마다 다르다는 점을 가족 치료에서 논의하는 것이 중요하다. 캄보디아에서 뷰우는 친혈육 관계가 아닌 숙모와 함께 생활을 하고 있었다는 점을 알게 되었다. 뷰우가 더 이상의 정보를 주지 않아서, 숙모네 가족 내에서의 내담자 역할과 기대 행동에 대해서는 확인할 수가 없었다. 뷰우의 양부모님은 16세 청소년에게 적합한 지도를 해 주어야 할 책임이 있고 그래서 그의 생활과 사회적 연계망을 감독해야만 한다고 생각하고 있었다. 뷰우가 숙모 집에서 생활하였는지의 여부에 대해서는 분명하지 않았지만 어른들이 지니는 일반적 기대치였다고 하더라도, 그는 양부모님의 사회적 활동에 대한 요구가 아주 강압적인 것으로 경험될 수 있음을 알 수 있었다. 그래서 부모 — 자녀 관계의 문제, 가족의 의무, 수반 규칙의 주제를 언급해 주는 것이 도움이 될 것이다.

가족 치료에서 탐색해야 할 또 다른 중요 문제는 확대 가족이 미치는 영향과 역할이었다. 이탈리아인과 캄보디아 두 문화 모두 확대 가족이라는 점이 중요하다. 사촌 결혼식 행사 때는 특히 뷰우가 '냉대'를 받았고, 이 점이 뷰우의 양부모님에게도 영향을 끼쳤던 것이다. 이것을 가족이 모인 자리에서 모두 함께 논의하고, 확대 가족으로부터 거절당하고 무시당한 것에 대한 뷰우의 반응에 대해 탐색해 보는 것도 도움이 될 것이다.

또한 뷰우가 가족 치료의 맥락 안에서 자신의 삶과 생활환경이 어떠한 가에 대해서 탐색하도록 하는 것이 유익할 것이다. 가족 구조와 규범이 내담자로 하여금 캄보디아에서의 불쾌한 상황을 떠올리게 하거나 의붓동생은 자신의 어릴 적 기억을 떠올리게 할 수도 있으며, 이는 원 가족의 부재 혹은 상실과 관련된 후유증일 수 있다.

가족 치료에서 중요한 것은 역할, 기대, 책임, 가족 내 관계 설정을 재규명하는 것이다. 이러한 명료화는 새로운 가족 관계를 재설정하는 데 도움을 주며 양부모님과 의붓동생이 내담자를 수용하고, 동시에 뷰우가 새로운 가족이 되는 의미와 경계를 이해하는 데 도움을 줄 것이다. 가족에 대한 재검토가 단기적으로는 가족에 대한 현 상황을 파괴할 수도 있지만, 장기적인 목표에서는 더 건강한 관계와 변화를 이끌 수 있으며 그러한 것은 새로운 가족 구성원에 대한 기대와 환상을 충족시켜 주게 되고, 뷰우가 가족의 새로운 구성원이 되는 방법이다. 단기적으로, 그는 낯설고 다른 사회로 동화되는 것에 대한 편견이 더 강해질 수도 있지만, 장기적으로 보았을 때 그의 적응은 더 행복하고 건강하게 생활하는 것의 기초가 된다.

뷰우의 문제가 캄보디아에서의 출신 배경과 관련되어 있다고 생각한다면, 양부모님의 지지와 함께 내담자의 어린 시절과 교육 경험에 관련된 임상적 질문을 탐색해 보는 것이 도움이 될 것이다. 뷰우에게 강력한 지지 체계를 필요로 할 만큼 아주 고통스럽고 외상적인 경험이 탐색된다면 양부모님이 그 지지 체계를 제공할 필요가 있다. 장기적으로 뷰우에게 새로운 국가에서의 더 나은 적응을 촉진시키기 위해서는 이러한 문제를 뷰우가 직접 이야기하도록 하는 것이 중요하다.

(3) Level III: 문화적 역량 강화

뷰우를 위한 중요한 장기 목표는 위탁 가정 내에서 더 자율적이 되는 것이며, 이후에 친구와 함께 생활할 수도 있다. 미국에서의 독립

적인 생활의 현실을 자각할 수 있도록 하는 것이다. 그래서 그의 목
표가 비현실적이거나 장애가 있을 것이라고 직접적으로 도전하기보
다는 심리 치료사로 하여금 뷰우가 미국 문화를 직접 경험을 통해 이
해하도록 조력하게 하는 것이 더 도움이 된다. 그 다음 심리 치료사
는 뷰우가 물가와 전기, 난방, 물, 전화, 가스 요금과 같은 독립된 생
활을 위해 필요한 현실적 문제들과 익숙해지도록 해야 한다. 심리 치
료사는 뷰우에게 해당 회사를 방문하거나 전화하는 방법에 대한 정
보를 제공해 주어야 하고 이는 정착 초기 요금과 청구서 작성 과정을
포함하는 여러 서비스를 활용하는 데 필요하다. 아파트 임대 또한 뷰
우에게는 낯선 개념이고 심리 치료사는 뷰우가 아파트 임대 광고를
읽을 수 있는 방식을 알려 주고 보증금과 월세와 같은 문제와, 아파
트 임대를 어떻게 하는지에 대해 안내를 해 주어야 한다. 이러한 모
든 것은 뷰우가 독립적으로 생활하는 것이 무엇인지를 알 수 있도록
해 주며 자신의 상황을 재평가하는 현실적인 기준을 마련할 수 있도
록 도와준다.

(4) Level IV: 전통적인 토속적 치유 방법

심리 치료사는 뷰우가 어떠한 영적 신념과 종교 생활을 하고 있는
지 명확히 하지 않았다. 뷰우의 문제 해결 방식을 알 수 있는 기초를
제공하기 때문에 이러한 정보를 이해하는 것이 중요하다. 예를 들어
심리 치료사가 뷰우가 불교 신자인 것이 확인된다면, 양부모님에게
로 향하는 투사된 분노에 대해 스님이 와서 도움을 줄 수 있도록 할
수 있다. 종교인과의 활동이 심리 치료를 대체하는 것이 아니라, 문
화적으로 절절한 치유 방법의 부가 활동으로 추가할 수 있으며 상담
을 보완해 주게 될 것이다.

□ 13장 참고 문헌 □

Bemak, F., Chung, R. C-Y., & Pedersen, P. B.(2003), *Counseling refugees: A Psychosocial apporach to innovative multicultural intervention,* London: Greenwood press.

14 북한 이탈 주민 상담의 특수성

　최근 늘어나고 있는 한국 사회의 다문화 현상으로 인해 이들이 한국 사회에서 정착할 수 있는 다문화적 개입 방안으로서 상담은 아주 중요한 역할을 하게 된다. 하지만 서양의 다문화 상담의 영역 또한 90년대 이후 상담의 새로운 패러다임으로 발전하고 있는 추세이나 (Midgett & meggert, 1991; 설기문, 1993 재인용: 47), 이러한 외국의 다문화 상담 모형을 한국의 상황에 그대로 적용시키기보다는 이들의 특성에 맞는 한국적 다문화 상담 모형이 필요하다. 또한 북한 이탈 주민의 경우 뿌리가 같다는 한 민족 공동체 의식과 함께 남북한 분단 이후 서로 다른 정치 사상적 이데올로기 속에서 성장하였다는 점에서 비추어 보았을 때, 다른 문화권에서 결혼, 노동, 기타의 목적으로 이주한 형태와는 다른 상담 방식이 적용되어야 할 것이다.

　따라서 이 장에서는 북한 이탈 주민의 특수성에 비추어 본 상담 모형을 탐색해 보고자 하는 데 그 목적을 두고 있으며, 구체적으로 북한 사회를 경험한 사람들의 상담에 대한 태도와 인식, 그리고 남한의 상담 기법에 대한 인식 등을 먼저 살펴보고, 이주 난민의 주요 특성에 적합한 PTSD 치료 방법과, 북한 이탈 주민이 자연스럽게 한국 문화에 동화할 수 있는 문화적 맥락에서의 이해, 상담 관계에서 상호 작용을 촉진시키는 방안, 남북 문화 통합이라는 관점에서 비추어 보았을 때의 북한 이탈 주민 상담의 의미와 적용 방안에 대해서 탐색해 보게 될 것이다.

1. 북한 이탈 주민의 상담에 대한 인식

1) 상담에 대한 태도

북한 이탈 주민을 상담하기 이전에 북한 이탈 주민들의 상담에 대한 태도가 어떠한지를 파악하는 것은 상담 과정 및 효과에 어떠한 영향을 미치는지를 파악하는 것은 매우 중요하다. 김성회와 김현아(2005)는 2003년~2004년간 하나원 내에서 사회 적응 교육을 받고 있으며 설문지에 성실히 응답한 남한 생활을 거의 하지 않은 순수한 북한 이탈 주민 560명(남자 210명, 여자 350명)과 도움 요청에 어려움을 느끼는 요인에 대한 깊이 있는 이해를 위해 실시한 반구조화된 면접에 동의한 북한 이탈 주민 15명(남자 6명, 여자 9명)을 대상으로 전문적인 도움 요청의 장애 요인을 살펴보았다. 그 결과, 자기 해결적 성향과 접근성, 남한 상담자에 대한 괴리감으로 인해 도움 요청의 어려움을 많이 느꼈으며, 이러한 불신 기제는 상호 감시 비판의 북한 문화, 탈북 상황, 제3국 체류 기간의 차별 대우, 지지 체계의 미약, 은신 생활에서 강화되었다.

〈표 14-1〉 비밀 보장 및 낙인과 관련된 장애 요인

반응	그렇다(%)	아니다(%)	결측치(%)
상담을 한다면 상담 선생님이 비밀을 지키지 않을 것이다.	124(22.1)	377(67.3)	59(10.5)
상담을 받는 사람들은 정말 문제가 많은 사람들이라고 생각한다.	141(25.2)	361(64.5)	58(10.4)
상담을 받는다는 사실이 알려지면 다른 사람들이 놀릴 것이다.	53(9.5)	449(80.2)	58(10.4)
상담이라고 하면 북한의 49호가 떠올라 꺼려진다.	42(7.2)	457(81.6)	61(10.9)

북한 이탈 주민이 상담 요청에 어려움을 느끼는 우선적인 이유는 다른 사람들이 보기에 문제가 있는 사람으로 낙인 찍히는 것과 관련되어졌고 그 다음이 비밀 유지에 대한 두려움인 것으로 나타났다.

〈표 14-2〉 자기 해결적 성향과 접근성과 관련된 장애 요인

반응	그렇다(%)	아니다(%)	결측치(%)
상담을 받는다는 것은 내 문제를 스스로 해결할 수 없다는 것을 뜻한다.	232(41.4)	262(46.8)	61(11.8)
문제들은 시간이 지나면 저절로 해결된다.	183(32.7)	316(56.4)	61(10.9)
내 문제는 내가 해결해야 한다.	417(74.5)	83(14.8)	60(10.7)
문제가 있을 때 상담할 수 있는 선생님을 알고 있다.	196(35)	293(52.3)	71(12.7)
상담을 하고 싶어도 시간이 없어서 못하는 경우가 있다.	176(31.4)	317(56.6)	67(12)
상담을 원하더라도 상담 선생님을 만나기가 어렵다.	274(48.9)	218(39)	68(12.1)

자기 해결적 성향이 매우 뚜렷하게 나타났는데, 이는 재북 시절 주체 사상 교육과 제3국 도피 생활의 장기화에서 기인한 것으로 보여진다.

〈표 14-3〉 괴리감과 상담의 유용성에 관련된 장애 요인

반응	그렇다(%)	아니다(%)	결측치(%)
상담 선생님이라 해도 탈북자의 문제를 이해하지 못할 것이다.	209(37.3)	291(52)	60(10.7)
주위에 내 문제를 제대로 이해해 줄 사람이 아무도 없다.	178(31.8)	321(57.3)	61(10.9)
문제가 있다 하더라도 상담을 받는 것은 부담스럽다.	132(23.6)	368(65.7)	60(10.7)
나는 상담이 도움이 되지 않는다고 생각한다.	58(10.4)	442(78.9)	60(10.7)

상담의 유용성보다는 상담자 및 타인에 대한 괴리감이 상담 요청의 장애 요인인 것으로 나타났는데, 이는 전문적인 상담자라 하더라도 북한 이탈 주민들에 대한 사전 파악이 우선되지 않으면 피상적인 상담에 그칠 수 있음을 시사한다고 볼 수 있다.

2) 도움 요청 장애 요인에 대한 심층 면접 결과

(1) 북한 사회와 자기 해결성

생활 총화와 같은 상호 감시 및 비판 체제의 문화 속에서 자기 은폐 및 불신이 깊어지며 이로 인해 타인에게 도움을 요청하는 것이 어려운 점에 대해서 30대의 탈북 여성은 다음과 같이 설명하고 있다.

"북한에서부터의 습관입니다. 부모 — 자식간에도 서로 감시하게끔 교육받았고 주 생활 총화라고 해서 자체 총화와 호상간(=상호간) 비판을 일주일에도 몇 번씩 하면서 자랐기 때문에 사람 조심, 입 조심하라는 이야기를 많이 들으며 살았습니다. 내 문제는 내가 결정하고 결심하고 나 자신이 나를 믿고 모든 것을 결정해야 한다고 생각합니다. 그래서인지 지금도 사람이 많이 모이는 장소가

싫고 소심성이 많아졌습니다."(여, 38세, 중국 체류 기간 7년)

(2) 지지 체계의 미약과 자기 해결성

북한을 떠나는 즉시 주변의 사회적 지지 체계가 없다 보니 혼자서 모든 것을 해결해야 한다는 자기 해결성의 정도가 강화되어짐을 알 수 있다. 또한 체류 기간이 장기화될수록 중국 내 조선족, 목사님 등 과 같은 대체 지지 자원이 생겨서 간헐적으로 자신의 문제를 타인으 로부터 해결하려는 경향성이 생기게 되지만 남한 입국 후 외로움을 느끼게 되면서 다시 자기 해결성이 두드러지게 됨을 나타낸다.

"중국에 있다가 베트남에서만 6개월 정도 있다가 왔습니다. 체류 기간이 너 무 오래되니까 삶에 대한 의욕이 포기될 정도였습니다. 그때는 특별히 누구와 의논할 사람이 없었고 혼자서 끙끙 앓다가 말았습니다. 북한을 탈출하면서부터 내 문제는 나 혼자 해결해야 한다는 생각이 강해졌습니다.(남, 47세, 중국-베트 남 체류 기간 2년 6개월)."

"혼자서 북한을 떠나 제3국에서 3년 이상을 지냈습니다. 중국에서 살면서 항 상 불안감과 공포감 등에 시달리고 보니 정신적으로 아주 예민해지고 또 육체 적으로는 떳떳하지 못하다 보니 남한테 자연히 기가 죽고 소심해지게 되었습니 다. 저는 문제가 생기거나 어려움이 있을 때 의논할 사람이 아무도 없었습니다. 내 문제를 다른 사람에게 털어놓게 되면 약점이 잡힐 것 같고 또 남한테 얘기하 면 북한 여자이기 때문에 그럴 것이라고 말할 것 같아서 내 문제는 내가 해결해 야 한다고 생각하게 되었습니다. 북한을 탈출하고 나서 1년 정도 지났을 때부터 이런 생각이 굳어진 것 같습니다."(여, 35세, 중국 체류 기간 3년 7개월)

(3) 제3국에서의 은신 생활 및 차별 대우와 자기 해결성

탈북 후 제3국의 체류 생활에서 겪는 차별 대우와 은신 생활이 이러한 자기 해결성을 더욱 강화시키고 있음을 보여 준다.

"북한에 있을 때보다 성격이 많이 이악(=강인)해지고 고집도 더 세진 것 같습니다. 중국에 들어와 사는 동안 애로와 고달픈 일이 많았으나 몰래 숨어사는 형편이다 보니 누구와 의논도 마음대로 못하고 교회에 나가서 애로되는 것을 기도하곤 하였습니다. 중국에 들어와서 내 문제를 다른 사람에게 털어놓고 해결하는 것이 어렵다는 생각이 굳혀지게 되었습니다. 왜냐하면 몰래 숨어사는 형편이다 보니 마음대로 자기의 문제를 남에게 털어놓을 형편이 못 되었습니다." (남, 45세, 5년 11개월)

"예전에는 그렇지 않았는데 대담성이 없어지고 소심해졌습니다. 저는 주로 조선족과 같은 중국 동포들과 어려운 문제들을 의논하곤 했습니다. 하지만 중국 체류 기간 내내 누구에게도 북한 사람이라는 것을 말해서는 안 된다, 아무도 믿을 수 없구나 하는 생각을 거듭하게 되었고 또 실제적으로도 체험을 하였습니다." (남, 40세, 중국 체류 기간 4년)

"북한을 떠나 남한에 오면서 소심해지고 우울해졌습니다. 나 자신의 문제를 누구와 의논하기보다는 자신이 저절로 해결하려고 했습니다. 왜냐하면 솔직하게 털어놓고 이야기를 한다하더라도 도움을 줄 사람도 없었을 뿐 아니라 북한 사람이라는 이유로 업신여기고 또 공안에 신고하면 어떨까 하는 마음에서……." (여, 47세, 중국 체류 기간 2년)

(4) 가족 기능과 자기 해결성

가족 동반 탈북의 경우 탈북 과정을 거치면서 도움 요청의 대상이 가족에게 집중되어 아주 중요한 지지 체계를 이룰 수 있음과 동시에 탈북 이전에 가족 구조 결함, 가족 관계의 질이 미약할 경우 가족 갈등을 증폭시키는 것으로 나타났다.

"저는 가족과 함께 중국에서 1년 정도 체류하였기 때문에 배우자, 동생, 친구 등에게 어려운 문제를 의논했습니다. 친척이 아닌 사람들은 말하기가 힘들었습니다. 중국 체류 기간 사람들이 색안경을 끼고 생각할까 봐 사소한 것부터 큰 문제까지 일체 비밀로 넣고 혼자 생각하고 혼자 행동하기로 했습니다. 하지만 저에게 중국 생활은 참을성을 길러 주었고 어디에 있든 주어진 상황이면 살아갈 용기가 생기게 해 주었습니다." (여, 53세, 중국 체류 기간 1년)

"어머니는 북한에서 아버지와 이혼 후 재혼을 하였습니다. 그때 우리 형제 3명을 모두 데려갈 수 없었기 때문에 여동생은 당시 4세였는데 고모 집에 맡겨 두고 남동생과 저만 데리고 재혼을 했습니다. 7세 때부터 어머니에게 폐 끼치면 안 된다는 생각뿐이었고, 도시락도 사가지 못했습니다. 눈치가 보여서…… 술 먹고 때리고 어머니 우는 모습이 너무 싫었습니다. 여동생은 '저를(나를) 버려 두고 갈 때는 언제고, 이제 와서 간섭이냐! 어머니는 딸 피 빨아 먹는 버러지 같은 새스개(=사이코)라고 말하지요.' 중국에 와서 만난 유부남 돈으로 브로커 비용을 대고 한국에 와 보니 여동생의 목소리는 날로 괴팍해집니다. 제게 가족은 치욕스러운 존재입니다. 지금도 나는 내 고민을 가족에게 털어놓을 형편이 못됩니다. 만나면 헐뜯고 싸우고 원망하고……." (여, 32세, 중국 체류 기간 6년)

3) 상담 기법에 대한 인식

교과서는 그 사회가 지향하는 목표이며, 특히 심리 교과는 인간의 적응과 인성 교육에 기반이 된다고 볼 수 있을 것이다. 본 저자와 (사) 북한 인권 정보 센터 상담팀은 북한 사회에서 일반적으로 운영되고 있지는 않지만 김일성 종합 대학을 비롯한 일부 대학교에서 가르치고 있는 심리학 개론에 대한 분석을 실시하였고(미발표 논문), 그중 북한 이탈 주민 청소년을 대상으로 집단 상담에서 활용할 수 있는 상담 기법의 문화적 인식 차이와 적용 방안에 대해 김은경(2008, pp. 12-18)은 다음과 같이 요약하고 있다. 이를 통해 북한 생활 경험자들이 처음 접하는 남한의 상담 기법을 어떻게 인식하고 받아들일 수 있을지 참고할 수 있을 것이다.

(1) 자기 노출과 자기표현

북한 『심리학 개론』의 감정, 정서 편에서는 정서 상태를 기분, 격정, 정열, 열정으로 나누어 보고 있으며 격정은 사회 정치생활과 관련된 격정과 개인 이기주의적인 저열한 격정, 정열을 긍정적, 고상한 정열과 부정적, 저열한 정열로 나누어 보고 있다. 부정적으로 표현되는 감정 상태에 대해서는 자세한 탐색이 결여된 채 비판적으로 묘사하고 있으며, 긍정적인 감정 상태는 사회 정치 생활과 결부된 것으로, 사회 전체와 자신이 속한 집단의 목적에 충실할 때 '영예롭게' 나타나는 감정으로 설명되고 있다.

> 참다운 인간적 감정은 자연과 사회 현상을 본질을 파악하고 적극적으로 활동할수록 깊은 감정적 체험을 하게 되며, 그 성격은 언제나 명랑하고 낙천적이며 건전한 정서를 가지게 된다. - 북한 『심리학개론』, 제1편 제3장 '감정, 정서' 중 발췌

따라서 상담에서 암묵적으로 깔고 있는 자기 노출이나 감정 표현에 대한 기본적인 가정은 북한 체제에서 형성된 가정과 다를 수 있으며, 특히 부정적 감정에 대해서 더욱 다를 수 있다는 사실에 주목할

필요가 있다. 북한 이탈 주민들은 특히 집단 상담에서 왜 자신의 이야기를 해야 하는지, 자신의 이야기를 어디까지 해야 하는지, 상담 내용이 자신에게 어떤 도움을 줄지 의문스러운 상태에서 상담자의 적극적 공감과 수용의 태도에 마치 이끌리듯 자기를 너무 노출시켜 버린 후에는 강한 불안을 경험하거나 혼란감을 일으킬 가능성이 더 높다. 자기 노출과 감정 표현을 독려하는 상담 과정은 북한 이탈 주민 내담자에게 모호하게 느껴지기 쉬우며, 상담자가 회피적이고 비밀 탐색적이라는 오해를 낳기도 한다. 특히, 생활 총화와 같은 사회 소집단 활동이 일상화되었던 북한 생활에 비추어 보았을 때, 속 시원한 감정 표현이 제한되는 대신 사회적 바람직함에 충실하거나, 감정 표현을 불필요하게 시간 낭비하는 활동으로 인식하기 쉽다.

> 사회 소집단은 관계 조절, 통제의 기능을 수행하며 사업과 생활에서의 집단의 핵심 규범과 모범은 집단적 의견 형성을 통해 이루어진다. (……) 집단 안에서 선입견, 편견 등 부정적 의견이 나오지 않도록 사전 대책을 취하거나 왜곡된 판단을 가진 구성원의 부당성을 폭로하고 납득시켜야 한다. - 북한 『심리학 개론』, 제2편 12장 '사회 소집단의 사회 심리' 중 발췌

　북한 『심리학 개론』을 통해 볼 때, 북한은 감정에 대해 수용적이기보다는 가치판단과 인지적 평가가 선행되어 있으며 사회적으로 '유용한' 감정만을 긍정적으로 평가하고 있다. 따라서 북한 이탈 주민들은 북한 사회에서 긍정적이라고 평가한 기준을 현재 갖고 있지 않더라도, 감정을 바람직한 것과 바람직하지 않은 것으로 구분하며 자신의 기준에 따라 사회적 바람직함에 충실한 내용을 표현하는 데 더 익숙할 것이라고 추론해 볼 수 있다. 또한 자신이 '옳다고 생각하는 것'에 대한 솔직한 표현은 타인 비난적이라도 수용될 것이라고 기대

한다. 또한 여러 사람 앞에서 자신의 속내나 약점을 노출하는 것이 매우 부자연스럽고 어려운 과정이라는 점을 알 수 있다.

(2) 의사소통

북한 이탈 주민들에게 비교적 일반적으로 나타나고 있는 심리적·행동적 특성 가운데 하나는 의사소통의 직설성이다. 이와 관련하여, 북한 『심리학 개론』의 성격과 인격에 관한 부분을 살펴보면, 성격에 관하여 태도를 표현하는 것과 행동 방식을 표현하는 것으로 구분하며, 동일한 태도의 다른 표현 행동, 내적 태도와 행동 사이의 일치성을 살피는 것이 중요하다고 강조하고 있다.

> 행동 방식이 겉으로 보기에는 어슷비슷하지만 태도에서는 다를 수 있다. 여기에는 일정한 불일치가 있을 수 있다. 예를 들면 어떤 사람을 가리켜 표면상 행동을 보고 불손하고 건방지다고 할 때 그것은 곧 그가 주위 사람들에게 교만하고 멸시적이며 얄보는 태도를 가지고 있다는 것을 의미하지 않는다. 이때 그 사람에게서 교만함으로 보이는 것은 일정한 생활 환경과 결부된 습관화된 행동 방식일 수 있다. 이때의 불손하고 교만한 행동은 사람들에 대한 그의 실제적 태도와는 일치하지 않을 수 있다. 이와 반면에 겉으로 보기에는 정중하고 친절한 행동을 하지만 내심적인 태도에서는 이기주의적인 타산과 결부된 사람에 대한 멸시적 태도를 가질 수 있다. 그러므로 중요한 것은 사람들의 내적 태도와 행동 사이의 일치성이다.
> 사람에 대한 태도를 표현하는 부정적인 성격상 특징은 개인 이기주의에 기초한 조폭성과 기만성, 냉정과 부정, 무관심과 몰인정, 위선적인 정중성과 인자성 등이 있다.
> - 북한 『심리학 개론』, 제1편 제7장 '인격의 심리적 특성' 중 발췌

남한의 관점으로 보았을 때 북한식 감정 표현 방식은 직설적이고 공격적으로 비춰질 수 있지만, 이러한 분석틀로 보았을 때 남한식 의사소통 방식은 불분명하고 가식적으로 느껴질 수 있다. 즉, 우회적인

감정 표현 방식은 타인의 감정의 존중과 배려라는 의도에서 나온 것이지만, 북한의 상대적인 직설성에 비교해 보았을 때 의미를 확실히 알기 어려운 애매한 표현이 될 수 있다. 북한 이탈 주민들 상당수는 이런 우회성의 전달하는 의미를 파악하기 힘들어하고, 긍정적인 방식으로 끝맺는 표현에 대해 무엇이라고 감을 잡을지 모른다고 호소한다. 이에 더 나아가 '겉으로 번지르르하게 말 잘하는' 남한 사람들에 대해 보이는 것 이면의 의도를 생각하기 쉬울 것이다.

(3) 사회 기술 훈련

> 보신주의는 사업과 생활에서 용감하지 못하고 대담하지 못하며 그저 어떻게 하면 자기 개인의 생활을 무난히 이어 가겠는가 하는 심리이다. 어떤 계층은 자기 생활에서 파동 없이 주위 사람과도 말썽 없이 안정하고 무사하게 지내기에 급급하다.
>
> 소심성과 우유부단성이란 특별한 주관 없이 무사 안일한 생활 태도. 특별한 주관 없이 그날 그날을 무사히 지내려는 생활 기풍. 잘못하면 일자리를 떼이고 쫓겨날까 봐 그럭저럭 현상 유지나 할 수 있을 정도로 일하며 생활에서 그 어떤 확신도 못 가지고 지내는 상태를 말한다. - 북한 『심리학 개론』, 제2편 제 11장 '계급 심리' 중 발췌

위의 글을 토대로 한다면, 사회적 기술이란 북한 체제에서 타인과 원만하게 지내기라는 가치는 주관 없이 무사안일하게 지내는 태도에서 비롯된다고 해석되며, 더 나아가서 사회 기술 훈련은 원칙 없이 그저 사람들과 무난하게 잘 지내기만을 가르치는 처세술이나 심리 전략이 될 수 있다.

(4) 공감

공감은 타인의 입장이 되어 타인을 깊게 주관적으로 이해하면서

> 　동정심이란 사람의 지향과 요구, 흥미, 관심에 대한 심중하고 동정하는 태도, 사람
> 을 도와주며 고무, 격려하는 태도로, 다른 사람의 기쁨과 슬픔을 이해하며 요구와 지
> 향을 옳게 파악하여 존중하는 것을 전제로 한다. 한편 저속하고 값눅은 융화, 인간의
> 부족점과 약점에 대한 관용과는 공통성이 없으며 덮어놓고 사랑하는 것, 부르주아 박
> 애주의와 대립된다.
> 　동정심이 있는 사람은 주위 사람들, 자기 동지들에게서 나타나는 부족점, 과오에 대
> 하여 엄격히 대하며 원칙적으로 충고한다. 동정심은 덮어놓고 사람을 사랑하는 것이
> 아니다. 참다운 인간성은 사람을 덮어놓고 사랑해야 한다는 부르주아 박애주의와 근
> 본적으로 대립된다. - 북한 『심리학 개론』, 제1편 제7장 '인격의 심리적 특성' 중 발췌

도 결코 자기 본연의 자세를 버리지 않는 것을 말하는 것으로, 타인
을 자기 탐색과 이해의 길로 들어가게 한다. 또한 이 같은 점에서 공
감은 동정이나 동일시와는 다르다. 한편 북한 『심리학 개론』의 동정
심에 관한 기술을 볼 때, 공감의 의미에는 남한과 북한이 상당한 차
이를 나타낸다.

　북한이 이해하는 동정심의 맥락에서 남한식의 공감, 이해가 북한
이탈 주민들에게 전혀 다른 코드로 받아들여질 수 있음을 암시하는
대목이다. 또한, 남한 식의 공감과 동정의 구분이 없이 동정심만을
설명하고 있다. 인간의 부족한 점에 대한 관용이 제한되고 '원칙적
충고'를 하는 것이 진실한 동정이라고 하는 것은, 사회주의 이념과
사상 투쟁의 연장선상에서 받아들일 수 없는 행동에 대한 규정이 명
확하다는 것을 암시한다. 이 같은 맥락에서는 상담에서 추구하는 무
조건적 존중과 수용이라는 인간 존중의 가치는 오히려 '저속하고 값
눅은 융화'이며 원칙 없이 사람을 망칠 수 있는 것일 수도 있다.

2. 트라우마에 대한 상담 및 심리 치료 방법

1) 난민을 대상으로 한 트라우마 개입

Alayarian(2007, pp. 159-160)이 난민 치료 센터에서 활동 경험을 바탕으로 한 트라우마 개입 방안을 살펴보면 다음과 같다.

· 생애 초기의 트라우마는 개인적인 형태로 잠복되어 있다가 이후 트라우마를 통해 재발할 수 있다.

다른 형태의 트라우마가 다른 시기에 고통을 줄 수 있기 때문에, 트라우마를 겪는 사람들의 삶을 재검토하는 것이 중요하다.

· 내담자와 상담자가 서로 이해력이 부족할 때는 상담 및 심리 치료의 기회를 제공하지 못하고 절망감이 증폭되고 증상이 은폐될 수도 있다.

난민 내담자들은 상담자가 특히 너무 이질감이라고 느껴진다면, 나약하고 보호해야 할 개인으로 볼 수도 있다. 이는 상담자에게 해를 끼칠지도 모른다는 두려움으로 노출을 억제하게 하고 그래서 전이로 악화되기도 한다. 그리고 상담자가 내담자와 다른 이주 국가 출신이라면 내담자는 자신들의 경험을 상상할 수 없는 사람으로 여기거나 자신들의 경험을 폭로함으로써 평화로운 상담 장면을 망치지 않으려고 할 수 있다. 즉, 상담자가 자각하지 못하는 보호적 전이가 발생할 수 있다. 역으로, 상담자가 난민이거나 소수 민족 출신인 경우, 내담자는 상담자를 그들이 대화하려는 내용을 알고는 있지만 그들 자신의 열등감과 무의식적인 인종에 대한 전이로 상담자를 전문성이 떨어진 이인자로 생각할 수도 있다.

· 난민들이 과거 경험으로 되돌아가서 그 과거를 수용하는 것은 미래가
  예측될 수 없기 때문에 더욱 어려운 것이다.

현재는 통제하지 못하거나 인내하지 못하고 높은 위험에 처해 있
는 반면 과거, 현재, 미래를 연관시키는 것은 쉬운 일이 아니다.

· 상담자가 난민들이 겪은 모든 스트레스에 대해 짐작할 수 있다 하더라
  도, 이러한 적응 스트레스에 대한 자동적인 억압이 정신 이상이나 삶의
  목적과 의미의 상실을 초래한다고만은 가정할 수 없다.

심한 역경은 스스로에게 도움이 될 수도 있고, 자부심, 확신, 성실
함을 조성할 수도 있다. 이것은 박해, 수감, 고문, 비행과 추방과 같
은 격동의 사건이나 경험을 견뎌 낸 사람들에게 일어날 수 있는 일
이다.

· 상담자에게 도움을 요청하러 온 난민들은 상담자들이 진심으로 들어주
  고, 이해받고, 존중받는다는 느낌을 준다면 새로운 가능성에 대한 기본
  적인 희망을 가질 수 있다.

2) 난민을 대상으로 한 효과적인 PTSD 치료 방법

난민이라는 특수한 상황이 주어졌을 때, 일반적인 PTSD 치료 방
법으로는 이 집단에게 효과적으로 상담을 할 수는 없다. 동남아 난민
과의 상담에서 Kinzie와 Fleck(1987)는 PTSD를 진단하고 내담자가

이주 전 외상을 이주 후 적응으로 통합시키는 효과적 개입 방법 여덟 가지 공통 요소를 확인하였다.

· 심리 치료가 이루어지는 상담 장면이 가능한 비치료적인 장소인지를 확인하는 것이다.

상담 장면이 감옥소나 심문 혹은 고문 장소와 유사해서는 안 된다. 내담자와의 촉진적인 관계 형성을 위해서 치료자는 지지와 적극적인 피드백과 동시에 건강에 대한 질문으로 이완되고 수용적인 분위기를 만들어야 한다. 특히 성폭력이나 강간을 당한 난민 여성의 경우는 불안을 감소시킬 수 있는 공간을 제공해야 한다.

· 상담 및 심리 치료자는 내담자의 회피 행동의 중요성을 자각하고 있어야 할 필요가 있다.

이는 특히 극도의 고통스러운 생각과 기억을 보호하고 대처하는 방법으로 제공되기 때문이다. 이러한 외상 경험의 부인(denial)이나 억압(suppression)은 외상의 마비 증세로 그들에게 일어나는 내용에 대해 영향을 받지 않고 냉정한 것으로 나타날 수 있게 하는 원인이 된다. Bemak와 Chung(1998)은 이를 '심리적 반동 효과(psychological recoil effect: PRE)'라고 하며 이는 베트남 어머니와 미국 아버지 사이에 태어난 베트남계 혼혈아 연구에서 검증되었다. 내담자가 그들의 사건에 대한 정서적 반응과 내담자의 실제적 경험이 일치할 것이라는 기대를 하지 않고 내담자의 이야기를 천천히 그리고 조심스럽게 들어 보기를 추천하고 있다.

· 상담 및 심리 치료자는 감정을 토로할 수 있도록 해야 한다.

난민 내담자들은 과거를 잊기 위해서는 마비 증세를 보이거나 신체화나 다른 증상을 보이는데 그래서 정서가 표현되어질 때는 감정을 쏟아내는 것으로 나타날 수 있다.

· PTSD의 특징 때문에, 내담자와 장기간의 관계가 필요하다.

증상이 두드러질 때는 정기적인 집중 치료로 기본적인 증상이 진행 될 때는 단기치료로 내담자를 접하는 것이 필요하다.

· 일부 증상은 PTSD 난민 내담자에게만 특히 취약한 주요 증상이 있다.

그래서 상담 초기에는 내담자가 가장 고통을 경감시킬 수 있는 것이 무엇인지를 결정해야 한다. 상담자는 우선 수면장애와 우울정서에 초점을 맞추어 상담을 하도록 한다.

· 과거 재현 때문에 증상이 더욱 심화될 수 있다.

가족 해체와 가족 갈등, 생활고, 직장과 학교의 탄압과 같은 고국에서의 사건이 언론에 보도되는 것이 증상을 유발하는 원인이 되기도 한다. 상담자는 내담자가 이러한 생활 사건을 증상과 관련 지을 수 있도록 도와야 한다. 이러한 기법은 상담자가 트라우마 장면과 증상의 강화된 시기를 이해하도록 도와준다.

· 상담 및 심리 치료자는 복지 기관, 교회, 난민 보호 기관과 같은 지지 집

단으로부터 도움을 받아야 한다.

이를 통해 내담자가 거주지 배정과 경제적 문제와 관련된 스트레스를 감소시킬 수 있도록 도와야 한다. 더 나아가서 상담자는 내담자에게 전통적인 가치와 이주 국가의 주류 문화 가치를 통합시키면서 동시에 내담자의 종교적 혹은 문화적 신념 체계를 지지의 수단으로 활용할 수 있도록 한다.

· 격심한 스트레스나 사건에 대한 실존적 상담 접근을 추천한다.

때로는 아무 말도 하지 않거나 단순한 관계를 제외하고는 내담자와 침묵하는 관계가 될 수도 있다. Kinzie와 Fleck(1987)는 이러한 상태를 "아무 말 없이 침묵하는 것이 결국은 치료가 될 수 있고, 때로는 아무 것도 하지 않는 것이 말을 하거나 행동을 하는 것보다 더 나을 수가 있다. 삶의 가치와 죽음은 끊임없는 문제이고 이러한 주제는 생존자의 삶의 문제와 얽혀 있다. 내담자로 하여금 이러한 점을 인정하고 직면하도록 돕는 것이 가장 유용한 방법이다."(p.88)

3) 북한 이탈 주민의 트라우마에 대한 개입 전략

이상에서 살펴본, 난민 내담자들과 유사한 트라우마와 상실에 대한 상담을 하되 북한 이탈 주민의 경우 다음의 특수성을 반영한 트라우마 개입 전략이 필요하다.

- 트라우마의 영향력을 탐색하고 적절한 개입 방법을 찾아본다. 비록 PTSD 진단으로 명명되지 않았다 하더라도 트라우마 경험은 정착 과정 스트레스나 고국과 관련된 기사와 가족 소식 등의 경험으로 인해 재발될 수 있으므로, 현재 증상에 영향을 끼치는 트라우마 과거 경험에 대해서 짐작하고 북한 이탈 주민들에게 적절하고 적합한 트라우마 개입 방안을 제공할 수 있어야 한다.
- 특히 이들은 단일한 트라우마가 아닌 재북 및 탈북 과정에서 심한 육체적 고통과 심리적 상처를 지속적이면서도 누적적으로 받아 왔다. 이러한 특성은 트라우마의 경험이 PTSD 증상으로 발현되지 않고, 개인적 적응 유연성이나 다양한 사회적 지지체계 등의 활용을 통해 좀 더 성숙한 성장이나 회복을 가져올 수 있음을 나타낸다.

3. 문화적 맥락에서 북한 이탈 주민 상담의 적용

1) 다문화 상담 이론의 적용

전통적인 심리학 특히 정신 분석학에 있어서는 인간 행동을 심리 내적인(intra-psychic) 관점에서 이해하되 문화나 환경의 산물로 보지 않으려 한다. 그러나 문화, 환경, 제도가 인간 행동에 미치는 영향을 무시할 수 없기 때문에 문화적 차이에 따른 인간 행동의 차이를 이해하고자 하는 다문화적 상담 이론이 발생하기 시작하였고, 1991년 미국의 대표적인 상담 학술지인 《*Journal of Counseling and Development*》에서 다문화주의 상담을 특집으로 다루었으며, 다문화주의 상담의 최고 권위자 중 한 사람인 Pedersen 교수는 다문화주의적 상담을 상담의 '제4세력'이라고 명명하였는데, 이는 정신 분석학, 행동주의 인본주의 상담을 이어 90년대 이후 다문화주의는 상담의 새로운 패러다임으로 자리 잡고 있다(Midgett & Meggert, 1991; 설기문, 1993 재인용: p. 47).

또한 다문화 상담 이론은 다양한 내담자에 대한 단일 이론 모형의 적용을 문제시하며, 도움을 주는 과정에서 문화적 유연성을 촉진하고, 도움을 주는 전문가들이 비록 전통적으로 금기시된 응답일지라도 그들의 상담 치료 기술의 레퍼토리를 확장하기 위해 노력해야 한다(김태호 등, 2008: p. 159). 그러한 행동의 예로는 ①내담자에게 가족이나 파트너를 초대해서, 전통적인 개인 상담에 덧붙여지는 다양한 대안적 상담(가족 상담이나 부부 상담, 공동체 활동)에 참여하도록 장려하기, ②내담자의 문제나 걱정거리를 찾기 위해 덜 구조적이거나 공식적이지 않은 환경(교회, 시민문화회관, 공원 등)에서 만나기, ③내담자와 덜 공식적인 방법으로 작업하기(예를 들면 전통적인 언어를 통한 상담 방식은 상대적으로 비공식적인 조력 관계에 익숙하거나 직접적이고 언어적인 응답보다는 대화의 비언어적인 측면에 익숙한 문화적 집단의 구성원들과의 상담을 보장해 주지 못할 수 있다), ④내담자가 어떤 지시를 원한다면, 치료 관계의 맥락에서 과거 지향이라기보다는 좀 더 직접적이고 행동 지향적으로 상담하기 등이다(김태호 등, 2008: p. 152).

타문화에 대한 직접적인 경험이 부족한 상담자는 문화에 따라 달리 해석될 수 있는 행동을 일반적인 관점에서 해석하는 실수를 범할 수 있다. 따라서 소수 집단을 대상으로 상담은 타문화에 맞는 상담 기법과 접근법이 생겨나야 하고, 상담자는 상대방의 문화적 경험에 대한 보다 정확하고 풍부한 지식, 수용성, 개방성을 지니고 있어야 할 것이다. 내담자의 사회적 지지 체계를 활용하고 촉진할 수 있어야 하며, 특정 문화에 맞는 상담을 개발하여야 한다(Nwachuku & Ivey, 1991). Pedersen(1988)은 다문화 상담자가 갖추어야 할 조건으로 각성(awareness), 상담 지식, 상담 기법 개발의 세 가지를 꼽았다. 여기에서 각성이란 피훈련자가 문화 간 차이와 갈등에 대해서 인식하는 것, 상담에서 문화에 대한 좀 더 정확하고 적절한 태도, 견해 및 가정을 발전시키도록 돕는 것을 말한다. 상담 지식이란 문화에 대한 사실과 정보를 갖게 되는 것, 특정 집단의 사회 및 정치사에 대해서 아는 것을 포함한다. 마지막으로 상담 기법 개발이란 타문화권 출신의 사람과 상호 작용하는 능력을 개발시키는 것을 말한다. Holloway와 Carrol(1999)는 상담자가 다문화적 상담 능력을 촉진시킬 수 있도록 상담자의 가설, 편견에 대한 자각, 내담자의 세계관 이해, 적절한 상담 전략과 기법 개발을 위해 상담자가 지녀야 할 신념 및 태도, 지식, 상담 기법을 제시하였다(다음 페이지의 〈표 14-4〉 참조). 또한 다문화 상담 능력을 길러주기 위한 슈퍼비전에서 개인 상담, 집단 상담, 가족 상담, 상담 자문, 사례 관리자, 학교 장면, 병원 지역 사회의 치료 장면에 따라 자각, 지식, 기술, 관계가 달리 제시될 수 있음을 보여주었다(다음 페이지의 〈표 14-5〉 참조).

2) 문화적 맥락을 고려한 북한 이탈 주민 상담의 기본 가정

· 전통적인 상담은 내부 통제와 개인 책임의 철학에 따른다. 하지만 북한 이탈 주민을 대상으로 한 상담에서는 북한 혹은 제3국에서의 중요한 문화적 변인들이 현재 내담자 문제에 영향을 주고 있다는 것을 이해하는 데 초점을 맞춘다.
· 북한 이탈 주민에 대한 인종 차별과 편견이 존재함에도 불구하고, 그들의 적응을 방해하는 제도적 장벽을 합법적인 것으로 지각할 경우(직장에서 제도적인 인종 차별을 경험할 수도 있고, 때문에 직장 환경이 자신들에 대해 적대적이고 긍정적이지 않을 수도 있다), 상담자는 이러한 차별과 편견이 어떻게 내담자의 문제를 확장시켜 나가는지 통찰하고 있어야 한다. 반대로 북한 이탈 주민이 표면적으로 호소하고 있는 차별과 편견에 대한 태도가 피해 의식에서 출발하였다면, 그것을 다루고 함께 인식 전환을 시켜 주는 것이 필요하다.
· 북한 이탈 주민의 세계관, 문화 적응(통합 · 동화 · 분리 · 주변화), 문화적 정체감 발달 수준을 이해하게 되면 좀 더 문화적으로 그 사람에게 적합한 상담을 할 수가 있다.

- 북한의 문화와 남한의 문화 간 차이를 이해하고 극복하기가 쉽지 않고, 따라서 상담 목표는 융통성 있고, 매우 장기적인 차원에서 설정되어야 한다.
- 상담 접근 방식의 레퍼토리를 다양하게 확장할 필요가 있다(덜 공식적이고 덜 구조적인 상담 방식의 대안적 상담 활용).
- 상담자의 북한 문화에 대한 편견의 해소와 문화적 수용성 증진을 위한 지속적 훈련과 전문 지식 습득을 통해 상담자 역량 강화를 병행하도록 한다.

〈표 14-4〉 다문화 상담의 능력과 기초(Coleman, 1999: 156-157)

	상담자가 가지는 가설, 가치, 편견에 대한 자각	문화적으로 다른 내담자의 세계관 이해	적절한 상담 전략과 기법 개발
신념 및 태도	1. 문화적인 면에서의 자기자각: 가치와 차이에 대한 존중	1. 상담 장면에서 만나는 문화적으로 다른 내담자에 대한 부정적 정서반응과 영향력에 대한 자각	1. 내담자의 종교적, 영적 신념과 가치관 존중(신체적 정신적 기능에 관한 것 포함)
	2. 자신이 가지고 있는 문화적 배경이 경험, 태도, 가치, 편견이 심리적 과정에 어떻게 영향을 끼치는 지 자각	2. 서로 다르다는 고정 관념과 개인적 편견에 대한 자각	2. 전통적인 토속적 조력 행위에 대한 존중과 네트워크 형성을 위한 소수 민족 지역 사회 조력
	3. 자신의 유능성과 전문성의 한계를 인식		3. 이중 언어 사용자의 가치를 존중하고, 상담에 있어서 언어 이질감을 장애물로 인식하지 않는다.
	4. 상담자와 내담자의 차이점을 인정하고 편안함을 느낌.		
전문지식	1. 자신의 인종적 문화적 전통을 알고 이것이 상담 및 정상과 비정상의 규준에 어떻게 영향을 끼치는지를 자각한다.	1. 내담자의 삶의 경험, 문화적 전통, 역사적 배경을 안다.	1. 전통적 상담(문화적 한계, 신분의 한계, 단일 언어 사용)이 소수 민족의 문화적 가치와 어떻게 갈등이 일어나는지 알고 이해한다.
	2. 억압, 인종주의, 차별, 고정 관념이 자기 자신과 상담 활동에 어떻게 영향을 끼치는 지 안다. 이는 상담자로 하여금 자신의 인종주의를 인정하도록 한다.	2. 인종, 문화, 민족주의가 성격의 발달, 직업 선택, 심리 장애, 조력 추구 행동, 적절한(부적절한) 상담 접근 방식에 어떻게 영향을 끼치는 지 이해한다.	2. 제도적 장벽이 어떻게 소수 민족으로 하여금 정신 건강 서비스를 활용하지 못하도록 하는지 안다.

	상담자가 가지는 가설, 가치, 편견에 대한 자각	문화적으로 다른 내담자의 세계관 이해	적절한 상담 전략과 기법 개발
전문지식	3. 자신이 다른 사람들에게 미치는 사회적 영향력을 이해한다. 문화적으로 다른 내담자와 자신의 의사소통 스타일 차이를 알고, 이러한 자신의 의사소통 스타일이 내담자와의 의사소통에 어떻게 도움을 주거나 방해하는지 안다.	3. 인종적·민족적 소수자들의 삶에 영향을 끼치는 사회 정치적 영향을 알고 이해한다(예, 통합, 가난, 인종주의, 고정 관념, 정치적 무력함).	3. 평가 도구의 편차를 안다. 즉, 심리 평가 선정 과정과 그 결과 해석 시에는 내담자의 문화적, 언어적 특성을 고려한다. 4. 지역 사회와 가족의 자원뿐 아니라 소수 민족의 가족 구조, 가족 위계, 가치와 신념 체계에 친숙해진다. 5. 내담자가 처한 환경으로 인한 차별적 관례와 함께 그것들이 심리적 기능에 어떻게 영향을 끼치는지를 알아본다.
상담기법	1. 문화적으로 다른 집단에 대한 이해와 상담 효율성을 높이기 위해 지속적인 교육, 자문, 훈련을 받는다.	1. 문화적으로 다른 집단의 정신 건강 연구와 연구 결과에 친숙해진다.	1. 정확하고 적절하게 언어적 비언어적 메시지로 상호 작용한다. 문화적으로 적절한 다양한 접근을 사용한다.
	2. 끊임없이 자기 자신을 인종적·문화적 존재로서 이해하고 비인종적 정체감을 개발하기 위해 노력한다.	2. 학문적인 입장과는 달리 상담 장면 바깥에서도 소수 민족과 관계를 맺는다(지역 사회 행사, 사회적·정치적 행사, 축하 모임, 친교 모임).	2. 내담자의 권익을 위해 제도적 개입을 시도한다. 내담자가 부적절하게 자신을 비난하지 않도록 인종주의나 편견으로 인한 문제를 확인한다. 3. 필요시 전통적인 치유자나 정신적 지도자에게 자문을 구한다. 4. 내담자가 선호하는 언어로 상호 작용을 한다. 5. 심리 평가와 검사 과정에 대한 훈련(문화적 한계 숙지 포함)을 받는다. 6. 억압, 남녀 차별과 인종주의 문제에 민감해지고, 편견, 선입견, 차별적 활동 없이 상담에 임한다. 7. 내담자에게 심리적 개입 과정에 대한 교육을 실시한다.(예, 상담 목표, 상담에 대한 기대, 법적 권리, 상담자의 이론적 지향)

〈표 14-5〉 상담의 장면과 양식에 따른 다문화 상담 능력(Sue et al., 1992).

	자각	상담 전문 지식	상담 기술	상담 관계
자기 자신	자신의 문화에 속한 구성원이 된다는 것이 무엇을 의미하는지 충분히 자각한다.	자신의 인종 정체성 단계를 점검하고 이해한다.	문화적으로 다른 내담자와 의사소통을 촉진시킬 수 있는 비언어적 단서를 다룰 수 있다.	사회적 관습과 문화적으로 완충된 상호작용 스타일을 자각한다. 이는 곧 인종적 정체감이 대인간 관계에 미치는 효과를 자각하는 것이다.
개인 상담	문화적 관심을 인식할 수 있다.	행동 패턴의 문화적 병리 원인을 기술할 수 있다.	상담에서 문화적인 적응 문제를 강조할 수 있다 (예, 회복 기술).	문화적 맥락 안에서의 성차의 의미를 자각한다.
집단 상담	문화적으로 관련된 자료들을 유인물에 포함시킨다.	문화적으로 적절한 개입 방안을 설계할 수 있다.	문화적 원인에 의해 발생한 집단 내 갈등을 해결할 수 있다.	문화적 차이와 관련된 집단 역동과 의사소통 스타일에 민감해진다.
가족 상담	각 문화권마다 부모 역할이 다르다는 것을 자각한다.	문화권의 특성에 따른 부모 역할을 안다.	문화적으로 적절한 개입 방안을 조정한다.	가족 구조에서의 문화적 차이와 가족 구성원 사이의 관계를 인식한다.
자문	조직 내의 문화적 규범을 확인할 수 있다.	다른 문화권들이 조직 스타일에 어떻게 반응하는지를 안다.	문화적으로 다양하면서 동질적인 조직 내에서 문화적 규준에 대한 토의를 촉진시킬 수 있다.	문화적으로 인정을 받는 조력자들의 도움에 적극적으로 협력하고 이들과 민감하게 반응한다(무당이나, 내담자의 종교 단체 구성원).
사례 관리자	조력 추구 행동에 영향을 미치는 상황을 자각한다.	문화적으로 적절한 개입 형태가 무엇인지를 안다.	내담자의 문화적 규준에 적합한 개입 방법을 조정한다.	문화적 차이의 역할을 설명하면서 자신들의 문제를 해결하기 위해 내담자가 협의를 해야 하는 관계를 촉진시켜야 한다는 점을 자각한다.
학교 장면	상담 지도 활동에 문화적으로 다양한 교육 재료를 포함시킬 필요가 있음을 자각한다.	문화적으로 관련된 상담 지도 활동을 설계할 수 있다.	소수 학생과 주류 문화권 내의 학생들이 서로 평등하게 성취할 수 있도록 한다.	내담자의 문화가 동료 관계에 어떻게 영향을 끼치는지 이해한다.

	자각	상담 전문 지식	상담 기술	상담 관계
병원	문화와 건강에 대한 신념간의 관계를 자각한 다.	문화적으로 다양한 내담자와 치료적 접근을 최대화할 수 있는 프로그램을 설계할 수 있다.	성공적으로 프로그램을 실시한다.	병원 사회에서 권력 차별을 자각하고, 적절한 의료 서비스 전달을 방해하는 인종 차별을 안다.
지역 사회	문화와 조력 추구 행동 간의 관계를 자각한 다.	문화적으로 다양한 내담자와 치료적 접근을 최대화할 수 있는 프로그램을 설계할 수 있다.	성공적으로 프로그램을 실시한다.	내담자가 속한 지역 사회 내의 문화적 집단 간 관계를 이해한 다.

4. 정치 사회적 맥락에서 북한 이탈 주민 상담의 적용

1) 상담 관계에서 나타나는 정치 사회적 상호 작용

북한 이탈 주민을 대상으로 한 상담 상황은 특히 남북한 문화 간 충돌이라는 정치 사회적 상호 작용이 발생한다. 이러한 특수한 상황에서는 남한 사람들에게 도움을 받는 것은 자존심 상하고, 문제가 많은 사람으로 보일까 봐 신경이 쓰고, 북한에 남아 있는 가족에게 위협을 줄까 봐 신분이 노출되는 것을 두려워하거나, 남북관계의 현황에 따라 민감하게 반응할 수 있다는 점, 남한 상담자를 남한체제의 한 부분으로 인식할 수도 있다는 가정을 고려해야 할 것이다.

(1) 상담자의 정치 사회적 입장과 태도

상담자는 다음과 같은 한국 사회 내부에서의 선입견이나 편견들에서 출발할 수 있다. 첫 번째는 '민족'이라는 이데올로기 속의 '한 민족담론' 혹은 '혈연주의'라는 양날의 칼이다. 이 담론 속에서는 유난히 '같은 핏줄', '같은 언어', '같은 문화' 등의 개념이 필요이상으로 강조되기도 하여, 남한 사회 입국 이후 과도한 기대 수준을 요구하거나 문화적 차이점이 발견되었을 때 이해나 포용하지 못하는 경우도 있다. 두 번째는 체제의 이질성에 대한 과도한 강조이다. 남한 국민 대부분이 냉전 시대 반공 이데올로기의 교육과 선전 속에서 자랐음을 고려해 볼 때 북한인, 북한 사람에 대한 이미지는 익히 알려진 대로 '빨갱이,' '북괴,' 혹은 '뿔 달린 공산당'이거나 백번 양보하여 '뿔 달린 공산당 밑에서 신음하는 불쌍한 사람들'이라는 선입견이다. 특별히 최근의 정부, 언론, 그리고 대중 매체의 보도는 북한 이탈 주민에게 '간첩,' '잠재적 위협' 혹은 '잠정적인 간첩' 등의 이미지를 씌워 버릴 위험이 있으며, 북한 이탈 주민들에게 대한 끊임없는 사상 검증과 시찰을 요구하기도 한다. 셋째는 상이한 정치 체제와 경제 체제의 우월 관계를 의도적으로 부각시켜 열등한 그들로 '타자화'하는 경우이다. 북한을 기본적으로 가난하고, 먹고 살기 힘든 나라로 바라보는 이러한 시각은 다분히 오리엔탈리즘적인 성격을 지니고 있다. 이는 북한 이탈 주민을 불쌍한 자로 인식하고, 동정해야 할 대상, 관심을 가지고 도와주어야 할 대상이라는 이미지를 생성한다. 따라서 북한과 탈북 및 남한 거주민은 전근대적이고 비이성적이며 발전되지 못하였다고 생각하며, 이와 더불어 아직 때 묻지 않음과 순수함을 동시에 지니고 있다고 보는 것이다. 넷째는 북한 이탈 주민을 가족과 체제를 버리고 남쪽으로 도피해 온 일종의 '배신자'로 바라보는 시각이다. 양계민(2006)이 지적하듯이 이러한 시각은 북한 사회를 한번 배신했으므로 또다시 남한 사회도 배반할 수 있으며, 이에 따라 그들을 신뢰할 수 없다는 생각이다(이수정 외, 2008:

pp. 33-35).

(2) 내담자의 정치 사회적 입장과 태도

북한 이탈 주민의 특수성은 상담 관계에 있어서도 남한 상담자의 편견이나 정치적 세계관이 작용할 수 있고, 이러한 역동은 상담이라는 상호 작용이 어떻게 작용할 수 있는지를 설명해줄 수 있으며, 상담의 형식 또한 매우 불규칙적으로 운영될 수 있음을 짐작하게 해 준다. 많은 북한 이탈 주민들은 상담이 자신들에게 도움을 줄 수 있을지, 남한의 상담자가 믿을 만한 사람인지에 대한 의심을 하면서 상담실을 찾게 된다. 북한 이탈 주민은 남한의 상담자에 대해서 북한이나 제3국 체류 기간 자신을 억압하고 차별했던 '권위 인물', 분단 기간 북한에서 사상 교육을 받았던 남한에 대한 적개심으로 '남한 사람' 혹은 '남한 체제'의 한 부분, 가난한 북한에서 왔다고 무시하고 차별했던 '어떤 한 사람'으로 간주할 수도 있다. 이들이 상담을 받으러 오기까지 탈북 이전 북한 사회에서의 차별과 냉대, 인권 탄압, 체제 불만, 생활 총화와 상호 감시를 통한 불신 경험을, 제3국 은신 기간 동료 혹은 가족이 탈북자임을 고발하여 재북송당하거나 입국 브로커들의 사기 등의 다양한 배신 경험을 하게 된다. 또한 기관(제3국 체류 기간 수용 시설, 심문 기관, 초기 사회 적응 기관), 개인(사업주, 고객, 직장 동료, 배우자, 이웃 주민, 종교인)을 통한 이전의 경험들은 편견을 야기할 수가 있다.

(3) 이상적인 상담자 태도

이상에서 살펴본 바와 같이 상담 관계에서 나타날 수 있는 남북한

- 북한 이탈 주민 내담자들이 상담자나 상담에 대해서 보이는 불신은 '상호 불신 기제', '편집증'의 경향도 있겠으나, 이들이 처한 사회 정치적 맥락에서 충분히 가능한 것으로 이해할 수 있어야 할 것이다. 즉, 이들이 상담에서 보이는 경계하는 모습과 타인 조정의 특성은 수용적이지 못하고 억압된 북한 사회에서 살아남기 위한 생존 전략으로서의 방어 기제로 간주되어야 할 것이다.
- 상담자는 정치적 입장에 대한 동화가 아닌 한 인간으로서의 존중과 무조건적 이해에 대한 상담자 철학이 필요하다.
- 상담자는 자신의 북한 사회에 대한 정치적 입장이나 견해에 대해 어떠한 시각을 지니고 있으며, 이러한 세계관이 북한 이탈 주민 내담자를 가치 조건화하고 있지는 않은지에 대한 자각(awareness)이 선행되어야 할 것이다.

정치 사회적 상호 작용은 상담 효과를 저해할 수 있고, 상담자는 정치적 정체감 혼란이나 자신의 업무에 대한 의미 부여를 상실하는 빠른 소진(burn out) 현상을 경험하기 쉽다. 따라서 보다 효과적인 상담진행을 위해 상담자가 지녀야 할 이상적인 태도를 다음과 같이 제안하고자 한다.

2) 남북한 문화 통합으로서의 북한 이탈 주민 상담(김현아, 2008: pp. 29-31)

북한 이탈 주민들이 남한의 상담자와 경험하는 일치감은 통일 이후 남북한 통합의 궁극적 목표인 마음의 통일이라는 차원에서 매우 의미 있는 작업이며, 상담이 일방적 과정이 아니라 쌍방적 과정이라는 점에 비추어 볼 때 북한 이탈 주민을 대상으로 한 상담 개입 과정에서 상호 작용을 저해하는 요인이 무엇인지를 구체적으로 살펴보고, 상호 작용을 촉진시킬 수 있는 방안들을 탐색해 볼 필요성이 있다.

상담자가 북한 이탈 주민 내담자에게 강한 저항을 유발하는 주요

〈표 14-6〉 북한 이탈 주민 상담의 상호 작용 촉진에 영향을 미치는 요인(김현아, 2008)

상담의 물리적 상황	상담실 환경	· 상담실 환경(내방 상담 포함) · 상담실로 가기까지의 이동 거리 · 북한 이탈 주민 상담 운영 기관의 성격과 지지 체계
	의뢰 상황	· 북한 이탈 주민 조력자인 상담 의뢰자의 상황 · 잦은 상담자 변경(의뢰의 문제)
북한 이탈 주민 내담자 상황	언어 장벽	· 새로운 남한 언어로 이야기하는 것의 양가감정 · 언어와 정체성
	고유한 특성	· 문화 적응 수준, 복합적이고 현실적인 문제, 신분 노출 불안 등 · 진실한 감정을 언어로 소통하는 것의 어려움 · 도움 요청 및 신뢰감 형성의 어려움
상담자 상황	문화적 수용	· 문화적 태도와 수용력(낯선 북한 이탈 주민 내담자에 대한 상담자 불안, 방어) · 다중 역할(북한 전문가+상담 전문가+문화적 연계인으로서의 사명감+연계 체계 유지) 수용성 · 지속적 성장에 대한 저항(북한 이탈 주민 내담자 문제 귀인)
	적합한 상담 접근	· 북한 이탈 주민에게 적합하지 않는 상담 접근 방식(자신의 이론만 고수하기) · 객관적인 상담자 역할(남한 조력가의 가치가 반영된 조언과 설득, 훈계)
	전문적인 역량 강화	· 전이 문제와 낙관적 태도 유지 등의 소진 예방 및 자기 관리 · 비자발적인 북한 이탈 주민 내담자의 저항 다루기, 위기 개입 능력 증진 · 상담 경험을 유지하고 기록, 연구, 적용하는 북한 이탈 주민 상담 전문가로서의 지속적인 성장
상담 과정	상담 견해	· 상담에 대한 서로 다른 견해 · 신체 〉 마음, 신체와 마음의 연결 · 문화 적응 수준에 따른 상담 개입 전략 수립
	의사소통	· 상담자와 내담자가 서로 알아들을 수 있는 언어로 상호 작용 하기 · 정적 · 부적 전이 감정의 표현에 있어서의 신체 언어의 역할 · 상담 효과에 있어서 침묵과 신체 언어 자각
	상담 진행 과정별 상담 목표	· 상담 초기: 내담자 문제 이해, 라포 형성, 상담 목표의 설정, 상담 진행 방식에 대한 합의 · 상담 중기: 과정적 목표 설정과 달성 방법, 문제 해결, 내담자 저항 발생시 극복 방법 · 상담 종결: 성공적인 종결 방법, 종결에 따른 처리, 증상 재발시 재상담 및 지속적인 사후 관리

요인으로는 북한 이탈 주민 내담자의 입장을 고려하지 않는 남한 상담자의 일방적인 지시나 통제, 내담자를 배려하지 않는 비우호적이고 권위적인 상담 분위기, 미처 준비도 안 된 북한 이탈 주민 내담자에게 너무 급격한 변화의 압력을 가하는 남한 상담자의 행위 등이 있을 수 있다. 한편 라포 형성이 되어 있는 1인의 상담자가 지속적으로 상담을 하는 형태보다는 낯선 혹은 자주 바뀌는 상담자에게 의뢰되는 형식을 취하게 되었을 경우, 상담 효과성의 최소한의 기본 조건이라고 할 수 있는 라포 형성에 저해되는 요소임을 짐작할 수 있을 것이다.

북한 이탈 주민 상담에 있어서 상호 작용 촉진에 영향을 미치는 요인들을 살펴보면(〈표 14-6〉 참조) 상호 이질감을 느끼지 않고 상호 작용을 촉진시킬 수 있는 상담의 물리적 환경, 북한 이탈 주민 내담자 상황, 상담자 상황, 상담 과정별 요소가 무엇인지 탐색해볼 수 있을 것이다.

3) 북한 이탈 주민 상담자의 역할과 자세

북한 이탈 주민 상담에 있어서 상담자가 흔히 겪을 수 있는 심리 내적 과정과 상담에서 다루어야 할 과제는 무엇일까. 북한 이탈 주민을 상담하는 상담자의 역할과 과제, 상담자가 지녀야 할 자세를 정리하면 다음과 같다(김현아, 2007).

상담 초기 단계

내담자 반응과 상담자 경험	· 상담자는 북한 이탈 주민 사례 이해의 어려움과 불안을 경험하게 된다. · 이것은 북한 이탈 주민들이 느끼는 상담에 대한 바람직하지 못한 기대, 즉 상담에 대한 생소함과 인식 부족, 상담에 대한 마술적 기대, 남한 상담자가 현실적인 문제를 해결해 주기를 바라는 강한 의존성, 외부 통제 등의 특성에서 기인한다. · 북한 이탈 주민은 또한 치료적인 관계 형성에 있어서 비생산적인 태도와 행동 경향 (방어적인 허위 위기 진술, 신체 증상만 호소, 현실적인 문제로 화제를 바꾸기, 능란하고 교묘한 진술로 상담자 조정(manipulation), 정서적 불편감의 과장호소로 인한 이차적인 이득(secondary gain)을 보인다. · 이로 인해 상담자는 경계적이고 심리적인 노출을 두려워하는 북한 이탈 주민 내담자에 대한 불편감과 상담 도중 과도한 긴장감, 북한 사회를 경험하지 못한 상담자는 심리적 거리감을 느끼게 된다.
상담 과제	· 초기 상담 단계에서 상담자는 우선 방어 기제를 빠른 시간 내에 파악하여 진정한 호소 문제가 무엇인지 이해하여야 한다. · 이를 위해서는 표현하는 호소 문제와 실제 문제간의 차이 인식, 도움을 청하는 이유에 대한 탐색, 주의 깊은 행동 관찰 등이 요구된다. · 심리 검사를 통한 상담 개입 방법의 진단과 평가는 문화적 편차를 고려하여야 하며, 반응태세와 심리 검사 결과에서 표현되지 않는 메시지에 대해 끊임없이 알아차리는 과정을 통한 객관적인 진단과 평가, 반응 태세를 반드시 확인하여야 한다. · 또한 초기 상담에서의 상담자 불안을 최소화하기 위해 ⊙상담 전에 알아야 할 기본적인 사항 파악, 북한 이탈 주민에게 먼저 다가가기 위한 선도 반응, 비자발적인 내담자 다루기, ⓛ북한 이탈 주민의 신변 보호 및 프라이버시 존중하기(북한 이탈 주민에게 하면 곤란한 질문 파악), ⓒ북한 이탈 주민의 주요 문제(신체화, PTSD, 적응 스트레스, 수면 장애, 우울증, 불안)파악이 필요하다.

상담 중기 단계

내담자 반응과 상담자 경험	· 이 단계는 치료적인 관계 형성 이후 변화와 성장을 도와주는 단계로서 북한 이탈 주민 상담자는 ⊙의사소통의 어려움, ⓛ친밀감 형성의 어려움, ⓒ상담 목표 설정의 혼란을 경험하게 된다. · 상담 초기 단계에서 사례 이해의 어려움과 방어적 특성으로 인한 치료적 관계 형성의 어려움은 상담 목표 수립 시기 또한 지연하게 만든다. · 또한 북한 이탈 주민에 대한 총체적인 이해가 되었다 하더라도 복합적인 문제(심리, 의료, 학습, 진로, 경제) 노출로 인해로 적응 과정상에 심리적 부적응 문제가 끊임없이 반복되면서, 상담 목표 설정 ─ 달성 ─ 변경 등의 혼란을 경험하게 되고 이 때 상담자는 쉽게 불안을 경험하고 좌절하게 된다.
상담 과제	· 이러한 어려움과 혼란을 감소시키기 위해 상담자는 ⊙언어적, 비언어적 의사소통에 대한 문화적 차이 인식, 면담에서 꼭 알아 두어야 할 북한 언어, 의사소통에서 상호 혼란을 주는 말, 면담에서 자주 등장하는 단어, 상담에서 핵심 내용으로 파악할 수 있는 북한 용어 익히기, ⓛ촉진적인 관계 형성을 위한 상담 기술 능력 강화(초점에 대한 경청, 진실성, 자기 노출, 감정, 인지, 행동 방식의 차이 알아차림, 효과적으로 메시지 전달하기, 공감하기), ⓒ노력 활동의 구체적인 한계설정, ⓔ북한 이탈 주민 상담자의 윤리적 문제 다루기(국가 정체성, 일탈, 보안, 문화적 지향성 등의 가치 중립 문제), ⓜ융통성 있는 단기 상담 목표 설정 및 위기 개입 능력 등이 요구된다.

상담 종료 시기(상담 종료와 사후 체계 확립 단계)

내담자 반응과 상담자 경험	· 남한 상담자는 북한 이탈 주민 내담자와 합의를 통해 상담을 종료할 수도 있으나 북한 이탈 주민 내담자의 일신상의 변화(이사, 제3국 가족 입국 조력, 연락 두절)로 인한 비자발적으로 종료되는 경우가 많다. · 이때 상담자는 상담 효과성에 대한 의문이 생기거나 상담자 문제에 기인하여 상담을 중단(drop-out)하게 된다.
상담 과제	· 북한 이탈 주민 상담에 있어서는 무엇보다도 사후 관리 체계 확립이 중요하다. 즉 상담 목표 달성 이후 지속적인 적응 과정상의 문제 노출 이후 사후 관리 체계를 확립해 주어야 하며 특히, 이질적인 사회에서 사후 의뢰를 할 때는 상담 기관의 물리적 및 인적 근접성 문제를 감안하여야 하며 유관 기관과의 긴밀한 협조 체계를 유지하고 있어야 한다. · 북한 이탈 주민 정신 건강 경험자들의 자조집단 및 통합 슈퍼비전 사례 모임 단체가 필요하다. · 뿐만 아니라, 상담에서는 개인 내적 자원을 개발하는 데 치중을 하고 있으나 북한 이탈 주민 상담의 경우는 남한 문화 적응 유도를 위한 다양한 사회적 지지 체계 등의 환경적 지원도 함께 요구된다.

마지막으로 북한 이탈 주민 상담자의 역할과 자세는 다음과 같다. 첫째, 북한 이탈 주민 상담자의 자기 이해와 자기 관리 능력이다. 북한 이탈 주민 상담자로서의 낯선 문화를 경험하는 북한 이탈 주민 내담자에게 어떻게 비추어질지에 대한 자기 점검과 북한 이탈 주민 상담자로서의 정체감 정립, 북한 이탈 주민 상담자의 자기 관리(전이 문제와 burn-out 다루기)이다. 둘째, 상담자 자세이다. 여기에는 북한 이탈 주민에 대한 인격적 존중과 지속적인 관심, 온정적, 수용적 태도, 선택적 경청, 객관적 감정 유지(지나친 동정, 환상 자제), 정서적 지원, 정서적 발산 기회 제공, 희망, 낙관적 태도 전달이다. 셋째, 전문적 능력의 함양이다. 충격적인 외상 사건에 대한 의연한 자세, 응급 상황에 대한 조치, 위기 개입 방법을 노련하게 다루기 등이 포함된다.

□ 14장 참고 문헌 □

김성회, 김현아(2005), 「새터민의 상담에 대한 요구도와 도움요청 장애 요인에 관한 연구」, 『상담학 연구』, 6(3): pp. 693-712.

김은경(2008), 「사례를 통해 살펴본 새터민과의 상호 작용: 청소년 집단 상담 사례를 중심으로」, 『상호 작용의 시각에서 다시 보는 새터민-남한조력자와의 관계』, 2008 새터민의 정신 건강 이해증진을 위한 워크숍 III. 북한 인권 정보센터 북한 생활경험자정착 지원본부 상담팀.

김태호, 임은미, 김인규, 은혁기, 김명식, 서혜석, 하혜숙, 김영혜, 김수아, 정성진 역(2008), 『다문화 상담의 이론과 실제』, 서울: 태영 출판사.

김현아(2007), 「새터민 상담자의 역할과 과제: 치료적 관계 형성을 중심으로」, 『2007 한국심리학회 하계 심포지엄』, 한국심리학회.

김현아(2008), 「새터민 상담에서의 상호 작용 촉진과 저해」, 『상호 작용의 시각에서 다시 보는 새터민 — 남한 조력자와의 관계』, 2008 새터민의 정신 건강 이해 증진을 위한 워크숍 III. 북한 인권 정보센터 북한 생활 경험자 정착 지원본부 상담팀.

설기문(1993), 「다문화주의의 입장에서 본 상담의 토착화와 한국적 상담의 가능성」, 『학생연구』, 21(2), 43-61. 동아대학교 학생생활연구소.

이수정, 김현아, 원재연, 윤상석(2008), 『북한이탈 청소년 종합대책연구III: 정규학교 재학 북한이탈 청소년들의 진로 탐색에 대한 질적 연구』, 한국청소년정책연구원.

Alayarian, A.(2007), Resilience, suffering, and creativity: The work of the Refugee Therapy Centre, UK: KARNAC.

Bemak, F., Chung, R. C., & Pedersen, P. B.(2003), Counseling refugees: A Psycho- social approach to innovative multi-cultural intervention, London: Greenwood press.

Bemak, F., & Chung, R. C-Y.(1998), "Vietnames Amerasians: Predictors of distress and self-destructive behavior", Journal of Counseling and Development, 76(4): pp. 452-458.

Coleman, H. L. K.(1999), "Training for multi-cultural supervision", In E. Holloway, & M. Carrol, Training counseling supervisors: Strategies, method and techniques, London: SAGE.

Kinzie, J. D., & Fleck, J.(1987), "Psychotherapy with severly traumatized refugees", American Journal of Psychotherapy, 41. pp. 82-94.

Larson, D. G., & Chastain, R. L.(1990), "Self-concealment: Conceptualization, measurement, and health implications", Journal of Social and Clinical Psychology, 9: pp. 439-455.

Nwachuku, U. T., & Ivey, A. E.(1991), "Culture-specific counseling: An alternative training model", Journal of Counseling and Development, 70(1). pp. 106-111.

Pedersen, P.(1988), A Handbook for Developing Multicultural Awareness, Alexandria, VA: American Association for Counseling and Development.

15 정착 단계별 상담 및 심리 치료 가이드라인

    윤여상과 김성회(2006: pp. 102-110)는 북한 이탈 주민의 정신 건강 향상을 위한 통합 지원 시스템 모형에서 해외에서부터 국내 거주 지역 단위까지 이들의 입국과 정착 과정의 동선을 고려하여 연속적이고 유기적인 정신 건강 통합 지원 시스템을 설계하였다. 북한 이탈 주민의 정체성 변화에 대한 연구 결과에(금명자 외, 2004: pp. 295-308; 김현경, 2007: pp. 184-186)서는 청소년의 경우 하나원 시절을 포함한 보호 기간 4개월은 '동화', 4개월 이후 1년 동안은 '분리' 유형, 1년에서 2년 동안에는 '주변화' 유형, 그리고 3년 이후는 '통합' 유형의 U자형 적응 정체감 변화를, 북한 이탈 주민 성인의 경우에도 역시 이주 기간이 경과하면서 북한과 남한의 정신 문화적 체험을 바탕으로 개인의 정체성을 통합해 가는 것을 보여 주고 있다. 정체성의 변화는 곧 이들의 심리·사회적 적응에 직접적인 영향을 끼치며, 따라서 북한 이탈 주민의 상담 개입 방안은 이들의 정착 단계의 특성에 맞추어진 개입 전략을 구성하는 것이 마땅할 것이다.

북한 이탈 주민의 심리 상담 서비스는 크게 제3국 체류 은신 기간, 조사 및 초기 남한 사회 적응 기관, 지역 사회로 구분하여 실행될 수 있을 것이다. 이러한 정착 단계별 상담 접근 방식은 북한 이탈 주민의 심리상태에 따라 달리 적용될 수도 있겠지만, 이들이 처하고 있는 상황과 기관의 성격을 반영하여 적용될 수 있어야 하겠고, 이들 기관 간의 유기적인 네트워크 형성을 위해서라도 체계적으로 운영될 필요성이 있겠다. 이러한 맥락에서 살펴보았을 때, 탈북 후 제3국 체류 기간, 초기 남한 사회 적응 기관, 남한 생활 경험 이후 지역 사회에서 상담의 목표 및 상담접근 방법에 대해 탐색해 보고자 한다.

1. 제3국 체류 기간에서의 심리적 특성과 상담의 역할

현재까지 북한을 탈출하여 해외에서 체류하고 있는 해외 체류 탈북자의 규모는 줄어들지 않고 있으며, 이들 중 국내 입국 희망자는 계속하여 증가하고 있는 추세이다. 해외 탈북자의 국내입국은 중국에서의 밀항과 여권 위조를 제외하면 러시아, 몽골, 타이, 캄보디아, 미얀마, 중국 등지에서 관계자들의 지원과 보호 하에 일정 기간을 체류하다가 국내로 들어오는 것이 일반적인 방법이다. 그러나 이들의 수적 증가로 인하여 이들의 입국을 위한 한국 정부의 외교적 절차와 노력에 소요되는 기간이 점차 길어짐에 따라 제3국 체류 중 임시보호소에서의 상담을 매우 중요하다. 이는 해외 임시 보호소 생활 기간의 사고 예방뿐 아니라 국내 입국 후 적응 능력에 도움을 줄 수 있기 때문이다. 제3국 체류 기간 북한 이탈 주민의 정신 건강에 대한 연구 결과는 강차연(2005)이 중국 동북 삼성에 체류 중인 탈북 여성 100명을 대상으로 이들의 스트레스 대처 방식에 대해 조사한 결과 이외에는 거의 전무한 상태이며, 제3국 체류 기간 집단 수용기간에서의 정신 건강 상태와 신체화 특성을 살펴보면 다음과 같다.

1) 제3국 보호 시설 체류 기간의 정신 건강 상태

유정자(2006)의 연구 결과에서는 65명의 재중 북한 이탈 주민을 대상으로 PAI와 강성록(2000)의 외상 후 스트레스 장애 척도를 실시하고 추가적으로 30명(북한 이탈 여성 21명, 북한이탈 남성 9명)을 대상으로 면담한 하여 그들의 정신 건강을 살펴보았는데, 그 결과 성별에서는 여성, 세대 간에 있어서는 30대, 중국 체류 기간에 따라서는 3~5년 미만 집단, 보호 기간의 장기화에 따라 정신 건강이 현저히 나빠지는 것을 볼 수 있다. 추가 면담 결과에서도 보호 기간 체류의 장기화로 인한 대인 관계 갈등, 우울감, 무망감, 불안 증상 등을 호소하고 있는 것으로 나타났다. 면담 결과에 대한 분석결과 조속한 한국 입국, 신체적인 건강 문제 호소, 단체 생활의 어려움과 대인 관계 갈등, 연락두절에 대한 불안감, 재북 가족의 경제적 지원 중단에 대한 죄책감, 한국 사회의 북한 이탈 주민 차별에 대한 무망감, 진로 문제 및 주거 환경에 대한 궁금증, 남한 교육과 육아 문제에 대한 염려와 우울, 망상, 외상 후 스트레스 장애를 겪고 있는 것으로 나타났다. 외상 후 스트레스 장애 진단에 대해서 non PTSD 집단, full PTSD 집단, Partial PTSD 집단으로 구분하여 PAI 하위 척도를 하나원 북한 이탈 주민을 대상으로 한 전우택(2004)의 연구 결과 비교한 결과, partial PTSD 유무에 따른 PAI 하위척도 평균 차이를 살펴보면, 불안, 불안 관련 장애, 자살 관념 하위 척도가 공통적으로 유의한 차이를 보였다. 한편 하나원 북한 이탈 주민의 경우 조증, 정신 분열, 공격성 하위 척도도 뚜렷이 상승하였다.

전우택(2004)과 유정자(006)의 연구 결과를 종합해 보았을 때, 남한 도착 후 초기 사회 적응 기관인 하나원의 경우 정착 후 허니문 시기로 인해 증상이 잠복이 될 수 있거나 회복 시기일 것이나, 해외 체류 기간에는 남한 입국에 대한 불안 요소로 인해 트라우마 경험 이후 심리적 증상이 더욱 다양하고 복합적으로 호소됨을 알 수 있다. 따라서 제3국 체류 기간 보호 시설 내에서의 좀 더 즉시적인 심리적 개입이 필요함을 시사해 준다.

2) 제3국 보호 시설 체류 기간에 따른 신체화[1] 정도와 삶의 만족도

관계 기관 담당자의 협조 하에 2005년 2006년 사이 영사관 체류 중인 북한 이탈 주민 73명의 신체화 증상과 삶의 만족도를 살펴본 결과는 각각 〈표 15-1〉, 〈표 15-2〉와 같다.

〈표 15-1〉 신체화 정도

장소별	3개월 미만	3~6개월	6개월~1년	1년 이상	전체
선양 영사관(N=14)	69.50(2)	-	37.00(1)	63.00(9)	61.91(12)
베이징 영사관(N=59)	55.42(14)	51.71(14)	60.83(18)	58.72(11)	56.85(57)
전체	57.18(16)	51.71(15)	59.57(20)	60.65(20)	57.73(71)

---

1 신체화(somatization)란, 다양한 신체 증상을 반복적으로 호소하나 내과적으로는 아무런 기질적 이상을 발견하지 못하는 경우로 정신, 심리적 스트레스가 주원인이 되어 나타남. 30대 이전의 여성에게 발병하는 것이 특징이며 여성 100명 중 1~2명에게서 나타나며 남성에게서는 드물게 나타나며, 북한 이탈 주민의 경우 심리적인 문제를 다양한 신체화로 호소하는 경향이 매우 뚜렷하다.

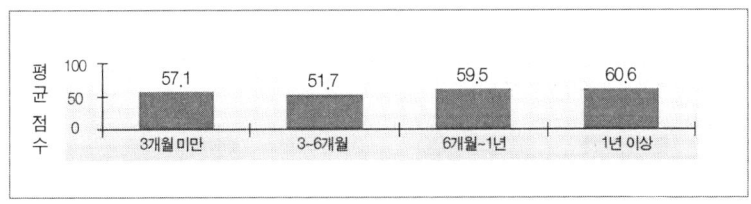

〈그림 15-1〉 영사관 체류 기간별 신체 통증

먼저 이들이 느끼는 신체 통증을 살펴보면, 영사관 체류 기간 3~6개월 동안은 무감각해지나 6개월 이상이 되면서 입국 지연에 따른 스트레스 가중으로 신체 통증 정도가 급증하는 추세를 보이며, 특히 영사관 내 체류 기간이 1년 이상 되었을 경우 신체화 정도가 매우 높은 수준으로 상승하였다. 이는 심리적 스트레스에 대한 대처 기제가 다양하지 못한 상황에서 누적된 스트레스를 발현할 수 없고, 제3국 체류 기간 타인에게 자신의 감정을 표현할 수 없었던 경험으로 인해 신체화 증상으로서 심리적 불편감을 호소할 수 있을 것이며, 이에 따른 각별한 정서적 지지와 공감이 필요한 시기이다. 한편 북한 이탈 주민의 특성상 남한 입국 지연에 따른 실제적인 신체 질환의 발병보다는 스트레스 누적으로 인한 신체화 증상 발현 및 조속한 시일 내에 남한에 입국하려는 이차적인 이득(secondary gain)을 위한 신체 호소인 것으로 해석될 수 있으므로, 좀 더 건전한 방식으로 심리적 불편감을 처리할 수 있는 심리적 지원이 필요하다.

〈표 15-2〉 삶의 만족도

장소별	3개월 미만	3~6개월	6개월~1년	1년 이상	전체
선양 영사관(N=14)	23.50(2)	-	28.00(2)	24.33(9)	24.76(13)
베이징 영사관(N=59)	26.07(14)	26.33(15)	21.61(18)	23.18(58)	24.18(58)
전체 평균(인원)	25.75(16)	26.33(15)	22.25(20)	23.65(20)	24.29(71)

〈그림 15-2〉 영사관 체류 기간별 삶의 만족도

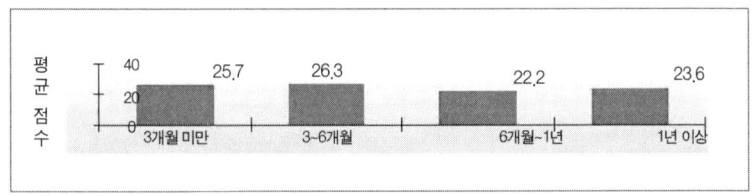

영사관 체류 기간이 6개월이 될 때까지는 현재의 생활에 대한 불편감을 느끼지 못하나 6개월 이후부터는 영사관 체류 생활에 대한 불만감이 두드러졌고, 특히 6개월~1년 체류 기간 중 탈북자의 삶의 만족도 수준이 가장 낮은 것으로 나타나 6개월~1년 기간의 탈북자들을 집중 관리해야 할 필요성이 제기되었다. 또한 삶의 만족도 문항 중에서도 영사관 내 생활의 지루함, 실망감, 외로움을 많이 호소하였다.

3) 제3국 체류 기간 내 상담 및 심리 치료의 가이드라인

이상에서 살펴본 제3국 보호 시설 내의 북한 이탈 주민의 PTSD, 신체화, 삶의 만족도 등을 살펴보았을 때, 입국 대기 기간 6개월을 기점으로 집중적인 스트레스 관리와 심리적 개입이 절실함을 나타내었고, 이를 기반으로 한 제3국 체류 기간 은신처에서의 상담의 목표와 방식을 다음과 같이 설정할 수 있을 것이다.

① 제3국 체류 기간 은신처에서의 상담 목표

- 보호 기간 내 외부 환경과의 차단으로 인해 발생할 수 있는 탈북으로 인해 두고 온 가족의 신분 위협에 대한 걱정과 죄책감에 대한 심리적 안정감을 유도한다.
- 불면증, 우울증, 신체화, PTSD의 주요증상에 대한 위기 개입을 실시한다.
- 위기 관리 능력을 길러 준다(극단적인 방식으로 자살, 졸도, 발작 등이 발생하지 않도록 예방한다).
- 북한 이주 전 스트레스와 심리적 문제를 함께 다루어 준다.
- 상담자와의 치료적 관계 형성을 통해 신뢰감을 형성해 준다. 이때 상담자가 곧 남한 체제의 일부분으로 인식될 수 있어 신뢰감 형성은 곧 남한 문화에 대한 수용성을 길러 줄 수 있는 기초를 마련할 수 있다.
- 남한 정착 과정에서 알아야 할 기초적인 정착 지원 제도, 정부 및 민간단체의 지원 방식과 남한 문화를 소개해 줌으로써 남한 사회생활에 대한 문화적 연계인의 역할을 할 수 있도록 한다.
- 기입국한 북한 이탈 주민의 정착 단계별 선행 사례를 제시해 줌으로써, 남한 입국 이후 미래에 대한 정착 불안을 감소시켜 준다.
- 특히 제3국에서의 생존 전략의 방식으로 가정을 형성한 경우나 탈북 이전 고질적인 가족 갈등에 대한 감정이 장기간의 입국 대기 기간 폭발 할 수 있으므로 가족 문제에 대한 심리적 개입을 지원한다.
- 입국 지연으로 인해 발생한 좌절에 대한 인내심을 길러 준다.
- 탈북 과정, 남한 입국 이후 발생할 복합 스트레스 등에 대한 다양한 스트레스 대처 능력을 길러 준다.
- 또한 알코올, 흡연, 마약 성분의 약물(정통편, 마리화나 등)로 스트레스 대처를 해 온 북한 이탈 주민의 경우, 보호 기간 금단 현상이 발생할 수 있으므로 이에 대한 치료적 개입을 실시한다.
- 특히 인신 매매, 성폭력 여성의 경우 북한 사회에서의 성역할 고정 관념에서 벗어나 바람직한 성에 대한 태도와 부부 관계를 형성할 수 있도록 도와준다.
- 아동, 청소년 등의 폭력 피해자가 없는지 살펴보고, 폭력 피해자에게는 위기 개입을, 폭력가해자에 대해서는 심리 교육을 통해 사전에 예방할 수 있도록 한다.

② 제3국 체류 기간 은신처에서의 상담 접근 방식

- 문화적 편차가 발생하지 않도록 북한 용어로 이해하기 쉬운 단어 이해 용지(현기증-어지럼증)나, 단축형 심리 검사를 통해 심리적 상태를 조기에 선별하여 즉시적으로 조치하고, 위기 대상자를 전문 치료 기관에 의뢰한다.
- 탈북 이전과 탈북 과정의 이야기를 충분히 토로할 수 있도록 경청하고 공감해 줌으로써 감정 정화(ventilation)의 역할을 해 준다.
- 탈북 과정 외상에 대한 지지 치료 및 즉시적인 치료 개입을 실시한다.
- 정서적으로 혼란된 상태이므로, 인지적 개입 방식보다는 동작 중심을 심리 치료 방식으로 특히 자가 치료적(self-help)인 심리교육을 병행할 것을 추천한다.
- 언어적 의사소통의 오류가 발생할 수 있으므로 북한 이탈 주민이 이해하기 쉬운 남한 언어표현과 북한 언어를 비교한 표현을 쓰는 등의 언어 표현에 주의하며, 또한 비언어적 표현에 민감할 수 있으므로 각별한 주의를 요한다.
- 불안에 대한 행동 치료적 접근, 근육 이완, 명상을 통해 정서적 안정감을 유도한다. 이때, 시각매체나 동작을 통한 상담 방식을 적용해 본다.
- 정서적 안정감 유도를 위해서는 전통적인 심리 치료 방식 이외의 종교적 활동, 대체 의학 등의 다양한 방식도 병행한다.

2. 초기 사회 적응 기관 내 상담에 대한 욕구와 특성

1) 상담 요구도

김성회와 김현아(2005)는 2003년~2004년간 하나원 내에서 사회 적응 교육을 받고 있으며 설문지에 성실히 응답한 남한 생활을 거의 하지 않은 순수한 북한 이탈 주민 560명(남자 210명, 여자 350명)과 도움 요청에 어려움을 느끼는 요인에 대한 깊이 있는 이해를 위해 실시한 반구조화된 면접에 동의한 북한 이탈 주민 15명(남자 6명, 여자 9명)을 대상으로 북한 이탈 주민의 상담에 대한 요구도(호소 문제,

상담의 필요성, 상담 목표, 상담자 유형, 상담 형태)와 도움 요청의 장애 요인을 살펴보았다. 상담 요구도 조사 결과는 다음과 같다.

〈표 15-3〉 성별에 따른 심리적 호소 문제 유형

호소문제	성별	남 응답수	남 %(순위)	여 응답수	여 %(순위)	총계 응답수	총계 %(순위)
적응 문제	하나원 생활	8	1.4	10	1.8	18	3.2
	퇴소 후 남한 생활	109	19.5(1)	229	40.9(1)	338	60.4(1)
신체 문제	**두통**	45	8	132	23.5(3)	177	31.6(4)
	소화 불량	29	5.1	86	15.3	115	20.5
	불면증	25	4.4	55	9.8	80	14.3
	혈압	12	2.1	22	3.9	34	6.1
대인 관계	친구 관계	32	5.7	39	6.9	71	12.7
	다른 북한 이탈 주민과의 관계	16	2.8	50	8.9	66	11.8
	기타 대인 관계	17	3	52	9.2	69	12.3
행동 문제	**주의 집중 곤란**	45	8	95	16.9%(10)	140	25(9)
	지나친 흡연	37	6.6	-	-	37	6.6
	술	7	1	1	.2	8	1.4
	도박	1	.2	2	.4	3	.5
	충동성	11	1.9	18	3.2	29	5.2
	규칙적인 생활 곤란	26	4.6	47	8.3	73	13
문화 적응	**남한 사람들의 편견**	40	7.1	108	19.2(6)	148	26.4(6)
	엄격한 법 규제	11	1.9	10	1.7	21	3.8
	체제의 차이	27	4.8	44	7.8	71	12.7
	기타 문화적 차이	54	9.6(6)	89	15.9	143	25.5(7)
가족 문제	**재북 가족 문제**	55	9.8(5)	70	12.5	125	22.3(10)
	탈북 과정 가족 갈등	21	3.7	35	6.2	56	10
	가족의 남한 입국	45	8	72	12.8	117	20.9
	재혼, 이혼 문제	39	6.9	65	11.6	104	18.6
성격 문제	성격 불만과 회의	26	4.6	34	6	60	10.7
	성격 결함으로 인한 대인 마찰	34	6	79	14.1	113	20.2

성별 / 호소문제		남		여		총계	
		응답수	%(순위)	응답수	%(순위)	응답수	%(순위)
정서 문제	자주 놀라거나 흥분	17	3	71	12.6	88	15.7
	무서움	4	.7	30	5.3	34	6.1
	외로움	48	8.5(7)	109	19.4(5)	157	28%(5)
	불안	26	4.6	51	9.1	77	13.8
	우울	19	3.3	53	9.4	72	12.9
	죄책감	23	4.1	43	7.6	66	11.8
	슬픔	21	3.7	70	12.5	91	16.3
	억울하거나 분함	18	3.2	29	5.1	47	8.4
	악몽	6	1	22	3.9	28	5
학습·진로	**진로 결정**	61	10.8(4)	117	20.8(4)	178	31.8(3)
	학습의 어려움	42	7.5	75	13.3	117	20.9
	구직 기술 부족	64	11.4(3)	107	19.1(7)	171	30.5
	직업 능력의 부족	47	8.3(8)	91	16.2	138	24.6
	진로에 대한 불안	46	8.2(9)	97	17.3(9)	143	25.5
이성 문제	**이성 관계**	52	9.2(6)	66	11.7	118	21.1
	성적인 문제	8	1.4	8	1.4	16	28.5
	부부 갈등	6	1	13	2.3	19	3.3
생활 문제	**브로커 비용**	40	7.1	103	18.3(8)	143	25.5(7)
	주거지 배정	78	13.9(2)	136	24.2(2)	214	38.2(2)
	정착 지원금	45	8	68	12.1	113	20.1

　　북한 이탈 주민이 남한 입국 후 가장 상담받기를 원하는 부분은 적응 문제 영역의 '하나원 퇴소 후 남한 생활에 대한 걱정'(338명, 60.4%), 두 번째는 현실 생활 영역의 '어떤 지역에 가서 살아야 할지 고민된다(주거지 배정)'(214명, 38.2%)였고, 세 번째로는 학습·진로 영역에서 '앞으로 어떤 일을 하면서 살아야 할지 모르겠다(진로)'에 관련된 사항이 178명(31.8%)이었다. 그 다음으로는 신체 호소 영역으로 '두통'(177명, 31.6%), '정서 문제 영역의 외로움'(157명, 28%), '문화 적응 부문의 남한 사람들의 편견에 대한 두려움'(148명,

26.4%), '기타 문화적 차이'(143명, 25.5%), '생활 문제 영역의 브로커 비용 부담'(143명, 25.5%), '행동 영역의 주의 집중 곤란'(140명, 25%), '가족 문제 영역의 재북 가족에 대한 걱정'(125명, 22.3%)이었다.

이들 중 '재북 가족에 대한 걱정과 이성 문제에 대한 고민, 진로에 대한 고민'은 남자 북한 이탈 주민이 더 많이 하는 것으로 드러났고, 여자 북한 이탈 주민들은 '신체화 영역의 두통 호소와 주의 집중 곤란의 어려움'을 좀 더 많이 호소하는 것으로 나타났다. 이러한 결과는 북한 이탈 주민 중 여성의 의존 욕구가 신체적 증상으로 전치(displacement)된 형태인 신체화 호소를 많이 한다는 것을 보여 준다.

〈표 15-4〉 연령대에 따른 심리적 호소 문제 유형

연령 호소 문제		10대		20대		30대		40대		50대 이상	
		응답 수	% (순위)	응답 수	% (순위)	응답 수	% (순위)	응답 수	% (순위)	응답 수	% (순위)
적응 문제	하나원 생활	1	.2	6	1	6	1	5	.8	-	-
	퇴소 후 남한 생활	29	5.1(1)	94	16.7(1)	142	25.3(1)	66	11.7(1)	7	1.2(3)
신 체 문 제	두통	9	.6	43	7.6(5)	81	14.4(3)	36	6.4(4)	8	1.4(1)
	소화 불량	11	1.9(8)	28	5	53	9.4	21	3.7	2	.3
	불면증	2	.3	18	3.2	38	6.7	17	3	5	.8(9)
	혈압	2	.3	4	.7	12	2.1	15	2.6	1	.1
대 인 관 계	친구관계	10	1.7	12	2.1	32	5.7	14	2.5	3	.5
	다른 동료관계	5	.8	16	2.8	31	5.5	14	2.5	-	-
	기타 대인 관계	4	.7	18	3.2	33	5.8	14	2.5	-	-
행 동 문 제	주의 집중 곤란	13	2.3(5)	38	6.7(10)	57	10.1	27	4.8	5	.8(9)
	지나친 흡연	3	.5	8	1.4	15	2.6	9	1.6	2	.3
	술	-	-	1	.1	5	.8	1	.1	1	.1
	도박	-	-	-	-	3	.5	-	-	-	-
	충동성	5	.8	9	1.6	12	2.1	-	-	-	-
	규칙적인 생활 곤란	7	1.2	20	3.5	29	5.1	1	.1	1	.1

연령 호소 문제		10 대		20 대		30 대		40 대		50대 이상	
		응답 수	% (순위)	응답 수	% (순위)	응답 수	% (순위)	응답 수	% (순위)	응답 수	% (순위)
문화적응	남한 사람들의 편견	9	1.6	40	7.1(7)	70	12.5(6)	23	4.1	6	1(5)
	엄격한 법규제	3	.5	4	.7	8	1.4	6	1	-	
	체제의 차이	4	.7	17	3	33	5.8	15	2.6	2	.3
	기타 문화적 차이	15	2.6(4)	42	7.5(6)	56	10	25	4.4	5	.8(9)
가족문제	재북 가족 문제	12	2.1(6)	39	6.9(8)	42	7.5	29	5.1	3	.5
	탈북 과정 가족 갈등	10	1.7	14	2.5	23	4.1	7	.1	2	.3
	가족의 남한 입국	5	.8	28	5	50	8.9	29	5.1	5	.8(9)
	재혼, 이혼 문제	2	.3	8	1.4	64	11.4(9)	24	4.2	6	1(5)
성격문제	성격 불만과 회의	9	1.6	18	3.2	20	3.5	12	2.1	1	.1
	성격 결함으로 인한 대인 마찰	11	1.9(8)	33	5.8	55	9.8	13	2.3	1	.1
정서문제	놀라거나 흥분	12	2.1(7)	18	3.2	41	7.3	15	2.6	2	.3
	무서움	5	.8	5	.8	16	2.8	7	.1	1	.1
	외로움	17	3(3)	39	6.9(8)	66	11.7(8)	30	5.3(8)	5	.8(9)
	불안	8	1.4	15	2.6	33	5.8	20	3.5	1	.1
	우울	9	1.6	26	4.6	22	3.9	15	2.6	-	
	죄책감	4	.7	16	2.8	29	5.1	16	2.8	1	.1
	슬픔	8	1.4	22	3.9	42	7.5	18	3.2	1	.1
	억울하거나 분함	7	1.2	9	1.6	20	3.5	10	1.7	1	.1
	악몽	5	.8	8	1.4	9	1.6	5	.8	1	.1
학습·진로	진로 결정	11	1.9(8)	53	9.4(3)	75	13.3(4)	32	5.7(6)	7	1.2(3)
	학습의 어려움	20	3.5(2)	33	5.8(4)	39	6.9	23	4.1	2	.3
	구직 기술 부족	4	.7	47	8.3	75	13.3(4)	37	6.6(3)	8	1.4(1)
	직업 능력의 부족	5	.8	36	6.4	61	10.8	30	5.3(7)	6	1(5)
	진로에 대한 불안	6	1	38	6.7	68	12.1(7)	28	5(10)	3	.5
이성문제	이성 관계	9	1.6	35	6.2	51	9.1	22	3.9	1	.1
	성적인 문제	1	.1	3	.5	7	1.2	5	.8	-	-
	부부 갈등	1	.1	4	.7	11	1.9	3	.5	-	-
생활문제	브로커 비용	7	.1	34	6	64	11.4(9)	33	5.8(5)	5	.8(9)
	주거지 배정	6	1	55	9.8(2)	99	17.6(2)	48	8.5(2)	6	1(5)
	정착 지원금	4	.7	27	4.8	48	8.5	30	5.3(7)	4	.7
총 응답자수		46	8.2	151	27	228	40.7	113	20.2	22	4

이주 난민의 정신 건강과 상담

(1) 10대의 호소 문제 유형

조사 결과 10대(총 46명)는 '퇴소 후 남한 생활에 대한 걱정(29명, 5.1%)', '학습의 어려움'(20명, 3.5%), '외로움'(17명, 3%), '문화적 차이'(15명, 2.6%), '주의 집중 곤란'(13명, 2.3%), '재북 가족 문제'(12명. 2.1%), '놀라거나 흥분'(12명, 2.1%), '소화 불량 · 성격 결함으로 인한 대인 마찰 · 진로 결정의 어려움'(11명. 1.9%)인 것으로 나타났다. 10대 청소년층은 적응 문제(남한 생활에 대한 걱정)와 더불어 특히, 학습 · 진로 문제(학습 곤란, 진로 결정의 어려움)와 정서적 문제(외로움, 놀라거나 흥분)에 어려움을 많이 느끼는 것으로 나타났고, 그 밖에 문화 적응 영역(문화적 차이), 가족 문제(재북 가족에 대한 걱정), 행동 영역에서는 주의 집중 곤란, 신체화 영역에서는 소화 불량, 대인 관계(성격 결함으로 인한 대인 마찰) 등을 호소했다.

(2) 20대의 호소 문제 유형

20대(총 151명)의 주된 호소 문제는 '하나원 퇴소 후 남한 생활에 대한 걱정'(94명, 16.7%), '주거지 배정'(55명, 9.8%), '진로 결정'(53명, 9.4%), '학습 곤란'(33명, 5.8%), '두통'(43명, 7.6%), '문화적 차이'(42명, 7.5%), '남한 사람들의 편견'(40명, 7.1%), '재북 가족 걱정'(39명, 6.9%), '외로움'(39명, 6.9%), '주의 집중 곤란'(38명, 6.7%) 순이었다. 이는 20대의 청년층에서는 적응 문제(남한 생활에 대한 걱정) 및 생활 영역(주거지 배정), 학습 · 진로 영역(진로, 학습 곤란)과 더불어 특히, 문화 적응 영역(문화적 차이, 남한 사람들의 편견)에서 심리적 불편감을 많이 호소하였다. 그 밖에 가족 문제(재북 가족에 대한 걱정), 정서적으로는 외로움, 행동 영역에서는 주의 집중 곤란감 등으로 심리적 갈등을 일으키고 있음이 입증되었다.

(3) 30대의 호소 문제 유형

30대(총 228명)의 경우 '퇴소 후 남한 생활에 대한 걱정'(142명, 25.3%), '주거지 배정'(99명, 17.6%), '두통'(81명, 14.4%), '진로 결정'(75명, 13.3%), '구직 기술 부족'(75명, 13.3%), 남한 사람들의 편견(70명. 12.5%), 진로에 대한 불안(68명, 12.1%), '외로움'(66명. 11.7%), 재혼 및 이혼 문제(64명, 11.4%), '브로커 비용'(64명, 11.4%) 순이었다. 30대 청장년층의 경우 다른 영역에 비해 진로에 대한 고민(진로 결정, 구직 기술 부족, 진로에 대한 불안)과 현실 문제(브로커 비용, 주거지 배정)에 집중되어 있었고, 가족 문제에 있어서도 다른 연령대와는 달리 재혼이나 이혼 문제에 치중되어 있었다.

(4) 40대의 호소 문제 유형

40대(총 113명)의 경우는 '하나원 퇴소 후 남한 생활에 대한 걱정'(66명, 11.7%), '주거지 배정'(48명, 8.5%), '구직 기술 부족'(37명, 6.6%), '두통(36명, 6.4%)', '브로커 비용'(33명, 5.8%), '진로 결정의 어려움'(32명. 5.7%), '직업 능력의 부족'(30명, 5.3%), '정착 지원금'(30명, 5.3%), '외로움'(30명, 5.3%), '진로에 대한 불안(28명, 5%)'으로 심리적 불편감을 느끼는 것으로 나타났다. 이는 40대의 중년층 북한 이탈 주민들이 하나원 퇴소 후 남한 생활에 대한 걱정과 더불어 진로에 대한 고민(진로 결정의 어려움, 구직 기술 부족, 직업 능력의 부족, 진로에 대한 불안)과 현실 문제 영역(브로커 비용, 주거지 배정, 정착 지원금)의 문제가 가장 심각하였고, 기타 신체화 영역의 두통과 정서 영역의 외로움이 두드러진 호소 문제였다.

(5) 50대 이상의 호소 문제 유형

0대 이상(총 22명)의 북한 이탈 주민이 가장 많이 고민하는 문제는 신체화 영역의 '두통' 과 '구직 기술 부족' (8명, 1.4%), '하나원 퇴소 후 남한 생활에 대한 걱정' (7명, 1.2%), '진로 결정의 어려움' (7명. 1.2%), '남한 사람들의 편견' , '재혼이나 이혼 문제' , '직업 능력의 부족' , '주거지 배정' (각각 6명, 1%), '불면증' (5명, .8%) 등의 순이었다. 50대 이상의 중장년층은 노화로 인한 신체화(두통, 불면증)가 두드러졌고, 진로 문제 영역(진로 결정의 어려움, 구직 기술 부족, 직업 능력의 부족)에서 무능감을 많이 느끼는 것으로 나타났다.

〈표 15-5〉 상담 목표에 대한 요구 사항

요구 사항	인 원(명)	빈도(%)	순위
남한 사회에 필요한 정보를 제공받고 싶다.	197	35.2	1
마음속에 지니고 있는 심리적 상처를 치유해 주었으면 한다 .	62	11.1	6
이야기를 털어놓고 나서 속이 시원하고 후련해졌으면 좋겠다.	104	18.6	4
상담을 통해서 희망을 얻고 싶다.	168	30	2
나를 제대로 이해해 주었으면 좋겠다.	85	15.2	5
나의 결함이 무엇인지 깨닫게 해 주고 솔직히 훈육해 주었으면 좋겠다 .	113	20.2	3

상담 종료시 자신의 문제와 관련된 남한 사회에 대한 실질적인 정보와 자기 자신에 대한 희망을 얻게 되었을 경우 상담 만족도가 클 것이라고 응답하였다. 북한 이탈 주민들은 남한 사회 정착에 필요한 실질적인 정보 제공과 남한 사회 적응에 대한 두려움을 해소하여 남

〈표 15-6〉 상담 방식 선호도

선호하는 상담 방식	인 원(명)	빈도(%)	순위
개인 상담	328	58.6	1
쪽지 상담	18	3.2	6
같은 탈북자들끼리의 집단 상담	23	4.1	4
남한 사람들과 함께 하는 집단 상담	77	13.8	2
전화 상담	16	2.9	7
인터넷 상담	20	3.6	5
약물 치료	7	1.3	8
기타	71	12.7	3

한 사회 정착에 대한 낙관성과 희망을 지니고 싶어 하였다. 이는 북한의 유물론적인 사고방식이 반영되면서 또한 남한 도착 이후의 심리적 긴장, 불안, 조급성을 잘 반영한다고 볼 수 있을 것이다.

상담 방식에 대한 선호도 조사 결과, 개인 상담에 대한 뚜렷한 선호도를 나타내었으며, 남한 사람들이 함께 참여하는 혼합 집단 상담에도 참여하고 싶어 했다. 이러한 특성은 타인에 대한 불신 기제와 더불어 개인적인 고민을 노출하게 되었을 경우, 북한에 남겨 두고 온 가족에게 자신들이 남한에 왔다는 사실이 알려져서 불이익을 당할 것이라는 두려움이 내재되어 있다고 볼 수 있다. 이들은 특히, 남한 사회 적응에 대한 두려움과 남한 사람들이 지니는 편견에 대한 걱정으로 남한 사람들과 함께 참여하고 직접 이야기를 나누어 보는 혼합 집단 상담에 대한 선호도를 보이기도 하였다. 통계적으로 유의한 차이는 아니었지만 10대의 경우 남한의 청소년들과 마찬가지로 인터넷 상담에 대한 선호도를 보이는 것으로 나타났다(〈표 15-6〉 참조).

상담자 선호도에 대한 조사 결과, 온정적인 상담자에게 가장 강한 매력을 느끼고 있었으며, 그 다음이 탈북자 상담 경력이 많고 전문적

〈표 15-7〉 상담자 선호도

선호하는 상담자의 유형	인 원(명)	빈도(%)	순위
온정적인 상담자	142	25.4	1
이성 상담자(여성은 남성, 남성은 여성)	18	3.2	8
북한말을 제대로 알아들어서 말하기 편한 상담자	36	6.4	5
전문적인 상담자	114	20.4	3
쉽게 만날 수 있는 상담자	25	4.5	7
종교가 같은 상담자	32	5.7	6
세대 차이가 나지 않는 상담자	8	1.4	9
탈북자 상담 경력이 많은 상담자	122	21.8	2
기타	63	11.3	4

인 상담자에게 상담을 받고 싶어 하는 것으로 나타났다. 그 밖에 10대의 경우 세대 차이가 나지 않는 상담자를 선호하였고, 기독교인들의 경우 종교가 같은 상담자에게 호감을 느껴 목회 상담의 호응도가 높을 것이며, 탈북 과정에서 도움을 주었던 목회자들에 대한 신뢰감이 영향을 주고 있는 것으로 보여 진다(〈표 15-7〉 참조).

2) 입국 초기 사회 적응 기관에서의 상담 및 심리 치료 가이드라인

입국 초기 사회 적응 기관에서의 심리 상담의 목적은 남한 입국 초기에 북한 이탈 주민이 탈북 과정에서 생긴 심리적 상처를 치유하도록 개입하고, 사회 환경의 변화로 인한 자기 자신에 대한 정확한 이해와 개인 내적 문제에 영향을 미치는 주위 여건을 충분히 고려하여 심리적 제반 문제를 자율적으로 해결할 수 있도록 하며, 이를 통해 남한 사회에서 심리적 적응의 기틀을 마련할 수 있도록 도와주는 과정이라 할 수 있다.

① 입국 초기 사회 적응 기관에서의 상담 목표

· 정서적 안정감 구축을 위한 위기 개입을 실시한다: 탈북 과정에서 생긴 외상(trauma)과 그로 인한 정서적 불안, 북한에 두고 온 가족에 대한 죄책감과 그리움, 가족의 해체로 인한 초조감과 걱정, 단독 입국으로 인한 외로움, 가족의 권유에 따른 갑작스런 입국에 따른 문화적 충격 및 정체감 혼미, 적응 장애 등으로 인한 정서적 불안을 해소한다.

· 북한에 두고 온 가족이나 제3국 체류 중인 가족의 사망, 체포 등의 소식으로 인한 애도작업을 병행한다.
· 불면증, 우울증, 신체화 장애(Somatization Disorders), PTSD(Post-Traumatic Stress Disorder)의 주요 증상에 대한 심리 평가를 실시, 심각한 정서 장애군의 경우 약물 치료와 정신과 입원 치료를 병행한다.

· 심문 조사 기간 트라우마에 대한 반응을 탐색하여 외상에 대한 치료적 개입을 실시한다: 탈북 이주 전 트라우마 경험이 탈북 과정, 조사 기간 중복, 누적되고 있는 트라우마가 없는지 확인하고, 이에 대한 적절한 개입을 동반한다.
· 신뢰감을 증진시킨다: 재북 시절 상호 감시 문화, 제3국 체류 기간의 도피 생활, 재북송 및 중국 공안 검거시 교화소 생활에서 겪은 고문과 조사 과정 등에서 불신 및 피해 의식에서 벗어나 북한 이탈 주민 상호간 및 남한 사람들과의 친밀한 관계 형성을 학습시킨다.

· 자기 이해를 촉진시킨다: 남한 도착 이후 허니문 시기에 나타나는 남한에 대한 과잉기대와 환상적 사고에서 벗어나 자신의 능력과 특성을 객관적이고 현실적으로 파악하고 그에 따른 대처 방안을 마련하도록 도와주고자 한다(이때 다양한 남한 사회 정보에 대한 갑작스러운 노출과 교육으로 인해 타인의 정보에 민감하고 과도한 정보량으로 인해 선택 상황에서 더욱 혼란스러울 수 있으므로, 자아에 대한 확인과 이해, 정체감 형성은 더욱 중요하다).

· 자신감을 고취시킨다: 북한 고국의 경제적 및 문화적 열등감에서 오는 피해 의식과 문화적 이질감으로 인한 심리적 위축에서 벗어나 자신의 강점을 찾고 자신감을 회복하도록 도와준다.

· 융통성 있는 사고 변화를 유도한다: 북한 사회주의 체제에서 형성된 흑백 논리적 사고와 인지적 오류에서 벗어나 변화에 융통성 있게 적응할 수 있고, 자기중심적 사고에서 벗어나 타인의 의견을 받아들일 수 있고 타인을 돌볼 수 있는 이타심을 기르도록 한다. 북한 사회의 식량난 이후 변화되어진 윤리 의식(폭력에 대한 허용적 분위기, 생존을 위해서는 사람을 죽이는 것 이외에 유사 일탈 행위가 묵인되는 사회 분위기)과 탈북이후 생존을 위해 선택되었던 불법 행위(위조 호구, 밀거래, 불법 취업)에 대한 외부 통제에서 벗어나 윤리적 판단 능력의 고양과 내부 통제의 변화로 인한 자기 책임성을 증진시킨다.

· 대인 관계 기술을 습득시킨다: 탈북 과정 집단 수용 과정에서 생긴 대인 갈등의 문제를 하나원 내에서 원만하게 해결하도록 도와준다. 또한 남한 사회에서 필요한 사회적 기술을 습득시키도록 한다. 이때는 대인 관계 기술의 필요성에 대한 인식을 자발적으로 통찰 할 수 있도록 정보 습득 위주로 안내하는 것도 중요하다.

· 남한 사회 정착 과정 부적응 문제를 예방한다: 적응 장애, 우울증, 알코올 및 흡연 중독에 대한 예방 교육과 개인 상담 강화로 개인의 문제를 개별적으로 경청하고 사전에 해결하여 하나원 내 적응 및 수료 이후 심리적 부적응을 사전에 예방한다.

· 지역 사회 상담 기관과의 연계망을 구축한다: 지속적인 상담 및 심리 치료가 필요한 경우, 지역 사회 상담 기관에 협조를 구하여 전문적인 상담 서비스 체계에서 소외되지 않도록 한다.

② 초기 사회 적응 기관에서의 상담의 개입 방안

· 2~3개월 기간 비교적 장기간의 상담을 운영할 수 있으므로, 상담에 대한 구조화를 남북한 문화비교 차원에서 상세히 설명하여, 남한 사회에서의 전문적인 상담 서비스에 대한 이해와 긍정적인 경험을 형성할 수 있도록 한다.

· 심리 검사의 경우 북한 사회에서 생소한 경험일 수 있으므로, 문화적 편차를 최소화 할 수 있으며 거부감이나 피로도를 줄일 수 있는 검사로 선정하고, 제3국 보호 기관, 조사 기간 실시된 검사와 중복이 되는지를 검토(설문지 형태의 모든 검사는 심리 검사로 착각을 하기도 함)하여 상세한 오리엔테이션을 하고, 심리 검사의 유익성과 효과성을 강조하여 자기 이해를 중심으로 해석해 준다.

· 개인 상담, 심리 교육, 집단 상담을 병행하되, 정서적 안정감을 줄 수 있는 부분은 개인 상담을 위주로 하고, 기관에 통지해야 할 윤리적 문제가 발생할 경우 최소한의 정보만을 공유하고, 신분 노출 우려에 대한 부분을 각별히 신경을 써서 비밀 보장의 문제를 엄수하도록 한다.

· 집단 상담의 방식을 적용하게 사전에 집단 상담 부적격자(정서적 혼란자, 성격 장애자 등)에 대해서는 별도의 상담 및 심리 치료, 대체 교육을 실시하거나 사전안내를 통해 전체 집단역동에 부정적인 영향을 끼치지 않도록 주의한다.

· 분반으로 실시하는 집단 상담의 경우, 집단 구성원이 가족이거나 제3국 집단 수용 시설, 조사 기간 등지에서 대인 갈등이 해결되지 않는 사람이 함께 포함되었는지 확인하여 다른 분반에서 참여할 수 있도록 고려한다.

· 상담의 매체는 다양하게 경험할 수 있도록 하되(미술 치료, 독서 치료, 명상, 요가, 드라마 등), 서양식의 심리 치료 기법을 동화시키기보다는 북한 이탈 주민에게 어떻게 영향을 끼칠 것인지에 대한 부분을 상담 내에서 다루어 줄 수 있도록 한다.

3. 지역 사회 배치 후 지역 사회 심리적 특성과 상담의 역할

1) 삶의 만족도와 적응유연성 비교: 영사관 체류 기간 — 초기 사회 적응 기관 — 남한 생활 정착 기간

2006~2007년간 제3국 보호 기관 내 체류 탈북자 73명, 하나원 교육 기간 중 북한 이탈 주민 184명, 남한 거주 북한 이탈 주민 159명을 대상으로 이들의 삶의 만족도를 조사 결과(김현아, 미발표 논문)는 다음과 같다.

〈표 15-8〉 정착 단계별 삶의 만족도

장소별	선양 영사관	베이징 영사관	하나원	남한 거주	총계
삶의 만족도 평균(SD)	24.85(6.27)	24.38(7.48)	30.74(6.70)	26.47(6.52)	28.01(7.17)
인원	14	59	184	159	416

〈그림 15-3〉 장소별 삶의 만족도

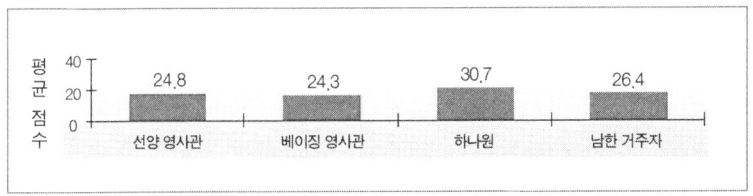

선양 영사관과 베이징 영사관은 비슷한 수준으로 남한 거주 북한 이탈 주민에 비해 낮은 수준이며, 하나원 내 교육생보다는 상대적으로 매우 낮은 삶의 만족도를 보였다. 남한 입국 후 꿈과 목표, 희망에

대한 성취감이 좌절되는 상황 요인은 자존감이 취약한 탈북자들에게 스트레스 발생시 더 초조해지고 조급, 불안을 유발한다고 볼 수 있다.

하나원 교육 시점에서는 탈북 성공으로 인한 일시적인 환상기로 삶에 대한 만족도가 매우 높으나, 하나원 수료 후 남한 생활자의 경우 현실적인 생활을 하면서 부딪치는 적응 과정에서의 생활 스트레스로 인해 하나원 시절에 비해 삶의 만족도는 약간 떨어지는 편이었다. 탈북 후 시간 추이에 따른 탈북자의 정신 건강 상태를 비교해 보면, 제3국 체류 기간 ― 하나원 교육 기간 ― 남한 생활 기간의 탈북 후 시간추이에 따라 ∩형 패턴을 이루고 있어서 영사관 체류 기간 내 적응관리와 지역 사회 편입 이후 좀 더 집중적인 정신 건강 개입이 중요함을 시사한다.

2006~2007년간 제3국 보호 기관 내 체류 탈북자 144명, 하나원 교육 기간 중 북한 이탈 주민 184명, 남한 거주 북한 이탈 주민 159명을 대상으로 이들의 적응 유연성 특성을 조사 결과(김현아, 미발표 논문) 스트레스에 대한 적응유연성 수준은 하나원(M=153), 영사관체류(M=144), 남한 거주(M=144) 순이었다. 특히 영사관 내 체류 탈북

〈표 15-9〉 정착 단계별 적응 유연성 특성

하위 척도 장소별(명)	열	종교 성향	사교성	사회적 지지	꿈과 목표	실존적 영성	인내심	총 적응 유연성
선양 영사관(N=14)	26.21	16.07	20.57	20.78	20.92	21.64	18.57	144.78
베이징 영사관(N=58)	24.38	18.03	22.43	19.13	20.22	20.46	19.17	143.72
영사관 체류자 전체 (N=73)	24.63	17.65	22.06	19.45	20.36	20.69	19.05	143.93
하나원(N=184)	27.66	18.84	22.97	20.50	21.02	22.21	20.23	153.46
남한 거주(N=159)	25.31	18.09	22.95	19.85	19.01	20.13	18.69	144.06
전체 평균	26.21	18.34	22.82	20.07	20.08	21.11	19.41	19.35

〈그림 15-4〉 장소별 적응 수준 결과

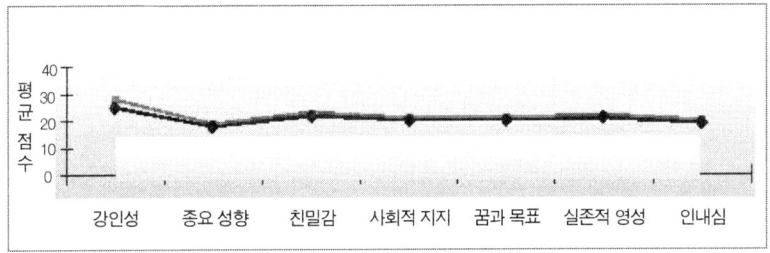

자의 경우 하나원 교육 기간 북한 이탈 주민들에 비해 스트레스에 대한 내성과 인지적 자기 조절 능력인 강인성의 경향이 뚜렷하게 낮으며, 남한 경험 탈북자에 비해 내재적 종교 성향으로 정서적 안정 추구 및 심신치유, 도덕적 가치관 형성 기제가 낮은 것으로 나타났다. 또한 사회적 지지, 실존적 영성과 같은 적응 기제는 북한 이탈 주민이 남한 사회에 적응할 수 있는 주요 매개 요인임에도 불구하고, 국내에 입국한 하나원 교육생이나 남한 거주 북한 이탈 주민에 비해 영사관 체류자끼리 상호 불신으로 갈등시 중요 타인에게 도움을 요청하는 사회적 지지 체계가 미약하고 상호 이질감, 외로움, 고독감, 실존적 회의감, 정체감 혼미를 많이 느끼는 것으로 나타났다. 또한 하나원 교육생 및 남한 생활 북한 이탈 주민에 비해 초조, 긴장, 불안에 대한 정서 조절 곤란, 스트레스에 대한 인내력이 약하고 문제 해결에 유연하지 못할 가능성이 크며, 장기간의 영사관 체류는 남한 입국에 대한 꿈과 목표, 희망에 대한 좌절 경험으로 자존감이 취약한 북한 이탈 주민의 경우 쉽게 초조, 불안, 정서 폭발 등으로 사회 불만이 누적될 가능성 농후하였다.

탈북 후 시간 추이에 따른 적응 수준을 1년 주기로 파악해 보았을 때, 영사관 체류-하나원-남한 거주 기간(영사관 체류시 적응 수준이 낮았다가 하나원 교육시 상승, 남한 생활 경험 기간 하강, 남한 정착 시기 4년 기준으로 상승 추세)별 적응 수준의 곡선은   자형 곡선을 이루었다. 따라서 북한 이탈 주민의 남한 사회 적응이라는 장기적인 관점에서 보았을 때, 제3국 영사관 체류 기간은 국내 유입 이전의 남한 적응의 초기 시점으로 적응에 필요한 사전 관리가 가장 우선적으로 선행되어야 할 것이며, 남한 문화를 습득할 수 있는 일정 시기가 소요된 이후에도 적응상 어려움을 느낄 수 있는 남한 정착 기간 4년 이내의 북한 이탈 주민에 대한 심리 지원의 필요성이 강조되었다.

2) 지역 사회에서의 상담 및 심리 치료의 가이드라인

이상에서 살펴본 바와 같이 남한 생활을 직접적으로 경험하고 부딪치면서 이들이 적응 과정상에서 겪을 수 있는 스트레스 상황은 다양하게 노출되어져 있고, 남한 선택에 대한 희망과 꿈이 실현될 수도 있으며, 좌절을 경험할 수도 있다. 따라서 정착 지역 내에의 가까운 복지기관 등을 활용하여 심리적인 문제 발생 시 자발적으로 전문적인 조력 추구 행동을 할 수 있고, 남한 사회 내에서의 다양한 사회적 지지 체계를 확보하고 적응 과정에 필요한 자원 활용 능력을 길러 줄 수 있는 서비스를 마련하여야 할 것이다. 이를 기반으로 한 지역 사회에서의 상담의 목표와 방식은 다음과 같이 설정할 수 있을 것이다.

① 지역 사회에서의 상담 목표

· 전문적인 조력 추구 행동을 강화시켜 준다.
· 다양한 적응 스트레스 대처 능력을 길러 준다.
· 북한에 두고 온 가족이나 제3국 체류 중인 가족의 사망, 체포 등의 소식으로 인한 애도 작업을 병행한다.
· 남한 사회 이해에 필요한 정보를 자발적으로 찾을 수 있는 자원 동원성을 길러 준다.
· 적응 과정에 필요한 사회적 지지 체계를 확보해 준다.
· 남한 사회 적응 과정에서 발생하는 문화적 차이로 인한 일상생활 스트레스가 어떻게 심리적 문제로 연결되는지를 염두에 두고, 잠복되어져 있던 트라우마가 재발하는 시점을 확인하고 이에 대한 적절한 개입을 한다.
· 적응 과정에서 발생할 수 있는 외로움을 감소시킨다.

② 지역 사회에서의 상담 개입 방안

· 문화적 정체감 변화 수준에 따른 상담 개입 목표를 설정하고, 남한 문화 이해 수준에 따라 상담의 방식도 보조를 맞춘다.
· 이전 상담 경험 여부를 확인하고, 상담에 대한 인식을 재조정하고, 필요시 상담 구조화에 더 주안점을 둔다. 또한 다른 기관에서 실시하고 있는 상담 서비스를 중복해서 받고 있는 것은 아닌지 확인한다.
· 초기 남한 생활 경험자의 경우 찾아가는 방문 상담 서비스와 전화 상담을 위주로 실시한다(특히 남한 정착 기간 4년 이내의 초기 개입의 중요성을 강조한다).
· 남한 생활 기간 직장 및 브로커 위협 등으로 인한 인권 피해가 있는지 확인하고 이에 대한 개입을 동반한다.
· 남한 사람들과 함께 참여할 수 있는 프로그램 위주로 편성을 한다.
· 남한정착 기간 3~4년 이내 거주자의 경우 정착 지원 제도의 변화, 사회 및 경제적 적응에 필요한 여러 가지 심리 · 사회적 지원을 동반한다.
· 남한 정착 기간이 3~4년 이후인 북한 이탈 주민 중 자조 집단을 구성하거나, 동료 준전문가로 활용하여 북한 이탈 주민들끼리의 동료 의식과 자발성을 고취시키도록 한다.
· 특히 청소년의 경우, 인터넷 상담을 적극적으로 활용할 수 있도록 한다.
· 아동, 청소년들이 남한의 학교생활에 잘 적응할 수 있도록 교사, 학부모들이 함께 조력할 수 있는 지원 시스템을 마련한다.
· 지역 사회 주민, 유관 기관 담당자들에게 북한 이탈 주민에 대한 인식과 관심을 위한 홍보와 심리 교육을 병행한다.

□ 15장 참고 문헌 □

금명자, 권해수, 이희우(2004), 「탈북 청소년의 문화 적응 과정 이해」, 『한국심리학회지: 상담 및 심리 치료』, 16(2): 295-308.
전우택(2004), 「남한 내 북한 이탈 주민의 신체 및 정신 건강이 경제적 자생력에 미치는 영향에 대한 연구」, 2004년도 통일부 연구용역 보고서, pp. 54-131.
강차연(2005), 「재중 탈북 여성들의 스트레스 대처방식」, 『한국심리학회지: 여성』, 10(1): pp. 61-80.
유정자(2006), 「재중 북한 이탈 주민의 정신 건강에 대한 연구: 보호 기간 대상자를 중심으로」, 석사 학위 논문, 연세대학교.
윤여상, 김성회(2006), 「새터민 정신 건강 향상을 위한 통합 시스템 구축방안 연구」, 2006년 통일부 정책연구 결과 보고서, pp. 102-110.
김현경(2007), 「난민으로서의 새터민의 외상(trauma) 회복 경험에 대한 현상학적 연구」, 박사 학위 논문, 이화여자대학교.

16 북한 이탈 주민의 상담 영역별 실제

북한 이탈 주민의 경우, 남북한 관계가 긴장될수록 두고 온 가족에 대한 신분 위협의 우려와 기타 이유들로 인해 이들의 개인적 정보에 대한 노출을 꺼리는 경향이 있다. 이로 인해 상담의 세부 내용을 녹음하거나 기록하고 이러한 사례들을 공유하는 데 어려움이 따른다. 하지만 이 장에서는 내담자의 동의를 구하고, 신분 노출의 우려가 되는 최소한의 개인 정보를 통해 실제적으로 어떻게 상담해 줄 수 있을 것인가에 대한 가이드라인 제시를 중심으로 구성하고자 한다. 세부적으로는 정신 건강에 관련된 예방 교육을 제외한 심리 평가, 개인 상담, 가족 상담, 집단 상담 위주로 구성하였다. 이 장에서는 심리 평가 활용시 주의점과 북한 이탈 주민이 적응 과정에서 나타나는 주된 상담 내용을 중심으로 정체감 혼란, PTSD, 이성 문제의 개인 상담 사례와, 가족 갈등 사례에 대한 가족 상담 프로그램 모형, 집단 상담 실제에 대해서 살펴볼 것이다.

1. 심리 평가

북한 이탈 주민에게 심리 평가는 어떻게 비추어질 것인가? 관찰하는 듯한 객관적 태도로 수검자를 바라보는 태도는 임상 평가에서 필요한 부분이나 북한 이탈 주민에게는 강한 거부감을 유발할 수 있다. 또한 심리 평가 이후 심리 검사 해석 상담이 따르지 않는다면 조사만 한다는 인상을 주기 쉽고, 치료적 관계 형성에 도움이 되지 않는다. 특히, 북한 사회에서는 개인보다는 국가가 우선시되며 개인차에 따른 자질을 반영하기보다는 토대와 같은 신분에 의해 결정되기 때문에, 자신의 성향과 자질을 찾아보는 성격검사나 적성 및 흥미 검사에 높은 흥미를 가지고 있다(학부모들의 경우, 자녀들의 지능 검사에도 높은 관심을 가지고 있음). 이때 외래어나 한자 표현에 익숙하지 않아 문항을 잘못 이해하고 해석하는 문화적 편차가 쉽게 발생하므로, 북한 이탈 주민 당사자들에게 감수를 부탁하여 이들의 언어로 표현할 필요성이 있겠다. 특히 우리나라의 심리 검사에서 일관성과 신뢰도를 평가하기 위해 포함된 부정 문항에 대해 잘 이해하지 못하는 특성이 있다. 따라서 심리 평가를 실시하는 상담자는 이와 같은 특성을 잘 감안하여, 심리 평가가 상담 및 심리 치료의 목표 설정 및 북한이탈주민의 자기 이해와 탐색의 보조 도구로 활용될 수 있도록 하여야 할 것이다.

북한 이탈 주민을 대상으로 한 심리 검사의 주의점을 제시하면 다음과 같다(채정민, 2006). ①실제 심리 검사인 것과 심리 검사가 아닌 것 간의 구분이 필요하다. 예를 들면, 우울증 척도인 CES-D와 같은 것은 진단용 심리 검사라고 할 수 있지만, 생활 만족도로 많이 사용되는 대부분의 척도는 진단용 심리 검사가 아니므로 왜곡해서 해석하지 않아야 한다. ②심리 검사는 피검자의 해당 문화에 적합해야 한다. 그렇지 않으면 실제보다 더 많은 사람들이 비정상으로 분류되거나 그 반대로 분류될 수 있다. 이를 해결하기 위해서는 북한 이탈 주민에게 적합한 심리 검사가 새로이 제작되어야 한다. ③북한 이탈 주민들은 심리 검사에 익숙하지도 않고, 이에 적극적인 자세도 부족하다. 이를 위해서는 북한 이탈 주민들에 대한 심리 검사가 북한 이탈 주민에 적합하고 다각도로 간단히 측정할 수 있는 방식의 종합적인 심리 검사가 제작되어야 한다. ④북한 이탈 주민의 심리 상태와 정신건강의 문제는 이들 고유의 것이기는 하지만 남한 주민과의 비교가 이루어질 때 좀 더 정확하게 파악할 수 있다. 따라서 새로운 심리 검사의 제작이나 재개발시 남한 주민을 포함한 전집을 구성한 규준을 확립할 필요성이 있다.

1) 북한 이탈 주민용 심리 검사 개관

지금까지 북한 이탈 주민을 대상으로 한 개발한 심리 검사는 PTSD(강성록, 2000; 윤여상, 김현아, 한선영, 2007), 문화 적응(채정민, 한성렬, 허태균, 김동직, 2003; 금명자 외, 2004), 적응 유연성(김현아, 2006)이며, 대부분이 외국의 척도를 번안해서 쓰거나 남한에서 쓰고 있는 심리 검사를 그대로 적용하고 있다. 북한 이탈 주민에게 심리 검사는 생소한 경험이며, 외래어와 한자어를 포함한 용어, 심리적 특성을 세부적으로 변별하는 7점 리커트 척도 등은 불성실한 응답이나 문화적 편차를 유발하여 검사의 신뢰도가 떨어질 수 있으므로 주의하여야 한다.

뿐만 아니라 북한 이탈 주민의 정확한 심리 진단과 평가를 위해 이들의 반응 태세를 반영하고, 신뢰도와 타당도를 확보한 검사 개발이 필요하며, 자기 보고식의 지필 검사 이외에 이들의 특성에 맞는 다양한 심리 검사 개발과 규준, 채점 및 심리 검사 실시자 가이드라인을 포함한 실시 요강이 제작되어야 할 것이다.

2) 심리 검사 사용자의 주의점

Roysircar-Sodowsky & Kue(2001)는 문화권이 다른 내담자를 대상으로 한 심리 검사 실시 과정을 다음과 같이 제시하고 있다.

① 라포를 형성한다.
② 내담자의 이해를 촉진시킨다.
③ 문화적 동화 수준을 사전에 평가한다.
④ 적절한 심리 측정 도구를 선택한다.
⑤ 선별된 측정 도구에의 장점을 찾는다.
⑥ 신뢰도가 적절한지 검토해 본다.
⑦ 문화 간 교차 타당화가 부족한 도구의 경우 추가 심리 검사를 가정한다.
⑧ 번역해서 사용하는 검사의 경우는 공정한 언어와 구성으로 사용한다.
⑨ 내담자의 수검 태도를 관찰한 정보와 종합한다.
⑩ 다양한 방식의 심리 평가 방법을 활용한다.
⑪ 문화, 민족성, 사회적 영향력을 배제한 전산화 채점 보고시 주의한다.
⑫ 강점이 배제되고 부정적인 면 강조한 전산화 채점 보고시 주의한다.
⑬ 같은 인종 · 민족의 전문가 자문을 구한다.
⑭ 문헌정보를 통해 기타 평가를 추가한다.
⑮ 내담자가 이해할 수 있는 언어를 사용한다.

그 밖에도 Lee, Blando, Mizelle 및 Orozco(2007: p. 62)는 문화권이 다른 내담자를 대상으로 공정한 심리 검사를 실시하고 해석하기 위해서는 다음 사항을 점검하도록 한다.

① 심리 검사를 받는 내담자에게 불쾌한 내용이나 언어가 없는지 확인하기 위해, 심리 검사 결과뿐 아니라 심리 검사 개발자가 사용한 검사 재료와 절차를 점검하라.
② 문화적으로 이해할 수 있도록 적절히 수정된 형식을 갖춘 검사이거나, 특별한 시설을 필요로 하는 장애인이 심리 검사 대상자일 경우 적절한 검사 실시 절차가 제시되어 있는 검사를 선택하도록 하라.
③ 검사 실시의 곤란도가 심리 측정에 영향을 끼치는 요인이 될 수 있으므로, 다양한 집단의 수검자에게 실시할 수 있는 심리 검사인지를 평가하라.
④ 다양한 언어적 배경을 지녔거나 특별한 시설이 필요한 장애인을 대상으로 한 심리 검사의 경우, 적절한 심리 검사 실시 절차가 제공되고 문서화되어 있어야 한다.
⑤ 검사 결과의 의미를 해석하라. 심리 검사 내용의 특성과 규준, 비교 집단, 기타 사항, 검사결과의 장점과 제한점에 대해 설명하라.
⑥ 검사 실시 절차 과정에서 영향을 끼친 오차에 대한 견해와 그로 인해 수정된 검사 결과를 재해석해 주어라.
⑦ 집단 검사에 있어서의 검사 결과 및 검사 해석상의 검사 실시자 오류를 설명해 주어라.

3) 심리 평가 보고서 작성시 유의점

Dana(2005: p. 32)는 다문화적 심리 평가시 구성 요소를 다음과 같이 제시하고 있다(〈표 16-1〉 참조).

〈표 16-1〉 다문화적 심리 평가시의 구성 요소 및 내용

구성 요소	내용
1. 관계 - 검사 실시자 행동	검사 실시자의 행동은 그 사회의 바람직한 에티켓으로 규정될 수 있으며, 전문적 상담 관계에 대한 내담자의 기대를 충족. 따라서 문화적 특성에 맞는 서비스 전달 체계가 필요
- 심리검사 결과의 질	내담자 자료에 대한 적절성, 충족, 일치성, 유용성, 신뢰성으로 결정
2. 문화적 특성 관련 정보와 정체감 기술	문화적 · 인종 정체감 상태, 추후 검사 도구의 선정 기술: 언어, 행동의 기술에서 기능면을 문제 삼지 않는 표준화된 검사인지 혹은 문화적 특수성을 반영한 검사 도구인지를 기술
- 문화적 이해	DSM 진단의 필요성(문화 유형, 증상과 관련된 문화적 특성) 혹은 일상생활 상의 문제(문화적 특성 · 정체성 특성에 대한 개념화)
3. 심리 검사 자료의 활용과 문화적 해석	정보적 가치 작성된 검사 자료와 정보에 대한 검사 보고서 통지/성격과 정신병리에 대한 문화적 해석을 포함한 보고
- 검사 자료 · 정보 활용	내담자의 문화를 적절히 이해하였는가? 성격 문제 기술이 적절하고 완벽한가? 내담자의 DSM-IV 정신병리 진단(문화 유형, 증상과 관련된 문화적 특성)이나 생활상의 문제(문화적 특수성과 정체성 특성에 대한 개념화)에 대한 기술이 적절한가?
4. 종합 특성 기술	종합 특성과 상호 작용 기술 성격에 대한 문화적 특성, 정신 병리에 대한 문화적 특성, 정신 병리-사회 계층과의 관계 기술
- 상호 작용	문화 - 성격 - 정신병리-사회 계층 간의 상호 작용
5. 보고서 요약	보고서 요약의 적합성
- 권고 사항(소견서)	상담 개입의 방향(ex. 일반적 개입, 통합적 개입, 문화적 특수성을 반영한 개입)
- 한계점	심리 검사, 심리 검사 방법, 심리 평가자의 경험과 문화적 이해의 한계
6. 공식적인 보고 특성 (분량)	인구학적 배경/행동, 고용 상태, 문화적 정보, 측정 도구를 포함한 진술과 요약(한 문단에 몇 줄 정도)
- 스타일	사용자에게 도움이 되는 스타일 즉, 주로 행동적 언어 표현에 의한 개인적인 정보를 제공해 주는 형식의 스타일
- 구성	심리 측정 도구의 구체적인 하위 영역의 장점과 심리 검사 결과 진술의 종합적 요약에 따른 편견의 가능성 제시
- 읽기 쉬움	일상적으로 쓰이는 단어, 될 수 있으면 속어는 피하고 단순한 언어와 짧은 문장을 사용

2. 개인 상담

1) 정체감 혼란의 사례

(1) 사례 개요

21세 된 남자 청소년인 강철(가명)이는 북한에서 고등 중학교 5학년을 중퇴하고 남한에 입국하였으며, 남한에서 생활한 지는 1년 정도 되었다. 남한에 먼저 입국한 가족의 갑작스러운 연락으로 인해 17일 만에 남한에 오게 되었고, 현재는 대안 학교에 재학 중이다. 대안 학교에서 문제 행동을 자주 일으켜 선생님으로부터 상담이 의뢰되어 온 상황이며, 상담자와는 남한 입국 초기 사회 적응 기관에서 만난 적이 있으나, 치료적 동기는 매우 낮은 편이다. 겉으로 보기에는 매우 밝은 표정으로 미소를 잘 지으며, 친근감이 있었으나, 상담 도중 가만히 앉아있지 못하고, 주의가 산만하다. 공부보다는 기타 연주, 노래, 노는 것을 좋아하며 예술가를 희망하나 어머니의 반대에 부딪치고 있다. 북한에서부터 가수, 영화배우가 꿈이었으나, 1994년 식량난으로 인해 중 1 때 ○○으로 이동하게 되면서 수업에 대한 홍미를 잃게 되었고, 특수 군대 출신이었던 아버지가 농장원으로 바뀌면서 '농장원 자식은 농장 일을 한다' 고 하여 내담자도 농장 일을 하게 되었다. 아버지는 지금도 북한에 거주하고 계시고, 어머니는 말이 없고, 신체화 호소 잦은 편이며, 현재도 우울증으로 인한 정신과 치료를 받고 있다. 북한시절부터 권위적인 아버지로 인해 어머니는 부부 갈등이 심하였고, 남한 입국 이후에도 여전히 어머니는 자신의 적응 문제에 압도되어 아들을 돌볼 상황이 되지 못하고 있다. 3살 위인 누나는 6년 전에 제일 먼저 남한에 입국하였고, 지금은 대학교에 재학 중이며, 누나의 성격은 매우 활달하고, 진취적이다. 지금 이 상황에서 잘하지도 못하는 공부를 하는 것보다는 가수가 되어서 돈을 많이 버는 것이 어머니를 도와주는 것이라고 생각한다.

(2) 주요 사건

현재 학교에서 자신보다 나이가 어린 청소년반 아이들이 자기보다 공부도 잘하고 자신만 뒤처지고 밀리는 것 같고, 다른 아이들에게 쥐여살고 흐지부지해 보이는 자신이 싫다. 최근 북한 생각이 많이 나고, 북한친구들이 자주 보고 싶어서 잘 운다. 북한에서는 친구들이 많았는데, 보고 싶은 친구들과 연락하고 남한으로 데리고 올 수 있는 루트를 알고 이는 ○○누나와 연락을 자주 한다고 학교 선생님에게 자주 발각되어 심하게 야단을 맞았다. 핸드폰 비용이 많이 나오자 누나와 어머니 모두 잔소리만 한다.

(3) 주요 사건의 결과

· 또래 관계 형성의 어려움으로 인해 외롭고 쓸쓸한 감정
· 재북 시절 부와의 갈등으로 인한 가족 해체
· 충동 조절 곤란
· 학습에 어려움을 느낌(특히 영어 학습).
· 북한에 있는 아버지가 원망스럽다(식량난 이후 술을 많이 마시고, 술을 먹기 위해 살림살이를 팔고 어머니 구타하는 모습을 보면서 미웠고, 반항도 많이 하였다).
· 먼저 남한에 입국한 누나에 대한 열등감(자신은 지적으로 우둔하다고 생각)이 심하다.

(4) 상담 논의 사항

- 비자발적인 내담자인 경우, 남한 상담자로서 치료적 동기와 관계 형성을 쉽게 할 수 있는 자신만의 방식에 무엇이 있겠는가?
- 정체감 혼란, 북한에 있는 아버지와의 갈등, 학습 곤란 등을 복합적으로 호소하고 있는 경우 어떤 것부터 다루는 것이 좋겠는가?
- 내담자는 지금 남한 사회 정착 과정의 어느 단계에 와 있으며, 어떠한 상태라고 보는가?
- 이 내담자의 자원과 취약점은 무엇인가?
- 북한의 최종 학업을 기준으로 한 학년 배치로 인해 자신보다 나이 어린 동급생과 함께 공부하는 것이 이 내담자에게 어떤 영향을 끼쳤다고 보는가?
- 내담자의 진로 포부는 북한 사회에서 어떻게 좌절되었으며, 이러한 것이 현재의 진로포부에 어떻게 영향을 끼치고 있다고 생각하는가?
- 진로 포부(연예인)가 남북한 문화적 편차가 있고, 학교 시스템에 갑갑함을 느끼고 있다. 학업과 진로를 어떻게 연결시킬 수 있겠는가?
- 학업보다는 경제적인 도움을 주는 것이 어머니에게 도움을 준다는 생각은 가족 체계적인 관점에서 어떤 것과 관련이 있겠는가?
- 부모 상담이 병행되어야 한다고 생각하는가? 그렇다고 하면 현재, 우울증 치료 중인 어머니에게 어떤 협조를 받을 수 있을 것인가?
- 내담자의 갈등이 무엇 때문에 증폭되었다고 보는가?
- 이 내담자가 실제로 원하는 것은 무엇이겠는가?
- 남한에서의 또래 관계는 어떠한가?(역할 모델링이 될 만한 친구인가? 비행 청소년인가?)
- 한국 사회에서 좋아하고 싫어하는 것이 무엇이겠는가? 이를 위해 정착 기간 1년간의 회고적 평가를 해 보자.
- 대안 학교는 어떻게 가게 되었으며, 이러한 선택 과정에서 내담자가 어느 정도 관여되어 있다고 보는가?
- 이 내담자에게 적합한 상담의 형식은 어떠해야 한다고 보는가?

2) 가정 폭력으로 인한 만성적 PTSD 사례

(1) 사례 개요

박연화(가명)는 제3국 체류 기간 은신처에서 만난 내담자로, 30대 초반의 여성으로 차가운 인상에 말을 잘하지 않고 무감각해 보였다. 상담 도중 목소리가 떨리고 참았다가 복받치는 울음을 토로하기도 하였다. 그녀는 심리 검사 실시 후 자발적인 상담을 신청하였으며, 심한 초기 불면증, 신경과민, 가슴이 답답하고 열이 나면서 북한 사람은 더욱이 그러하고 누구하고도 만나기 싫다며 심한 대인 회피 현상을 보였다. 아버지에게 매 맞고 기는 꿈을 계속해서 반복되어 나타나고 있다. 아버지는 사망하였으나, 내담자의 기억 속에는 정신 병력이 있어 보였고, 남한에는 5년 전에 헤어졌던 어머니와 남동생이 있다. 오랜 불신 경험을 치료적 관계 형성을 통해 대인 친밀감을 학습시켜 줌으로써 어머니에 대한 적개심 해소, 과거사에 대한 토로를 통해 정화 효과를 습득시켜 주었다. 상담은 남한 생활 이후에도 전화 상담, 방문 개인 상담의 형태로 2년간 지속되고 있다. 초기 사회 적응 기관에서는 친한 친구를 만들기도 하고, 자신의 특기인 무용을 통해 발표를 하는 등의 적극적인 활동을 통해 외상에 대한 재현이나 과각성은 줄어들었으나, 남한 사회 편입이후 원인을 알 수 없는 편두통과 이따금씩의 구타 장면에 대한 악몽이 되풀이되며, 최근 오빠가 한국을 떠나 제3국에서 생활을 하고 있는데 공안에 다시 체포되었다는 소식을 듣고는 마음의 안정을 찾지 못하고 있다.

(2) 주요 사건

10세 때 남동생과 함께 밧줄로 묶어 놓고 어머니를 구석에 몰아넣고 방 안에 피가 그득할 정도로 때리는 장면을 직접 목격하였다. 아버지가 원수같이 느껴졌고 술만 마시면 폭력이 심하여 어머니와는 자주 별거해 있었다. 자신을 제외한 어머니와 남동생의 갑작스러운 탈북으로 학교마저 중퇴하게 되었고, 5년간 혼자 북한에 남겨진 채 사람들과 교류 없이 은둔생활을 하다가 6년 만에 갑작스럽게 통화가 되어 탈북하게 되었다. 최근 오빠가 폭행 사건으로 연루되었다. 제3국 행을 선택하였는데 공안에게 체포되었다는 등의 소식을 들었다.

(3) 주요 사건의 결과

10세 때 아버지의 구타 장면에 대해서는 지금도 재현될 것이라는 공포심으로 악몽의 고통을 반복하고 있다. 남한 사회 편입 이후 원인을 알 수 없는 편두통과 이따금씩 구타장면에 대한 악몽이 재현되고 있고, 편의점에서 아르바이트를 하고 있으나 현재 자신이 무엇을 하여야 할지도 어디로 가고 있는지도 잘 모르겠고, 직업 훈련 기관에서 한식 조리 과정을 배워서 자격증 취득을 하고 싶다는 생각이 들 때도 있지만, 오빠가 혹시 체포되지 않았을까 하는 생각에 압도되어 주의 집중이 잘되지 않는다.

(4) 상담에 대한 논의 사항

- 폭력으로 인한 트라우마에 대해서 이 내담자가 문화적 이질감을 느끼지 않고 수용할 수 있는 심리 치료 기법에는 어떤 것이 있겠는가?
- 제3국행을 선택한 내담자의 오빠에 대한 소식에 대한 정보는 정확한가? 만약에 그렇다고 하면, 오빠의 체포 등의 소식으로 인한 애도 작업을 병행할 것을 추천한다.
- 남한 사회 적응 과정에서 발생하는 문화적 차이로 인한 일상생활 스트레스가 어떻게 심리적 문제로 연결되었으며, 잠복되어 있던 트라우마 재발과 어떤 관련이 있겠는가?
- PTSD 이외에 또 다른 어떤 수반증상을 탐색해 보아야겠는가?
- 정신과 치료가 필요하다고 판단되는가? 그렇다고 하면 49호라는 북한식 정신과치료에 대한 거부감을 어떻게 해소시킬 것이며, 이 문제는 아버지의 정신 병력과 어떤 관련이 있겠는가?
- 이 내담자의 정체감 수준은 어느 단계이며, 이에 따른 치료 개입은 어떻게 설정할 수 있겠는가?
- 가족이 먼저 남한으로 입국한 후 혼자 남겨졌을 때 생활과 현재의 정체감 혼란은 어떻게 영향을 끼치겠는가?
- 이 내담자에게 2년 이상의 상담 기간이 어떠하다고 보는가?
- 심리 치료 이외에 지금 이 내담자에게 필요한 사회적 지지 체계 확보를 위해 어떤 심리·사회적 활동들이 필요하겠는가?
- 남한 사회의 좋은 혹은 좋지 않았던 경험에는 무엇이 있었는지 회고를 통해 평가해 보고, 이 내담자의 장래 희망과 어떻게 연결시킬 것인가?

3) 이성 문제

(1) 사례 개요

김혁철(가명)은 24세의 남자로 남한에서 생활한 지는 7년이 되었다. 북한에서 식량난으로 인해 부모님이 모두 아사한 뒤, 고등중 2년 중퇴 상태로 한국에 오게 되었고, 남한 입국 당시는 무연고였다. 공부를 해 볼까도 생각했지만 생각대로 잘되지 않았고, 차라리 취직을

해서 돈을 버는 게 낫다고 생각했다. 하지만 직장 생활 또한 만만치 않았고, 일당으로 벌 수 있는 노가다가 차라리 마음도 편하고 규율적이지 않아서 편했다. 그러던 중 함께 만난 옥화(가명)는 베트남에서 6개월 체류하면서 생사고락을 같이 한 사이로서 북한에서 어머니 사망 후 방황했을 때 '나도 혼자가 아니구나' 든든한 위안이 되었고 희망도 생기게 되어 함께 동거를 하기 시작했다. 많지는 않지만 일당을 받을 때 마다 옥화에게 가져다주었고, 정착금 통장도 모두 옥화에게 맡겨두었다. 옥화는 남한에서 생활하는 기간이 길어질수록 점점 변해갔고, 특히 돈을 벌로 간다고 하면서 화장을 곱게 하고 나갈 때는 언제 변심할지 걱정되고 불안하기만 하다. 사소한 다툼 끝에 그녀는 가출을 하게 되었고, 이곳저곳을 수소문해 보지만 찾기도 힘들고 당장 갈 곳도 마땅하지가 않다.

(2) 주요 사건

사소한 말끝에 싸움이 났고, 홧김에 주먹을 날렸는데, 옥화는 미개인이라며 더 이상 함께 살지 않겠다며 가출을 한 상태이다.

(3) 주요 사건의 결과

· 동거녀가 언제 변심할지 걱정되고 불안하다.
· 동거녀를 잡아 죽이고 싶다는 생각이 자주 들고, 이러한 충동을 조절하기 힘들다.
· 배운 것도 없고, 정착 지원금도 다 떨어져 가니 무시하는 게 분명하다는 생각이 든다.

(4) 상담에 대한 논의 사항

- 이 내담자에게는 어떤 일이 일어나고 있는가?
- 내담자의 주된 호소 문제의 원인이 무엇이라고 생각하는가?
- 이 내담자의 주된 호소 문제에 영향을 미치는 문화적 요인은 무엇이라고 보는가?
- 내담자의 취약점과 강점이 무엇이라고 생각하는가?
- 상담자로서 어떤 개입 방안을 설정할 수 있을 것인가?
- 이 내담자에 대한 상담자의 느낌은 어떠한가?
- 북한 생활과 탈북 과정 경험이 규칙적인 학교나 직장 생활에 어떠한 영향을 끼쳤다고 보는가?
- 이 내담자의 가정 폭력 행위는 북한 사회와 탈북 과정 생존 전략과 어떻게 관련이 있으며, 이러한 인식을 어떻게 전환시켜 줄 수 있을 것인가?
- 이 내담자는 이성이외에 정서적 지지를 어디에서 충족시키고 있겠는가?(역할 모델링 대상이나 또래 친구 관계, 비행 친구 여부 등을 탐색해 보자)
- 이 내담자의 자존감 향상을 위해 어떤 활동을 추천하고 싶은가?
- 내담자의 현재 경제적 상황은 어떠하다고 보며, 이를 어떻게 지원해 줄 수 있을 것인가?

3. 가족 상담

(1) 사례 개요

김순옥(가명) 씨는 39세로 남편과 아들이 함께 남한에 입국하여 생활한 지 2년째 되는 여성이다. 초기 남한 사회 적응 기관에서는 먼저 북한을 탈북하여 중국에 체류 중이던 남편과 2년 만에 재회를 하여 먼저 자본주의 방식으로 변해있는 남편이 낯설고 적응이 안 되어서 잦은 신체화, 우울증을 호소하였고, 자발적인 상담을 요청하여 지속적인 상담 서비스를 받았다. 지역 사회 배치 후 1년은 심리적으로 불편할 때 마다 한방 침을 맞으면서 건강도 좋아지고 남편과도 사이가 좋아졌다. 하지만 1년쯤 지나서는 남편은 막일이 힘들고 그럴 때마다 남한 사람들이 무시한다, 남한에 온 것을 후회한다고 하소연하고, 그럴 때마다 술을 많이 마시고 와서는 대화도 통하지 않고 어떤 말도 못 하게 한다. 이제는 도박까지……. 북한에서는 남편이 지도원 급에 있었으니 벌어 주는 걸로 먹고 그랬는데, 이제 남한에 와서는 한 번도 쉬지 않고 일한 덕분에 내담자의 경제능력이 훨씬 월등하고 꼬박 꼬박 저축도 많이 하였다. 내담자는 아침 일찍 식당일 나가서 누구보다 열심히 일하는데, 남편은 도박에 빠져서 전화가 안 될 때도 많고, 어떻게든 애들을 봐서라도 풀어 보고 싶다.

(2) 주요 사건

지역 사회 배치 후 1년쯤 지나서 남편은 막일을 하게 되었는데, 늘 부정적인 이야기만 한다. 노가다 그런 데 나갔는데 남한 사람들이 무시하더라. 안 된다고…… 이러면서 후회한다고. 그러면서 어떨 때는 술을 먹으면 그렇게 풀어질 수도 있고. 술을 많이 마시고 오면 대화가 거의 통하지 않고, '여자가 말이 많다.' 막말을 하고 그래서 술도깨비(알코올 중독)처럼 굴더니 이제는 도박까지 한다. 남편이 도박에 빠져서 전화가 안 될 때도 많고, 전화도 받지 않는다.

(3) 주요 사건의 결과

남편이 하는 행동을 보니 마음이 안정되지 않고, 힘들게 벌어서 마련한 집도 탕진하지 않을까 걱정되어 집 명의를 변경시킬 수 있는 방법을 찾고 싶다.

(4) 상담에 대한 논의 사항

- 남편의 알코올 중독 문제로 상담을 요청한 이 내담자의 경우, 누구를 대상으로 상담을 하는 것이 적합하다고 보는가?
- 가족 상담이 필요하다고 보는가? 그렇다고 하면 이 부부의 문제는 남녀 문화 적응 속도와 어떻게 관련이 있다고 보는가?
- 부부 관계와 의사소통 방식은 어떠한 관련이 있다고 보는가?
- 남편의 북한 시절 사회 경제적 지위와 남한에서의 직업이 어떻게 알코올, 도박 문제와 관련이 있다고 보는가?
- 내담자의 경제력 신장과 성역할 변화가 남편의 알코올, 도박 중독과는 어떤 관련이 있겠는가?
- 내담자가 스트레스 대처 방식으로 적용해 오고 있는 대체 의학 이외에 어떤 토속적 치유 방법을 통합해 볼 수 있겠는가? 이 내담자에게 종교가 있는가? 그렇다면 이 부분을 어떻게 활용해 볼 것인가?

(5) 가족 상담 프로그램의 적용 방안

김현아와 정성란(2008: pp. 1348-1351)은 북한 이탈 주민을 대상으로 한 가족 상담 프로그램을 다음과 같이 구성해 볼 수 있을 것을 제한하고 있다. 먼저 타인에 대한 불신과 방어 기제가 강하고, 상담에 대한 도움 요청에 어려움을 호소하는 북한 이탈 주민(김성회와 김현아, 2006)의 심리적 특성을 감안하여 상담자의 가족 문제 및 가족상황에 자기 노출의 강조와 빠른 시간에 친밀감 형성을 이룰 수 있는 신체 이완에 해당되는 훈련과 동작 요법을 가미할 필요가 있겠고, 남북한의 가족 문화에 대한 급격한 변화에서 오는 혼란과 충격 완화를 위해 동료 북한 이탈 주민의 가족 변화 선행 경험을 직접 들어서, 미래의 가족 갈등에 대한 예견과 가족 관계 개선을 위한 통찰력을 길러줄 필요가 있겠고 다채로운 시청각 자료를 활용하여 남북한 가족 문화의 차이를 체험하고 남북한 가족 문화를 통합적으로 수용할 수 있는 등의 가족 정체감의 구성 요소를 강조 할 필요가 있을 것이다.

부부 관계를 개선하기 위한 인지 행동주의 부부치료 접근에 따라 부부에게 한 주 동안 상대방이 한 유쾌한 행동의 목록을 작성해 오도록 하는 과제를 제시한다. 그리고 이 목록을 복습하면서 긍정적인 피드백을 주는 것의 중요성을 강조하는 기회를 갖는다. 그 예로 부부에게 '사랑의 날'을 갖도록 하는데 그날에는 한 명이 상대방을 즐겁게 해주는 행동을 두 배로 하는 날이다. 또한 '돌봄의 날'을 부부가 서로 교환하도록 하는데, 그날이 되면 한쪽 배우자는 상대방에게 가능한 한 많은 방법으로 돌봄을 나타내도록 한다(김영애 외, 2004).

조정아와 임순희 및 정진경(2006)에 의하면 북한 이탈 주민 가족의 갈등 요인으로 대부분 남한 가정에서도 볼 수 있는 것으로서 의사소통의 어려움 등을 제시하였다. 최대헌과 이인수 및 김현아(2007)는 탈북가족에 대한 기존 연구들에서 탈북자 가족 구성원 간에 부부 사이나 부모 자녀 사이의 상호 작용에서 경직된 의사소통 등이 심각한 스트레스 원으로 작용하고 있음을 밝힌 바 있다. 이러한 특성은 남한에 입국한 북한 이탈 주민들의 성역할 가치관에 나타난 변화가 성별, 세대 간에 차이가 있다고 하더라도 남한의 가족 문화 또한 수직적인 의사소통을 고수하고 있어, 북한 이탈 주민을 대상으로 가족 상담을 할 경우에는 북한 — 제3국 체류 기간 — 탈북 과정의 상호 변화 과정에 대한 표면적인 대화 기술만을 학습하는 것이 아니라, 의사소통에 영향을 미치는 부부 관계의 역할 규정과 이면적인 측면을 함께 다루는 가족 상담이 요청되며, 추가적으로 남북한의 언어 및 의사소통의 차이에 대한 학습도 이루어져야 할 것이다.

마지막으로 성역할 가치관의 변화를 경험한 북한 이탈 주민들은 부부 관계에서 성역할 가치관이 조화롭게 기능할 수 있도록 조력하는 상담이 필요하다. 즉 부부 관계 및 의사소통에 갈등을 초래하는 가부장적인 성역할 태도를 조화롭고 평등한 성역할 태도로 변화시키는 것이다. 이와 같은 목표를 달성하기 위해 첫째, 성역할에 대한 태도 평가를 통해 내담자로 하여금 자신의 성역할 태도의 특성을 이해하도록 한다. 둘째, 성역할 태도와 행동 양식간의 관계에 대해 인식하도록 도와준다. 셋째, 이러한 성역할 변화를 가져오게 한 원인을 규명한다. 넷째, 바람직한 성역할 태도로 변화를 유도한다. 여기서 상담자는 성역할 가치관이 부부 관계에 미치는 영향을 점검하여 평등하고 조화로운 부부 관계를 정립하기 위한 구체적인 행동수정 방안을 제시해 준다. 다섯째, 바람직한 성역할 태도가 지속될 수 있도록 지역 사회 주민과의 가족 문화 프로그램, 자녀 교육, 가정 폭력 예방 교육, 위기 개입을 위한 치료적 연계망 등을 통한 사회적 지지 체계를 확보해 준다.

성역할 가치관에서의 변화를 경험한 북한 이탈 주민을 대상으로 한 가족 상담의 목표는 부부 관계 개선과 가족 의사소통 증진, 그리고 조화로운 성역할 가치관 정립의 세 가지로 집약할 수 있으며, 이와 같은 목표를 달성하기 위한 전략을 구체적으로 제시하면 〈표 16-2〉와 같다.

4. 집단 상담

1) 북한 이탈 주민의 집단 상담에 대한 문화적 인식

집단 상담의 형식을 북한 이탈 주민에게 적용했을 경우 문제없음을 자처하거나, 집단원에 대한 지나친 경계와 피상적인 노출, 집단

〈표 16-2〉 북한 이탈 주민을 대상으로 한 가족 상담 프로그램 모형

```
┌─────────────────────────────────────────────────────┐
│          성역할 가치관 변화를 경험한 북한 이탈 주민          │
└─────────────────────────────────────────────────────┘
                           ↓
┌─────────────────────────────────────────────────────┐
│                      라포 형성                          │
├─────────────────────────────────────────────────────┤
│ ·상담자 자기 노출                                        │
│ - 가족 생활에 대한 사진이나 동영상 자료 ppt로 보여 주기        │
│ - 가족 관계와 가족 갈등 해소의 중요성에 대한 경험 노출          │
│ ·몸풀기                                                │
│ - 신체 이완 및 춤 명상                                   │
└─────────────────────────────────────────────────────┘
```

```
┌─────────────────────────────────────────────────────┐
│                    가족 정체성 찾기                       │
├─────────────────────────────────────────────────────┤
│ ·북한 이탈 주민 동료 사례 특강                              │
│ - 동료 북한 이탈 주민 가족 관계 변화 체험 들어 보기, 소감 나누기  │
│ ·남북한 가족 문화 비교 체험하기                             │
│ - 신체 이완 및 춤 명상                                   │
│ - 가족끼리 쓰는 남북한 용어 비교 낱말 퀴즈, 남북한 가족 문화 및   │
│   구조 OX 퀴즈                                         │
│ - 남한 가족 문화 체험(영화, 드라마, VTR 시청 후 소감 나누기 )   │
│ ·남북한 가족 문화 수용하기                                 │
│ - 북한에서의 가족 문화 인정하기                             │
│ - 남한의 가족 문화 수용하기                                │
└─────────────────────────────────────────────────────┘
```

부부 및 가족 관계 응집력 증진	가족 의사소통 증진	부부 및 부모 ─ 자녀 간 성역할 가치관 조화
·지난 일주일 동안 배우자 및 가족이 한 유쾌한 행동의 목록 작성해오기 ·배우자 및 가족 구성원에게 긍정적 피드백 주기 ·용서의 날 갖기: 북한에 두고 온 가족에 대한 죄책감 해결하기, 탈북 과정 가족 해체 경험으로 인한 감정에서 벗어나기 ·사랑의 날 갖기: 배우자 및 가족을 즐겁게 해 주는 행동 두 배로 하기 ·돌봄의 날 갖기: 배우자 및 가족에게 가능한 많은 방법으로 돌보아 주기	·부모 ─ 자녀 의사소통 증진 - 부모 역할 변화에 대한 인식 - 세대 간 언어 및 의사소통 적응 속도 차이 학습 ·조화로운 부부 관계 규정 - 내가 규정한 부부 관계 확인하기 - 부부 관계 규정의 일치점과 불일치점 탐색 - 관계 규정이 부부 관계와 의사소통에 미치는 강점과 약점 탐색 - 조화로운 타협 방안 찾기 ·힘의 배분에서 균형 찾기 - 부부 관계에서 대칭과 상보의 원리 학습 - 부부 관계에서 힘의 배분 방식 찾기 - 역기능의 대화 패턴 찾기 - 힘의 배분이 부부 관계와 의사소통에 미치는 강점과 약점 탐색 - 조화로운 타협 방안 찾기	·성역할 태도 평가 및 성역할 특성 이해 ·성역할 태도와 행동 양식간의 관계 인식 - 가정생활, 교육, 직업 생활, 사회 문화 생활에 있어서 성역할 태도와 행동 ·경제적 주도권의 변화와 성역할 변화 이해 ·이주에 따른 성역할 태도 변화 규명 - 북한 사회, 제3국 체류 경험, 남한 생활과 성역할 ·성별과 세대 차이에 따른 성역할 태도 변화 규명 - 남녀, 부모-자녀 세대 간 차이에 따른 성역할 태도 변화 규명 ·바람직한 성역할 태도로의 변화 유도 - 부부간의 성역할 태도 및 가치관 규명 - 성역할 가치관이 부부 관계, 부모-자녀 관계에 미치는 영향과 결과 탐색 ·바람직한 성역할 태도의 강화

```
┌─────────────────────────────────────────────────────┐
│                      사후 관리                          │
├─────────────────────────────────────────────────────┤
│ ·지역 사회 주민들과의 가족 문화 프로그램 공동 참여   ·자녀 양육과 부모 교육 │
│ ·가정 폭력 예방 및 교육              ·위기 개입을 위한 치료적 연계망 구축 │
└─────────────────────────────────────────────────────┘
```

상담 운영과정 중 언쟁이나 비난 등을 경험할 수 있다. 특히 지역 사회 정착 과정에서는 "제발 북한 이탈 주민끼리 모이게 불러서 공개적으로 북한 이탈 주민임을 드러내지 않게 해 주세요."라는 거부감을 호소하기도 한다. 동아시아계 이주 난민들에게는 사회주의적 체제 방식이 집단 상담과 더욱더 적합하고 효과적이라는 연구 결과들이 있지만, 북한 이탈 주민의 경우에는 북한 사회만이 지니고 있는 독특한 북한식 사회주의 체제 방식으로 인해 생활 총화와 집단 상담을 연결시켜 호상 비판(=상호 비판)이라는 의미를 받아들이기도 한다. 따라서 이들의 거부감을 최소화한 집단 상담의 효과를 보기위해서는 별도의 개입 방법이 요구된다고 하겠다.

김은경(2008)은 북한 이탈 주민 청소년 집단 상담 사례를 통해 집단 상담에 대한 남북한 문화적 가치관 차이를 다음과 같이 제시하고 있다. 우선, 집단의 과정과 주제에 있어 기본적으로 내포하고 있는 가치관이 있으며, 이는 북한이라는 사회의 가치관과는 충돌되어 효과가 상담의 의도와는 다른 방향으로 나타날 수 있다. 이러한 가치관의 차이가 암묵적으로 지각되면, 집단 구성원들이 집단으로 끌고 오는 문제 자체가 제한된다. 따라서 집단 상담의 외현적 목표에 기저한 기본적인 가치관이 무엇인지 문화 비교적인 시각에서 인식하는 것이 필요하다. 예를 들어, 사회 기술 훈련과 타인 감정 배려라는 감정 표현 방식에 근본적으로 내재한 가치관은 상대성 존중, 관용과 타협을 중시하는 민주주의적 가치관에서 나온 것으로 생각된다. 반면 외적인 표현 방식보다 사회 전체의 목적에 부합한 내적 태도의 중요성을 강조하는 가치관, 보신주의적인 태도를 비굴하고 비겁한 태도로 간주하는 것 등은 북한의 전체주의적인 가치관에서 발로한 것으로 해석될 수 있다. 또한, 공감에 대한 가치관이 무조건적 수용과 제한적 수용이라는 차이를 보이는 것은, 인간의 보편적인 인권을 중시하

〈그림 16-1〉 집단 상담에서 나타난 남한과 북한의 가치관 차이

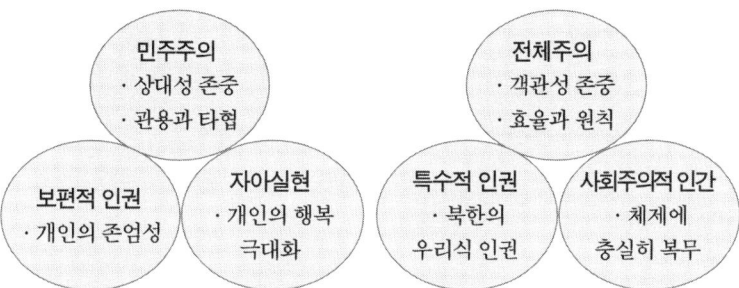

며 개인의 존엄성을 절대시하는 가치관과 북한의 우리식 인권의 특수성, 전체주의를 강조하는 가치관 차이에서 비롯되었다고 본다.

2) 집단 상담 운영시 유의점

북한 이탈 주민을 대상으로 한 집단 상담을 운영할 시에 집단원 모집과 구성, OT, 집단 상담 진행 시 돌발 상황과 대처 방안, 집단 상담 종료와 사후 관리를 중심으로 좀 더 효과적인 진행 방식을 살펴볼 필요성이 있다. 북한 이탈 주민을 위한 집단 상담은 정착 단계별 특성을 감안하여, 점진적인 노출을 경험하게 하는 것이 필요하다. 또한 제3국 체류 기간이 장기화된 경우나 장사, 꽃제비 등의 불규칙적인 생활이 생존 전략의 수단이 되었던 경우나 북한에 두고 온 가족의 신분 위협이 강한 북한 이탈 주민의 경우 집단 상담에 대한 거부감이 강할 수 있기 때문에 주의를 하여야 한다. 또한 동질 집단으로 구성할 경우, 집단 구성원이 가족이거나 제3국 집단 수용 시설, 조사 기간 등지에서 대인 갈등이 해결되지 않는 사람이 함께 포함되었는지 확인하여 다른 분반에서 참여할 수 있도록 고려한다. 또한 상담의 매체

는 다양하게 경험할 수 있도록 하되(미술 치료, 독서 치료, 명상, 요가, 드라마, 이완 훈련, 동작 치료 등), 서양식의 심리 치료 기법을 동화시키기보다는 북한 이탈 주민에게 어떻게 영향을 끼칠 것인지에 대한 부분을 상담 내에서 다루어 줄 수 있도록 한다.

윤여상과 김성회(2006: pp. 125-128)의 경우, 북한 이탈 주민의 특성을 반영한 집단 상담의 단계별 적용 즉, 사전 면접, 오리엔테이션, 도입 단계, 준비 단계, 작업 단계, 종결 단계의 과정을 다음과 같이 제시하고 있다.

(1) 사전 면접

사전 면접은 집단 상담을 하기 전에 집단에 참가하기를 신청한 집단원을 개별적으로 만나 집단 상담의 목적, 목표, 진행 방법, 도움을 받을 수 있는 집단원의 문제나 특징 등을 설명해 주고 그 집단원이 집단 상담에서 도움을 받을 수 있을지를 확인하는 절차다. 다시 말해 그 집단원이 집단 상담에 적합한 사람인가를 판단하는 것이다. 특히 비구조화된 집단을 실시할 경우는 이러한 형태의 심리 치료 기법에서 어떠한 활동이 있을 지에 대한 안내를 하고, 집단 활동의 참여가 가능한지에 대한 사전 면접이 필요하다. 이 과정을 거치지 않고 집단을 시작하면 집단 응집성이 좀처럼 나타나지 않을 것이고 많은 집단원들이 거부감을 가지고 도중에 탈락할 수 있다.

(2) 집단 상담 오리엔테이션

집단 상담 오리엔테이션은 그 집단 상담의 이론적 틀에 초점을 두어 진행할 수 있다. 이와 더불어 참여한 비구조화 집단의 목적, 목표,

진행 과정뿐만 아니라 집단에 참여하는 방법, 자세, 태도와 나아가 참여시 유의사항 등에 대해 사전 면접 때보다 더 구체적으로 설명하고 관련된 의문점도 질의응답을 통해 해결한다. 생활 총화의 경험으로 인해 여러 사람 앞에서 자기비판 한 경험이 많았기 때문에 집단 상담을 자기비판의 다른 형태로 오인할 수 있기 때문이다. 오리엔테이션에서는 집단 상담이 북한에서 경험한 다양한 집단모임과는 다르다는 점을 분명히 인식시킬 필요가 있다.

(3) 집단 상담 도입 단계

도입 단계는 실제로 집단 상담을 시작하는 초기의 단계를 말한다. 북한 이탈 주민을 대상으로 한 집단 상담일 경우 자기소개를 할 때 유의해야 한다. 북한 가족이 피해를 입을까 봐 자신의 신분이 정확하게 노출되기를 싫어하는 사람도 있고, 북한 내에서는 물론, 탈북 후 일어났던 어떤 일 때문에 자기 신분 노출을 싫어하는 사람도 있는 등 정확하게 자기소개를 하고 싶지 않은 집단원들이 많다는 점이다. 이러한 사항에 대처하기 위해 사전 면접이나 오리엔테이션에서 많은 설명을 하고 이해를 구했더라도 실제 상황에 오면 노출을 부담스럽게 여기는 집단원이 많다는 점이다. 따라서 집단 지도자는 무리하게 개인 신상 노출을 요구해서는 안 될 것이다. 따라서 자기소개를 할 때 '자기 자신을 가장 잘 나타내는 특징이나 이번 집단을 통해 기대하는 바' 등을 포함하여 신상 노출에 부담이 적은 것에 초점을 두어 소개토록 시범을 보이는 것이 좋을 것이다. 혹 가족상황이나 탈북경위, 탈북 후 생활 등에 대한 소개가 있을 경우도 '말하고 싶지 않은 것은 말하지 않을 수 있다'는 집단 상담 규준을 명확히 알려 주고 그대로 적용하는 것이 중요하다. 또한 집단 상담 초기에 특정 집단원이 너무 깊이 있는 노출을 하거나 통제가 어려운 정서를 표출하게 되면, 다른 집단원에게는 그것이 압력으로 작용할 수 있고 노출한 집단원 자신은 심한 후회를 할 수 있기 때문에 초기에는 이러한 상황을 잘 다룰 수 있는 전문가적 자질이 필요하다.

(4) 집단 상담 준비 단계

집단 상담 준비 단계는 다음 단계인 작업 단계에서 작업을 할 수 있게 준비하는 단계로 보면 된다. 이 단계에서는 집단 지도자에게 의존하다가 저항을 나타내고, 집단 지도자나 집단원들 간에 갈등이 일어나지만 집단원들에 의해 이러한 갈등이 해소되면서 집단응집성이 생기는 일련의 과정이 일어난다. 여기서 집단 응집성이 어느 정도 조성되었다면 다음 단계인 작업 단계로 넘어갈 수 있다. 유의해야 할 것은 집단에 따라서는 응집성이 낮아 작업 단계로 넘어가지 못하고 집단이 종결되는 경우도 있다는 점이다. 북한 이탈 주민의 경우는 집단원 간 응집이 일어나기가 어렵다. 이는 북한 이탈 주민의 경우, 그들의 특성상, 다른 집단원에 대한 이해와 수용이 어려워 계속 갈등 단계에 머물 가능성이 크다는 점을 집단 상담 지도자가 잘 알고 있어야 함을 말한다. 집단 지도자는 이 갈등이 해결되고 집단이 응집될 수 있도록 집단 분위기를 잘 조성해야 한다.

(5) 집단 상담 작업 단계

집단 상담의 작업 단계는 상호 응집성이 높고 따라서 직면이나 부정적 피드백 및 진실성과 같은 상호 작용이 일어나도 이를 서로 수용할 수 있는 분위기가 되었을 때 가능하다. 따라서 이러한 분위에 이르지 못하면 작업을 할 수 없다. 작업 단계에서는 집단원이 자신의 문제를 솔직하게 집단에 드러내도록 한 후 집단원의 도움을 받아 문제 행동과 대치되는 바람직한 행동을 찾고 이를 실천하도록 준비시킨다. 북한 이탈 주민을 대상으로 한 경우 이 단계에 이르기 어려울 가능성이 크다. 깊이 있는 노출이 이루어져야 하기 때문이다. 그러나 이 문제를 지나치게 의식할 필요는 없다. 개인의 비효과적인 행동 패턴은 다양한 상황에서 나타나기 때문에 개인 신상과 관련이 적거나 없어도 찾을 수 있다. 이를 위해서는 집단 지도자를 포함한 집단원들의 세심한 주의가 필요하다. 특히, 부정적인 이야기나 말을 해 주는 사람에 대해 고마운 마음을 가지는 것이 좋으며 자신에게도 도움이 된다는 점을 이해하고 수용할 수 있게 한다. 또한 부정적인 이야기를 들을 때는 그 말을 무시하거나 완전히 받아들이지 말고 참고하여 자신을 돌아보고 자신을 좀 더 이해하는 계기로 삼을 수 있게 해야 한다.

(6) 집단 상담 종결 단계

작업 단계를 통해 비효과적인 행동 패턴을 버리고 효과적인 행동 패턴을 학습했거나 확실히 할 수 있다고 판단되면 종결 단계로 넘어온다. 이 단계에서는 집단 경험의 개관과 요약, 집단원의 성장 및 변화에 대한 평가, 집단을 마치는 데 따른 이별 감정 다루기, 집단 상담 중 미진한 사항 다루기, 피드백 주고받기, 최종 마무리, 및 작별 인사가 이루어진다(윤여상, 김성회, 2006: pp. 125-128).

집단 상담이 성공적으로 수행되었다면 동아리 활동을 구성하여 이들을 사후 관리하고, 자조 집단을 구성하여 집단 보조 리더로 활용하는 방식도 가능할 것이다. 집단 상담은 특히 대인 관계 기술을 습득하기에 효과적인 접근 방식이며, 북한 이탈 주민들을 대상으로 실시할 경우, 남한 사람들의 행동 패턴에 대한 시청각 자료나 문화적 이해 관련 동영상 자료 등을 활용한다면 집단 상담 고유의 효과성을 극대화할 수 있을 것이다. 또한 집단 상담이 북한 이탈 주민들에게는 생소한 경험이고, 이러한 단기간의 경험으로 인해 장기간 형성되어 온 특성을 변화시키기란 쉽지 않다. 따라서 집단 상담의 경험을 남한 문화 이해의 방식으로 통합시키는 긍정적 경험을 하게 하는 것이 중요하며, 이는 자발적으로 또 다른 집단 상담에 적극적으로 참여하여 지속적인 성장을 위한 기초가 됨을 학습하게 하는 의미 있는 작업이 될 것이다.

□ 16장 참고 문헌 □

강성록(2000), 『탈북자의 외상 척도 개발 연구』, 석사 학위 논문, 연세대학교.
채정민 · 한성렬 · 허태균 · 김동직(2003), 「북한 이탈 주민용 문화 적응 책략 척도 개발」, 서울:
    한국 사회 및 성격심리학회(2002년 동계학술대회).
금명자 · 권해수 · 이희우(2004), 「탈북 청소년의 문화 적응 과정 이해」, 『한국심리학회지: 상
    담 및 심리 치료』, 16(2). pp. 295-308.
김영애 외 역(2004), 『가족 치료-핵심 개념과 실제 적용』, 서울: 시그마프레스.
김성회 · 김현아(2006), 「새터민의 상담에 대한 요구도와 도움요청 장애 요인에 관한 연구」,
    『상담학 연구』, 6(3): pp. 693-712.
김현아(2006), 『새터민의 적응 유연성 척도 개발』, 박사학위 논문, 경북대학교.
조정아 · 임순희 · 정진경(2006), 「새터민의 문화갈등과 문화적 통합방안」, 『경제 · 인문사회연
    구회 협동연구총서』, 06-02-06.
채정민(2006), 「새터민의 정신 건강 지원에 있어서 심리 검사 활용 유의점」, 서울: 통일부2006년
    지역 사회 연계 방안을 위한 심리 워크숍.
최대헌 · 이인수 · 김현아(2007), 「새터민 아동 · 청소년의 적응력 향상을 위한 부모교육프로그
    램 개발」, 『아동교육』, 16(2): pp. 277-291.
윤여상 · 김현아 · 한선영(2008), 「북한 이탈 주민의 외상 후 스트레스 증상 척도 개발」, 『한국
    심리학회지: 상담 및 심리 치료』, 19(3): pp. 693-718.
김현아 · 정성란(2008), 「새터민의 가족 상담 모형 개발」, 『상담학 연구』, 9(3). pp. 1333-1356.
Roysircar-Sodowsky, G., & Kue, P. Y.(2001), "Determining cultural validation of personality
    assessment: Some guideline", In D. B. Pope-Davis & H. L. K. Coleman (Eds.), The inter-
    section of race, class, and gender in multicultural counseling, pp. 123-154, Thousand
    Oaks, CA: Sage.
Dana, R. H.(2005), Multicultural assessment: principles, applications, and examples, NY:
    psychology press.
Lee, W. M. K., Blando, J. A. , Mizelle, N. D., & Orozco, G. L.(2007), Introduction to
    multicultural counseling for helping professionals(2nd edtion), New York: Routledge.

찾아보기

이주 난민의 정신 건강과 상담

초판 1쇄 발행 2009년 3월 31일

지은이 / 이기영 박영희 엄태완 김현경 김현아
펴낸곳 / 나눔의집
펴낸이 / 박정희
주   소 / 152-777 서울시 구로구 구로3동 222-7번지
         코오롱디지털타워빌란트 I 703호
전   화 / 02-2103-2480
팩   스 / 02-2103-2488
www.ncbook.co.kr

값 18,000원
ISBN 978-89-5810-167-3   93330